RÉCOLTE

PRODUCE OF FRA

BICH

FONDÉE

*Alles über die großen Anbaugebiete
in Deutschland, Europa und Übersee –
eine Reise durch die Welt des Weins
für alle Freunde edlen Genusses*

DAS WEINBUCH

Sonderausgabe für
Planet Medien AG, Zug
Gesamtherstellung: Planet Medien AG

Selbstverständlich Wein

Anfänglich, bei Beginn der Arbeiten zu diesem Buch, kamen mir Zweifel, ob es sinnvoll sei, die Springflut von Weinbüchern – unter denen es ja einige sehr gute gibt – um einen weiteren Titel anzureichern. Ist nicht schon alles geschrieben worden? Doch je weiter die Vorarbeiten gediehen, desto mehr wich das Unbehagen einer Vorfreude auf das Manuskript. Ich stellte mir die Unzahl genußfähiger Mitbürger vor, die wohl ein gutes Glas zu schätzen wissen und dennoch »Angst« vor Wein haben – besser gesagt: vor all dem Weihrauch, mit dem dieses schöne Genußmittel umnebelt wird. Dagegen darzustellen, daß Wein ein selbstverständliches Vergnügen sein kann, das weder hochtrabender Detailkenntnisse noch der schweren Brieftasche bedarf, sollte Spaß machen.

Seit einem Vierteljahrhundert beschreibe ich die Welt der Weine und gebe gerne zu, daß ich einige Wissenslücken habe: Die Gewächse von Romanée-Conti sind mir fremd, die superben Beerenauslesen von Müller-Scharzhof gingen an mir vorbei, auch kann und möchte ich nichts zur Debatte beitragen, ob nun der 82er oder der 83er Latour der größere Jahrgang war. Nicht, daß es an Gelegenheiten gemangelt hätte, solche Schätze zu probieren. Doch ich meide Gesellschaften, bei denen sich Eingeweihte über die Unterschiede von 500-Mark-Gewächsen ereifern.

Nun ist es keineswegs so, daß ich in all den Jahren nicht große Weine hätte kosten dürfen, sicher einige der größten überhaupt. Solche Ausnahmen, an ungesetzlichen Feiertagen genossen, sind notwendig, um hernach auch den Alltag würdigen zu können. Mein Liebling derzeit ist ein Literschoppen aus Rheinhessen, leicht, trocken und hübsch fruchtig. Dieser preiswerte Silvaner, gewiß nichts Großes, weiß mir jedoch im Laufe einer Flasche die wunderlichsten Dinge zu erzählen über die Erde, in der er gewachsen ist. Jeder Schluck bringt neue, fröhliche Überraschungen. Wenn die Neige geleert ist, weiß ich nicht, wonach dieser freundliche Tropfen eigentlich geschmeckt hat. Doch ich könnte ihn unter Hunderten anderer blind herausfinden. Über solche ganz einfachen Genüsse möchte ich schreiben.

Bei meinem Gang durch die Weinlandschaften der Welt werde ich viele Weine nennen. Die Auswahl kann nur persönlich sein, sie erhebt keinen Anspruch auf Vollständigkeit und stellt auch keinerlei Rangfolge dar.

Am Ende eines jeden »Länder-Kapitels« findet sich ein Kasten, der die Informationen über das jeweilige Anbaugebiet noch einmal kompakt zusammenfaßt. Genannt werden hier auch Großlagen und Bereiche bei den deutschen Weinbauregionen sowie Qualitätsweine bei den europäischen.

Der Autor

INHALT

Deutschlands Vielfalt

Mosel-Saar-Ruwer: Höhen und Tiefen	10
Rheinland: Unbekannte Schönheiten	19
Hessen: Am Hof von König Riesling	25
Franken: Eine runde Sache	30
Rheinhessen: Liebe auf den dritten Blick	36
Pfalz: Wein, soweit das Auge reicht	42
Württemberg: Wein zum Überleben	49
Baden: Das ordentliche Ländle	54
Sachsen und Saale-Unstrut: Die nördlichsten Lagen der Welt	63

Die Götter sprechen Französisch

Loire: In Frankreichs Gärten	68
Elsaß: Üppig genießen	73
Burgund: Wo die Könige kauften	77
Beaujolais: Die Schnellen und die Guten	83
Rhône: Gute Mischung	87
Provence: Rosarotes Vergnügen	91
Midi: Ideale Einkaufsquelle	93
Sud-Ouest: Land der Musketiere	98
Bordeaux: Der Wein-Adel	102

Verführerisches Italien

Oberitalien: Machtvoller Aufbruch	112
Piemont: Wein aus dem Nebel	117
Venetien: Woran sich Romeo berauschte	122
Toskana: Großer, kleiner Chianti	128
Mittelitalien: Was die Römer trinken	135
Mezzogiorno: Hellenische Erbschaften	140

INHALT

Iberiens Aufbruch

Spaniens Provinzen: Pioniere überall	146
Rioja: Ruhe nach dem Sturm	151
Navarra: Aus dem Schatten heraus	157
Portugal: Wo der Mensch noch Zeit hat	160

Noch mehr Schätze in Europa

Österreich: Besser als je zuvor	168
Schweiz: Ein gediegenes Land	175
Balkan: Die preiswertesten Weine der Welt	181

Entdeckungen in Übersee

Kalifornien: Die Herausforderung	188
Südamerika: Frankreich stand Pate	192
Südafrika: Wein zweier Meere	195
Australien: Die zweite Entdeckung	199

Vom Entstehen zum Genuß

Weinberg und Keller: Zeit der Reife	204
Weinrecht: Kleine und große Geheimnisse	214
Umgang mit Wein: Nur keine Umstände	226
Wein und Gesundheit: In Maßen eine Medizin	234

* * *

Register	237
Bildnachweis	240

DEUTSCHLANDS VIELFALT

Die feinsten Himbeeren wachsen in Schottland. Polnische Äpfel schmecken besser als südfranzösische. Sonne ist für die Früchte gut, doch brauchen sie auch Kühle zwischendurch, damit sich Aroma bilden kann. Dies gilt für Weinbeeren besonders.
In Deutschlands Flußtälern, am nördlichen Rande des Welt-Weinbaus, herrscht ein Klima, in dem die Trauben langsam reifen und dabei viel Geschmack sammeln. Deutsche Weine sind leicht, doch voller Inhalt. Erstaunlich und verwirrend ist die Vielfalt, nirgendwo sonst gibt es so unterschiedliche Gewächse.

MOSEL-SAAR-RUWER

MOSEL-SAAR-RUWER

Höhen und Tiefen

Wunderliche Windungen vollzieht die Mosel. Das Bild oben zeigt die Schleife von Bremm. Der Fotograf stand auf dem Calmond, dem steilsten Weinberg Deutschlands. Der flache Hügel gegenüber ist, einzig an der Untermosel, mit der Sorte Elbling bestockt. In der traditionsreichen Weinlandschaft der Untermosel erhebt sich der alte Wehrturm von Zell.

Leicht und spritzig soll der Wein sein, so sieht es die neue Generation von Winzern und Weintrinkern. Wein ist der Ausdruck der Lebensfreude. Welcher könnte dem besser entsprechen als der Moselwein, der, nuancenreich und feinfruchtig, nie langweilig wird, weil die Natur jeden Jahrgang anders macht und ein neugieriges Probieren immer neuer Weine das erfreulichste Studium ist, das man sich ausmalen kann. Ein Weinfreund lernt nie aus. Den Witterungsablauf eines jeden Jahres kann er aus seinem Getränk schmecken, das Klima und den Boden. Die Weine, geprägt durch die Rebsorte, variieren tausendfach. Mosel? Er will es genauer wissen. Untermosel oder Obermosel, Cochem oder Trier? Oder gar das Tal der Ruwer und der Saar? An der Mosel wurde der große Glaubenskampf »trocken oder lieblich« ausgefochten. Doch wie bei der Mode hat sich der Verbraucher auch beim Wein emanzipiert. Die offizielle wie inoffizielle Werbung hat aufgegeben, ihn zu seinem Glück zu nötigen. Jeder trinkt den Wein, wie er ihm gefällt. Zwar gibt es Empfehlungen und Erfahrungswerte, doch die elitäre Überheblichkeit einiger Weintrinker, die anderen ihren Geschmack aufzwingen wollen, gehört durchweg der Vergangenheit an. Auch müssen diese elitären Weintrinker zugestehen, daß manche süße Spätlese dem Wein Freunde gewonnen hat, die in diesem einfachen Wein den Schlüssel für die Welt der Rebsorten und Anbaugebiete,

MOSEL·SAAR·RUWER

der Lagen und Prädikate sahen, neugierig wurden und weiter probierten. So sind die Empfehlungen, ohne die auch wir nicht auskommen, letztlich nur als Grundlage für die eigene Wahl gedacht.

Das Anbaugebiet Mosel-Saar-Ruwer ist eines von den 13 deutschen Qualitätswein-Anbaugebieten. Gegliedert ist es in fünf Bereiche, die je für einen Weintyp charakteristisch sind, 19 Großlagen, die auf unseren Karten durch rote Abgrenzungsstriche ersichtlich sind, und etwa 500 Einzellagen: ein Weinberg oder mehrere, deren Klima und Bodenbeschaffenheit in etwa gleich sind und die dementsprechend gleichartige Weine erwarten lassen. An der Mosel werden 12 Prozent der gesamten deutschen Traubenernte eingebracht.

Leitsorte der Mosel ist der Riesling, der König unter den Reben, wie man ihn rühmt. Schon der Kurfürst und Erzbischof von Trier, der weinverliebte Clemens Wenzeslaus, verfügte 1786, daß in seinem Herrschaftsbereich nur Riesling gepflanzt werden durfte. Er legte den Grundstock zum leichten, eleganten Moselwein, der Freunde in aller Welt fand. Aber schon damals waren Qualität und wirtschaftlicher Erfolg zweierlei. Und als ein paar Jahre später Napoleon die Realteilung verordnete, bei der im Erbfall der Grundbesitz unter allen Erben gleichmäßig aufzuteilen war, wurden die noch leistungsfähigen Wirtschaften hoffnungslos zersplittert. Es gibt an der Mosel heute renommierte Weingüter, die kaum drei Hektar Rebland bewirtschaften. Der junge Karl Marx schrieb um die Mitte des 19. Jahrhunderts über die Not der Winzer an der Mosel und darüber, daß viele von ihnen nach Amerika auswanderten. Als aber nach Krieg und Inflation, nach Weltwirtschaftskrise und Nationalsozialismus,

Die Ernte in den steilen Lagen der Mosel ist eine sehr harte, anstrengende Arbeit. Der Riesling reift spät; gelesen wird oft bis in den November hinein.

Mosel-Saar-Ruwer

Mosel-Saar-Ruwer
Bereiche Saar-Ruwer,
Obermosel und Moseltor
(Ausschnittkarte:
Seite 13)

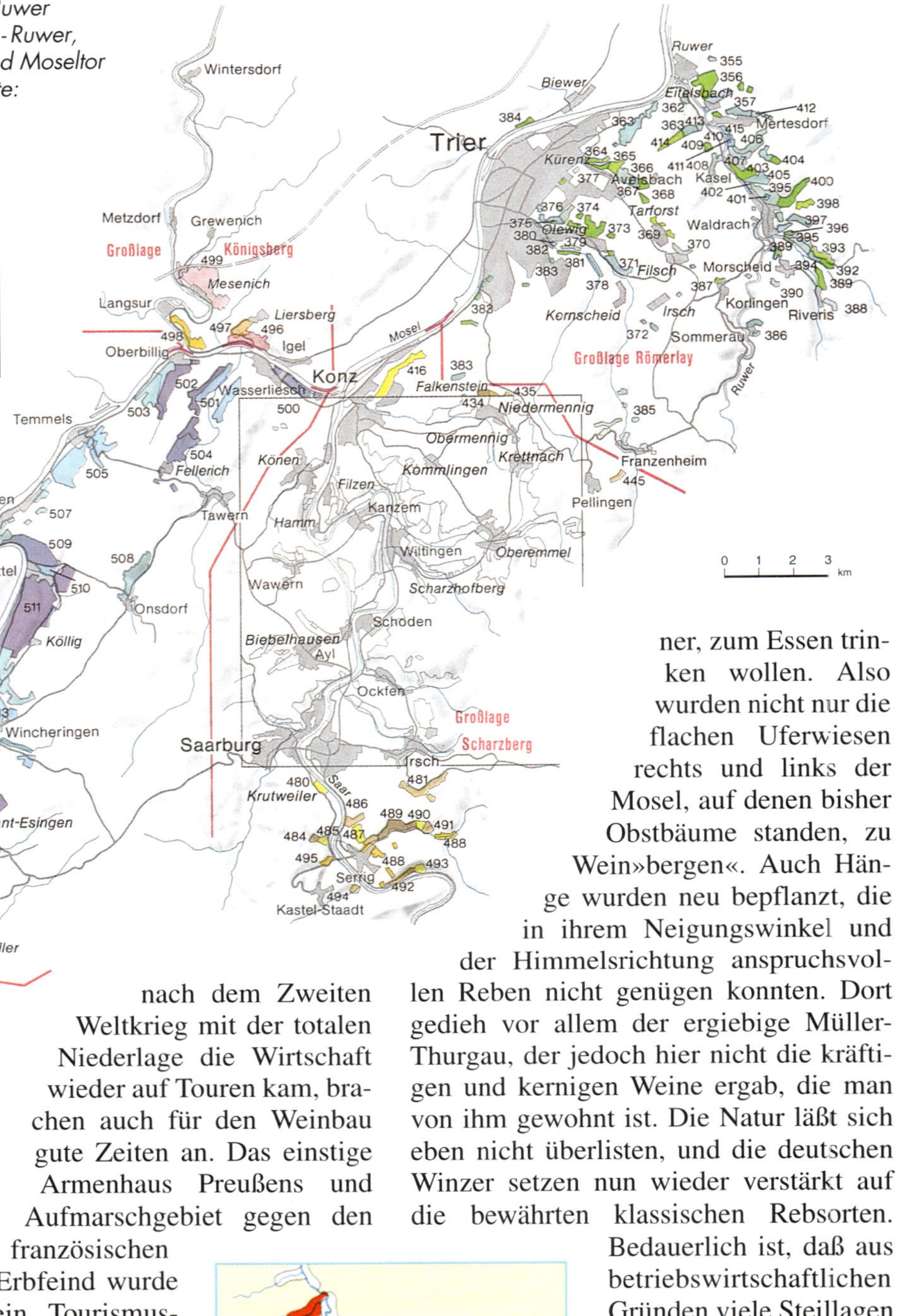

nach dem Zweiten Weltkrieg mit der totalen Niederlage die Wirtschaft wieder auf Touren kam, brachen auch für den Weinbau gute Zeiten an. Das einstige Armenhaus Preußens und Aufmarschgebiet gegen den französischen Erbfeind wurde ein Tourismusparadies. Als die Konsumwellen prestigebewußten Essens und Trinkens über das Land rollten, konnten die Winzer nicht genug Wein produzieren. Und die Mehrzahl unserer Mitbürger, für die Wein auch ein Teil des Prestigekonsums war, wollten ihn süß, in der Fachsprache lieblich. Eine Vorliebe, die auf die Besonderheit zurückzuführen ist, daß die Deutschen ihren Wein meist nicht, wie etwa die Franzosen oder Italiener, zum Essen trinken wollen. Also wurden nicht nur die flachen Uferwiesen rechts und links der Mosel, auf denen bisher Obstbäume standen, zu Wein»bergen«. Auch Hänge wurden neu bepflanzt, die in ihrem Neigungswinkel und der Himmelsrichtung anspruchsvollen Reben nicht genügen konnten. Dort gedieh vor allem der ergiebige Müller-Thurgau, der jedoch hier nicht die kräftigen und kernigen Weine ergab, die man von ihm gewohnt ist. Die Natur läßt sich eben nicht überlisten, und die deutschen Winzer setzen nun wieder verstärkt auf die bewährten klassischen Rebsorten. Bedauerlich ist, daß aus betriebswirtschaftlichen Gründen viele Steillagen aufgegeben wurden, die gute bis sehr gute Weine erwarten ließen. Die Mechanisierung von Anbau und Ernte ist im Steilhang nicht möglich. Für eine gute Flasche Wein erlöst der Winzer genau so viel wie vor dreißig Jahren, während das allgemeine Lohn- und Preisniveau sich vervielfacht hat. Da finden sich immer weniger, die auf handtuchgroßen Stücken am Steilhang Weinbau zu treiben bereit sind.

MOSEL-SAAR-RUWER

Sonnenuhren sind das Wahrzeichen vieler Weinberge an der Mosel. Fünf Weinberge sind nach diesem natürlichen Zeitmesser benannt: in Wehlen, Zeltingen, Pommern, Neumagen und Maring-Noviand.

Arno Frank, Jahrgang 1960, einer der tüchtigen Nachwuchs-Winzer an der Obermosel.

Ein Weinkenner beschreibt die Spitzenweine aus solchen Steillagen so: »Da reifen Gewächse von unnachahmlicher Eleganz, gerühmt in aller Welt. Wenn Mosel-Riesling gut gerät, dann schlägt er alle anderen Weine. Er ist zart, leicht, munter, fast prickelnd, frisch säuerlich, betörend fruchtig mit raffinierten mineralischen Untertönen. Am besten mundet er mit einem nur zu ahnenden Hauch Süße, also halbtrocken und drei, vier Jahre gereift. Dann ist so ein Moselwein am bekömmlichsten, und der Gaumen erlebt ein raffiniertes Spiel von dahingetupften und doch lange nachklingenden Aromen, am besten zu vergleichen mit Mozartscher Musik, einfach zu hören und gedankenschwer.«

Das liegt an der einmaligen Verbindung von Klima und Boden. Mit einer durchschnittlichen Jahrestemperatur von 9,9 Grad Celsius gehört Mosel-Saar-Ruwer zu den kühlsten Weinbaugebieten der Welt. Zum Ausgleich genießen die Reben von Juni bis November eine anderswo nicht erreichte Lichtfülle, verstärkt noch durch die Spiegelung auf dem Wasser des Flusses. Die Trauben reifen allmählich, dafür oft bis in den November hinein. Der Herbst läßt ihnen reichlich Zeit, Aromen zu bilden. Das Erdreich an den steilen Hängen ist dünn. Die Weinstöcke müssen tief wurzeln, um Wasser aus den Felsen zu holen. Der Boden besteht aus bröseligem Schiefer, verdichtetem Schlick aus Urzeiten, einem natürlichen Dünger, der die Reben reichlich mit Mineralien versorgt.

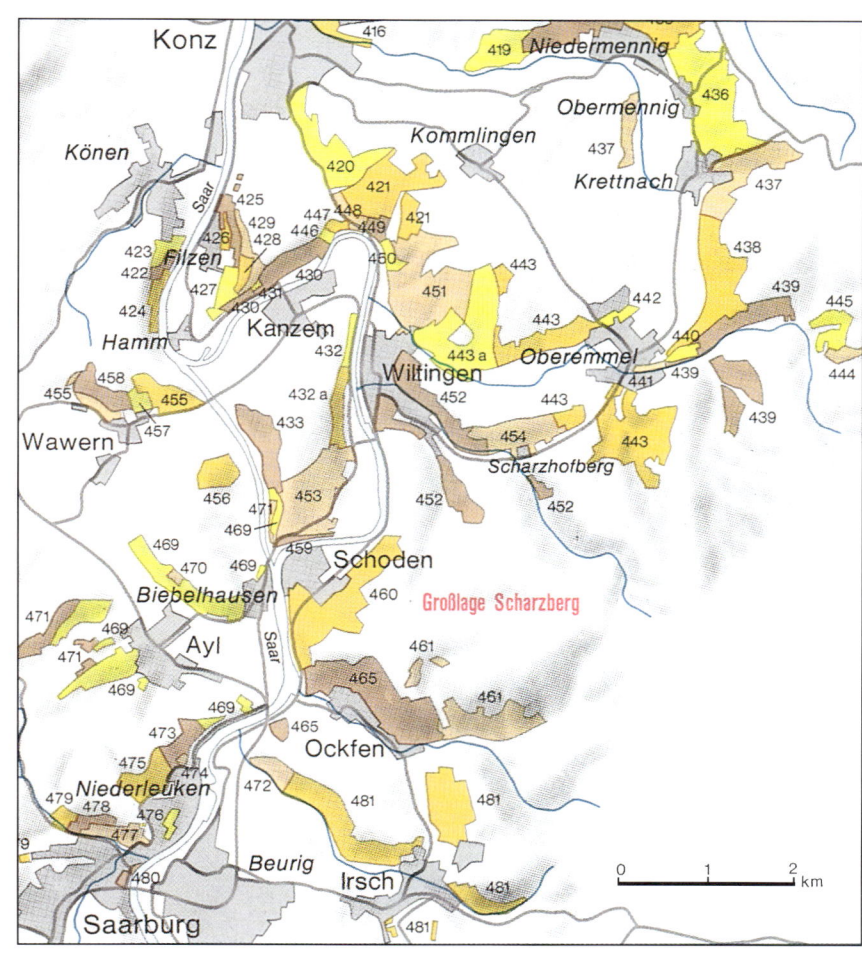

MOSEL-SAAR-RUWER

Die Pflege der Reben am Koberner Weißenberg (Untermosel) kommt einer Arbeit im Hochgebirge gleich.

All dies verschafft den Weinen bei aller Leichtigkeit die einzigartige Fülle von Duft und Geschmack. Wenn sich heute die Schufterei am Hang nicht mehr lohnt und es sich herausstellt, daß einfachste Weine auf den flachen Weinfeldern unserer südlichen Nachbarn billiger anzubauen sind, bleibt den Moselwinzern nichts anderes übrig, als sich des Kurfürsten und Erzbischofs Clemens Wenzeslaus zu erinnern und auf Riesling-Qualität zu setzen. Deutscher Wein, das beginnt sich herumzusprechen, ist von begrenztem Alkoholgehalt, frisch, harmonisch im Spiel von Säure und Süße, gut mit Extrakten versehen. Und mit diesen Eigenschaften will er gar nicht mit den schweren Tropfen südlicher Länder konkurrieren. Die Höchstertragsregelung weist in die richtige Richtung. Man beeinflußt die Traubenmenge und die Qualität schon mit dem Rebschnitt, indem man einige Augen weniger am Stock läßt. Einzelne Weingüter entfernen einen Teil der Fruchtansätze oder hauen jede zweite Reihe aus, um weniger Lesegut, dafür aber Spitzenqualitäten zu ernten. Damit beim Winzer trotz geringerer Erntemengen die Kasse stimmt, haben die Selbstvermarkter auch ihre Produktpalette erweitert. Der Handel wird diese Produkte verstärkt aufnehmen, wenn sie sich erst durchgesetzt haben. Dazu gehört der Winzersekt, ein hochwertiger, weiniger Tropfen mit Jahrgangs- und Rebsortenangabe. Aber auch die verschiedenen Brände gehören dazu, wie Trester-, Trauben- und Hefebrand, Traditionsprodukte, die

Mosel-Saar-Ruwer Bereich Bernkastel (Mittelmosel)

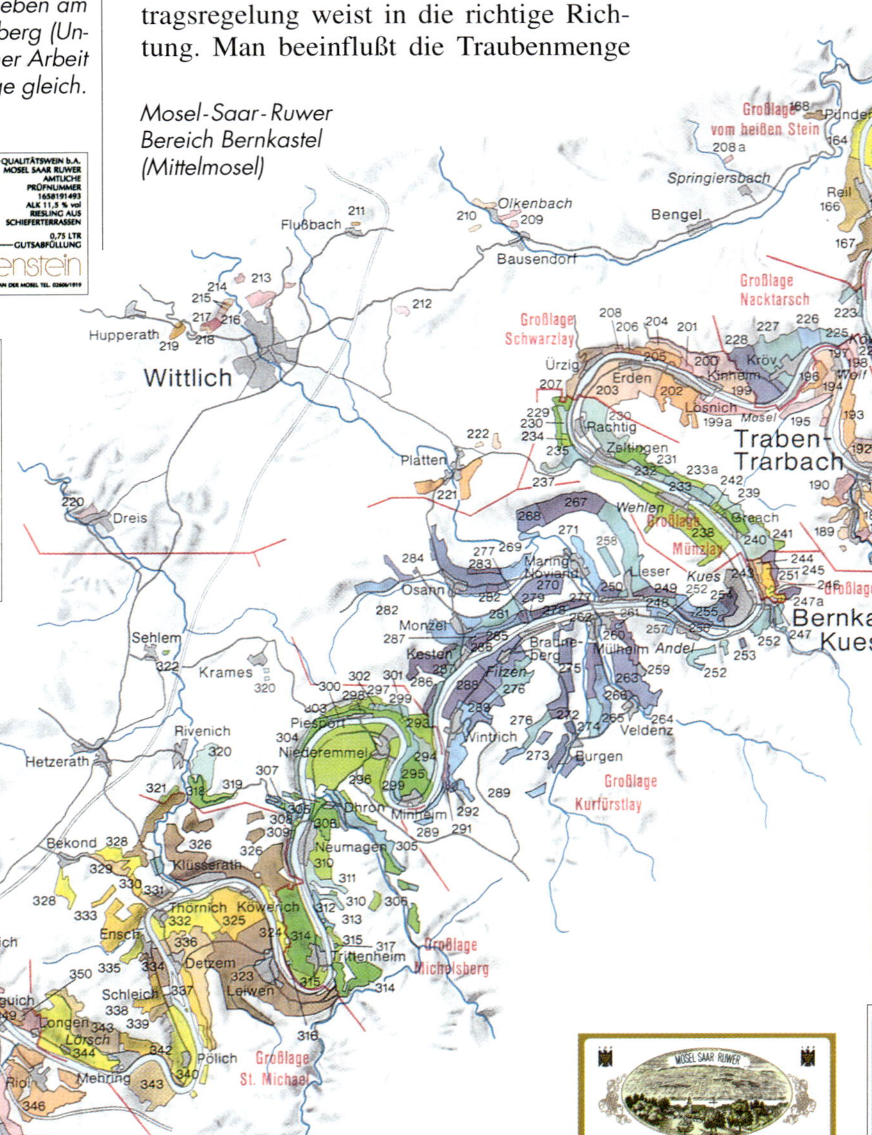

MOSEL-SAAR-RUWER

früher meist nur für den Hausgebrauch hergestellt wurden, wie auch der Winzer täglich »Haustrunk« auf dem Tisch hatte, Winzer-Weinessig und von Fall zu Fall weitere landschaftsgebundene Spezialitäten, die der Feinschmecker gern für ein »Essen im Stil der Winzer« einkauft.

Eine steigende Bedeutung bekommt auch der Öko-Weinanbau. Einem bis zu 15 Prozent niedrigeren Ertrag steht ein Gewinn für Umwelt und Natur gegenüber. Zwei bis drei Jahre dauert es, bis die natürlichen Regulationsmechanismen greifen, Schädlinge und Nützlinge sich die Waage halten. Dann sind nicht nur die Raubmilben und die sensiblen Spinnen zurückgekommen, sondern auch zahlreiche gefährdete Tierarten tauchen wieder auf. Heute reichen den Betrieben zum Pflanzenschutz Schwefel, Kupferpräparate und Pflanzenextrakte. Der Aufwand ist höher und muß zumindest zum Teil durch einen höheren Verkaufspreis wieder hereingeholt werden, aber der Gedanke, daß der Wein inmitten von Blumen und Schmetterlingen reift, hat sicher seinen Reiz, und da das Geschmackserlebnis von vielen Faktoren abhängig ist, zeichnet sich Bio-Wein für Sie vielleicht durch besonderen Wohlgeschmack aus.

Nun wollen wir das Land und seine Weine in den fünf Bereichen an Mosel, Saar und Ruwer betrachten. Am leichtesten zu erreichen und deshalb das Ziel von vielen Tagesausflügler aus dem Rhein-Ruhr-Gebiet ist die Untermosel, der Bereich Zell, der von Koblenz bis zur Stadt der »Schwarzen Katz« reicht. Im Mittelpunkt liegt Cochem, Tummelplatz unzähliger Touristen. Die rekonstruierte Burg und der mittelalterliche Marktplatz haben es ihnen angetan. Das Tal der Untermosel ist wie eine große Furche, die der Fluß – heute durch Eisenbahn und zwei Uferstraßen erweitert – durch das Rheinisch-Westfälische Schiefergebirge gezogen hat, um Eifel und Hunsrück zu trennen. Was von unten wie eine Gebirgslandschaft wirkt, entpuppt sich nach dem Aufstieg als eine Hochebene, durch die sich das Flußtal zieht, manchmal in Schleifen, die nur wenige hundert Meter breit sind, so daß der Wanderer zu beiden Seiten auf den Fluß blickt. Die zum Weinbau geeigneten Südhänge liegen deshalb auch mal am linken, mal am rechten Ufer. Der Riesling der Untermosel hat einen kräftig-erdigen Geschmack. In seiner Masse ist er ein ehrlicher Wein, der, insbesondere an der »Koblenzer Wärmeinsel« das mildeste Klima genießt. Daneben ste-

Am Bremmer Calmond (heißer Berg) ist kein Wegebau möglich, der dem Winzer die Arbeit etwas erleichtern könnte. Erst die Anlage von kleinen Einschienen-Bahnen brachte etwas Hilfe.

Alex Licht in Brauneberg (Mittelmosel) ist für zarten Riesling bekannt.

MOSEL-SAAR-RUWER

Mosel-Saar-Ruwer Bereich Zell (Untermosel)

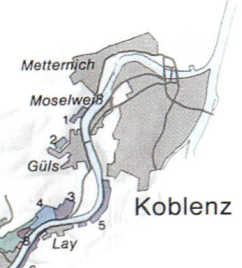

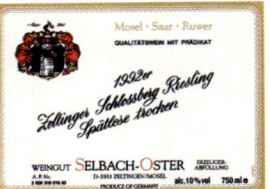

der Mosel. Dort liegt der Berg in der bevorzugten Südwest-Richtung, der Boden besteht aus steinigem Tonschiefer. Bernkastel hat mit seiner Spitzenlage »Doctor« einen sagenhaften Wein, aber auch genügend ordentliche Tropfen für normal dimensionierte Geldbeutel. Die Winzergenossenschaft »Moselland« in Bernkastel-Kues verarbeitet von mehr als 5000 Winzern ein Viertel der Gesamterzeugung des Anbaugebietes. Sie favorisiert den lebendigen und leichten Moselwein. Allzu gern wird einer solch großen Kellerei nachgesagt, daß sie die Weinqualität nivelliere, doch tatsächlich nimmt »Moselland« regelmäßig an der Bundesweinprämierung teil und hat dabei manch Großen Preis für die Mosel geholt.

Der Wein der Mittelmosel hat ein ausgeglichenes Verhältnis – Harmonie genannt – zwischen Restsüße und fruchtiger Säure, das den Moselwein zu einem idealen Begleiter fast allen Essens macht. Der »Bernkasteler Ring«, ein Zusammenschluß bürgerlicher, kundenorientierter Weingüter, will dem Moselwein bis zum Jahr 2000 seine alte Stellung wiedererobern. Seine Präsentationen setzen Maßstäbe, wie ein guter Moselwein zu schmecken hat. Jenseits von Bernkastel-Kues weitet sich das Tal. Der Touristenstrom wird dünner. Bei Piesport, wo das Goldtröpfchen wächst, ist eine Römische Kelter zu besichtigen, in Neumagen eine Nachbildung des Römischen Weinschiffes, dessen Original sich im Landesmuseum in Trier befindet. Hier wird Weinbau mindestens seit der Zeit der römischen Besatzung betrieben, und heute haben eine ganze Anzahl der bekanntesten Weingüter der Mosel hier ihre Weinberge. Trier, die zweitausendjährige Stadt, zeitweise Kapi-

hen Spitzenerzeugnisse einiger Weingüter, vor allem aber die Rieslinge der »Erzeugergemeinschaft Deutsches Eck«, die durch naturgemäßen Weinbau und geringe Erntemengen beste Qualität anbieten kann und in ihrer frischen Art dem Untermosel-Riesling weltweit Respekt verschafft.

Der Bereich Bernkastel umfaßt die Mittelmosel. Zentrum ist das beliebte Reiseziel Bernkastel-Kues, ein reizendes mittelalterliches Städtchen mit der Burgruine Landshut und dem unvergeßlichen Marktplatz. Auf der anderen Seite der Mosel, in Kues, sind das Cusanusstift, als St.-Nicolaus-Hospital eingerichtet von dem Philosophen und Kardinal Nicolaus Cusanus (1401-1464), und das Moselwein-Museum zu besichtigen. Landkarte und Weinkarte zeigen dieselben Namen: Reiler vom heißen Stein, Kröver Nacktarsch, Ürziger Würzgarten, Erdener Treppchen, Wehlener Sonnenuhr, Graacher Himmelreich. Die Großlage Münzlay von Zeltingen bis Graach ist die größte geschlossene Weinbaufläche an

MOSEL-SAAR-RUWER

Imposant erhebt sich der Scharzhofberg bei Wiltingen, die beste Lage an der Saar. Hier gedeiht Riesling vom Besten (links).

Trittenheim am oberen Mosellauf genießt unter Weinfreunden und -freundinnen durch seine beiden Lagen Altärchen und Apotheke ein hohes Renommee. Doch da die Anbauflächen überaus großzügig erweitert wurden, ist leider nicht alles Spitzenqualität, was aus diesen Lagen in den Handel gelangt.

Mosel-Saar-Ruwer

Rebfläche: 12 500 Hektar

Ernte im Schnitt:
1,4 Millionen Hektoliter

Weinbaubetriebe:
circa 15 000

Hauptsorten: Riesling, Müller-Thurgau, Elbling

Bereich Zell/Mosel (Untermosel)

Großlagen: **Weinhex** (Winningen), **Goldbäumchen** (Pommern, Cochem, Ernst, Ellenz), **Rosenhang** (Cochem, Valwig, Briedern, Senheim), **Grafschaft** (Zell), **Schwarze Katz** (Zell).

Bereich Bernkastel (Mittelmosel)

Großlagen: **Vom heißen Stein** (Reil), **Schwarzlay** (Ürzig), **Nacktarsch** (Kröv), **Münzlay** (Zeltingen, Wehlen, Graach), **Badstube** (Bernkastel), **Kurfürstlay** (Bernkastel, Brauneberg), **Michelsberg** (Piesport), **St. Michael** (Leiwen, Klüsserath, Thörnich, Detzem), **Probstberg** (Longuich).

Bereich Saar-Ruwer

Großlagen: **Römerlay** (Trier, Waldrach), **Scharzberg** (Wiltingen, Ockfen).

Bereich Obermosel

Großlagen: **Königsberg** (Mesenich), **Gipfel** (Nittel, Wicheringen).

Bereich Moseltor

Großlage: **Schloß Bübinger** (Perl).

tale des Römischen Reiches und reich an Altertümern wie der Porta Nigra und den Kaiserthermen, der Palastaula Konstantins und dem Amphitheater, ist das geographische Zentrum der Obermosel. Die Stadt beherbergt namhafte Weinbaubetriebe und Großkellereien, als Beispiel sei die traditionsreiche Verwaltung der Bischöflichen Weingüter genannt. Um aber Irrtümern vorzubeugen: Trier ist der größte Weinort des Bereiches Saar-Ruwer, das Weinbaugebiet Obermosel schließt sich erst flußaufwärts daran an. Der Bereich steht in dem Ruf, den feinsten Riesling, voller Fruchtaroma, zu keltern. Während die Weine des kleineren Gebietes im Ruwertal herzhaft nach Johannisbeeren schmecken, bestechen die Weine aus dem Saartal durch ihr Apfelaroma. Das Klima ist kühler als an der Unter- und Mittelmosel, aber Sonnenschein von Ostern bis weit in den Herbst läßt den Trauben Zeit für ihre Entwicklung. Sie lohnen es mit hohen Extraktwerten. Es ist etwas ganz Besonderes, eine hier auf Schieferhängen gewachsene edelsüße Auslese erstehen zu können. Spitzengewächse von den besten Lagen erzielen höchste Notierungen auf internationalen Versteigerungen und schlagen alle Weißweine der Welt.

Einfachere Weine dienten in der Vergangenheit hauptsächlich der Sektherstellung. Der Elbling führte lange ein Aschenputteldasein, bis der damalige Bundespräsident Walter Scheel (1974-1979), der deshalb auch in die Weingeschichte einging, den im benachbarten Luxemburg geschätzten Tropfen wieder in Deutschland populär machte. Römische Legionäre hatten die Rebe als »uva alba« an die Mosel gebracht. Nun findet die urwüchsige, unbändig fruchtbare Traubensorte neue Freunde. Sie ergibt, wenn der Winzer sein Handwerk versteht, einen einfachen, nach Boskop-Äpfeln schmeckenden Wein, der erstaunlich haltbar ist. Es bildete sich ein »Verein der Freunde des Elblingweins der Obermosel« in Nittel, der sich wortreich dafür einsetzt, daß Elbling nur noch von ordentlicher Qualität und ungesüßt angeboten wird. Ein rechter Wein für alle Tage. Ganz nebenbei stellte man fest, daß der Elbling sich aber auch hervorragend zur Herstellung von Sekt eignet. Man kann ihn mit gut 1000 Hektar heute ohne Übertreibung als die Leitsorte der Bereiche Obermosel und Moseltor bezeichnen, die eigentlich eine Einheit bilden. Der einzige Unterschied ist, daß der Bereich Moseltor die Rebflächen im Saarland umfaßt.

RHEINLAND

Bei Kaub (links) am Mittelrhein finden Weinreisende gerade im Spätherbst oder im Frühjahr eine beschauliche Landschaft und zugleich einen Riesling von interessanten Aromen.

RHEINLAND

Unbekannte Schönheiten

Kann so weit nördlich noch Wein wachsen? Ahr und Mittelrhein liegen jenseits des 50. Breitengrades, der allgemein als die Grenze des Weltweinbaus gilt. Dennoch ist es, einigen winzerlichen Ehrgeiz vorausgesetzt, selbst in mittelmäßigen Jahrgängen möglich, in Ahrweiler mehr als zwölfgrädigen Burgunder zu erzeugen, ohne daß ein Gramm Zucker nötig wäre. Ich habe Gewürztraminer vom Drachenfels probiert, der so feurig war wie bester Elsässer. Gewiß ist es im Süden heißer, doch staut sich die Wärme auch in den engen Tälern des Rheins und seiner Nebenflüsse. Was noch wichtiger ist: Im Sommer bleibt es dort viel länger hell, bis zu 17 Stunden am Tag, günstig für die lichthungrigen Reben. Die Trauben haben reichlich Zeit, Aromen aus dem Boden zu holen. Wer schon einmal norddeutsche Äpfel mit solchen aus Südfrankreich verglichen hat, weiß, wovon die Rede ist. Der Begriff Rheinland dient hier als Klammer, um drei kleinere, wenig bekannte deutsche Weinbaugebiete zusammen abhandeln zu können: Ahr, Mittelrhein und Nahe. Dies ist historisch, geographisch und geologisch sogar korrekt. Das mehr als zwei Jahrtausende alte Rheinland reichte stets bis an die Nahe – kaum zu glauben, daß Preußen und Bayern dort einmal eine gemeinsame Grenze hatten. Alle drei Gebiete liegen im rheinischen Schiefer, sind klimatisch miteinander vergleichbar und bringen dennoch recht unterschiedliche Weine hervor. Beginnen möchte ich mit dem nördlichsten Gebiet.

Die Ahr hat, obwohl wenig bekannt, von allen westdeutschen Wein-Anbaugebieten die wenigsten Sorgen. Die rund fünf Millionen Flaschen jährlich sind rasch ausge-

Bislang noch wenig im Mittelpunkt der deutschen Weinlandschaften sind die Anbaugebiete von Ahr, Nahe und Mittelrhein. Hier entstehen ganz unterschiedliche Weine, die noch durch ein ausgewogenes Preis-Qualitäts-Verhältnis überzeugen.

RHEINLAND

Die Ahr ist für den Köln-Bonner Großraum fast so etwas wie ein Naherholungsgebiet. Der milde Spätburgunder der Ahr läßt aber durchaus auch eine längere Anfahrt lohnend erscheinen.

trunken. Im Sommer erwandern viele Besucher aus dem Köln-Bonner Raum den aussichtsreichen, etwa 20 Kilometer langen Rotwein-Wanderweg zwischen Neuen- und Altenahr, um am Ende wohlig erschöpft bei einigen Gläsern Burgunder auszuruhen. An Winter-Wochenenden, wenn es still im engen Tale ist, genießen Bürger aus Bonn und Köln die Abgeschiedenheit. Bei der Heimfahrt liegen dann einige Kartons Spätburgunder im Kofferraum. So bleibt oft nicht genug, um den Handel zu beliefern, bei dem der Ahr-Wein Seltenheitswert genießt.

In den letzten Jahren haben sich die Winzer auf ihre beste Sorte, den Spätburgunder, konzentriert, der heute mehr als die Hälfte der Rebfläche an der Ahr einnimmt (vor 15 Jahren war es noch weniger als ein Drittel). Dort gedeiht er auf steilen, mit schütterem Schiefer bedeckten Hängen, von den Eifel-Höhen vor Kälte und Regen geschützt. Der Wein ist meist hellrot, hat wenig Gerbstoff, eine weiche Säure und duftet angenehm nach Himbeeren. Er wird gerne als »mollig« beschrieben und kommt so Genießern entgegen, denen die Rotweine des Südens zu wuchtig und zu herb sind. Doch Vorsicht: Ahr-Burgunder probiert sich leichter als er ist. Zur Hälfte wird er heute ohne Süße angeboten. So schmeckt er auch am besten, zum Beispiel zu Kalbsleber. Kenner schwören auch auf den roten Portugieser von der Ahr. Wo diese Sorte noch nicht dem Burgunder gewichen ist, haben die Reben meist ein hohes Alter, was der Güte des Weins entgegenkommt. Stolz sind die Ahr-Winzer auch auf ihren Riesling. Diese Rebe entwickelt an der Ahr einen ganz eigenen Charakter, sie ergibt frische und fruchtige Weine, denen allerdings die feinnervige Säure vom Mittelrhein fehlt.

Durch das Tal des Mittelrheins, der weinbaulich von Bonn bis Bingen reicht, brausen täglich mehr als 100 Intercitys. Die Fahrgäste sind meist Geschäftsleute. Sie studieren Akten, besprechen sich mit Kollegen. Selten blicken sie aus dem Fenster, um kurz Weinberge, Felsen, Burgen zu

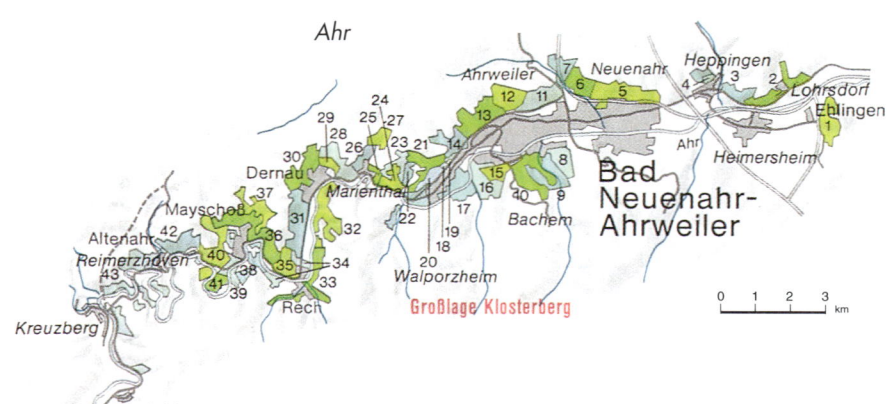

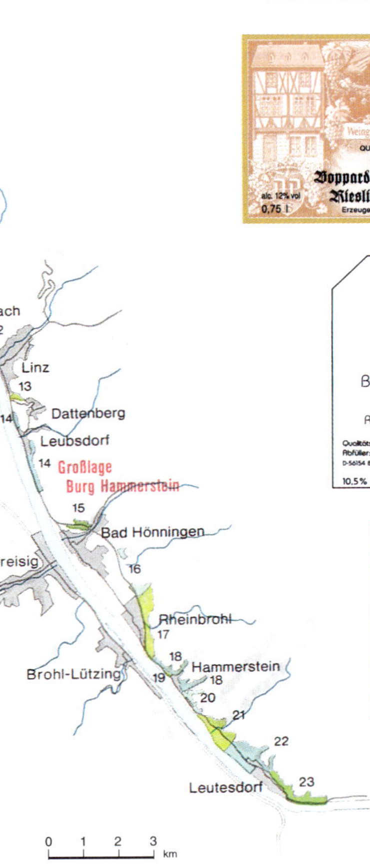

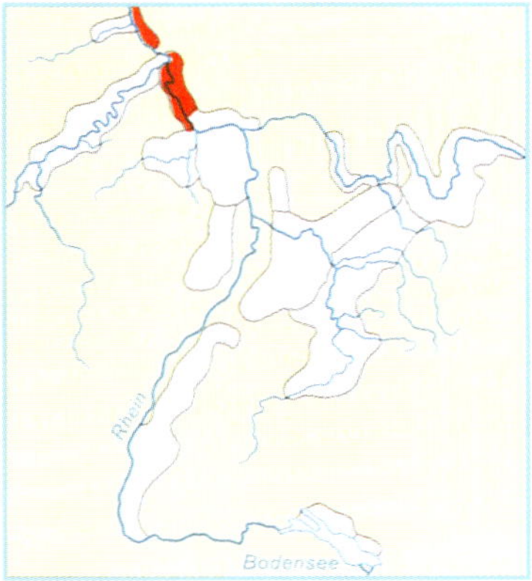

RHEINLAND

Mittelrhein südlicher Teil

Mittelrhein nördlicher Teil

erfassen. Die flüchtigen Eindrücke reichen nicht, um den Entschluß reifen zu lassen, den Wein, der in dieser dramatisch-schönen Landschaft wächst, einmal in Ruhe zu genießen. Schade, sie versäumen viel. Das beginnt in Bonn, wo im Zuge der Bundesgartenschau 1979 ein Rebberg angelegt wurde – der Wein kommt nicht in den Handel, er ist für besondere Gelegenheiten reserviert. Auf der anderen Seite des Stroms, an den Hängen des Siebengebirges, ist eine weitere Rarität zu sehen: 24 Hektar Rebfläche, die zu Nordrhein-Westfalen gehören. Die Weinberge zwischen Königswinter und Rhöndorf setzen beste Tradition fort – nach der Gründung von Köln und Bonn begannen die Römer hier, Wein anzubauen. Vor einem Vierteljahrhundert gab es im Mittelrhein zwischen Bonn und Bingen noch 1000 Hektar Reben, davon sind heute jedoch nur knapp 700 übrig. Der Weinbau zieht sich – wie übrigens in allen Weinbaugebieten der Welt – von den nur schwer bebaubaren Steillagen zurück, die aufgegebenen Hänge im Rheintal lassen den Umfang ahnen. Gleichzeitig konzentrieren sich die Winzer auf die Edelsorte Riesling, die auf dem Schiefer ideale

RHEINLAND

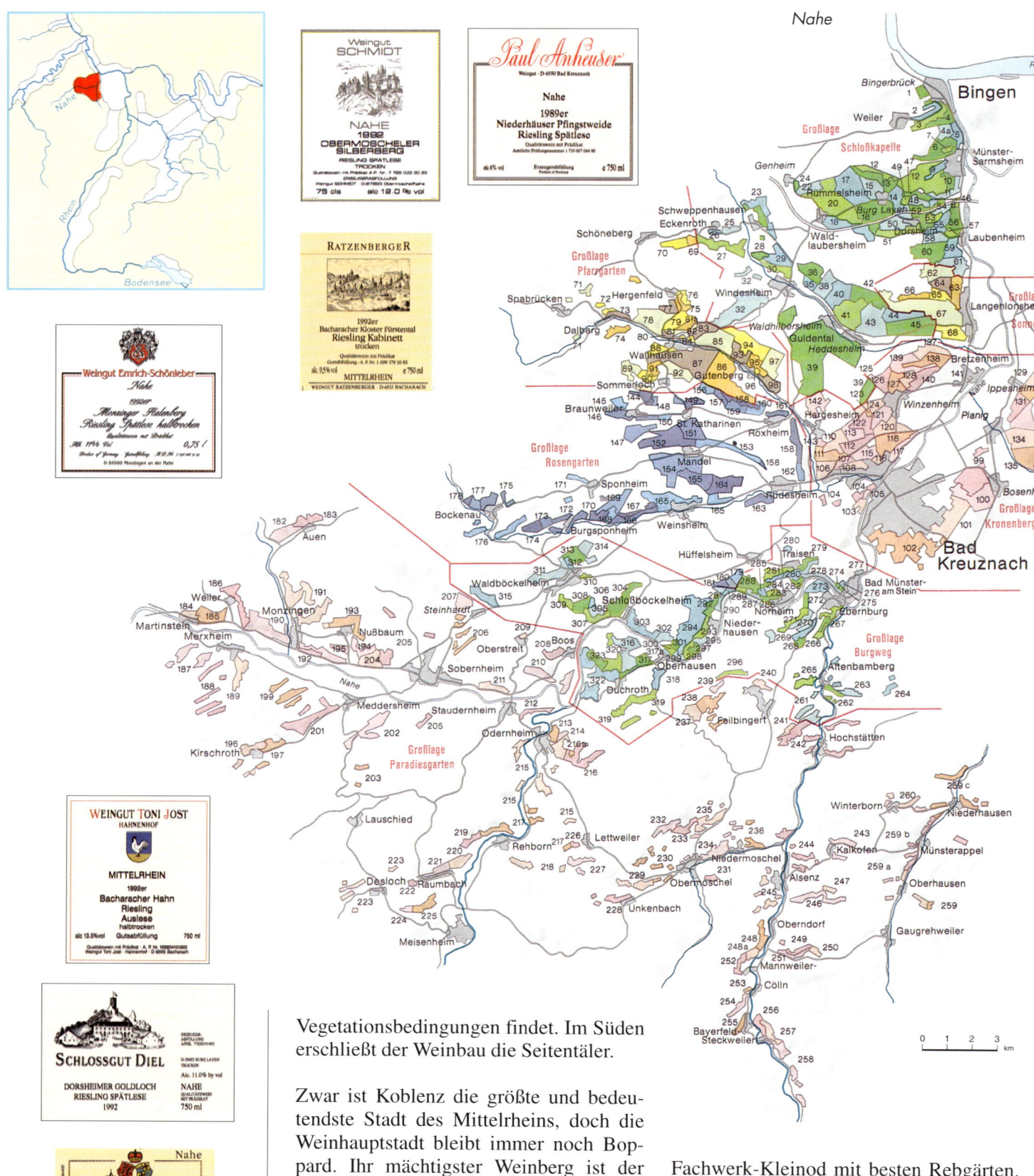

Vegetationsbedingungen findet. Im Süden erschließt der Weinbau die Seitentäler.

Zwar ist Koblenz die größte und bedeutendste Stadt des Mittelrheins, doch die Weinhauptstadt bleibt immer noch Boppard. Ihr mächtigster Weinberg ist der Hamm, eine sechs Kilometer lange ununterbrochene Rebfläche in bester Südlage an einer großen Flußschleife. Der säuregeprägte Riesling von dort hat ein unverwechselbares Aroma. Bekannt ist auch Bacharach, ein liebevoll herausgeputztes Fachwerk-Kleinod mit besten Rebgärten. Zum Wichtigsten in diesem Städtchen gehört die »Zechgesellschaft Bacchus«, die sich mannhaft und erfolgreich für einen unverfälschten Riesling einsetzt. Fritz Bastian, der Wirt vom »Grünen Baum«, scheut keinen Streit, wenn es um den

RHEINLAND

Am Nahe-Ort Burg Layen erhebt sich der eindrucksvolle Turm, an seinem Fuß liegen die Anbauflächen von Schloßgut Diel.

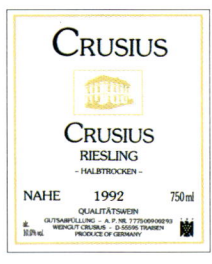

Das »Altsche Haus« in Monzingen ist ein Zeuge traditioneller Handwerkskunst. Monzingen selbst gilt als der letzte Ort der oberen Nahe, wo Winzer noch zu bemerkenswerten Ergebnissen kommen.

Wein geht. Und den Bacchus-Brüdern ist es zu verdanken, daß die mittelrheinischen Winzer wieder mehr feinherben, von eleganter Säure bestimmten Riesling anbieten. Liebhaber wissen zu unterscheiden zwischen dem knackigen Apfelgeschmack der Bacharacher Gewächse oder den zarten Kräuteraromen der Weine vom Bopparder Hamm. Diese herrlichen Tropfen sind wenig bekannt und deshalb noch bezahlbar. Wenn die Winzer von der Nahe auf ihr Rebland aufmerksam machen wollen, dann sagen sie meist, es läge zwischen Mosel und Pfalz. Das ist wohl richtig, geographisch wie geologisch, und trifft auch in etwa den Geschmack der Weine. Und doch ist die Darstellung alles andere als glücklich. Den Weinwirten von der Nahe ist es nie gelungen, ihrer Irgendwo-dazwischen-Landschaft Profil zu verleihen. Sie haben's auch nicht einfach. Das Flüßchen war nie schiffbar, dort endete alles. Die Autobahn kam spät. So sind die schmackhaften Nahe-Erzeugnisse wenig bekannt, was für den engagierten Weinfreund den Vorteil hat, daß auch die Preise überwiegend angenehm sind.

Dem Nahe-Wein wird eine große Vielfalt nachgesagt. Gerne führen die Winzer vor, wie in den Rebgärten mitunter alle 50 Meter die Böden wechseln, Schiefer neben Rotliegendem, Porphyr neben Mergel – Folge vulkanischer Verwerfungen in Urzeiten. Jedes Gestein gibt den Trauben ein eigenes Bukett mit. Dennoch existiert ein klarer Wein-Typus an der Nahe. Zumindest gilt dies für die Hauptsorte Riesling: herzhafter Fruchtgeschmack, der zwischen Apfel und Pfirsich spielt, unterlegt

RHEINLAND

RHEINLAND

Ahr:
Rebfläche: 485 Hektar
Weinbaubetriebe: circa 560
Hauptsorten: Spätburgunder, Portugieser

Bereich Walporzheim/Ahrtal
Großlage: **Klosterberg** (Ahrweiler, Walporzheim, Dernau, Altenahr).

Mittelrhein:
Rebfläche: 680 Hektar
Weinbaubetriebe: circa 700
Hauptsorten: Riesling

Bereich Siebengebirge
Großlage: **Petersberg.**

Bereich Loreley
Großlagen: **Burg Hammerstein** (Hammerstein, Leutsdorf), **Lahntal** (Obernhof), **Marksburg** (Vallendar, Koblenz), **Gedeonseck** (Boppard, Bopparder Hamm), **Burg Rheinfels** (St. Goar, Loreleyfelsen (St. Goarshausen), **Schloß Schönburg** (Oberwesel), **Herrenberg** (Kaub), **Schloß Stahleck** (Bacharach), **Schloß Reichenstein** (Oberheimbach).

Nahe:
Rebfläche: 4 200 Hektar
Weinbaubetriebe: circa 2 000
Hauptsorten: Riesling, Müller-Thurgau

Bereich Nahetal
Großlagen: **Schloßkapelle** (Münster, Münster-Sarmsheim, Windesheim, Guldental), **Sonnenborn** (Langenlonsheim), **Pfarrgarten** (Dalberg, Wallhausen, Gutenberg), **Kronenberg** (Bad Kreuznach, Bretzenheim), **Rosengarten** (Mandel, Roxheim, Rüdesheim), **Paradiesgarten** (Monzingen, Meddersheim, Obermoschel), **Burgweg** (Norheim, Niederhausen/Nahe, Schloßböckelheim).

von kräftig-mineralischen Aromen. Wer nicht glauben mag, daß man Steine riechen und schmecken kann, der reibe Brocken vom Schiefer oder Granit fest aneinander. Der Geruch, der dabei aufsteigt, prägt auch den Nahe-Wein. Die untere Nahe, meist sanft hügelig, bringt behäbigere Weine hervor und müßte eigentlich schon zu Rheinhessen gerechnet werden. In den Seitentälern bei Wallhausen und Guldental wächst ein prächtiger Müller-Thurgau mit verhaltener Würze. Aber kurz vor der Mündung in den Rhein, an den steilen Schiefer-Hängen von Dorsheim und Münster-Sarmsheim, erreicht der Riesling noch einmal Höchstform. Die Weine dieser Orte sind zwar nicht so berühmt, überragen aber das allgemeine Niveau der Umgebung und gehören zur Elite des deutschen Weins überhaupt. Neben dem Riesling lohnt es sich auch, den etwas schneller reifenden Weißburgunder zu probieren.

Der mittlere Fluß-Abschnitt, zwischen Niederhausen und Kreuznach, ist fraglos der beste – und auch landschaftlich schönste – Teil des Weinlandes Nahe. Im oberen Verlauf, zwischen Monzingen und Odernheim, wird der Riesling kantiger, entwickelt sich nur langsam in der Flasche, ist dafür aber langlebig. Gänzlich unbekannt wächst manch großartiger Tropfen am Nebenflüßchen Alsenz. Die Nahe ist ein Weißwein-Land. Um so erstaunlicher ist der Vormarsch der Rotweine auch hier. Besondere Köstlichkeiten entstehen, wenn die Trauben zu Rosé verarbeitet werden und sich mit ihrer knackigen Fruchtsäure in die erste Reihe erfrischender, leichter Weine einreihen.

HESSEN

HESSEN

Am Hof von König Riesling

Mitunter ist es ja gar nicht so schlecht, wenn der Staatssäckel leer ist. Dann bleiben manche Vorhaben liegen, die letztlich doch nur ein Ärgernis geworden wären. Dazu gehört beispielsweise der Plan, von Wiesbaden bis Rüdesheim eine vierspurige Schnellstraße mit anschließender Brücke über den Rhein zu bauen. Nicht auszudenken: Vorbei an den Schlössern von Erbach und Johannisberg, entlang berühmter Lagen wie Marcobrunn und Hasensprung wäre der Schwerlastverkehr kreuzungsfrei durch den Rheingau gedonnert. Die milde Landschaft, trotz mächtiger Besucher-Ströme an den Wochenenden immer noch eine Idylle, hätte nachhaltig Schaden genommen. Nur ein kleiner Teil wurde verwirklicht, die hinnehmbare, dringend notwendige Umgehung der völlig überlasteten Stadt Eltville. Der Rheingau, ein Glücksfall deutscher Weinkultur, blieb verschont. In diesem Anbaugebiet ist die Welt noch in Ordnung. Eine internationale Kundschaft kennt den Wein und hat von ihm klare Vorstellungen: kraftvoll, von barocker Fruchtigkeit, überwiegend herb. Der Rebbau konzentriert sich auf die beiden Spitzensorten Riesling und Spätburgunder. Vom Müller-Thurgau existieren nur Restbestände, und die werden bis zur Jahrtausendwende auch ausgehauen sein. Er gehört hier nun einmal nicht her. Die Ernten werden um der Qualität willen niedrig gehalten. Ohne daß die Winzer groß darüber reden, ist naturschonende Anbauweise im Rheingau die Regel. Die Kellerwirtschaft hat einen hohen Stand, nicht zuletzt durch die Arbeit der weltweit angesehenen Weinbau-Forschungsanstalt in Geisenheim.

Rheingau und Hessische Bergstraße – zwei Anbaugebiete, die sich zwar geographisch zusammenfassen lassen, doch Weine ganz unterschiedlichen Charakters produzieren. Eines hingegen haben sie allemal gemein: Den Besuchern präsentieren sie sich als wunderschöne Landschaften, wie etwa bei Heppenheim an der Hessischen Bergstraße. Gegenüber dem Rheingau umfaßt die Bergstraße – klimaverwöhnt und mit guten Steillagen – nur rund ein Achtel der Anbaufläche.

HESSEN

Zahlreiche Baudenkmäler im Rheingau weisen auf eine reiche Kulturhistorie hin, und auch der Weinbau steht hier in einer weithin bekannten Tradition. Gerade der Riesling erreicht auf den üppigen Lehmböden des Rheingaus eine gerühmte Fruchtigkeit. Schon vor Karl dem Großen, der oft als Entdecker der günstigen Klimavoraussetzungen für den Weinbau angeführt wird, hatten die Römer diesen Umstand erkannt – und genutzt.

Den Winzern im Wiesbadener Land geht's gut. Sie genießen den unbezahlbaren Vorteil, daß ihre Rebgärten vor der Haustür der geballten Wirtschaftskraft des Rhein-Main-Raumes liegen. Die Menschen aus den hessischen Metropolen lassen es sich gerne im Rheingau wohl ergehen. Die Kehrseite: Frankfurter, Offenbacher, Hanauer schätzen den lieblichen Landstrich am Fuße des Taunus so sehr, daß sie dort leben möchten. Manche Rebfläche wurde als Bauland ausgewiesen, das Rheingauer Weinland schrumpfte. Die früher geachtete Lage Kosakenberg in Geisenheim gibt es nicht mehr. Doch sind jetzt Weinberge für die kommunale Planung tabu. Die Gemeindeväter merken, wie überlebensnotwendig die Reben für den Rheingau sind.

In früheren Jahrhunderten ließen sich Grafen und Fürsten auf den Höhen über dem Rhein nieder und genossen, stets den Blick zur Sonne gewandt, das sanfte Klima. Die Aristokraten machten den Riesling weltberühmt. Sie mußten nicht auf Menge achten, sie konnten –

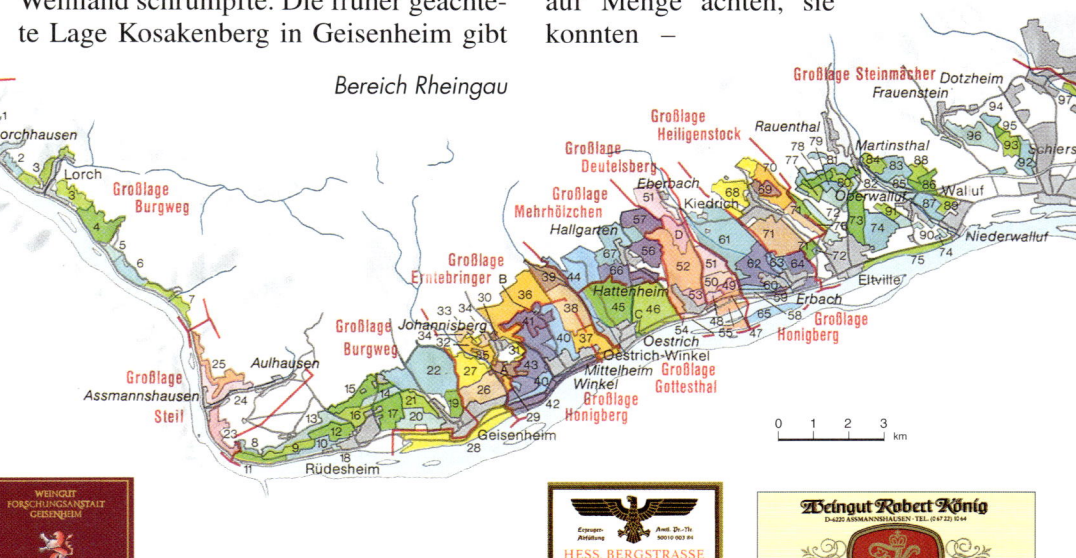

Bereich Rheingau

HESSEN

Hilfskräfte kosteten ja so gut wie nichts – sorgfältig auslesen lassen und geduldig den Spätherbst abwarten. Ende Oktober wabern die für den Rheingau typischen Nebel und fördern den Pilz Botrytis cinerea, der die Weinbeeren zu Rosinen zusammenschrumpfen läßt. Die Edelleute hatten ein Monopol für süße Auslesen. Nach den beiden Weltkriegen änderten sich die Geschicke des Adels rasch. Das Wirtschaftswunder ließ die Löhne steigen, Gesinde wurde rar. Zudem entwickelten die Geisenheimer Forscher ein simples, jedermann zugängliches Verfahren, mit Hilfe von Süßmost auch nicht ganz so hochreifen Weinen eine liebliche Note zu verleihen. Mancher Edelmann, der den Umschwung nicht wahrhaben wollte, mußte Land und Gut verkaufen. Die Schadenfreude bei den »einfachen« Winzern wich aber rasch einer nüchternen Betrachtungsweise. Mit dem Niedergang des Adels geriet die Exklusivität des Rheingaus in Gefahr. Heute wissen Bürger und Edelleute, daß sie einander brauchen. Die Aristokratie hält den Ruf der Weine hoch, die Winzer nehmen der Kundschaft die Schwellenangst: Man kann sich einen Rheingauer leisten, es braucht ja nicht gerade eine edelsüße Auslese zu sein.

Wer sich im Rheingau nicht auskennt und sichergehen möchte, kauft Weine der Charta. Dies ist ein Zusammenschluß von knapp fünfzig Weingütern, die einen bestimmten Riesling-Typus anbieten: betont fruchtig, mit herzhafter Säure und einem nur zu erahnenden Hauch Süße. Am Flaschenhals ist ein romanischer Fensterbogen aufgeprägt. Der Rheingau ist eine einheitliche Weinlandschaft, was darin zum Ausdruck kommt, daß er in einem Bereich »organisiert« ist. Nur die Lagen in Lorch und Lorchhausen, deren Weine durch ihren erdig-mineralischen Geschmack etwas aus dem Rahmen fallen, lassen schon die Grenze zum Mittelrhein erahnen. Ebenfalls vor der Tür des Rheingaus liegt die Rotweininsel Assmannshausen. Hier wird fast nur Spätburgunder angebaut, der einen erfrischend fruchtigen, lebendigen, aber doch samtigen Rotwein bringt. An Assmannshausen läßt sich eine der Miseren des deutschen Weinbaus ablesen: Der Ort wurde eingemeindet und findet heute nur als Stadtteil von Rüdesheim Erwähnung. Eine stolze Weinbautradition läuft Gefahr, auf Grund zu laufen, wenn nicht die Winzer den Namen ihrer Weinbaugemeinde hochhalten. Bei Rüdesheim blicken die steilen Weinberge, gekrönt vom Niederwald-Denkmal, exakt nach Süden. Rüdesheim

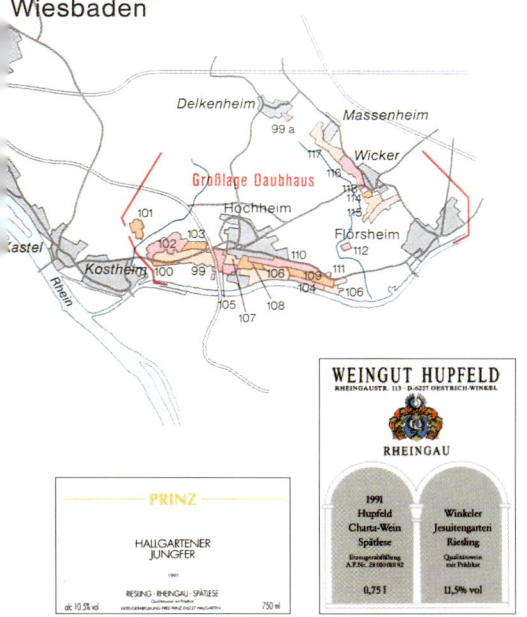

Die liebliche Landschaft des Rheingaus hat viele Menschen des Rhein-Main-Gebietes zur Stadtflucht animiert. Der Zuzug ging früher oft zu Lasten der Weinbauflächen; heute haben die Reben Vorrang gegenüber ungebremster Bautätigkeit. Nach wie vor profitieren die Winzer von der Lage vor den Toren von Mainz, Wiesbaden und Frankfurt: Der wirtschaftsstarke Großraum sichert einen Gutteil des Absatzes der jährlichen Lese.

HESSEN

In Darmstadt beginnt die Hessische Bergstraße. Der Name steht nicht nur für das Anbaugebiet. Er ist gleichzeitig die Beschreibung für eine Verbindung malerischer Weinorte, zu denen etwa Seeheim, Zwingenberg, Bensheim oder Heppenheim zählen, bevor die Hessische in die Badische Bergstraße übergeht.

HESSEN

Rheingau:

Rebfläche: 3 120 Hektar

Ernte im Schnitt: 280 000 Hektoliter

Weinbaubetriebe: circa 1 500

Hauptsorten: Riesling, Spätburgunder

Bereich Johannisberg
Großlagen: **Burgweg** (Lorch, Rüdesheim), **Steil** (Assmannshausen), **Erntebringer** (Geisenheim, Winkel), **Gottesthal** (Oestrich), **Deutelsberg** (Hattenheim), **Honigberg** (Erbach), **Mehrhölzchen** (Hallgarten), **Heiligenstock** (Kiedrich), **Steinmächer** (Rauenthal), **Daubhaus** (Hochheim).

Die Großlage Winkeler Honigberg wurde 1994 in die Lage Johannisberger Erntebringer integriert. Die unter der alten Bezeichnung produzierten Weine sind jedoch noch im Handel.

besteht nicht nur aus der lärmigen Drosselgasse, der diese Stadt ihre Berühmtheit zu verdanken hat. Unsere Aufmerksamkeit gilt mehr den Steillagen Berg und Kaisersteinfels, Berg Roseneck, Berg Rottland und Berg Schloßberg hoch über dem Rhein, wo der Taunusquarzit zutage tritt und den Weinen seinen Stempel aufdrückt. Hier bei Rüdesheim beginnt der klassische Rheingau mit seinen schweren Böden, bestehend aus fettem Lehm und verwittertem Urgestein. Diese Erde macht den Riesling zum König, gibt dem Wein eine in der Welt einmalige Fruchtigkeit mit, die mal an Pfirsich, mal an Aprikose erinnert. Obwohl es dort selten regnet, ist der Untergrund immer gut durchfeuchtet; Namen wie Wisselbrunnen oder Nußbrunnen zeugen davon. Der sich zwanzig Kilometer lang erstreckende Hang zwischen Rüdesheim und Wiesbaden ist wie ein einziger Weinberg, fast immer nach Südsüdwest ausgerichtet. Zu unterscheiden ist höchstens zwischen den

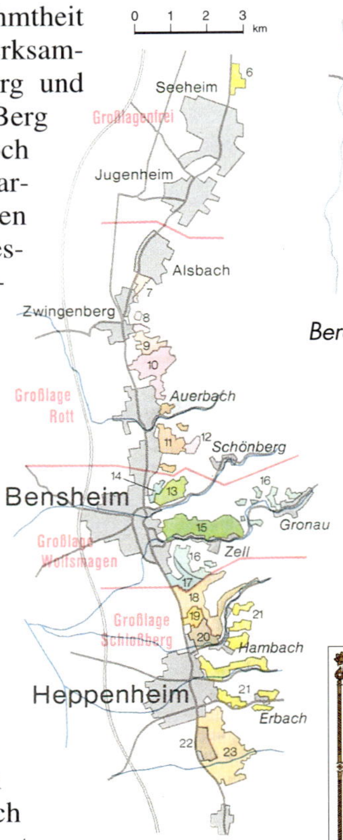

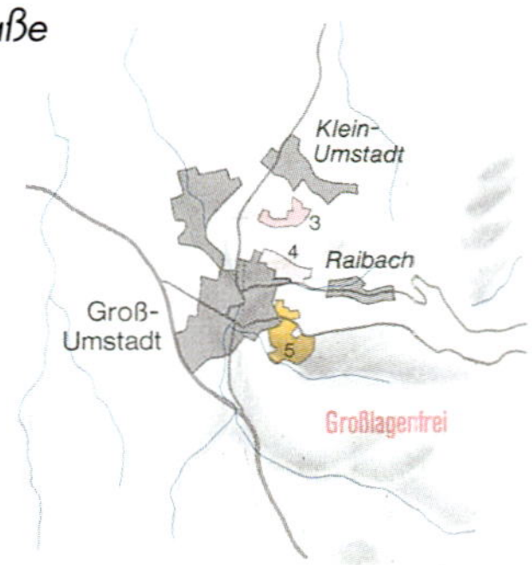

28

HESSEN

Am Hemsberg bei Bensheim an der Hessischen Bergstraße finden sich einige der besten Lagen des Anbaugebietes. Neben der Hauptsorte Riesling werden hier vor allem Müller-Thurgau und Silvaner angebaut.

Lagen unten am Rhein in Geisenheim, Winkel, Oestrich, Hattenheim, Erbach und Eltville und den höher gelegenen Rebgärten in Martinsthal, Rauenthal, Kiedrich und Hallgarten. Weiter oben ist es etwas kühler, in heißen Jahren wachsen jedoch hier auf den höher gelegenen Flächen die größten Weine. Der Rheingau endet, was kaum bekannt ist, am Main vor den Toren Frankfurts. Letzter bedeutender Weinort flußabwärts ist Hochheim, den Engländern wohlbekannt durch den Spruch ihrer Queen Victoria: »A good Hock keeps off the doc – ein guter Hochheimer Wein macht den Arzt überflüssig«. Der Riesling von dort ist ungemein füllig und hat einen unverkennbaren, schon fränkisch anmutenden erdigen Ton. Bleibt noch zu berichten über ein weinpolitisches Kuriosum im Süden Hessens: Die Bergstraße bei Darmstadt besitzt nur eben mal 400 Hektar Reben – da hat ein Ort wie Wachenheim in der Pfalz schon mehr Weinberge. Und doch ist die Hessische Bergstraße ein selbständiges Anbaugebiet mit Winzerverband und eigenen Regeln. Vom Klima, von der Geologie und der Geschichte, auch vom Geschmack der Weine her bildet das anmutige Ländchen mit der bis Heidelberg reichenden Badischen Bergstraße eine Einheit. Gegen eine Zusammenlegung wehrten sich die Hessen wie die Badener. Zu unterschiedlich ist die Art der Weine. Bergsträßer Riesling hat längst nicht die ausladende Fruchtigkeit der Rüdesheimer oder Hochheimer Gewächse. Statt dessen wird er als markant und nervig bezeichnet. Der Riesling ist mit 54 Prozent die wichtigste Sorte. Die anspruchsvolle Rebe findet an den westlichen Ausläufern des Odenwaldes ideale Standorte. Daneben bringt der Müller-Thurgau hier volle Frucht.

An der Bergstraße beginnt der Frühling. Dort blühen schon die Mandelbäume, wenn anderswo in Deutschland noch Frost herrscht. Die steil zur Rhein-Ebene hin abfallenden Rebhänge, malerisch in Terrassen gegliedert, sind bedeckt mit Löß und verwittertem Gestein. Die Böden heizen sich rasch auf. Die besten Lagen finden sich in den schönen Städten Bensheim und Heppenheim. Der größte Teil der Ernte wird am Ort getrunken, so daß der Wein im Handel nur selten angeboten wird. Schade.

Hessische Bergstraße:
Rebfläche: 400 Hektar

Ernte im Schnitt:
35 000 Hektoliter

Weinbaubetriebe:
circa 1 000

Hauptsorten: Riesling, Müller-Thurgau

Bereich Umstadt

Bereich Starkenburg

Großlagen: **Rott** (Auerbach), **Wolfsmagen** (Bensheim), **Schloßberg** (Heppenheim).

FRANKEN

Eindrucksvoll ist der Blick in den Holzfaßkeller der staatlichen Hofkellerei in Würzburg – eines der zahlreichen Symbole für die lange Weintradition des Frankenlandes. Mit barocken Rundungen präsentiert sich auch der Bocksbeutel, die so frankentypische Flasche, in der die Weine der Region meist abgefüllt werden. Der Bocksbeutel, über dessen Namensherkunft nur Spekulationen bestehen, ist längst ein Markenzeichen und damit ein wichtiges Marketing-Element, dessen Alleinrecht sich die Franken-Winzer sogar beim europäischen Gerichtshof sichern wollten – weitestgehend mit Erfolg.

FRANKEN
Eine runde Sache

In alten Zeiten nahmen's die Wirte und Kaufleute in Würzburg mit der Reinheit des Weins wohl nicht gar so genau. Dies ist einem Dokument von 1726 zu entnehmen, in dem die Stadtväter die hochgeschätzte Kellerei des Bürgerspitals auffordern, fürderhin keinen Wein mehr lose im Faß abzugeben, vielmehr »zur Steuerung allenfallsiger Handelsmißbräuche« die gesamte Erzeugung in Bocksbeutel zu füllen und dieselben mit dem Siegel der Stadt zu »verpetschieren«.

Dies sollte wohl ausreichen, Fälschungen des guten Steinweins auszuschließen. Damit wurde die bauchige Flasche zum erstenmal als eine Art Garantiezeichen für die Echtheit des Inhalts betrachtet.

Das soll auch heute noch gelten. Die fränkischen Winzer wissen sehr wohl, was sie am Bocksbeutel haben, der so viel Bedächtigkeit ausstrahlt. Jeder Designer dürfte sich glücklich schätzen, wenn ihm ein solcher Wurf gelänge: so unverkennbar, wertig und zuverlässig, so gemütvoll und erdverbunden, standfest und handlich dazu. Bereits das anheimelnde Gluckern beim Einschenken erhebt die Sinne. Und geleert schmückt das Behältnis noch als Blumenvase manchen Schreibtisch, nachträglich das Lob des wuchtigen Weins verkündend, der einmal in ihm war. Frankens Weinbauern stritten jahrelang

FRANKEN

um das Alleinrecht, Wein in Bocksbeutel füllen zu dürfen. Sie zogen bis vor den Europäischen Gerichtshof. Die Bundeskanzler Helmut Schmidt (1972-1984) und Helmut Kohl (seit 1984) ließen sich einspannen, wenn auch halbherzig. Den vollen Sieg hat's nicht gebracht. Armagnac und portugiesischer Rosé können weiterhin in die rundliche Flasche gefüllt werden. Auch in einigen Dörfern nahe Baden-Baden und an der Tauber ist sie zugelassen. Es gibt da unbestreitbare historische Verbindungen zur Würzburger Residenz. Gewiß steckte hinter dem langjährigen Rechtsstreit viel werbende Show; lassen sich doch Silvaner und Müller-Thurgau im derart bekannt gemachten Bocksbeutel immer ein wenig teurer verkaufen.

In den sechziger Jahren noch waren Bocksbeutel außerhalb Bayerns kaum zu finden. Die merkwürdigen Flaschen erschienen wie Relikte aus Urgroßvaters Zeiten, wie eine Bartbinde oder ein Butterfaß. Frankenwein galt als Sonderheit, der sich nur abgehärtete Weinfreunde näherten. Mit der herben, betont erdigen Art konnten viele Menschen nichts anfangen. Das war, als in der Nachkriegszeit bei den vielen neuen Weinfreunden die lieblich-aromatischen Tröpfchen gefragt waren. Zwei Trends allerdings machten den Frankenwein populär. Zum einen entdeckte die neue Generation der Weintrinker den Wohlgeschmack eines

trockenen Weins, zum anderen kamen die fränkischen Winzer den Weinfreunden entgegen, sie machten die Weine weniger herb als zuvor und sicherten ihrem Wein so einen neuen Freundeskreis. Die fränkischen Winzer und Genossenschaften konnten nicht genug Wein auf den Markt bringen. Es wurden neue Weinberge angelegt, in zwei Jahrzehnten verdoppelte sich die Anbaufläche. Die Ansprüche, die die Franken an ihre Weine stellen, sind besonders streng. Das Gütezeichen Franken mag dazu beigetragen haben. Die für die Reife der Trauben erforderlichen Min-

Die romantische Stadt Volkach (oben), am Main gelegen und umgeben von den Großlagen Kirchberg und Engelsberg, lohnt einen Abstecher vom nahen Würzburg.

Von der Tendenz zu eher lieblichen Weinen haben sich die Winzer Frankens inzwischen gelöst und sind wieder zur Tradition des typisch trockenen Ausbaus zurückgekehrt.

FRANKEN

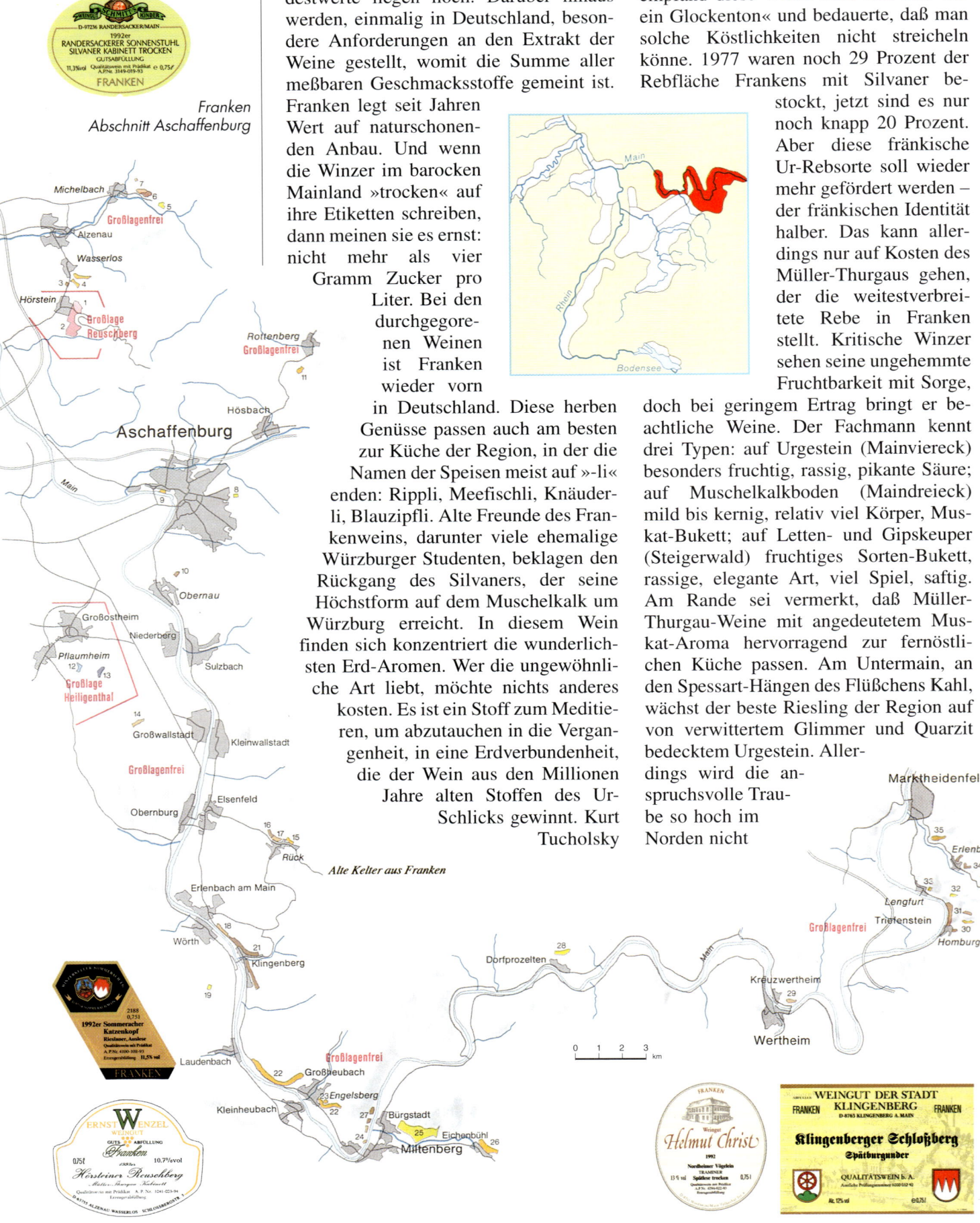

Franken Abschnitt Aschaffenburg

destwerte liegen hoch. Darüber hinaus werden, einmalig in Deutschland, besondere Anforderungen an den Extrakt der Weine gestellt, womit die Summe aller meßbaren Geschmacksstoffe gemeint ist. Franken legt seit Jahren Wert auf naturschonenden Anbau. Und wenn die Winzer im barocken Mainland »trocken« auf ihre Etiketten schreiben, dann meinen sie es ernst: nicht mehr als vier Gramm Zucker pro Liter. Bei den durchgegorenen Weinen ist Franken wieder vorn in Deutschland. Diese herben Genüsse passen auch am besten zur Küche der Region, in der die Namen der Speisen meist auf »-li« enden: Rippli, Meefischli, Knäuderli, Blauzipfli. Alte Freunde des Frankenweins, darunter viele ehemalige Würzburger Studenten, beklagen den Rückgang des Silvaners, der seine Höchstform auf dem Muschelkalk um Würzburg erreicht. In diesem Wein finden sich konzentriert die wunderlichsten Erd-Aromen. Wer die ungewöhnliche Art liebt, möchte nichts anderes kosten. Es ist ein Stoff zum Meditieren, um abzutauchen in die Vergangenheit, in eine Erdverbundenheit, die der Wein aus den Millionen Jahre alten Stoffen des Ur-Schlicks gewinnt. Kurt Tucholsky empfand diese Weine »tief und rein wie ein Glockenton« und bedauerte, daß man solche Köstlichkeiten nicht streicheln könne. 1977 waren noch 29 Prozent der Rebfläche Frankens mit Silvaner bestockt, jetzt sind es nur noch knapp 20 Prozent. Aber diese fränkische Ur-Rebsorte soll wieder mehr gefördert werden – der fränkischen Identität halber. Das kann allerdings nur auf Kosten des Müller-Thurgaus gehen, der die weitestverbreitete Rebe in Franken stellt. Kritische Winzer sehen seine ungehemmte Fruchtbarkeit mit Sorge, doch bei geringem Ertrag bringt er beachtliche Weine. Der Fachmann kennt drei Typen: auf Urgestein (Mainviereck) besonders fruchtig, rassig, pikante Säure; auf Muschelkalkboden (Maindreieck) mild bis kernig, relativ viel Körper, Muskat-Bukett; auf Letten- und Gipskeuper (Steigerwald) fruchtiges Sorten-Bukett, rassige, elegante Art, viel Spiel, saftig. Am Rande sei vermerkt, daß Müller-Thurgau-Weine mit angedeutetem Muskat-Aroma hervorragend zur fernöstlichen Küche passen. Am Untermain, an den Spessart-Hängen des Flüßchens Kahl, wächst der beste Riesling der Region auf von verwittertem Glimmer und Quarzit bedecktem Urgestein. Allerdings wird die anspruchsvolle Traube so hoch im Norden nicht

Alte Kelter aus Franken

FRANKEN

Gern wird Goethe bemüht, wenn es darum geht, den Frankenwein in höchsten Tönen zu loben. Und in der Tat war der deutsche Dichterfürst dem Wein schlechthin, aber auch den Produkten aus fränkischen Kellern sehr zugetan: »Für Sorgen sorgt das liebe Leben, und Sorgenbrecher sind die Reben«, notierte Goethe in seinen »Westöstlichen Diwan«.

Die fränkische Weinkultur sorgt nach wie vor dafür, daß der »Sorgenbrecher« in ausreichender Menge verfügbar ist. Die Besucher der über 150 Weinfeste in den zahlreichen Winzergemeinden Frankens wissen dies ebenso zu schätzen wie die zahlreichen Abnehmer in aller Welt.

immer reif, aber in guten Jahren ergibt sie, wie auch auf dem benachbarten Hörsteiner Abtsberg, erstaunliche Weine. Klingenberg ist bekannt für seine Rotweine – eine Seltenheit und zugleich Köstlichkeit im Weißweingebiet Franken. Die Weißweine haben eine nachhaltige Säure. Man findet sie bis Bürgstadt, wo der rote Sandstein endet, aus dem das Aschaffenburger Schloß und der Mainzer Dom erbaut wurden. Am vielgerühmten Homburger Kallmuth beginnt der Kalkboden des Maindreiecks, die rechte Bodenformation für den Silvaner, der hier zunächst verhalten und mild, flußaufwärts aber markiger und relativ schwer ausfällt, jedoch mit seinem neutralen Bukett immer der ideale Wein zum Essen ist. Zum Bereich Maindreieck gehört auch das abgelegene Tal der fränkischen Saale. Dort finden sich leichtere Weine, dank der erzkonservativen Winzergenossenschaft von Hammelburg meist trocken ausgebaut.

Das weinfränkische Herz schlägt in Würzburg. Die Stadt ist ein einziges Baudenkmal, in einer Bombennacht 1945 zerstört und wieder aufgebaut, als wäre nie etwas geschehen. Würzburg ist berühmt für seine drei großen Weinkellereien. Im Besitz des bayerischen Staates befindet sich die Staatliche Hofkellerei, zu einer kirchlichen Stiftung gehört das Juliusspital, zu einer bürgerlichen das Bürgerspital zum Heiligen Geist. Unter den vielen Weinstuben sind die des Bürgerspitals und des

FRANKEN

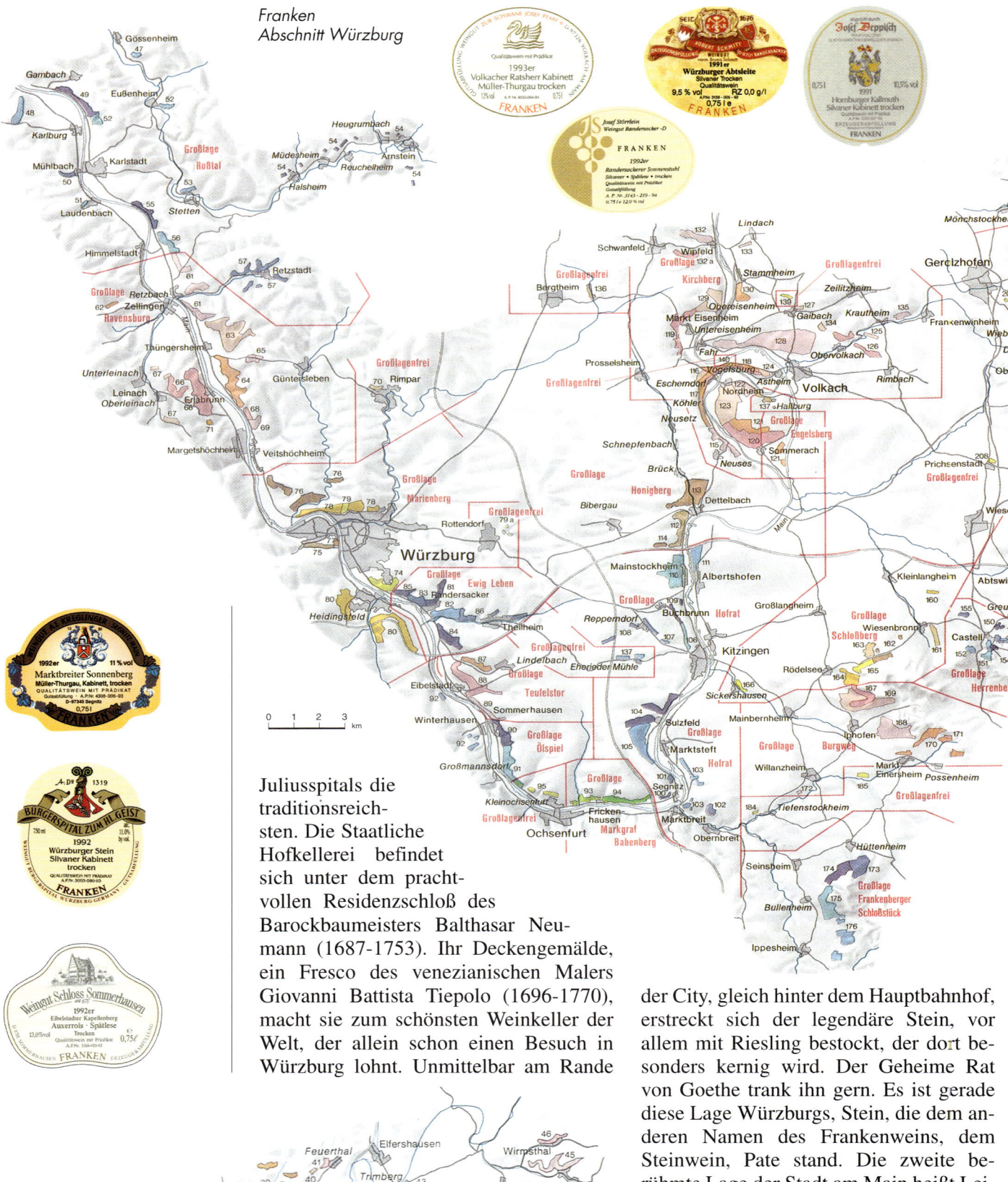

Franken Abschnitt Würzburg

Franken Abschnitt Hammelburg

Juliusspitals die traditionsreichsten. Die Staatliche Hofkellerei befindet sich unter dem prachtvollen Residenzschloß des Barockbaumeisters Balthasar Neumann (1687-1753). Ihr Deckengemälde, ein Fresco des venezianischen Malers Giovanni Battista Tiepolo (1696-1770), macht sie zum schönsten Weinkeller der Welt, der allein schon einen Besuch in Würzburg lohnt. Unmittelbar am Rande der City, gleich hinter dem Hauptbahnhof, erstreckt sich der legendäre Stein, vor allem mit Riesling bestockt, der dort besonders kernig wird. Der Geheime Rat von Goethe trank ihn gern. Es ist gerade diese Lage Würzburgs, Stein, die dem anderen Namen des Frankenweins, dem Steinwein, Pate stand. Die zweite berühmte Lage der Stadt am Main heißt Leiste. Beiden entstammten früher ungemein langlebige Weine, wie zum Beispiel der sagenumwobene 1540er Jahrgang, der noch vor 15 Jahren durchaus trinkbar war. Nach wie vor ist der Bürgerkeller größter

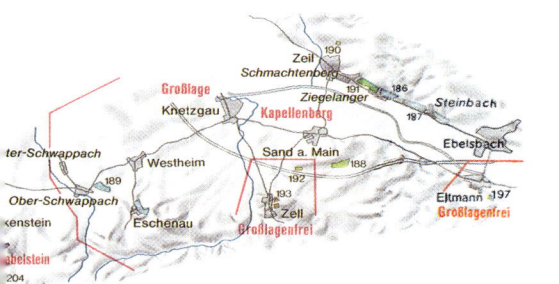

FRANKEN

FRANKEN

Rebfläche: 5 900 Hektar

Ernte im Schnitt:
530 000 Hektoliter

Weinbaubetriebe:
circa 7 700

Hauptsorten: Müller-Thurgau, Silvaner

Bereich Mainviereck

Großlagen: **Reuschberg** (Hörstein), **Heiligenthal** (Großostheim).

Bereich Maindreieck

Großlagen: **Burg** (Hammelberg), **Roßtal** (Karlstadt), **Ravensburg** (Thüngersheim), **Marienberg** (Würzburg), **Ewig Leben** (Randersacker), **Teufelstor** (Eibelstadt), **Ölspiel** (Sommerhausen), **Markgraf Babenberg** (Frickenhausen), **Hofrat** (Kitzingen), **Honigberg** (Dettelbach), **Kirchberg** (Volkach), **Engelsberg** (Sommerach).

Bereich Steigerwald

Großlagen: **Zabelstein** (Donnersdorf), **Steige** (Oberschwarzach), **Kapellenberg** (Zeil am Main), **Schild** (Abtswind), **Herrenberg** (Castell), **Schloßberg** (Rödelsee), **Burgweg** (Iphofen), **Frankenberger Schloßstück** (Ippesheim, Weigenheim), **Ipsheimer Burgberg** (Ipsheim).

Besitzer und liegt auch mit einem Rieslinganteil von 25 Prozent an der Spitze. Die Stiftung ist landauf und landab begütert, in Randersacker, Frickenhausen, Veitshöchheim, Thüngersheim und sogar in Michelau am Steigerwald – und was das schönste ist: Nach wie vor dient der Weinbau der Unterhaltung von Altenheimen, gemäß dem Vermächtnis des Stifters Johann von Steren, eines Würzburger Patriziers, aus dem Jahr 1319. Schönster Teil des Gegend ist die eng gekrümmte Main-Schleife bei Volkach, vom Kloster Vogelsburg wundervoll zu überschauen. In den Sechzigern entstand dort ein Kanal für ungehinderte Schiffahrt. Er zieht sich von Volkach direkt bis Sommerach und spart die Main-Schleife aus. Seitdem ist der Fluß hier wieder so ursprünglich wie vor Jahrhunderten, fröhlich sich dahinkräuselnd an Nordheim und Sommerach vorbei (wo überdies guter Spargel wächst). Der Escherndorfer Lump hat wegen seines ausgefallenen Namens den größten Bekanntheitsgrad, aber Berg und Fürstenberg, der Sommeracher Katzenkopf und Rosenberg, fast alle Südhänge an der Volkacher Main-Schleife stehen für edelste Gewächse, säurebetonten Silvaner und erstaunlich eleganten Müller-Thurgau. Seine besten Lagen hat der Müller-Thurgau auf den Gipskeuper-Böden am Steigerwald südlich von Schweinfurt. Dies ist Weinfrankens heimeligste Ecke, ein weitgehend ursprünglich gebliebenes Bauernland. In den Weingärten werden oft die höchsten Traubenzucker-Werte der Region gemessen, vor allem an den südwestlichen Ausläufern des Steigerwalds bei Iphofen und Rödelsee. Das Klima ist kontinental: sengende Sonne wechselt mit grimmigem Frost.

Zahlreiche kleine, malerische Dörfer Frankens sind von Weinbergen umgeben.

RHEINHESSEN

Liebe auf den dritten Blick

In Rheinhessen ist, wie auch sonst im südlichen Deutschland, der Müller-Thurgau die meistangebaute Rebe. Er wird hier leicht, saftig und hat ein mildes Aroma. Mit kurzer Reifezeit und demzufolge geringem Risiko, durch Herbstfröste Schaden zu nehmen, sowie mit Spitzenerträgen hat er bewährte Sorten, insbesondere den Silvaner, zurückgedrängt. Da anzunehmen ist, daß die gesetzliche Ertragsbeschränkung mittlerweile greift, dürfte die Traube mit dem Doppelnamen längerfristig keine so dominierende Rolle mehr spielen. Von den neuen Rebsorten, auf die man so große Hoffnungen setzte, sind drei als wesentlich für den rheinhessischen Weinbau geblieben. Erstens der Kerner, der zur Riesling-Familie gehört und Weine mit fruchtig-ansprechender Säure ergibt. Zweitens die Scheurebe mit einem Aroma, das an schwarze Johannisbeeren erinnert und bei einer Andeutung von Süße leichte, erfrischende Weine ergeben kann, vorausgesetzt der Kellermeister versteht sein Handwerk. Und drittens die Huxelrebe, die für hervorragende edelsüße Köstlichkeiten bei den höheren Prädikaten steht. Rheinhessen ist auf dem Weg, wieder das Land des Silvaners zu werden. Diese urige, erdhafte Sorte, die so wundersam den Geschmack des Bodens widerspiegelt, in dem sie gewachsen ist, bringt vor allem auf dem Löß-Lehm-Gemisch im Süden der Region respektable Ergebnisse. Bei Vergleichsproben mit dem berühmten fränkischen Silvaner brauchen sich die rheinhessischen Erzeugnisse nicht zu verstecken: Sie sind nicht ganz so wuchtig, eher zart und feinfruchtig, eigentlich genauso gut, aber nur halb so teuer. Auch das führende Weingut hinter Mainz, Heyl zu Herrnsheim in

Hinter dem Mäuseturm in Bingen steigen die Weinberge an. Ertragreiche Böden in einer sanften Hügellandschaft machen den Charakter Rheinhessens aus.

RHEINHESSEN

Nierstein, das über beste Riesling-Lagen verfügt, pflegt liebevoll den Silvaner. Besitzer Peter von Weymarn begründet dies ganz lakonisch: »Ich bin ein Rheinhesse.« Da wurde eine prächtige Idee geboren, die dann ein Teil des Konzeptes der neuen Wein- und Winzergeneration wurde. Zusammengefaßt in nur zwei Buchstaben lautet sie »RS«, für Rheinhessen-Silvaner. Dieses Programm sieht einen Typus Wein vor, der trocken ist, also keinerlei Süße aufweist, der von einer belebenden Fruchtsäure und auch von feinen erdigen Würzen geprägt wird, ansonsten möglichst neutral mundet, damit er ein gutes Essen begleiten kann. Er sollte nicht zu schwer sein, doch reichen Geschmack bringen, ähnlich einer guten Musik, die leicht zu hören ist und doch Tiefgang hat. Kurzum, der »RS« ist ein ideal in die Zeit passender Wein.

Noch ist das »RS«-Programm bescheiden. Etwa 50 Betriebe beteiligen sich und unterwerfen sich damit einer alljährlichen strengen Kontrolle. Nur die Hälfte der eingereichten Proben wird für gut genug befunden. Keine 100 000 Flaschen kommen im Jahr auf den Markt, eigentlich eine lächerliche Menge, die noch nicht einmal ein Viertelpromille an der gesamten rheinhessischen Erzeugung ausmacht. Doch geht es bei dem »RS«-Programm nicht um kurzfristige Verkaufserfolge, sondern vielmehr um den guten Ruf der Region auf lange Sicht. Damit die Kunden den hübschen Silvaner auch rasch finden, sind die Flaschen einheitlich mit auffälligen, in den rheinhessischen Farben Schwarz und Gelb gehaltenen Etiketten ausgestattet. Wer trockenen Weißwein liebt, wird anderswo kaum etwas Besseres für sein Geld bekommen.

Rheinhessen – Deutschlands größtes Weinbaugebiet – ist ein sanftes, leicht hügeliges, fruchtbares Land ohne augenfällige landschaftliche Reize, obwohl die direkt am Rhein gelegenen Teile des Landes einige touristische Attraktionen bieten. Im Laufe der Geschichte wurde die fruchtbare Region im Umland von Mainz immer wieder von marodierenden Truppen behelligt, weshalb sich die Bauern heute noch gerne hinter fensterlose Mauern aus Bruchstein zurückziehen, vorsichtig anzeigend, daß bei ihnen nichts zu holen sei. Schnelle Straßen durchschneiden das Land, vor allem genutzt, um rasch opulentere, südlichere Gefilde zu erreichen. Allein der Name Rheinhessen verwirrt. Die Winzer dort haben einige Schwierigkeiten damit, den Verbrauchern zu erklären, wo denn dieses Land überhaupt zu finden ist. Mit Hessen hat es heute nichts mehr zu tun. Bis 1945 gehörte es zum Freistaat Hessen, dessen linksrheinische Gebiete abgetrennt und zum neuen Rheinland-Pfalz geschlagen wurden. Also: nicht Hessen, nicht Pfalz, aber irgendwo dazwischen. Es schmiegt sich an die Innenseite der Rheinkrümmung, im Osten und Norden vom Rhein begrenzt, im Westen von der Nahe, und im Süden schließt sich die Rheinpfalz an. Auf der Landkarte erscheint das Gebiet – stark vergröbert – als rechtwinkliges Dreieck, dessen Grundlinie reichlich 50 Kilometer mißt. Die Eckpunkte werden von Bingen, Mainz und Worms gebildet, allesamt Städte mit großer Geschichte. An der Längsseite des Dreiecks liegt die Weinstadt Alzey.

Viel besser als mit dem Auto läßt sich Rheinhessen mit dem Fahrrad entdecken.

So reich ist Rheinhessen an Sonne und guten Böden, daß die Erträge aus eigenen Kräften nicht einzubringen sind. Bereits im vergangenem Jahrhundert kamen Helfer aus Italien. Davon zeugen noch heute die Trulli – die spitzen weißen Häuschen, die sie in den Weinbergen bauten.

RHEINHESSEN

In der geschichtsträchtigen Gegend mit den renommierten Großlagen Nierstein, Bingen und Wonnegau werden zahlreiche unterschiedliche Rebsorten angebaut; inzwischen konzentrieren sich die Weinbauern aber vor allem auf Müller-Thurgau, Silvaner, Kerner und Riesling. Die lange Winzer-Tradition Rheinhessens kommt nicht zuletzt in den Weinfesten der über 160 Gemeinden zum Ausdruck, die Weinbau betreiben.

Weinpolitisch wird Rheinhessen gedrittelt in die Bereiche Bingen im Nordwesten, Nierstein im Nordosten und Wonnegau im Süden zwischen Alzey und Worms. Von der Art der Weine bietet sich eher eine Vierteilung an. Der nördliche Part, entlang der Autobahn zwischen Bingen und Mainz, ist eine meist vom Kalk geprägte Landschaft mit kernigen Weinen. Zwei Orte bieten Besonderheiten: Aus Bingen, dessen Rebberge schon zum rheinischen Schiefer gehören, kommt Riesling von mitunter exotischer Fruchtigkeit. Die Stadt ist stolz auf ihre ausgezeichneten Weinberglagen an den Südhängen des Scharlachbergs. Ingelheim ist bekannt für seine Burgunder-Rotweine. Rotweininsel nennt man es wie das am anderen Ufer des Rheins gelegene Assmannshausen, doch tatsächlich haben beide heute keine Insellage mehr. Die Roten sind auf dem Vormarsch. 10 Prozent des rheinhessischen Reblandes nehmen sie ein, und es ist noch kein Ende abzusehen. Dabei ist der Rotwein Rheinhessens, meist noch Portugieser, leicht, gerbsäurearm und verhältnismäßig hell in der Farbe.

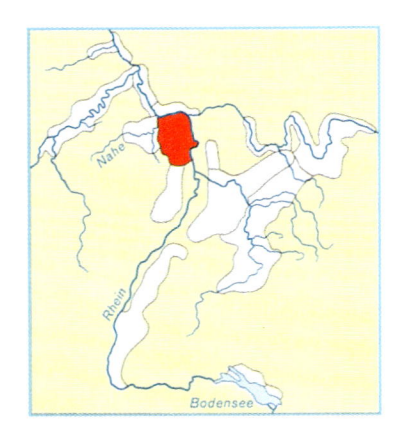

Das »goldene Mainz« ist Landeshauptstadt und gilt gleichzeitig als die Hauptstadt des Weins und karnevalistischer Fröhlichkeit. Die Reben aber sucht man in der Stadt vergebens, sie wurden in die Vororte abgedrängt. Doch den »Mainzer Domherr« gibt's noch heute.

Die besten Weine Rheinhessens kommen fraglos von den Rheinterrassen. Früher wurden sie als Rheinfront bezeichnet. Dies aber klang den Zuständigen wohl zu militärisch, ist aber immer noch Bestandteil der örtlichen Umgangssprache. Gemeint ist der Hang, der sich von Mainz bis kurz vor Worms erstreckt. Der Teil, um den es hier in erster Linie geht, liegt zwischen den Orten Nackenheim und Nierstein direkt am Rhein und besteht aus rotem Tonschiefer. Besonders im Frühjahr, wenn die Reben noch kahl sind, leuchtet dieses »Rotliegende« in der Sonne auf, für den Autofahrer, der auf der B 9 von Mainz nach Worms unterwegs ist, stets ein herrlicher Anblick. Nirgendwo sonst in Rheinhessen bringt die Spitzentraube Riesling so rassige und elegante Weine. In der trockenen Geschmacksrichtung paßt das zwischen Pfirsich und Aprikose spielende Fruchtaroma gut zu Geflügel und Kalb. Mit etwas Süße verströmt der Niersteiner Riesling ein verschwenderisches Bukett, besonders wenn er etwas älter ist. Die großartigen Weinlagen Niersteins und die mit

RHEINHESSEN

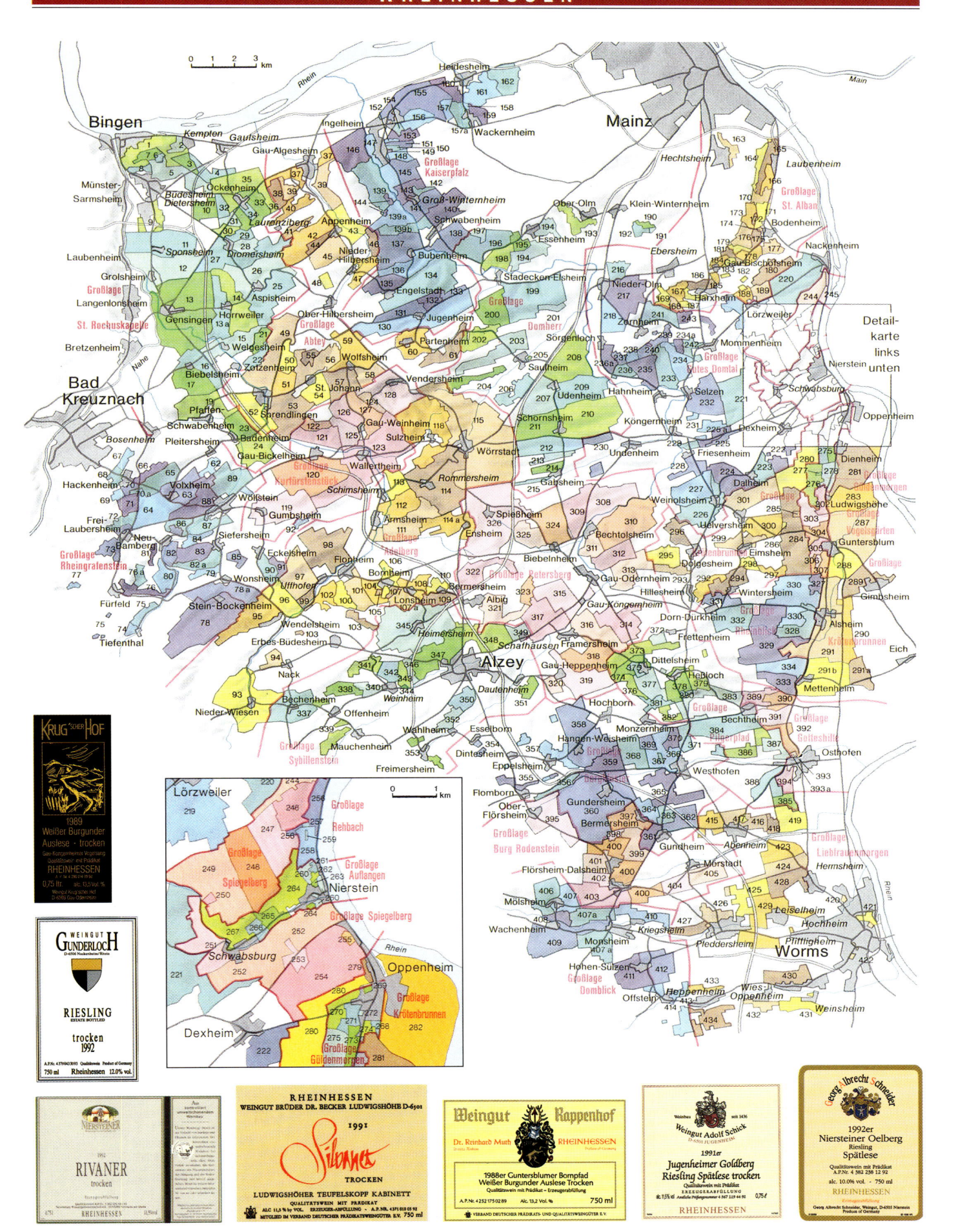

RHEINHESSEN

Wenn der erste Frost auf die Trauben eingewirkt hat, beginnt – wie in Nierstein – die Eiswein-Lese.

rund 300 hier ansässigen Erzeugern hohe Zahl der Weinbetriebe haben dem kleinen Ort im Herzen Rheinhessens zu Weltberühmtheit verholfen. Viele Lagen der beiden Nachbarorte Oppenheim und Nackenheim sind genauso gut wie die meisten Niersteiner, doch können sie alle den sandroten Uferhang nördlich von Nierstein nicht übertreffen. Geheimtips sind hier die Lagen Pettenthal, Rothenberg (gehört zu Nackenheim), Brudersberg, Hipping und Goldene Luft sowie Kranzberg, Zehnmorgen, Bergkirche und Glöck.

Die weitere Reise entlang des Hangs liest sich wie ein Blick ins Weinregal: Oppenheim, die alte Reichsstadt, Dienheim und Guntersblum. Alsheim wird wieder als Riesling-Dorf bezeichnet, es hat mehr Weinberge als die kleinen Anbaugebiete Ahr oder Hessische Bergstraße. Zweifellos gehören auch Alsheim und Guntersblum zu den führenden rheinhessischen Weindörfern.

Der südliche Teil der Rheinterrassen ist von Löß bestimmt, einem Boden, der in Jahrmillionen aus angewehtem Gesteinsstaub verdichtet worden ist. Dort erreichen Silvaner und Weißburgunder erstaunliche Feinheiten.

Es schließt sich der Wonnegau an, der seinen Namen dem »Wormser Gau« verdankt. Das ist das Land um Osthofen und Westhofen. Im Urstromtal des Rheins finden sich Schwemmböden von phantastischer Fruchtbarkeit. Alles gedeiht: Spargel, Braugerste, saftiges Obst und natürlich Wein. Beste Sorte dort ist der Weißburgunder, der mit weniger Süße angeboten wird und so ein vorzüglicher Tischwein ist. Wer auf der Autobahn von Speyer kommt, sieht einen einzigen Südhang, soweit das Auge reicht.

Das Hügelland im Südwesten rund um die alte Kreisstadt Alzey, eine sich in weiten Wellen ergehende Landschaft, ist urtümlichstes Rheinhessen, gut 80 000 Jahre besiedelt, wie Funde belegen. Dies ist der am wenigsten bekannte und hübscheste Teil der Region. Der Reiz dieses alten Bauernlandes erschließt sich aber nur dem gemächlich Reisenden, der die abgelegenen Straßen nimmt.

Radwanderern, die ab und zu eine kurze Steigung nicht scheuen, bietet das Hügelland eine Fülle von Entdeckungen der kleinen, leisen Art. Dazu gehören die

RHEINHESSEN

Trulli, spitze gekälkte Weinberg-Häuschen, im vorigen Jahrhundert von zugewanderten Erntehelfern aus Süditalien erbaut. Der Boden besteht aus Letten, Schlick aus Urzeiten, als Rheinhessen noch ein Binnenmeer war mit Seekühen und Haifischen. Heute gedeiht hier Silvaner vom besten. Auch zwei Rebsorten, die anderswo nicht diese Klasse erreichen, der weiße Müller-Thurgau und der rote Portugieser, können im Hügelland feingeschliffene Weine bringen, vorausgesetzt der Winzer versteht sein Handwerk.

Rheinhessen hält in Deutschland einige Rekorde. Es ist, wie gesagt, das größte unter den 13 Weinbaugebieten. Die Rebfläche entspricht in ihren Ausmaßen einem Quadrat mit 16 Kilometern Kantenlänge. Auch die Erntemengen sind enorm. Nur noch in der Pfalz wird mehr geerntet. Allerdings besitzt der weitaus größte Teil der Winzer jeweils nur wenige Hektar »Wingert«. Die meisten von ihnen sind daher gezwungen, ihren Weingarten im Rahmen bäuerlicher Mischbetriebe zu kultivieren, was dazu geführt hat, daß der rheinhessische Wein überwiegend von zentralen Winzergenossenschaften erzeugt wird. Außerdem dürfte Rheinhessen – alle Funde weisen darauf hin – die älteste Wein-Provinz in Deutschland sein. Als römische Truppen etwa 100 vor Christus am Zusammenfluß von Main und Rhein das Lager Mogontiacum, das heutige Mainz, anlegten, fanden sie bereits reichen Rebbau vor.

In keiner anderen Gegend in Deutschland ist es wärmer: Mehr als 1500 Stunden Sonne im Jahr stehen nur 500 Millimetern Niederschlag gegenüber. Donnersberg im Westen und der Hunsrück im Norden halten schlechtes Wetter und Kälte ab. Auch dies ist ein Grund, für ein paar Tage nach Rheinhessen zu fahren; die Aussicht auf gutes Wetter ist groß.

RHEINHESSEN

Rebfläche: 26 600 Hektar

Ernte im Schnitt:
2,6 Millionen Hektoliter

Weinbaubetriebe:
circa 8 000

Hauptsorten: Müller-Thurgau, Silvaner, Kerner, Riesling

Bereich Bingen

Großlagen: **St. Rochuskapelle** (Bingen, Horrweiler, Oppenheim), **Abtey** (Gau-Algesheim, Appenheim, St. Johann), **Rheingrafenstein** (Volxheim, Neu-Bamberg, Wöllstein), **Adelberg** (Flohnheim, Bornheim, Armsheim), **Kurfürstenstück** (Gau-Bickelheim, Wallertheim, Gau-Weinheim), **Kaiserpfalz** (Schwabenheim, Ingelheim).

Bereich Nierstein

Großlagen: **St. Alban** (Mainz, Bodenheim), **Domherr** (Essenheim, Saulheim, Mainz), **Gutes Domtal** (Nierstein), **Spiegelberg** (Nackenheim, Nierstein), **Rehbach** (Nierstein), **Auflangen** (Nierstein), **Güldenmorgen** (Oppenheim, Dienheim), **Krötenbrunnen** (Oppenheim), **Vogelsgärten** (Guntersblum), **Petersberg** (Bechtolsheim, Gau-Odernheim, Albig), **Rheinblick** (Alsheim).

Bereich Wonnegau

Großlagen: **Sybillenstein** (Weinheim, Alzey), **Bergkloster** (Gundersheim, Gundheim, Westhofen), **Pilgerpfad** (Bechtheim, Osthofen), **Gotteshilfe** (Bechtheim, Osthofen), **Burg Rodenstein** (Dalsheim, Niederflörsheim), **Domblick** (Mölsheim, Monsheim, Wachenheim, Hohen-Sülzen), **Liebfrauenmorgen** (Worms, Abenheim, Pfeddersheim).

PFALZ

Die Pfalz ist voller landschaftlicher und baulicher Reize, ein Paradies für wandernde Weinfreunde. Wetter: meist gut.

PFALZ

Wein, soweit das Auge reicht

Sie denken an die Pfalz (bis vor einigen Jahren noch Rheinpfalz), wenn von kernigem, fruchtigem deutschen Wein die Rede ist. Doch eigentlich bedeutet Pfalz nichts anderes als »ein befestigtes Haus«, aber es hat sich nun mal so eingebürgert, und zwischen den verschiedenen Kaiserpfalzen und der Oberpfalz gibt es noch »die Pfalz«, im Andenken an die linksrheinischen Besitzungen des Hauses Wittelsbach – nun des Landes Rheinland-Pfalz. Ihre Popularität verdankt die Pfalz nicht zuletzt einer großartigen Marketing-Idee, der Deutschen Weinstraße, die das Gebiet in nord-südlicher Richtung durchzieht. Wirtschaftskrisen trafen die Winzer immer besonders hart, denn, wer sich um das tägliche Brot kümmern muß, verzichtet als erstes auf den Wein dazu. So war die Vorderpfalz, wie man geographisch korrekt das Land vor dem Pfälzer Wald bezeichnet, zu Beginn der dreißiger Jahre unseres Jahrhunderts ein echtes Notstandsgebiet. Es entstand die Idee der Deutschen Weinstraße mit dem Weintor in Schweigen an der französischen Grenze. Dabei ist unklar, welchen Anteil an der Umsetzung der damalige Nazi-Gauleiter hatte, denn der Erfolg hat viele Väter. Jedenfalls war man ob des Echos im Reich so zufrieden, daß heute fast jedes Anbaugebiet seine Weinstraße hat. Wenn am Erlebnistag Deutsche Weinstraße, der jährlich Ende August gefeiert wird, in einer 80 Kilometer langen Menschenkette pünktlich zum Glockenschlag um 12 Uhr Tausende das Glas heben und sich mit

PFALZ

Pfälzer Wein zuprosten, so ist das auch in unserer nachrichtenüberfrachteten Zeit eine Meldung wert und denen, die dabei gewesen sind, ein unvergeßliches Erlebnis.

Auch unsere Pfalz-Reise führt uns die Deutsche Weinstraße entlang. Sie zieht sich von Bockenheim im Norden den Pfälzer Wald entlang durch ein Rebland, das weit in die Rheinebene hinausreicht und dem wiederum das Waldgebirge Schutz vor der Unbill der Witterung gibt. So herrscht hier fast schon ein subtropisches Klima, in dem Tabak und Walnüsse gedeihen, ja selbst Mandel- und Feigenbäume reife Früchte bringen. Der parkähnliche Wald um die Villa der Wittelsbacher bei Rhodt, die Villa Ludwigshöhe, wirkt wie ein Stück Süden – über die Alpen gebracht.

Aber dies ist nur ein kleines Stück des Pfälzer Reblandes, das hart an der Grenze zu Rheinhessen liegt, in Neustadt kaum wahrgenommen wird und doch Riesling – einen Tropfen von Rheingauer Format – erzeugt. Es ist das Zellertal rund um die Orte Zell und Niefernheim und Teil des Bereiches »Mittelhaardt/Deutsche Weinstraße«.

Amtlich wird die Pfalz zweigeteilt in »Südliche Weinstraße« und »Mittelhaardt/Deutsche Weinstraße«. Letzteres Wort-Ungetüm läßt ahnen, welche Kompromisse beim 71er Weingesetz nötig waren, diesen Bereich zu schaffen. Ich ziehe es jedoch vor, im folgenden bei der alten Dreiteilung in Unter-, Mittel- und Oberhaardt zu bleiben.

Die Winzer der Unterhaardt, dem nördlichen Teil der Pfalz, haben es nie verstanden, sich hervorzutun, obwohl sie selbst bei mäßigem Ehrgeiz machtvolle, dichte Weine ernten können. Der Reichtum an meßbaren Geschmacksstoffen (Fachwort: Extrakt) auf den Kalkstein-Verwitterungsböden ist einzigartig. Sicher hat der Ries-

So hübsch die jungen Triebe am Weinstock aussehen, sind´s zu viele, muß der Winzer »ausbrechen«, einen Teil davon entfernen. Der Wein wird so besser.

Noch vor 30 Jahren im Dornröschenschlaf, hat sich der südpfälzer Ort St. Martin (links) zu einem beliebten Ausflugsziel entwickelt.

Neben seiner Bedeutung für den Obstbau ist Freinsheim (unten) für seinen Riesling bekannt. Die sandigen, leichten Böden im Umland heizen sich im Sommer stark auf.

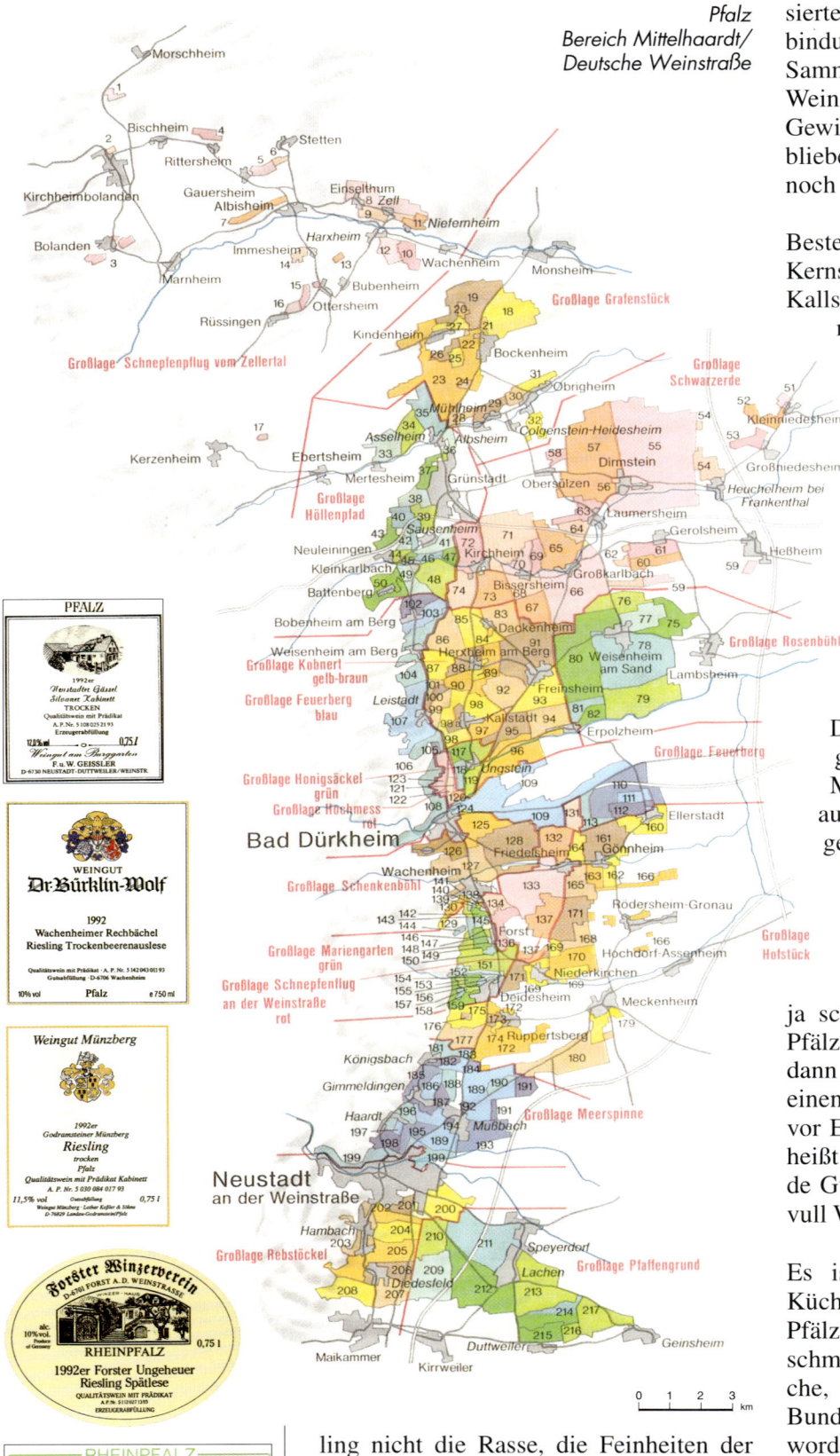

PFALZ

*Pfalz
Bereich Mittelhaardt/
Deutsche Weinstraße*

sierte, nicht. So drängten sie auf eine Verbindung mit der Mittelhaardt unter dem Sammelbegriff »Mittelhaardt-Deutsche Weinstraße«. Doch brachte dies keinen Gewinn, die Winzer von der Unterhaardt blieben die armen Vettern, die nun auch noch ihr eigenes Profil verschenkt hatten.

Bester Abschnitt, keine Frage, ist das Kernstück der Pfalz, die Mittelhaardt von Kallstadt bis Neustadt. Dort gibt es die meisten Spitzenlagen, die meisten Güter mit Tradition. Die Böden sind leichter, mineralischer als in anderen Teilen der durch lehmigen Sand und sandigen Lehm geprägten Region. Dort erreicht der Riesling eine großartige Form. Erd- und fruchtbetont zugleich besitzt er Eleganz und beglückt mit einem reichen Spiel von Aromen. Gerne schauen die Mittelhaardter auf den Rest der Pfalz herab, wozu sie nicht immer das Recht haben. Es gibt ja in Deidesheim und Forst nicht nur die gefeierten Rebgärten am Hang wie Maushöhle oder Musenhang, sondern auch die Moste in der »Hofstück« genannten Ebene. Da nehmen die Winzer allen Mut zusammen und stutzen die Reben im Frühjahr etwas beherzter zurück. Zehn, höchstens zwölf Triebe pro Stock sollen vollauf reichen. Der Wein wird ja schmeckbar besser davon. Wenn der Pfälzer sich bei der Menge einschränkt, dann erntet er selbst in mittleren Lagen einen Wein, der Fülle und Tiefe hat und vor Extrakt strotzt. In der Winzersprache heißt es anerkennend: »Der tapeziert ääm de Gurchel aus.« Oder bündig: »E maulvull Woi«.

Es ist noch über die üppige Pfälzer Küche zu sprechen, denn die gehört zum Pfälzer Wein. Zum herzhaften Schoppen schmecken die Buwespitzche, Flammkuche, Fleeschknepp oder auch der durch Bundeskanzler Helmut Kohl bekannt gewordene Saumagen. Seit er zur Prominentenspeise geworden ist, findet man ihn in den besten Gourmet-Tempeln auf der Speisekarte.

Auf unserer Reise entlang der Weinstraße kommen wir über die weinbekannten Orte

ling nicht die Rasse, die Feinheiten der Gewächse von Wachenheim oder Dürkheim. Dafür können Silvaner und Weißburgunder hochklassig werden. Einigen Weinbaupolitikern genügte aber der Name Unterhaardt, der kraftvolle, preiswerte Weine für den täglichen Genuß signali-

PFALZ

Maikammer und Edenkoben nach Rhodt – bei Rietburg – eines der schönsten Dörfer der Pfalz. Es wurde bekannt durch den Traminer. 350 Jahre alt sind die Stöcke direkt vor der Winzergenossenschaft – wahrscheinlich die ältesten Rebstöcke in Deutschland. Das Dorf ist seiner Traminer-Tradition treu geblieben. Zehn Prozent der Gemarkung sind mit der Rebsorte bestockt. Allerdings ist der Wein nicht mehr »schwer und feurig«, wie ihn Markgraf Ernst Friedrich von Durlach 1752 charakterisierte, er ist dem heutigen leichten und frischen Profil angeglichen, soweit man das von einem Traminer verlangen kann. Die Winzergenossenschaft Rietburg, jene schon erwähnte, soll auch als Beispiel der Genossenschaften in der Pfalz stehen. Sie wurde erst 1958 gegründet als eine Antwort auf neue Vertriebsformen, die immer größere Posten gleicher Rebsorten verlangten. Die erfolgreiche Teilnahme an der Bundesweinprämierung seit 1961 zeigt, daß die Qualität nicht darunter leiden muß. Neustadt ist das Zentrum der Pfalz. Die Stadt hat etwa 2100 Hektar Rebfläche und ist damit die größte Weinbaugemeinde Deutschlands. Dies liegt daran, daß viele vitale Winzerdörfer der rationellen Abwicklung der Verwaltung Neustadt zugeschlagen wurden. So steht auf den Ortsschildern von Gimmeldingen und Königsbach, Mußbach und Haardt, Hambach und Diedesfeld, Lachen, Speyerdorf und Duttweiler unübersehbar Neustadt. Die Winzer setzen alles daran, die alten Namen zu erhalten, um ihren Wein zu verkaufen wie eh und je, die Kunden sind es nun mal so gewohnt. Außerdem hat die Kapitale selbst gute Lagen. Ein Geniestreich war die Erfindung des Namens »Südliche Weinstraße«. Dieser sonnige Begriff ist schon der halbe Verkauf. Zudem verstanden die Südpfälzer schon immer, geschickt die Reize ihrer Landschaft hervorzukehren. Fotografen lieben das einzigartige grüngoldene Licht, das im Sommer die Weinberge überglänzt.

Der Weinort Freinsheim in der nördlichen Pfalz besitzt noch eine vollständig erhaltene Wehrmauer mit vielen Türmen. Das alljährliche Weinfest dort ist eine Attraktion.

Viele Pfälzer Weingüter besitzen reizvolle Innenhöfe (unten).

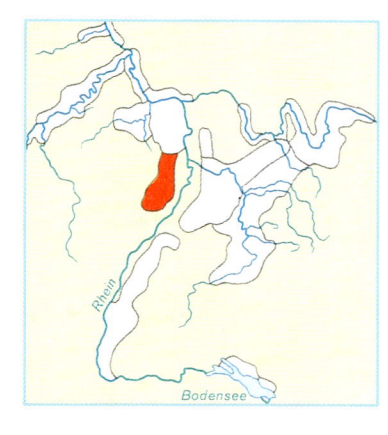

PFALZ

*Pfalz
Bereich Südliche Weinstraße*

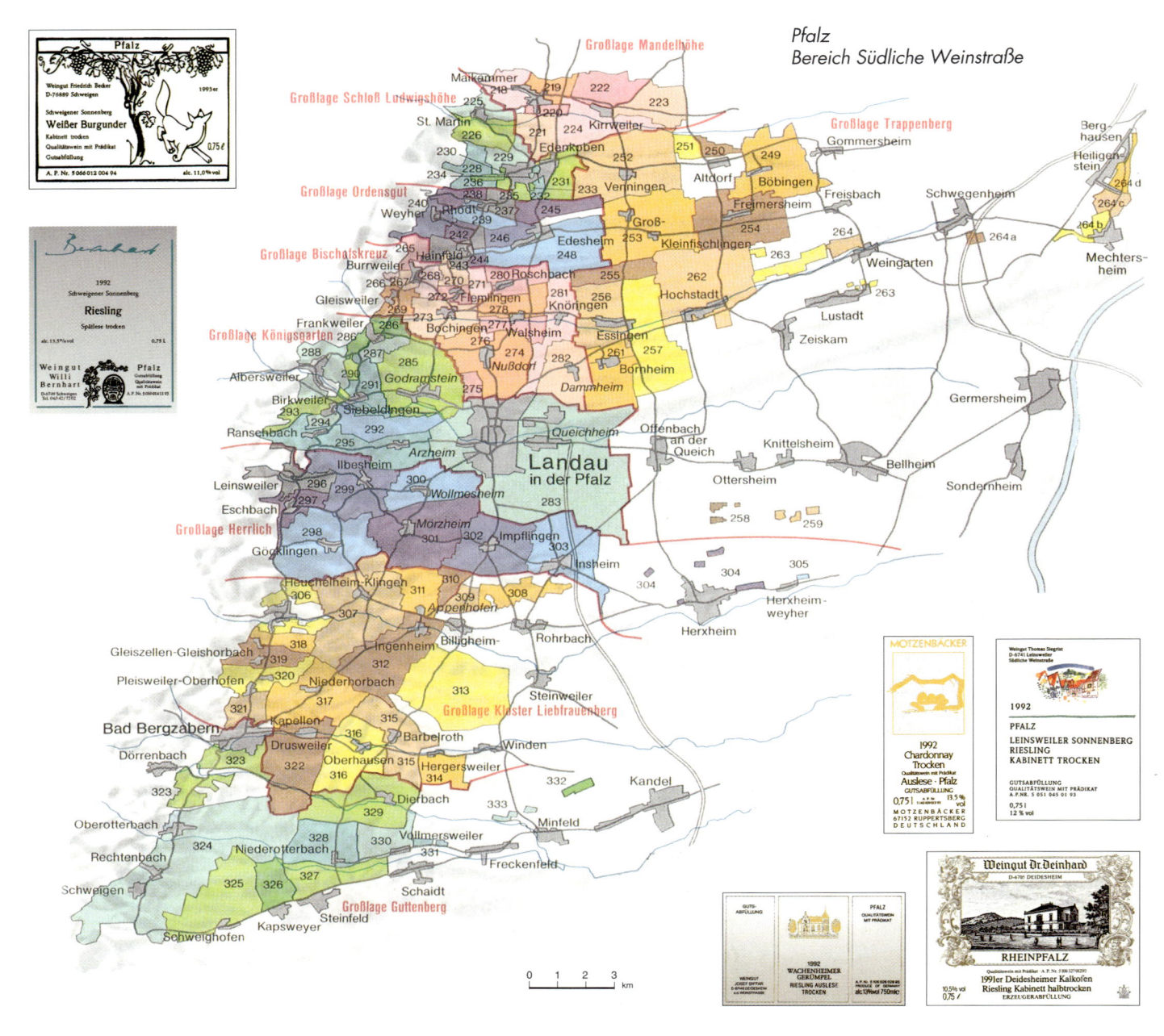

Bei Eschbach und Klingenmünster bildet der Pfälzer Wald eine geradezu dramatisch schöne Kulisse.

Urzelle der neuen Südpfälzer Weinkultur war das Gut »Ökonomierat Rebholz« in Siebeldingen. Der Namensgeber des Betriebs förderte in seiner Umgebung den Anbau von Edelreben und bewies, daß auch die Oberhaardt durchaus noble Gewächse hervorbringen kann. Sein Sohn Franz Rebholz verlegte sich völlig auf die Erzeugung durchgegorener Weine. Die Abrundung mit Süßmost verabscheute er. Der damalige Pfälzer Weinbau-Präsident Karl Fuhrmann, ein Mittelhaardter, Spezialist für edelsüße Auslesen, schätzte den geradlinigen Siebeldinger. Doch ließ

PFALZ

er keine Gelegenheit aus, den Kollegen ironisch anzugehen. Die Weine seien gewiß nicht schlecht, meinte Fuhrmann immer wieder, doch mit einem Quentchen Süße wären sie noch viel besser. Rebholz lächelte, er verkaufe seine Produktion auch so ganz gut. Der Pionier trockener Weine starb überraschend, kurz vor der Ernte. Karl Fuhrmann trommelte Helfer zusammen, brachte die Lese in Siebeldingen neben seiner eigenen Arbeit ein und baute den Wein später genauso aus, wie es Rebholz gehalten hatte. Dem halbwüchsigen Sohn verschaffte der Präsident eine Lehre in einem Spitzenbetrieb. »Diese Wein-Moral durfte nicht untergehen«, fand Fuhrmann.

Früh förderte auch Dr. Karl Wehrheim die Tendenz zum Trockenen: Als Bürgermeister des Pfalzortes Birkweiler – ein Nachbardorf von Siebeldingen und ebenfalls mit ausgezeichneten Lagen versehen – nahm er unter den Winzern eine neutrale Stellung ein. Und deshalb gelang es ihm, nicht ohne zähe Überredung, die Weinbauern in seinem Amtsbereich zu überzeugen, doch auch mal ein Fuder ehrlich durchgären zu lassen. Sein stärkstes Argument: Der Kastanienbusch, ein Hang in einem hitzigen Talkessel und der Stolz des Dorfes, bringe doch so reife Weine, daß die Zugabe von Süße gar nicht nötig wäre. Sie sehen auf unserer Karte der Südlichen Weinstraße die Ortsnamen, die im Weinregal besonderes Vergnügen

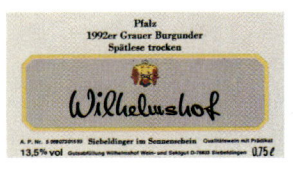

PFALZ

PFALZ

Rebfläche: 23 000 Hektar

Ernte im Schnitt: 2,7 Millionen Hektoliter

Weinbaubetriebe: circa 8 000

Hauptsorten: Müller-Thurgau, Riesling, Portugieser

Bereich Mittelhaardt/ Deutsche Weinstraße

Großlagen: **Schnepfenflug vom Zellertal** (Zell), **Grafenstück** (Bockenheim, Kindenheim, Mülheim), **Höllenpfad** (Grünstadt, Sausenheim, Asselheim, Neuleiningen), **Schwarzerde** (Dirmstein, Kirchheim an der Weinstraße), **Feuerberg** (Bad Dürkheim), **Honigsäckel** (Ungstein), **Hochmeß** (Bad Dürkheim), **Schenkenböhl** (Bad Dürkheim, Wachenheim an der Weinstraße), **Schnepfenflug an der Weinstraße** (Forst an der Weinstraße), **Mariengarten** (Forst an der Weinstraße), **Hofstück** (Deidesheim, Ruppertsberg), **Meerspinne** (Königsbach, Gimmeldingen), **Rebstöckel** (Hambach, Diedesfeld), **Pfaffengrund** (Diedesfeld, Hambach, Lachen, Duttweiler)

Bereich Südliche Weinstraße

Großlagen: **Mandelhöhe** (Maikammer, Kirrweiler), **Schloß Ludwigsburg** (St. Martin, Edenkoben), **Ordensgut** (Rhodt unter Rietburg, Hainfeld, Edesheim), **Trappenberg** (Altdorf, Bornheim, Hochstadt, Weingarten), **Bischofskreuz** (Burrweiler, Flemlingen, Böchingen, Nußdorf), **Königsgarten** (Frankweiler, Siebeldingen, Birkweiler), **Herrlich** (Leinsweiler, Göcklingen, Ilbesheim, Herxheim bei Landau), **Kloster Liebfrauenberg** (Steinweiler, Hergersweiler, Gleiszellen, Bad Bergzabern, Kapellen), **Guttenberg** (Bad Bergzabern, Dörrenbach, Schweigen).

bereiten, und der Hang zur Wohlanständigkeit hat sich so weit durchgesetzt, daß Sie von dort überall guten Wein für wenig Geld bekommen. Also beginnen Sie, die Weine zu probieren, auf deren Etiketten Sie die Namen Burrweiler, Hainfeld, Godramstein, Leinsweiler oder Schweigen finden. Dabei wird immer deutlicher, worin die Stärke der Oberhaardt liegt: weniger im Riesling als vielmehr in den Burgunder-Sorten. Weiß- und Grauburgunder in ihrer Bestform bedürfen keiner Süße, um zu schmeicheln. Bei ihnen wird die herzhafte Säure mit nicht zu knapp bemessenem Alkohol aufs Angenehmste abgeschmolzen. Solche Weine verlangen, zu einem guten Essen gereicht zu werden. Neuerdings geht der Ehrgeiz jüngerer Südpfälzer Erzeuger dahin, mit ihrem roten Spätburgunder großen Vorbildern aus der Bourgogne nahezukommen. Sie sind nicht mehr weit davon entfernt.

Einige der besten Südpfälzer Burgunder wachsen übrigens auf französischem Boden, was kaum bekannt ist. Die Winzer des Grenzortes Schweigen haben einen Großteil ihrer Sonnenberg-Weingärten auf Elsässer Seite in der Gemarkung Wissembourg. Die Bewirtschaftung ist aufgrund uralter Verträge gesichert. Von diesen Hängen kommen einige grandiose Gewächse. Doch in Wissembourg, einer Stadt für Genießer mit guten Restaurants, käme es keinem Franzosen in den Sinn, eine Flasche davon zu kaufen. Da ist Europa noch fern. Ein Hinweis zu guter letzt: Wer in einem Pfälzer Lokal Wein bestellt, sollte beachten, daß ein »Schoppen« dort ein halber Liter ist. Wer einen »Halben« ordert, bekommt ein Viertel. Wer nur ein Achtel-Probierglaschen möchte, fragt nach einem »Piffchen«. Dann kann es allerdings geschehen, daß der Wirt den Gast bittet, er möge doch so lange warten, bis er Durst auf ein richtiges Glas hat.

WÜRTTEMBERG
Wein zum Überleben

Für einen Schwaben zählt es zu den höchsten Gütern hienieden, ein Grundstück zu haben und darauf Heim oder Werkstatt zu errichten. Doch gehört dazu auch ein »Wengertle«. Ohne ein paar Weinstöcke gilt irdisches Dasein nur als unbefriedigend. Ein herzzerreißender Konflikt. Bautätigkeit und Reben gehen gleichermaßen in die Fläche, und Boden ist knapp in den Ballungsräumen Württembergs. Im Kampf Häusle gegen Viertele hat der Wein manche Niederlage erlitten, aber letztlich doch die Oberhand behalten. Nehmen wir Stuttgart. Mitten im Zentrum, gleich hinter der Industrie- und Handelskammer, stehen am Kriegesberg Reben. In dieser Gegend kosten Grundstücke, wenn sie überhaupt verkauft werden, 2000 Mark und mehr pro Quadratmeter. Doch der Hang ist unantastbar.

Die Daimler-Werke im Stadtteil Untertürkheim bräuchten dringend Platz für eine Erweiterung, doch finden die Produktionshallen ihre Grenzen an Weingärten. Viele Arbeiter des Unternehmens besitzen Reben. Es ist üblich, daß sie im Herbst Urlaub nehmen für die Lese. Entweder liefern sie die Trauben bei der Genossenschaft ab, oder aber sie wandeln ihre Wohnstube in eine »Besenwirtschaft« um, wo der junge Wein in Strömen fließt. Diese Form des Ausschanks ist hochbeliebt. Wer da nicht rechtzeitig kommt, findet auf den langen Bänken keinen Platz mehr. Gegen solches Volksvergnügen sind die Interessen des Welt-Konzerns nichtig.

Die Stadt Stuttgart unterhält ein eigenes Weingut mit 18 Hektar. Daran wird gewiß nichts verdient. Im Gegenteil mußte der Magistrat anderthalb Millionen locker machen, um bröckelnde Stützmauern befestigen zu lassen. Doch die Stadtväter kalkulieren, daß alles noch viel teurer käme, läge dort ein Park. Noch anders gerechnet: Gäbe es die Reben nicht, wäre Stuttgarts Zauber dahin, und die Men-

Ein »Wengertle«, wie der Weingarten im Schwäbischen heißt, nimmt im lokalen Bewußtsein einen hohen Rang ein. Doch neben den Rebstöcken, die eher den privaten Bedarf decken, umsäumen den Großraum zwischen Bad Mergentheim und Reutlingen zahlreiche Weinhänge, die Riesling und Trollinger – die Hauptsorten Württembergs – weit über die Landesgrenzen bekannt gemacht haben.

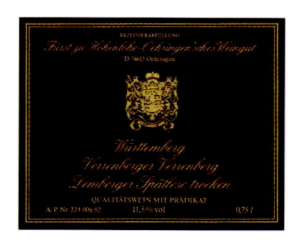

WÜRTTEMBERG

schen wollten nicht mehr halb so viel schaffen. Ein einziges Mal nur machte die Obrigkeit den Fehler, den – zweifellos dringlichen – Bedarf an Wohnungen über den Wein zu stellen. Als den Winzern am Ailenberg im Stadtteil Obertürkheim die öffentliche Hilfe für den Wiederaufbau zerstörter Rebgärten verwehrt wurde und statt dessen dort mehrere Miethäuser entstanden, war ein Bürgerkrieg nicht fern.

Schwäbische Baubesessenheit schlug schlimme Wunden in die Landschaft um Stuttgart. Noch in den Sechzigern war das Remstal östlich der Landeshauptstadt eine heimelige Gegend mit alten Häusern, Wiesen, Reben und Obstbäumen. Wie ein Krebsgeschwür fraßen sich Gewerbe und Wohnbau in das Tal. Die Dörfer wuchsen ineinander und wurden zu kommunalen Großeinheiten mit synthetischen Namen zusammengepreßt – Weinstadt, Remshalden, Kernen – verknüpft mit einer vierspurigen Schnellstraße. Nur der Weinbau blieb großenteils erhalten. Er bewahrt heute dem gestörten Tal einen Rest von Gemüt. Die Reben, so darf mit Fug und Recht gesagt werden, haben das Remstal vor der Entseelung gerettet.

Heilbronn, mit Industrie dicht besetzt, ist zugleich eine der größten Weinbau-Gemeinden Deutschlands. 540 Hektar Reben gibt es in der Stadt, mehr als an der ganzen Ahr stehen. Nach einem einzigen Luftangriff am 4. Dezember 1944 nahezu vollständig zerstört, wurde die Stadt buchstäblich mit Wein wieder aufgebaut. Jede Familie besaß ein paar Rebstöcke, und für ein Fläschle Trollinger oder Riesling ließen sich Zement und Ziegel tauschen. Der damalige Oberbürgermeister Paul Meyle wußte sehr wohl, was er tat, als er die Rebhänge an Wart- und Stiftsberg gegen Bau-Interessen verteidigte. Nur zu gerne hätte eine rasch wieder zu Geld gekommene Bourgeoisie ihre Villen dorthin gestellt, mit ungehindertem Blick über die Weite des Unterlandes.

Doch ohne Wein wäre Heilbronn eine wohl reiche, aber öde Stadt, bar jeglichen Gemüts. Und so scharf die Württemberger auch zu kalkulieren vermögen, Behaglichkeit betrachten Sie durchaus als wirtschaftliche Größe. Was dem Seemann der Rum, dem Kumpel das Pils, das ist dem Württemberger sein Wein: Elixier zum Überleben. Es zählt im Ländle zu den unabdingbaren Vergnügen, feierabends in fröhlicher Öffentlichkeit zwei, drei Viertele zu »schlotzen« aus Gläsern, die mit griffigen Henkeln versehen sind, damit »au jo koi Tröpfle verschittet« wird. Leicht und süffig soll der Schoppen sein, mild und andeutungsweise lieblich, auf jeden Fall be-

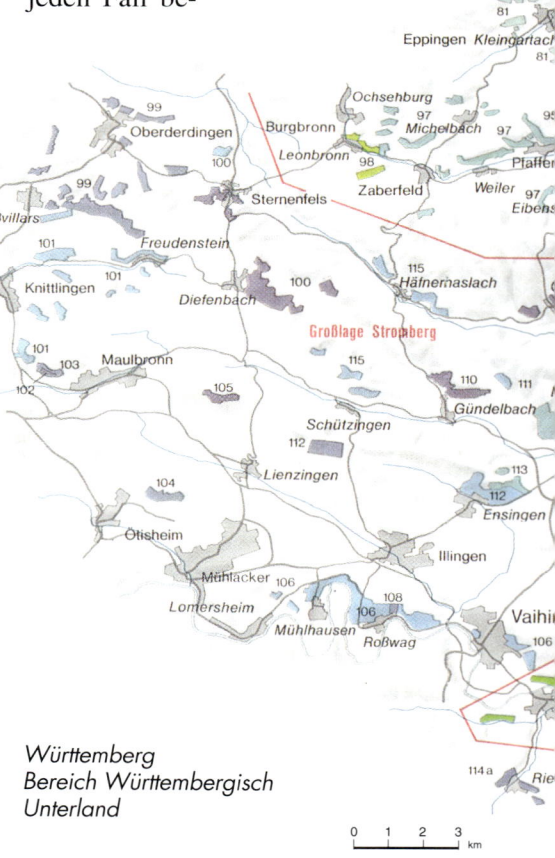

*Württemberg
Bereich Württembergisch
Unterland*

WÜRTTEMBERG

kömmlich und völlig unkompliziert. Pathos ist dem Schwaben zutiefst verdächtig. Es gibt noble Ausnahmen: bedeutungsschwere Gewächse für den festlichen Anlaß von herrschaftlichen Gütern und von ehrgeizigen Weingärtner-Genossenschaften. Vor allem die Kooperativen übertreffen sich seit einiger Zeit in der Fertigung von schwindelerregend teuren »Premium-Weinen«. So findet man unter dem Stichwort Württemberg für jeden und jede Gelegenheit den passenden Wein.

Württemberg ist Rotwein-Land. Die roten Sorten bedecken fast 6000 Hektar, die doppelte Fläche des Rheingaus. Liebling der »Wengerter« (schwäbisch für Winzer) wie der »Viertelschlotzer« (schwäbisch für Weintrinker) ist der Trollinger, »der Schaffer, der Ackergaul, der seinen Mann ernährt«, wie es am Neckar heißt. Das ist nun nichts anderes als der Südtiroler Vernatsch, eine reichlich tragende Rebe, die einen hellroten Schoppen liefert, leicht und süffig zu trinken. Am liebsten trinkt der Schwabe seinen Trollinger »rezent«, mit zehn bis zwölf Gramm Zucker pro Liter, also im Geschmack zwischen trocken und halbtrocken. Wesentlich anspruchsvoller sind die Müllerrebe und der

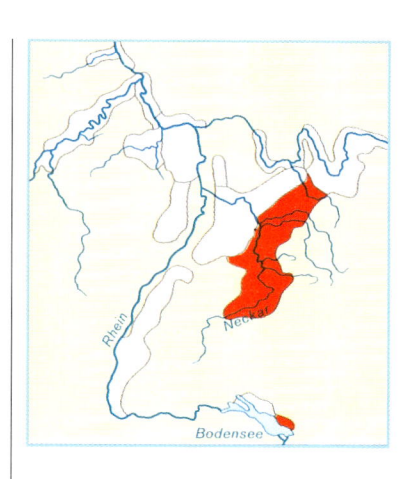

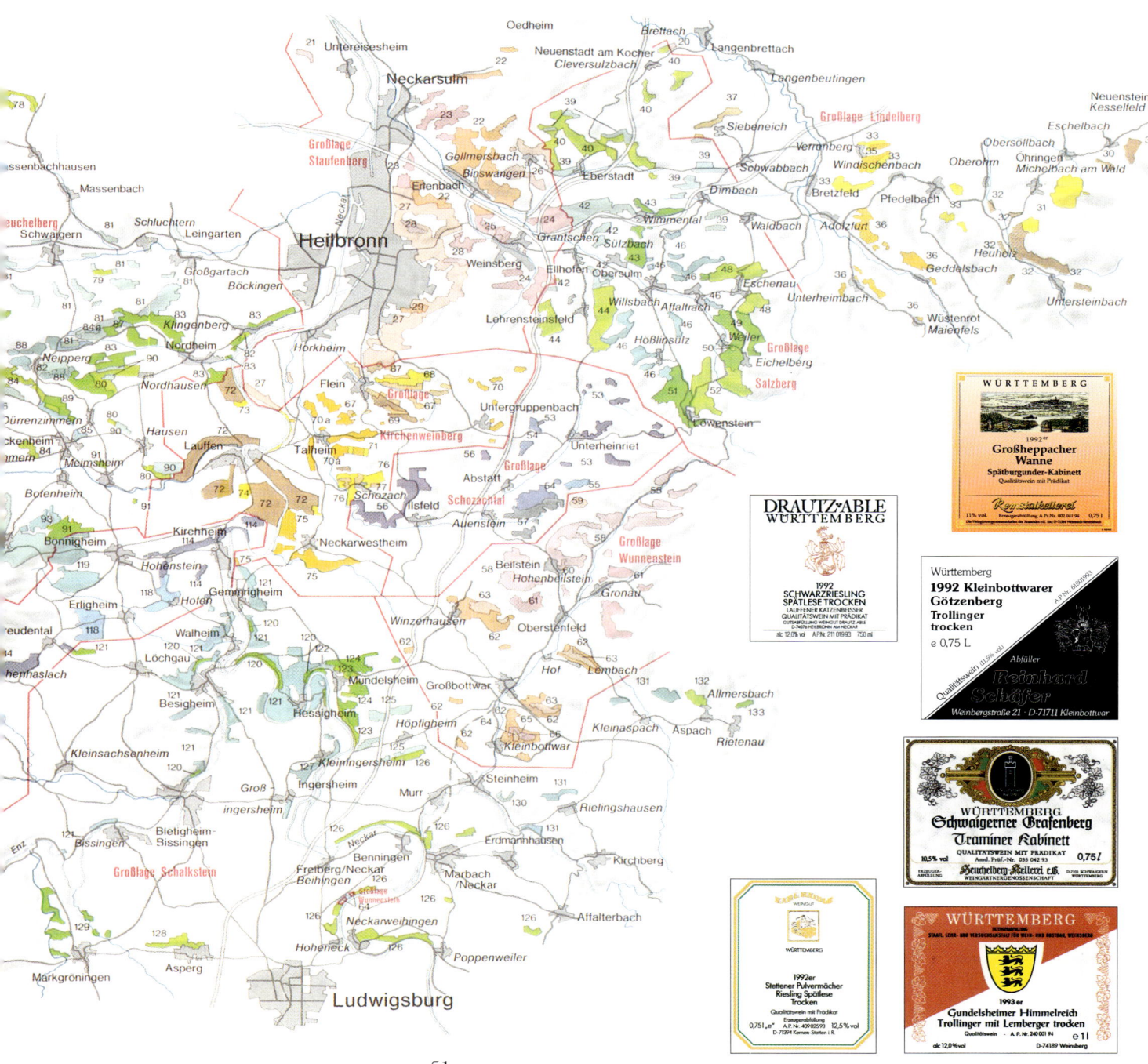

WÜRTTEMBERG

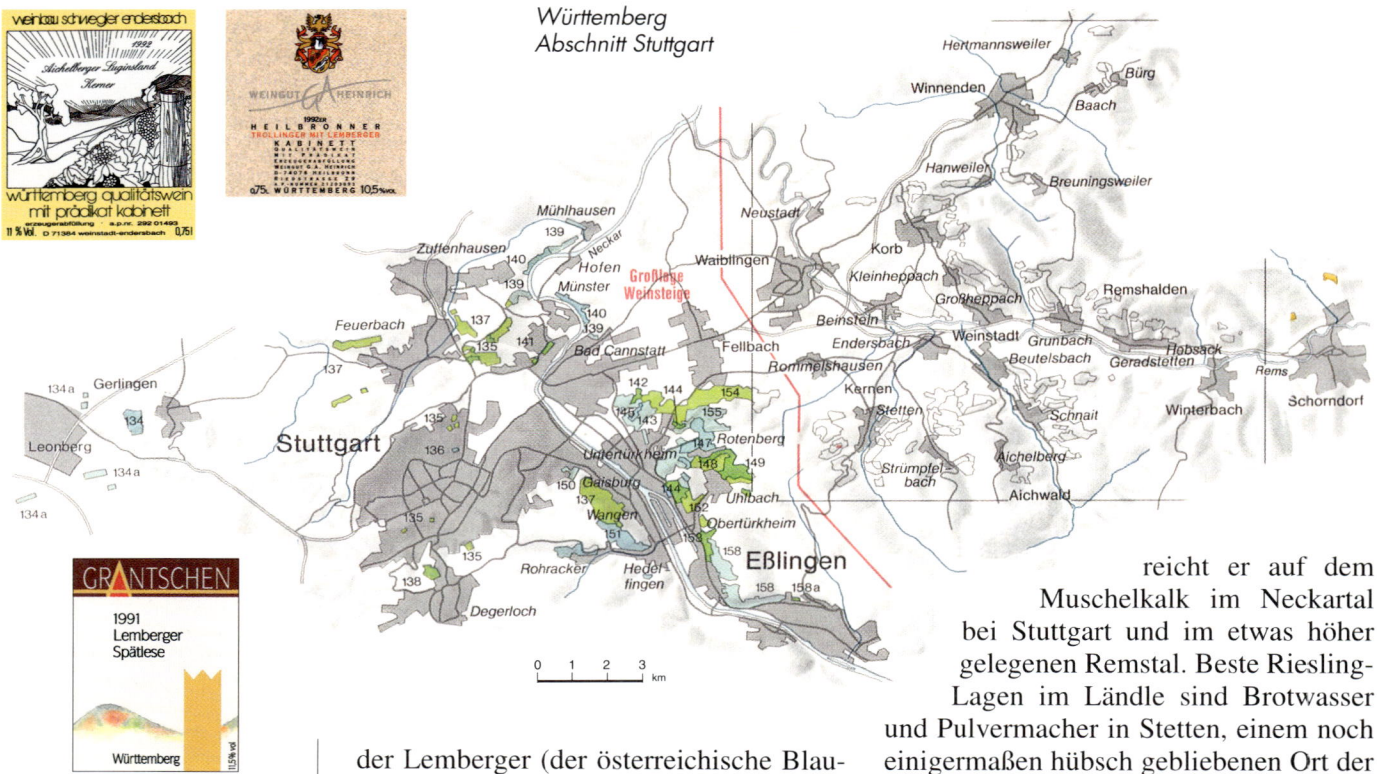

Württemberg
Abschnitt Stuttgart

Ludwigsburg, am südlichen Rand des Bereichs Württembergisch Unterland gelegen, bietet Weinreisenden mit seinem barocken Residenzschloß ein attraktives Besuchsziel.

der Lemberger (der österreichische Blaufränkisch), dessen Wein bei geringem Ertrag und guter Pflege tiefdunkel, glutvoll und samtig gerät. Er paßt hervorragend zu Lamm oder Wild. Am besten schmeckt er in der Gegend von Brackenheim, der Heimat des ersten Bundespräsidenten Theodor Heuss (1949-1959), der davon immer »eine Flasche lang« brauchte, um eine gute Rede zu entwerfen.

Württembergs Hauptsorte jedoch, kaum zu glauben, ist der Riesling. Der »König der Reben« bedeckt ein Viertel der gesamten Anbaufläche. Seine Hochform erreicht er auf dem Muschelkalk im Neckartal bei Stuttgart und im etwas höher gelegenen Remstal. Beste Riesling-Lagen im Ländle sind Brotwasser und Pulvermacher in Stetten, einem noch einigermaßen hübsch gebliebenen Ort der künstlichen Großgemeinde Kernen. Dort erreicht der Wein durchaus die Eleganz und die Kraft der Rheingauer Gewächse, er ist allerdings nicht so betont fruchtig, vielmehr verhalten, erst beim dritten Schluck seinen ganzen Reichtum verströmend. Guter schwäbischer Riesling muß ein »Bodagfährtle« haben, einen angenehm erdigen Beigeschmack. Der Müller-Thurgau, anderswo der Erntebringer, spielt in Schwaben nur eine nachrangige Rolle. Dafür gibt's ja den Trollinger. Auf mittlere Sicht wird sich Württemberg auf Riesling und Trollinger konzentrieren, daneben angenehme Besonderheiten führen wie Lemberger, Samtrot und Gewürztraminer, der im Heilbronner Land unerreichte Zartheit besitzt.

Eine württembergische Spezialität muß hier noch angesprochen werden, der Schillerwein. Er hat nichts mit dem berühmten Sohn Württembergs zu tun, sondern »schillert«, weil er mit Rot- und Weißwein »verschnitten« ist. Früher wurden die Reben im gemischten Satz angebaut. Die württembergischen Weinlande vom Taubergrund bis zum Bodensee erzeugen eine Vielfalt von Weintypen, so daß hier stichwortartig auf die einzelnen Bereiche eingegangen werden muß. Da ist das Taubertal. Eigentlich ein politisches Anhängsel, das auf Muschelkalk und leh-

WÜRTTEMBERG

migem Ton würzige Müller-Thurgau und Silvaner erzeugt. Zum Jagsttal hin spielt dann auch der Riesling eine Rolle. Er hat hier eine herzhafte, kernige Art, die alle Württemberger Weine auszeichnet. Auch das Weinsberger Tal ist bekannt für seinen Riesling. Dagegen dominiert am Neckar bei Gundelsheim der Spätburgunder. Weiter südlich kommen wir ins Land des Trollinger. Der beste steht auf den Muschelkalkterrassen bei Besigheim und Mundelsheim, der Mundelsheimer Käsberg sei stellvertretend genannt. Diese Württemberger Spezialität ist anspruchsvoll und bringt auf Muschelkalk und Keuperböden markante, fruchtige Weine. Das Zabergäu zwischen Stromberg und Heuchelberg, ein welliges Bauernland, gilt als Heimat gehaltvoller Lemberger- und süffiger Trollinger-Weine, ist aber auch für seine Traminer und Ruländer sowie für die füllige Müllerrebe bekannt, die auch unter dem Namen Schwarzriesling in den Handel kommt. Als Spitzenwein wird der Riesling des Neipperger Schloßbergs bezeichnet. Der Müller-Thurgau ist hier am oberen, dem Wind stärker ausgesetzten Rand der weinbaulich genutzten Hänge zu finden. Neben der Stadt Stuttgart mit allen die Weinkarten zierenden Vororten – Bad Cannstatt, Untertürkheim, Rotenberg oder Uhlbach seien als Beispiele genannt – ist das Remstal die gute Stube der Weintrinker. Zum Riesling und Trollinger hat sich hier der Kerner gesellt, eine Neuzüchtung der Weinbauschule in Weinsberg aus Riesling und Trollinger, die nach dem großen schwäbischen Dichter Justinus Kerner (1786-1862) benannt wurde. Sie bringt rieslingähnliche, rassige Weine mit feinem Bukett. Zu Eßlingen, einer alten Weinhandels- und Sektstadt, gehört die berühmte Lage Burgberg. Am oberen Neckar sind dann noch einige Rebflächen – in Reutlingen, wo es mehr Gogenwitze gibt als Weingärtner, die man dort Gogen nennt – in Tübingen und Metzingen. Dort finden wir wieder den weniger anspruchsvollen Müller-Thurgau, der hier einen kernigen Tropfen ergibt. Zu Württemberg gehören auch noch einige Weinberge am Bodensee.

WÜRTTEMBERG

Rebfläche: 10 050 Hektar

Ernte im Schnitt: 1,1 Millionen Hektoliter

Weinbaubetriebe: circa 16 000

Hauptsorten: Riesling, Trollinger

Bereich Kocher-Jagst-Tauber

Großlagen: **Tauberberg, Kocherberg.**

Bereich Württembergisch Unterland

Großlagen: **Staufenberg, Lindelberg, Salzberg, Schozachtal, Wunnenstein, Kirchenweinberg, Heuchelberg, Stromberg, Schalkstein.**

Bereich Remstal-Stuttgart

Großlagen: **Weinsteige, Kopf, Wartbühl, Sonnenbühl, Hohenneuffen.**

Bereich Oberer Neckar

Bereich Württembergischer Bodensee

Bereich Bayerischer Bodensee

Großlage: **Lindauer Seegarten.**

Nach den Bestimmungen der EU soll jeder ortsübergreifenden Lage, also den meisten Großlagen, eine Leitgemeinde zugeordnet werden. In Württemberg wie auch in Baden wurde diese Verordnung jedoch nicht beachtet, so daß für diese beiden Weinbaugebiete die Aufzählung leider nicht möglich ist.

BADEN

BADEN
Das ordentliche Ländle

Von Klima und Boden begünstigt, geraten die Reben – wie hier in der Lage Renchtäler im badischen Oberkirch – auf das beste. Bisweilen werden die Ernten zu üppig. Die Winzer schneiden dann, oft schweren Herzens, im Frühjahr einige Triebe oder im frühen Sommer einige Früchte an jedem Stock heraus, um die Kraft der Reben nicht auf zu viele Beeren zu verteilen. Das »Ausdünnen« konzentriert die Stoffe, die Qualität steigt merklich.

Christi Himmelfahrt in Burkheim: Durch die Felder der katholischen Kaiserstuhl-Gemeinde bewegt sich eine Flurprozession, wie seit Jahrhunderten schon. Die frommen Leute preisen die Schöpfung und beten für eine gute Ernte. Im Spätsommer dann, alles steht in voller Frucht, erfolgt der Ordnungsruf der Winzergenossenschaft Burkheim an die Mitglieder. Es hänge zuviel in den Reben. Mindestens jedes dritte Träuble solle herausgeschnitten werden, besser noch jedes zweite. Dies steigere die Güte der Weine. Dann verweist die Genossenschaft auf den übersättigten Markt; es sei unsinnig und schädlich zugleich, mehr zu erzeugen, als sich absetzen lasse und dabei die Qualität zu vernachlässigen. Man hat überdies ein probates Mittel, die Winzer zum »Ausdünnen« anzuhalten. Bringt einer im Herbst zu viele Trauben, wird ihm von der Auszahlung einiges abgezogen. Also gehen die Burkheimer in ihre Wingerte, betrachten wehmütig den bacchantisch reich behängten Ruländer und Spätburgunder, geben sich endlich einen Ruck um – Himmel und Erde anklagend – den Segen zu beschneiden, den sie drei Monate zuvor erfleht hatten. Die Älteren werden die Notwendigkeit nie begreifen, für sie ist es eine Sünde, wie Brot wegwerfen. Die Jüngeren haben die Lektion eher verstanden. Weniger ernten heißt auch weniger düngen und spritzen. Die Reben bleiben gesünder und leben länger, bringen mit den Jahren immer besseren Wein.

Burkheim ist nur ein Beispiel von vielen. An die 100 weitere Winzergenossenschaften in Baden halten es ebenso. Die vielgestaltige Reben-Provinz, die sich mehr als 400 Kilometer lang zwischen Franken und dem Bodensee dahinstreckt, zeigt Disziplin. Ausufernde Ernten gibt es nicht

BADEN

mehr. Das Angebot ist einigermaßen überschaubar. Die Weine sind angenehm reif, nachsüßen ist kaum nötig. Die Winzer müssen nicht mit Prädikaten protzen. Die Kunden glauben ihnen auch so, daß die Erzeugnisse in Ordnung sind, kaufgünstig dazu. Angesichts der Tatsache, daß Baden höchst unterschiedliche Landschaften und Volksgruppen umfaßt, daß dort mehr als 30 000 Familien vom Weinbau leben, erstaunt es immer wieder, wie wohlorganisiert die Weinwirtschaft ist. Es bedarf schon erheblicher Überzeugungskraft, inmitten der Fruchtbarkeit der oberrheinischen Ebene Verzicht auf Ertrag zu predigen. Baden hat heute bei der Beschränkung der Erntemengen die strengsten Regeln in Deutschland. Dies muß sein; die früher ungehemmte Erzeugung von Wein ließ die Keller überlaufen. Die Struktur kam in Baden dem Kampf um bessere Qualitäten entgegen: Die Weinwirtschaft wird zu vier Fünfteln von Genossenschaften bestimmt. In jedem zweiten Dorf gibt es einen Winzerverein mit Vorstand und Geschäftsführer. Diese Gemeinwerke entstanden meist Anfang des Jahrhunderts, als Baden noch ein Armenhaus war, und Tausende einzelner Winzer beliebig von den Händlern erpreßt werden konnten. Die Zusammenarbeit machte stark und brachte auf Dauer einigen Wohlstand. Noch heute wirken die Genossenschaften wie Familien im Ort. Da kann auch nicht jeder tun und lassen, was er will. 90 der Kooperativen wiederum sind dem Badischen Winzerkeller in Breisach angeschlossen.

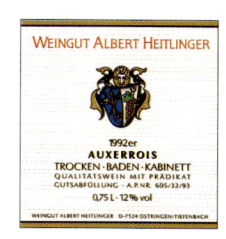

Schriesheim bei Heidelberg mit seiner Ruine der Strahlenburg (links) oder das romantische Hecklingen im Breisgau (unten) sind touristische Attraktionen. Für Weinfreunde erschließt sich Baden, von Wertheim bis vor die Stadttore Basels, mit Rundkursen durch den Kraichgau und um den Kaiserstuhl über die badische Weinstraße. Hier finden Reisende Anschluß an die fränkische Bocksbeutelstraße und die badische Bergstraße, die wiederum an die Hessische Bergstraße angebunden ist.

BADEN

Eines der wärmsten Gebiete Deutschlands: der Kaiserstuhl. Nach der »Rebflurbereinigung« haben die Terrassen (oben) eine andere Ansicht gewonnen.

Baden Abschnitt Karlsruhe-Pforzheim

Die Winzergenossenschaften lernten, daß sie den Modus der Auszahlungen an die Mitglieder ändern mußten. Wer zuviel erntete, wurde mit Abschlägen bestraft. Wer frühzeitig in die Lese ging, sorgfältig aussortierte und nur gesunde Trauben ablieferte, bekam einen Bonus. Weine von alten Reben wurden in der Werbung herausgestellt. Ein betagter Stock trägt nicht mehr viel, dafür liefert er einen extraktreichen Most. Und wenn der Bauer schon einen unwirtschaftlich gewordenen Wingert aushauen mußte, dann sollte er nicht Müller-Thurgau oder Gutedel pflanzen, sondern eben Badens Stolz: den Burgunder.

Eine gelungene Anpassung der Produktion an den Markt war die Erfindung des Grauburgunders. Das ist nun nichts weiter als der biologische Name für die gute alte Ruländer-Rebe, die bei Vollreife einen goldgelben, satt nach Honig duftenden und fast cremig anmutenden Tropfen liefert. Dieser Geschmack ist nichts mehr für die junge Generation. Nun können aber nicht von heute auf morgen alle Ruländer-Anlagen gerodet und neu bestockt werden. Am Kaiserstuhl allein gibt es mehr als 750 Hektar davon; das entspricht der gesamten Rebfläche in Ostdeutschland. Werden die Trauben aber nun nur einige Tage früher gelesen, solange sie gesund sind und noch gut Säure und Frucht haben, entsteht daraus ein anderer Wein: frisch und knackig, nicht so schwer, mit einem Hauch Aroma wie von grünen Walnüssen. Ohne Süße ist dies der ideale Menü-Begleiter. Mit geschickter Werbung geriet der Ruländer ins Vergessen, während der Grauburgunder Triumphe feiert, ohne daß auch nur ein Rebstock ausgehauen werden mußte. Auf gleiche Art wurde aus dem behäbigen Müller-Thurgau der leichtgewichtige, sommerfrische Rivaner, aus dem ba-

Die Lese, wie hier im Achkarrer Schloßberg, eine Lage in Vogtsburg am Kaiserstuhl, wird bei sommerlichen Temperaturen zu einer schweißtreibenden Arbeit. Das nahegelegene Breisach, am Fuße der Großlage Vulkanfelsen, lockt nicht nur mit seinem Kaiserstuhl-Tuniberg-Weinfest im August. Für Besucher lohnt auch ein Abstecher zum Münster St. Stephan, das interessante Fresken sowie den Breisacher Altar beherbergt. Die zahlreichen weiteren Weinorte in der näheren Umgebung stellen sich überaus malerisch dar; nicht zuletzt sind Freiburg oder Weil am Rhein und das benachbarte Basel – mindestens – einen Kurztrip wert.

56

BADEN

rocken Weißherbst ein schlankfruchtiger Rosé. Der rote Spätburgunder kommt nicht mehr so mollig daher wie einst; er darf heute, französischen Vorbildern folgend, durchaus Gerbstoff zeigen. Besonders die Genossenschaften haben bei der Rotwein-Bereitung viel gelernt. Bei einer großen Vergleichsprobe von badischem Spätburgunder 1993 in Karlsruhe belegten die Kooperativen die ersten sieben Plätze. Dann erst folgten bekannte Güter.

Die süßliche Note, die den badischen Wein früher meist begleitete, ist heute die Ausnahme. Weiß-, Grau- und Spätburgunder werden fast immer in der trockenen Geschmacksrichtung angeboten, damit sie zum Essen passen. Mit Prädikaten gehen die Winzer sparsamst um; der Anteil von Spät- und Auslesen beträgt zwei Prozent. Auch die Anforderungen an die Reife der Trauben liegen im Südwesten hoch. Stolz wirbt die Region mit dem Spruch: »B wie Baden«. Dies ist eine Anspielung darauf, daß Baden als einziges deutsches Gebiet zur internationalen »Weinbau-Zone B« gehört, zusammen mit Burgund und Bordeaux, mit dem Veneto und dem Piemont.

Die Winzer in der nördlichsten Ecke Badens, in Tauberfranken, versuchten manchen Vorstoß, niedriger eingestuft zu werden. Bei ihnen sei es nicht so heiß wie am Kaiserstuhl. Freiburg erwiderte stets mit schroffem »Nein«. Die Chance, sich innerhalb des deutschen Weinbaus als etwas Besseres darzustellen, dürfe auf keinen Fall vertan werden. Böse Menschen verspotten Tauberfranken als »Badisch-Sibirien«. Im Winter kann es dort grimmig kalt werden, weshalb schon halbe Ernten erfroren sind. Und Beamte aus Karlsruhe oder Freiburg sehen es als das härteste aller Schicksale an, nach Tauberbischofsheim versetzt zu werden. Dem lieblichen Madonnen-Ländchen wird damit arg unrecht getan. Im Sommer und Herbst ist es dort sehr angenehm, die Weine werden durchaus reif. Das insgesamt etwas kühlere Klima bekommt vor allem der Müller-Thurgau-Rebe gut. Der Wein wird an der Tauber zart und feingliedrig. Bei der geringen Erzeugung dort haben die Winzer keine Absatzsorgen.

Baden Bereich Tauberfranken

Das Ausdünnen der Reben, das die Badener Winzer seit einiger Zeit praktizieren, schlägt sich in einem geringeren Leseertrag, aber gleichzeitig auch in besserem Most nieder. Diese Strategie des Weniger-aber-feiner hat Erfolg.

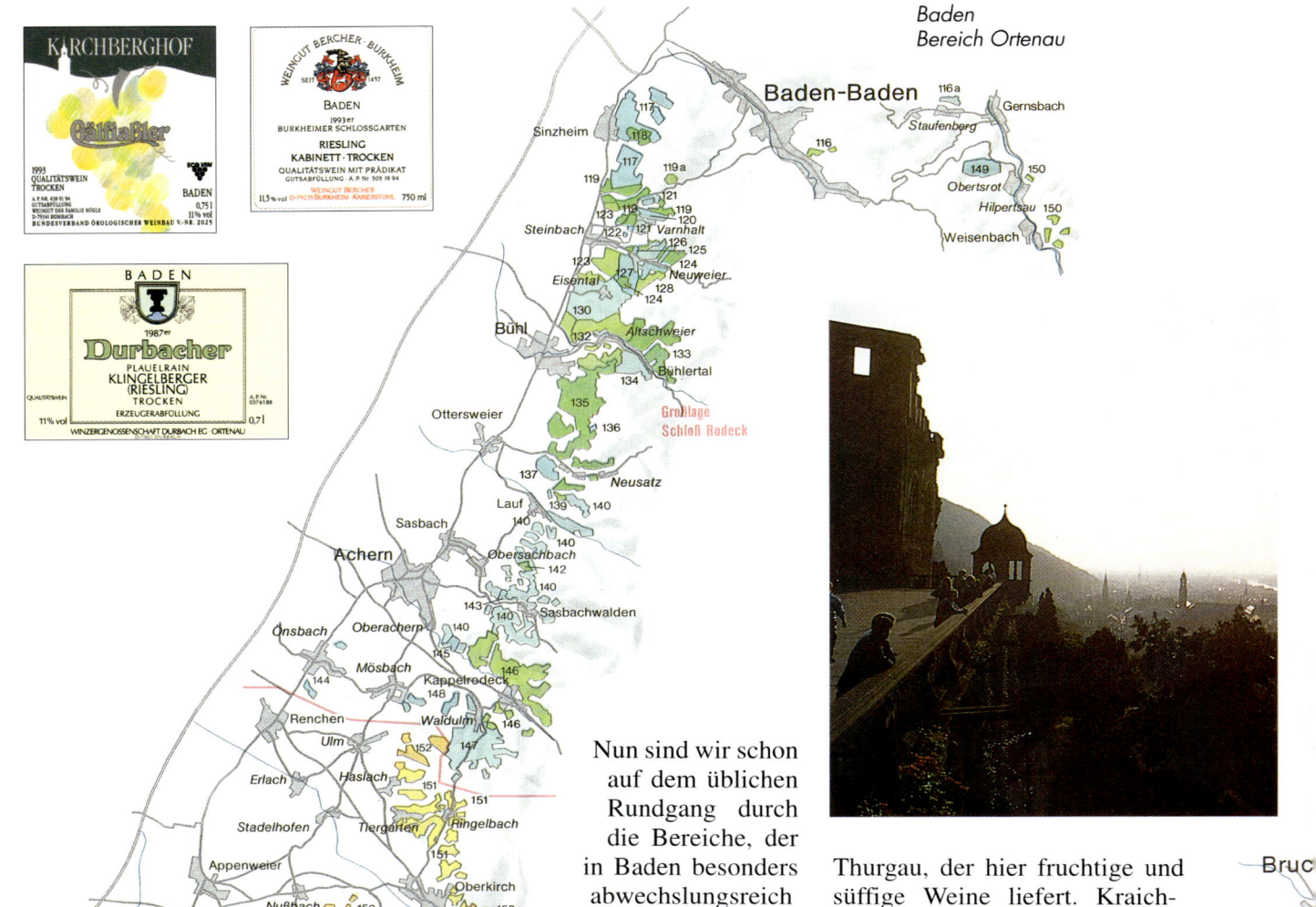

BADEN

*Baden
Bereich Ortenau*

Nun sind wir schon auf dem üblichen Rundgang durch die Bereiche, der in Baden besonders abwechslungsreich ausfällt, sind doch 400 Kilometer kein Pappenstiel, von der Grenze Frankens bis an den Bodensee. Die Badische Bergstraße, auch Südliche Bergstraße genannt, ist – wie der gegenüber liegende hessische Teil der Bergstaße – hauptsächlich mit Riesling bestockt. Die Bergstraße gehört zu den wärmsten Gebieten Deutschlands und gibt mit ihren Porphyrverwitterungs- und Keuperböden der Rebe beste Entfaltungsmöglichkeiten. Die Weine schmecken verhalten, sehr reif, und eigentlich auch fast ein wenig weich.

Der Kraichgau hat erst nach dem Zweiten Weltkrieg seine alte Bedeutung wiedergewonnen. Die Reben stehen auf sanften, zur Rheinebene hin abfallenden Lößhängen. Es sind meist Streulagen, und es gibt so viele Rebsorten wie fast nirgends in Baden. Im Vordergrund steht der Müller-Thurgau, der hier fruchtige und süffige Weine liefert. Kraichgauer Wein kann mitunter kantig werden, ist dafür aber langlebig. Die Winzer dort sind auch stolz auf ihren Riesling. Der Weißburgunder aber wird allemal besser.

Die Ortenau wird durch die Hänge des Schwarzwaldes, an denen der Wein bis auf 400 Meter emporklimmt, geschützt. Von hier ging der badische Qualitätsweinbau aus. Der Boden wird in erster Linie von Gneis und Granit gebildet, im nördlichen Teil ist auch Rotliegendes zu finden. Die stark gegliederte Geländeform ergibt zahlreiche Südhänge. Die Winzer zwischen Baden-Baden und Offenburg konzentrieren sich klugerweise auf zwei Sorten, einmal auf den Riesling, der nirgendwo in Baden besser gedeiht, in

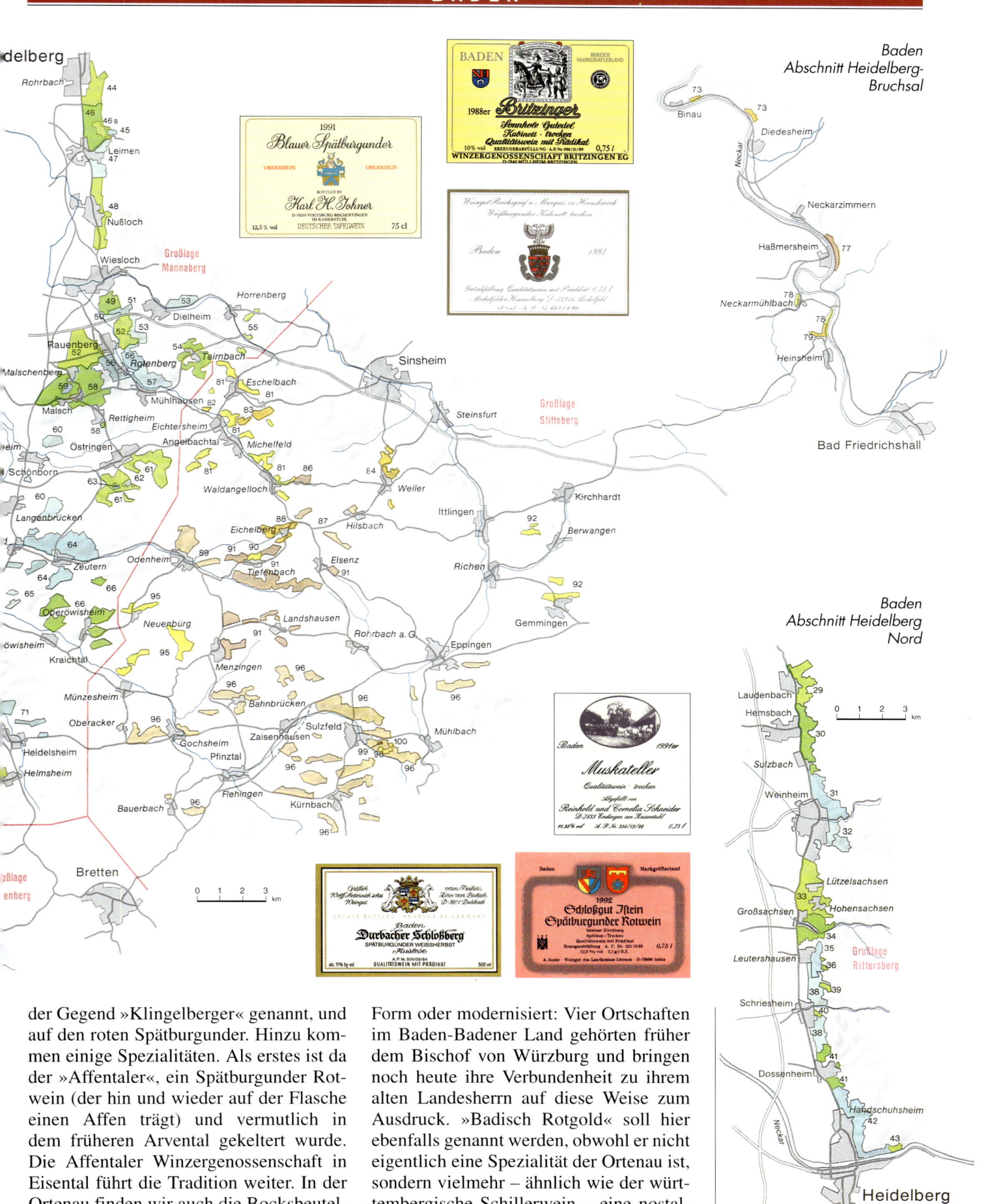

BADEN

der Gegend »Klingelberger« genannt, und auf den roten Spätburgunder. Hinzu kommen einige Spezialitäten. Als erstes ist da der »Affentaler«, ein Spätburgunder Rotwein (der hin und wieder auf der Flasche einen Affen trägt) und vermutlich in dem früheren Arvental gekeltert wurde. Die Affentaler Winzergenossenschaft in Eisental führt die Tradition weiter. In der Ortenau finden wir auch die Bocksbeutelflasche wieder, in original fränkischer Form oder modernisiert: Vier Ortschaften im Baden-Badener Land gehörten früher dem Bischof von Würzburg und bringen noch heute ihre Verbundenheit zu ihrem alten Landesherrn auf diese Weise zum Ausdruck. »Badisch Rotgold« soll hier ebenfalls genannt werden, obwohl er nicht eigentlich eine Spezialität der Ortenau ist, sondern vielmehr – ähnlich wie der württembergische Schillerwein – eine nostalgische Erinnerung an den »gemischten

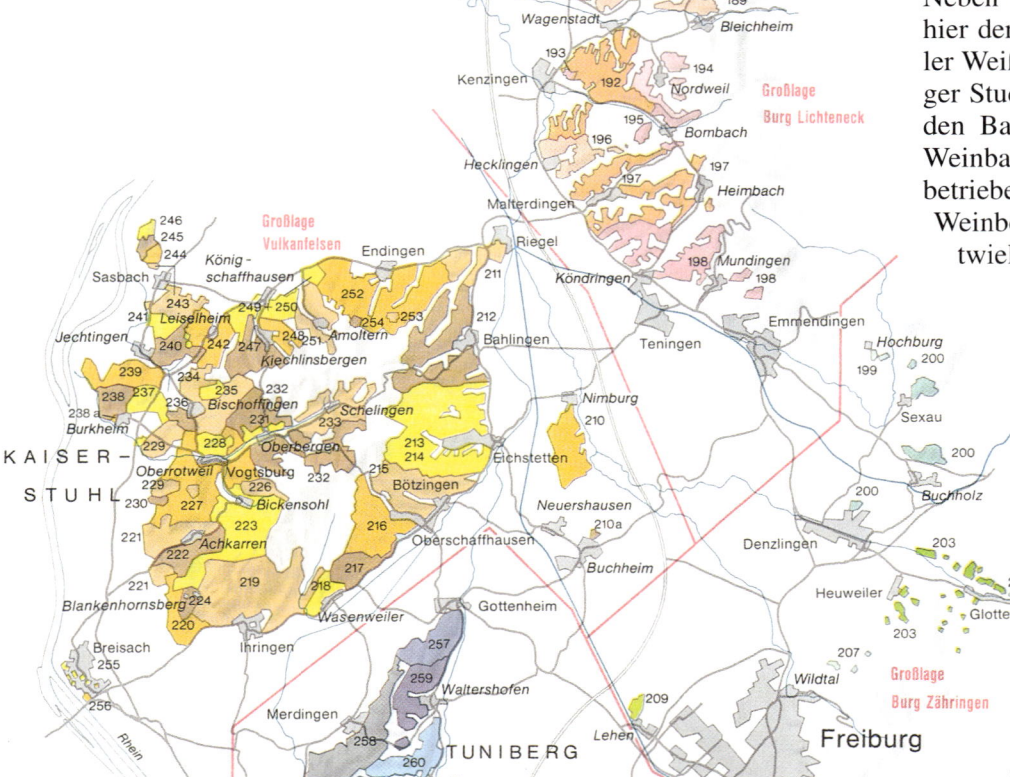

BADEN

*Baden
Bereich Breisgau,
Kaiserstuhl und Tuniberg*

gemischt werden. Der Breisgau schlägt die Brücke bis Freiburg. Die mit Löß bedeckten und terrassierten Hügel lassen ihn wie ein kleines Gegenstück zum Kaiserstuhl erscheinen. Hauptrebensorte ist der Müller-Thurgau, der hier einen fruchtigen, rassigen Muskatton entwickelt. Die Breisgauer Winzer könnten sehr viel mehr aus ihrem Wein machen, doch fast die gesamte Ernte geht an den Winzerkeller in Breisach, der ihn als preiswerten, ehrlichen Qualitätswein meist in Literflaschen abfüllt. Allerdings gibt es auch viele Betriebe, die in ihrem Streben nach Qualität ihrer Zeit voraus sind.

Der Süden, das Glottertal – Großlage Burg Zähringen – hat mit Gneisverwitterungsböden einen eigenen Charakter. Neben dem Müller-Thurgau kommt von hier der Spätburgunder, der als Glottertaler Weißherbst Generationen von Freiburger Studenten begeisterte und Vorbild für den Badisch Rotgold wurde. Hier wird Weinbau an Steilhängen bis 550 Meter betrieben, fast so hoch wie am höchsten Weinberg Deutschlands, dem Hohentwiel.

Der Kaiserstuhl, Badens Herzstück: Dieses mitten in der Oberrhein-Ebene aufragende Massiv, aus vulkanischem Gestein bestehend, mit fettem Löß überzogen, strahlt sommers eine derartige Hitze ab, daß die Thermik die vom Westen heranziehenden Wolken vertreibt. Es regnet dort manchmal zu wenig. Der Burgunder kann arg hitzig werden; 13 Grad Alkohol sind keine Seltenheit. Die Winzer haben es sich in den vergangenen Jahren angewöhnt, früher zu ernten, um nicht gar so schwere Weine zu bekommen. Der Weinbau auf den vulkanischen Böden ist relativ jung, erst 1815 wurden die ersten Rebgärten nach Vorbildern des Weinbaus am Vesuv angelegt. Der Mensch hat die Landschaft zweimal verändert. Aus vielen tausend kleinen Terrassen wurden wenige große, die mit ihren Hängen manchmal wie Festungsmauern wirken.

Satz«, wie er früher im Weinbau üblich war. Badisch Rotgold ist heute ein Wein aus Grauburgunder und Blauem Spätburgunder, die als Trauben vor dem Keltern oder als Maische im Verhältnis 1 zu 3

BADEN

BADEN

Rebfläche: 16 400 Hektar

Ernte im Schnitt:
1,5 Millionen Hektoliter

Weinbaubetriebe:
circa 2 000, davon 117 Winzergenossenschaften

Hauptsorten: Müller-Thurgau, Spätburgunder

Bereich Tauberfranken
Großlage: **Tauberklinge.**

Bereich Badische Bergstraße/Kraichgau
Großlagen: **Rittersberg, Mannaberg, Stiftsberg, Hohenberg.**

Bereich Ortenau
Großlagen: **Schloß Rodeck, Fürsteneck.**

Bereich Breisgau
Großlagen: **Schutterlindenberg, Burg Lichteneck, Burg Zähringen.**

Bereich Kaiserstuhl
Großlage: **Vulkanfelsen.**

Bereich Tuniberg
Großlage: **Attilafelsen.**

Bereich Markgräflerland
Großlagen: **Lorettoberg, Burg Neuenfels, Vogtei Rötteln.**

Bereich Bodensee
Großlage: **Sonnenufer.**

Nach den Bestimmungen der EU soll jeder ortsübergreifenden Lage, also den meisten Großlagen, eine Leitgemeinde zugeordnet werden. In Württemberg wie auch in Baden wurde diese Verordnung jedoch nicht beachtet, so daß für diese beiden Weinbaugebiete die Aufzählung leider nicht möglich ist.

BADEN

Bereich Badischer Bodensee

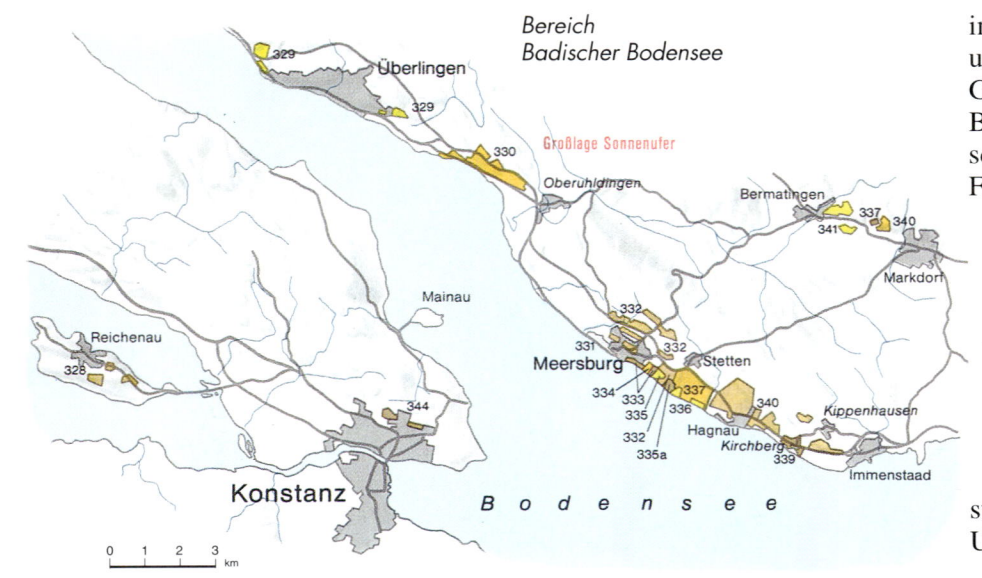

Bereiche Württembergischer und Bayerischer Bodensee (rechts)

Um Meersburg, wo die Bodensee-Fähre nach Konstanz an- und ablegt, gruppieren sich einige ausgezeichnete Lagen. Dort gedeiht Spätburgunder und Müller-Thurgau, der leicht und frisch gerät.

in Baden ist es gemütlicher. Hauptsorte und Spezialität der Markgrafschaft ist der Gutedel, der einen süffigen, nach frischem Brot duftenden Schoppen ergibt. Im schweizerischen Wallis heißt diese Sorte Fendant, ist doppelt so teuer und nicht unbedingt besser. Daneben wachsen der Müller-Thurgau und der Blaue Spätburgunder. Eine Spezialität ist der Nobling, eine in Freiburg kreierte Neuzüchtung. Das Weinland endet am Bodensee. Die Rebberge sind dort die höchstgelegenen diesseits der Alpen. Es ist eher kühl, doch der See, ein einziger riesiger Spiegel, reflektiert das Sonnenlicht und steigert die Bestrahlung der Hänge am Ufer um ein Viertel. Bodensee-Weine sind frisch, leicht, fast spritzig. Der Müller-Thurgau (der ja in dieser Landschaft ge-

Ursprünglich gehörte der benachbarte Tuniberg-Klotz dazu. Dort liegen mehr als 1000 Hektar Reben, die seit 1990 als eigenständiger Bereich gelten. Der Tuniberg ist trotz der engen Nachbarschaft nicht vulkanischen Ursprungs, sondern eine Kalkscholle, die beim Einbruch des Oberrheingrabens stehenblieb. Er ist mit einer dicken Lößschicht bedeckt. Die Rebsorten sind fast dieselben wie im Kaiserstuhl, der Charakter der Weine aber – bodengeprägt – ganz unterschiedlich. Das Markgräflerland ist Badens urtümlichste Landschaft, sich in sanften Wellen an die Westhänge des Schwarzwaldes schmiegend, 50 Kilometer lang von Freiburg bis Basel. Nirgends

züchtet wurde) zeigt viel Feinheit. Am beliebtesten ist dort der himbeerfruchtige Rosé vom Spätburgunder. Neben dem Bereich Badischer Bodensee liegen der Württembergische Bodensee mit nur zwei Lagen und daneben der Bayerische Bodensee, der die Großlage Lindauer Seegarten umfaßt, aber zu Württemberg gehört.

SACHSEN UND SAALE-UNSTRUT

Die nördlichsten Lagen der Welt

Winzer sind Individualisten, häufig untereinander verzankt, Künstlern nicht unähnlich. Doch 1990, als die beiden Deutschländer zusammenrückten, zeigten die Weinbauern im Westen plötzlich Gemeinsinn. Sie nahmen ihre unerfahrenen Ost-Kollegen an die Hand, berieten sie in Marketing und neuer Kellertechnik, ebneten ihnen die Wege bei Prüfstellen und in der Bonner Politik. Ohne langes Fragen wurden Betriebe von Saale und Elbe in den noblen Verband der Prädikatsweingüter (VdP) aufgenommen. Der deutsche Weinbau hat wie keine andere Branche die Einheit vollzogen. Gewiß, Konkurrenz hatten die West-Winzer nicht zu befürchten. Die beiden ostdeutschen Anbaugebiete Saale-Unstrut und Sachsen sind winzig und haben immer zu wenig Wein. Wenn zum Beispiel jeder Besucher der Stadt Meißen nur eine Flasche vom dortigen Müller-Thurgau oder Riesling kaufen würde, dann reichte die Ernte der örtlichen Winzergenossenschaft hinten und vorne nicht. Meißner Wein ist der teuerste in der Bundesrepublik. Die Nachfrage wird aus zweierlei Bedürfnissen gespeist: hier die Neugier der Westler, für die ostdeutscher Wein immer noch einen exotischen Reiz hat, da die unverbrüchliche Treue der Sachsen und Anhaltiner zu ihren heimischen Genüssen.

Der Weinbau an Elbe, Saale und Unstrut ist der nördlichste der Welt; selbst die Rebgärten Englands und Kanadas liegen südlicher. Und doch wird in Ostdeutschland auch noch der anspruchsvolle, späte Riesling reif. Selbst in Höhnstedt am Süßen See (außerhalb unserer Karte), der

Radebeul, unweit von Dresden, hat neben dem Barockschloß Wackerbarth, das eine Sektkellerei beherbergt und inmitten von Weinbergen liegt (oben der Schloßpark mit Belvedere), zahlreiche Kulturdenkmäler und wunderschöne Weinlandschaften. Umrahmt werden die Anbauflächen Sachsens von Seußlitz und Pillnitz.

SACHSEN UND SAALE-UNSTRUT

Saale-Unstrut bildet neben Sachsen das nördlichste Weinterrain der Welt. Die Weine geraten hier angenehm zart; Muschelkalk- und Sandstein-Böden verleihen ihnen besonderes Aroma. Beim Besuch in der an Sehenswertem reichen Gegend dürfen Weinreisende das »Steinerne Bilderbuch« in Großjena nicht links liegen lassen. In Stein gemeißelt ist dort die Geschichte des Weins zu verfolgen.

auf der Höhe von Duisburg liegt, gedeiht durchaus annehmlicher Wein. Das Klima ist kontinental mit langen, trockenen Sommern. Dafür kann der Winter arg grimmig sein. Es ist nicht ungewöhnlich, wenn ganze Weinberge erfrieren. Von daher wäre es unsinnig, die Ebene zu bestocken. Die Reben stehen grundsätzlich auf steilen Terrassen, die zu bewirtschaften und instand zu halten viel Mühe macht, auf denen zudem nur wenig geerntet wird. An der Unstrut pflanzten Mönche vor gut 1000 Jahren die ersten Reben, und die frommen Herren wußten gewiß, wo die Trauben reif werden und wo nicht. Gegenüber von Schulpforte, einem Ortsteil von Kösen, ist der Köppelberg zu sehen, der älteste – etwa tausendjährige – Weinberg des Gebietes. Heute wächst dort meist Müller-Thurgau auf vorwiegend Muschelkalkböden, und es entstehen milde, weiche Weine, würzig, mit der typischen Muskatnote. Traminer und Riesling bringen in guten Jahren gute Tropfen, mit sortentypisch ausgeprägtem Bukett und Geschmack. Man sagt, daß die Weine von Saale-Unstrut den fränkischen nahe kommen, der Boden und die Klimaverhältnisse sprechen dafür. Die sächsischen Könige, die zu leben wußten, tranken bevorzugt den Traminer von den eigenen Weinterrassen in Pillnitz und Wachwitz an der Elbe. In Meißen entstand die erste Winzerschule der Welt. Im Anbaugebiet Sachsen stellt der Müller-Thurgau die Nummer Eins, wenn auch nicht so dominierend wie an Saale und Unstrut. Auch Weißburgunder, Riesling und Grauburgunder sind nicht fortzudenken. Dabei ist der Riesling frisch, rassig und spritzig, die Burgunder voller, aber doch weinig-zartblumig.

Die Weingüter und Genossenschaften, allesamt volkseigen, hatten jahrzehntelang unter Mangel gelitten. Investiert wurde so gut wie nichts. Wenn Stützmauern bröckelten und Reben erfroren, wurde nur selten etwas erneuert. Die Einrichtung in den Kellern blieb auf Vorkriegsstand. Die Qualität der Weine litt darunter. Noch heute haben die ostdeutschen Winzer einiges nachzuholen.

SACHSEN UND SAALE-UNSTRUT

An der Elbe geht das schneller. Das mächtig aufstrebende Land Sachsen investiert manche Million in den heimischen Weinbau. Das Geld ist sicher gut angelegt. Erfreulich ist, daß junge Menschen, teils aus dem Westen zugereist, Kredite aufnehmen und eigene Weingüter aufbauen. Dieser Mut stellt sicher, daß die uralten, schön anzuschauenden Reben-Anlagen erhalten bleiben. In einem Punkt unterscheidet sich der Osten deutlich vom westlichen Angebot. Bis auf zu vernachlässigende Ausnahmen sind alle Weine völlig durchgegoren. Wenn die Winzer chemische Analysen ihrer Erzeugnisse vorlegen, dann fehlt der Wert für Zucker. Den gibt's nicht im ostdeutschen Wein.

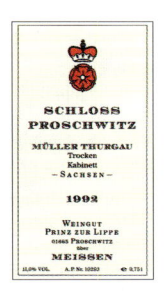

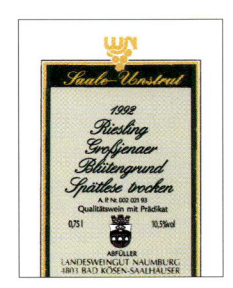

SACHSEN UND SAALE-UNSTRUT

Saale-Unstrut:
Rebfläche: 400 Hektar

Ernte im Schnitt:
20 000 Hektoliter

Weinbaubetriebe:
circa 30

Hauptsorten: Müller-Thurgau, Silvaner

Bereich Schloß Neuenburg

Großlagen: **Kelterberg** (Höhnstedt), **Schweigenberg** (Freyburg), **Blütengrund** (Großjena), **Göttersitz** (Naumburg).

Bereich Thüringen

Sachsen:
Rebfläche: 318 Hektar

Ernte im Schnitt:
15 500 Hektoliter

Weinbaubetriebe:
circa 12

Hauptsorten: Müller-Thurgau, Riesling, Weißburgunder

Bereich Meißen

Großlagen: **Schloßweinberg** (Seußlitz), **Spaargebirge** (Meißen), **Lößnitz** (Radebeul), **Elbhänge** (Dresden).

Bereich Eltertal

Einer der ältesten Weinorte Sachsens ist die Domstadt Meißen (oben). Hier entstand auch die erste Winzerschule der Welt.

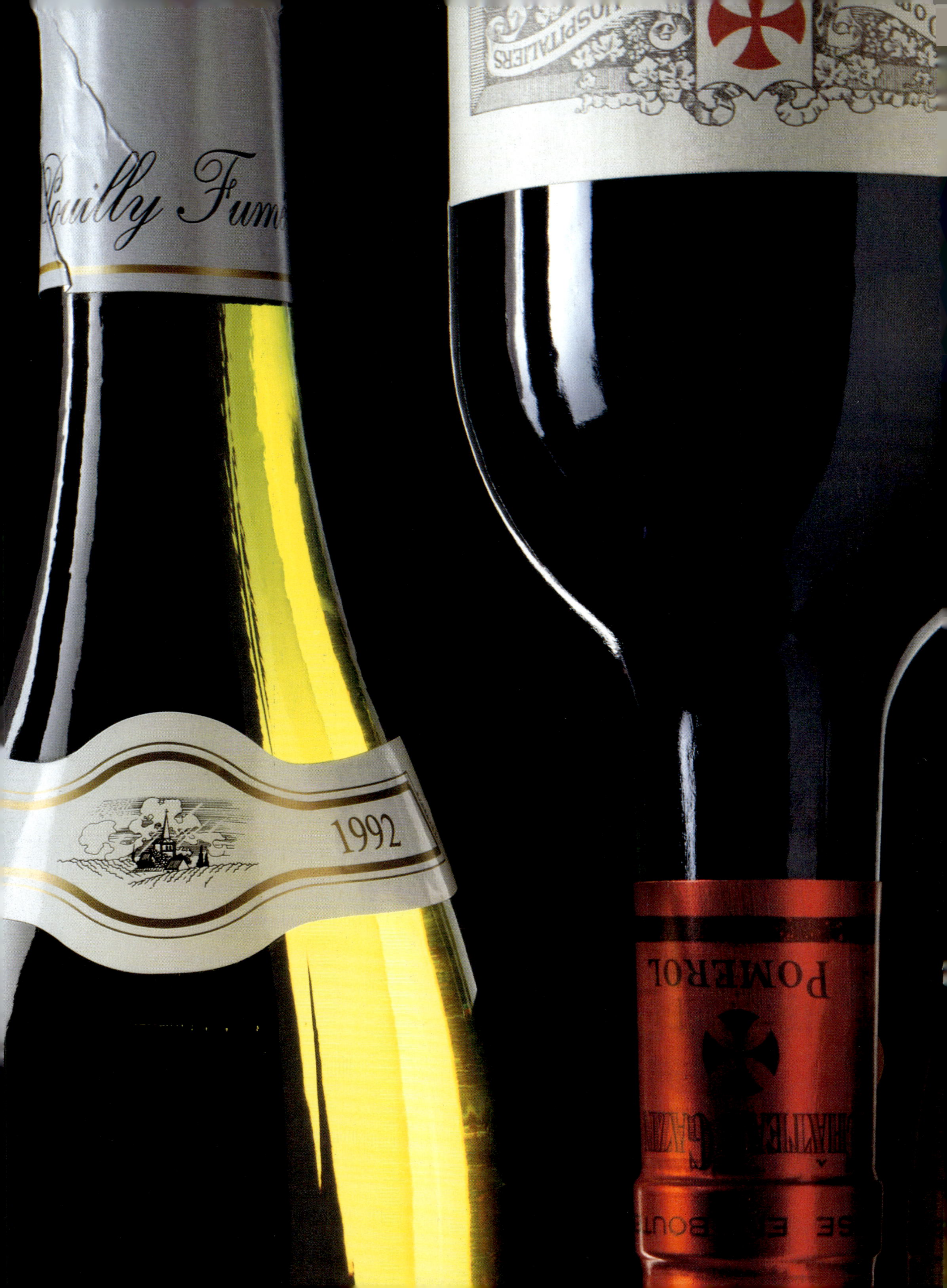
1992
POMEROL
HOSPITALIERS

DIE GÖTTER SPRECHEN FRANZÖSISCH

Anspruchsvolle Genießer teilen die Welt so ein: 98 Prozent der Weine kommen für alle Tage in Frage. Die restlichen zwei Prozent sind die Spitzen, die teuer sein müssen.

Diese Formel stimmt für die meisten Weinbau-Länder der Welt. Nur in Frankreich ist der Anteil der großen Gewächse höher als anderswo. Das mit 960 000 Hektar Reben drittgrößte Weinland ist aber auch bei den einfachen Genüssen führend und bietet viele gute Weine für oft angenehm wenig Geld.

LOIRE

Die Schlösser der Loire stehen als Symbol für die traditionelle Lebensfreude der Region: Wo sich in vergangenen Zeiten der Adel ausschweifenden Genüssen hingab, lockt nach wie vor das fruchtbare Tal mit seiner eher rustikalen Küche und seiner Weinvielfalt auf der ganzen Bandbreite der Qualitäten.

LOIRE

In Frankreichs Gärten

Wenn vom Land an der Loire die Rede ist, fällt mir immer die folgende nette Geschichte ein: Bei einem niederländischen Kaufmann rief einst ein Bursche aus einem Dörfchen bei Amboise an, er könne ein Fuder besonderen Weins anbieten, und er wolle Proben vorbeibringen. Man richtete sich auf elf Uhr ein, es wurde Mittag, und niemand kam. Drei Tage später tauchte der Winzer endlich auf und erzählte fröhliche Geschichten. So habe er auf dem Wege nach Amboise einen Vetter getroffen, der ihm von einem merkwürdigen Beigeschmack im Wein erzählte. Er solle doch mal probieren. Das Faß war nicht fehlerhaft, doch weil er schon mal in seinem Keller war, gab ihm der Vetter mehr zu kosten. Schließlich sei es notwendig gewesen, ältere Jahrgänge zum Vergleich heranzuziehen. Beim 53er angelangt, verspürten allmählich alle Hunger. Zufällig hatte Gaston, der Wirt des Ortes, an diesem Tag Geburtstag. Es habe ein fantastisches Kaninchen-Ragout gegeben, auch der Chavignol-Käse hernach sei vorzüglich gewesen. Allerdings könne niemand mehr sagen, wie das unverhoffte Fest zu Ende gegangen war. Er habe aber, bekräftigte der Winzer, eine Menge über die Behandlung des Weins dazugelernt, so daß er nächstes Jahr einen noch besseren Sauvignon werde anbieten können. Die Uhren gehen in der Touraine eben anders. So sind die Leute aus dem Val de Loire sehr wohl mit den Rheinländern vergleichbar. Die sanft sich verströmende Landschaft entlang Frankreichs Hauptfluß ist von mildem Klima geprägt. An Frost kann sich niemand erinnern, sommers wechselt sanfter Regen mit hellem Sonnenlicht. Die Schwemmböden lassen alles reichlich wachsen. Nicht umsonst wird diese Landschaft »Jardin de France« genannt. Die Menschen haben nie der Natur etwas abringen müssen, was sie fröhlich, aber auch sehr locker macht. Der französische Adel wußte solche Vorzüge stets zu schätzen. Hunderte Schlösser zeugen davon, darunter einige der schönsten der Welt. Heute sind es die Bürger der Hauptstadt, die am Wochenende über die Autoroute 10 an die Loire strömen, um dort ein paar gelöste Stunden

LOIRE

zu verbringen, gut zu essen und genüßlich dem einen oder anderen Gläschen zuzusprechen. Davon verstehen die Menschen an der Loire alles. Den Dichter François Rabelais verehren sie wie einen Heiligen, obwohl der gewiß keiner war. Er gehörte zwar kurz dem Franziskaner-Orden an, war auch mal Pfarrer, aber nur weil ihm ein fürstlicher Gönner eine Pfründe zuschanzen wollte. In jener Zeit verfaßte Rabelais sein Hauptwerk. In scheinbar feierlicher, tatsächlich von Ironie getränkter Sprache beschrieb er die Abenteuer des Riesen Gargantua, der dem Wein gleich faßweise zuspricht. Mit Hingabe widmet er sich der Erziehung seines Sohnes Pantagruel, dem der Vater freisinnig-humanistische Ideale nahebringt, ihn auch nachhaltig die Kunst der leiblichen Genüsse lehrt, so daß der Sprößling zum Namensgeber für erlesene Völlereien wurde.

Zum Feiern finden die Kinder der Loire immer einen Grund. Sie lieben pantagruelische Mahlzeiten verbunden mit gargantuesken Gelagen. Da kann es schon mal passieren, daß eine Verabredung nicht ganz pünktlich eingehalten wird. Die Küche der Loire ergeht sich gewiß nicht in höchster Verfeinerung, ist vielmehr derb-originell. Wozu wäre sonst ein eigener Knoblauch-Markt in Tours nötig? Dem entsprechen die Weine des sich annähernd 400 Kilometer weit erstreckenden Tales, meist unkompliziert und frisch, prächtig zu Meeresfrüchten und Gemüsespeisen, auch zum klassischen Ziegenkäse der Gegend passend. Die Franzosen haben ihre Liebe zu weißen Weinen entdeckt. Und da spielt der Sancerre von der Loire eine bedeutende Rolle. Sancerre ist eine hübsche Stadt, die sich um einen von einer Burg gekrönten Hügel schmiegt. Dort erreicht die Sauvignon-Traube, deren Weine anderswo arg bukettreich werden können, dabei oft zu sehr nach Muskat schmecken, erstaunliche Feinheit. Ein gelungener Sancerre ist angenehm trocken und geschmeidig, idealer Begleiter eines guten Seefischs. Nur schwankt die Qualität arg. Bei fachlichen Sancerre-Proben ist immer wieder zu beobachten, daß die Urteile der Tester oft weit auseinanderklaffen. Da gibt es merkwürdige Tönchen, die den einen zur Begeisterung hinreißen, die der andere aber nicht goutieren mag. Die Erzeuger an der Loire erklären dann, die abweichenden Meinungen seien leicht mit

Vom Modewein Sancerre bis zum süßen Desserttropfen reichen die Sorten aus der Loire-Region. Nachhaltiger Beliebtheit erfreut sich etwa der Muscadet aus der Melon-Traube. Nichts Großes, aber stets ein Garant für frische Qualität, schmeckt er am besten im Sommer nach der Lese.

LOIRE

Ein Weinkeller bietet nicht nur einen stimmungsvollen Anblick; die Kellereitechnik ist ein ganz wesentlicher Faktor, mit dessen Qualität der Wert des Mostes nachhaltig beeinflußt wird.

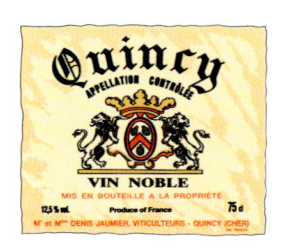

dem für den Sancerre typischen »Feuerstein-Geschmack« zu begründen. Ich habe, ehrlich, nie herausgefunden, was für ein Aroma das sein soll (Wer kaut auch schon Feuerstein?). Eher habe ich willkommene rauchige Töne in dem Wein entdeckt, die übrigens noch stärker ausgeprägt sind im benachbarten Pouilly. Da wird aus der Chasselas-Rebe der Pouilly-sur-Loire mit 9 Grad Alkohol erzeugt und aus der Sauvignon blanc der Pouilly-fumé mit 11 Grad. Ein Tip am Rande: Hin und wieder werden in Deutschland Flaschen aus Quincy und Reuilly angeboten. Diese Orte an dem Nebenflüßchen Cher liegen geographisch wie geschmacklich zwischen Chablis und Sancerre, sind wenigstens genauso gut wie die berühmten Lagen und nicht ganz so teuer.

Den Fluß abwärts geschieht eine lange Strecke weinbaulich wenig. Um Orléans herum gibt es Rebgärten, doch werden die Ernten weitgehend vor Ort ausgetrunken.

Bei Blois – einer wunderschönen Stadt – beginnt die Touraine, dort wo Gott in Frankreich lebt. Schlösser ohnegleichen liegen dort, Chambord, Cheverny, Chenonceaux, Amboise, Azay-le-Rideau.

Die klassische Traube dieser Landschaft ist Chenin blanc, die mitunter etwas derbe, leicht vom Gerbstoff geprägte Weißweine hervorbringt. Sie sind erstaunlich gut lagerfähig. Fachleute meinen, es läge am Boden, jenem Kalk-Tuff, aus dem die Steine für die Schlösser der Loire gehauen wurden. In den derart entstandenen Höhlen lagern die Weine hervorragend. Teils haben sich Menschen dort Wohnungen eingerichtet mit einem uner-

LOIRE

wartet angenehmen Klima. Wird der Chenin überreif, so daß der Most hernach nicht ganz durchgärt und etwas Restzucker behält, dann ist die Haltbarkeit schier unbegrenzt. Von der besten Lage, Vouvray, lagern in den Kellern Tropfen aus dem vorigen Jahrhundert, die noch trinkbar sind. Von der dezent restsüßen Art gibt es überragende Gewächse, die gar nicht mal so teuer sind. Wer's lieber herb mag, kauft den guten Vouvray sec. Mehr und mehr weicht der Chenin blanc in der Touraine dem Sauvignon, der als Wein frischer und schneller trinkbar, allerdings längst nicht so lagerfähig ist. Doch will ja heute keiner mehr Flaschen über Jahrzehnte aufheben.

Im Westen der Touraine liegen zwei Gebiete, in denen beliebte Rotweine erzeugt werden, eine Besonderheit an der Loire. Weitestverbreitete Traube dort ist der Cabernet Franc, der als kleiner Bruder des Bordeaux-Stars Cabernet-Sauvignon gilt. Links der Loire, an der Mündung der Vienne, liegt die malerische Festungsstadt Chinon, die Heimat des Pantagruel-und-Gargantua-Poeten Rabelais. Die Abertausende Besucher des hübschen Gemeinwesens wollen natürlich alle vom lokalen Wein kosten. Die Werbung lobt sein Veilchen-Aroma, das aber meist von mangelnder Flaschenreife herrührt. So jung, wie immer behauptet wird, sollte der fruchtige Rotspon gar nicht getrunken werden. Nach zwei, drei Jahren mundet er viel angenehmer. Weniger ansehnlich ist die Stadt Bourgueil am anderen Loire-Ufer.

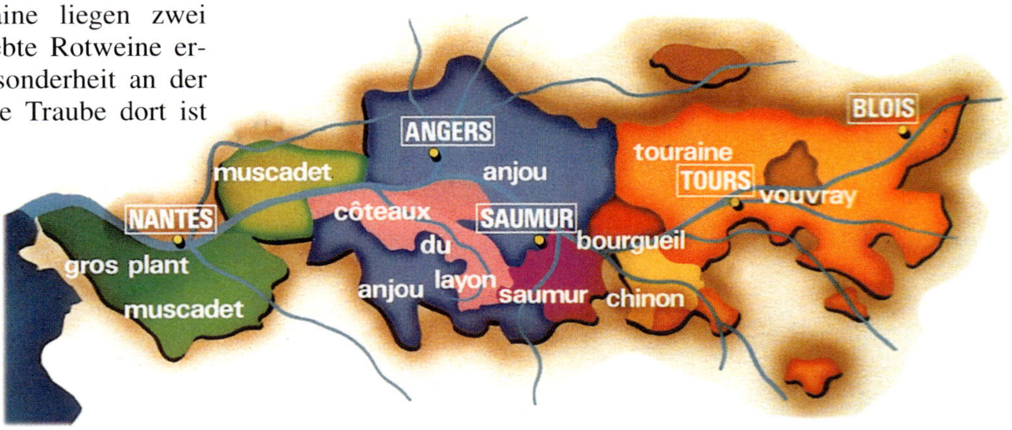

Dafür sind die Rotweine hier besser und gehaltvoller. Ein guter Bourgueil muß nach Himbeeren duften. Die Roten der Loire sind betont fruchtig und verspielt, längst nicht so gravitätisch und streng wie ein Bordeaux. Sie vertragen es, leicht gekühlt ausgeschenkt zu werden, sagen wir: mit 14 Grad.

Der sich anschließende Abschnitt Loire-abwärts ist das Anjou, bekannt für seinen lieblichen Rosé. Erwähnenswert sind auch die knackig-trockenen, gar nicht so teuren Weißweine von Saumur, einer Stadt wie aus einer Märchenoper, eigentlich für guten Sekt bekannt. Der rote Champigny aus der Nachbarschaft kommt einem guten Chinon gleich. Nahe Angers, der Hauptstadt des Bezirks, wird der für meinen Geschmack beste Weißwein der Loire überhaupt erzeugt, der Savennières, einem großen Burgunder-Gewächs ebenbürtig. Lassen Sie sich nicht durch die A.C.-Bezeichnungen, die »Appellations«, verwirren. Sie über

LOIRE

LOIRE

Rebfläche: 43 000 Hektar

Ernte im Schnitt: 2,8 Millionen Hektoliter AOC-Wein

Weinbaubetriebe: circa 40 000

Export nach Deutschland: 33 000 Hektoliter

Hauptsorten: Chenin blanc, Sauvignon, Muscadet, Cabernet-Franc

A.C.-Weine:

Nivernais: Blanc fumé de Pouilly, Menetou-Salon, Pouilly-sur-Loire, Pouilly fumé, Quincy, Reuilly, Sancerre

Touraine: Bourgueil, Cheverny, Chinon, Coteaux du Loire, Cour-Cheverny, Jasnières, Saint-Nicolas-de-Bourgueil, Touraine, auch pétillant und mousseux, Touraine Amboise, Touraine Azayle-Rideau, Touraine Mesland, Vouvray, auch pétillant und mousseux

Anjou: Anjou, auch pétillant und mousseux, Anjou Gamay, Anjou villages, Bonnezeaux, Cabernet d'Anjou, Cabernet de Saumur, Coteaux de l'Aubance, Coteaux de Saumur, Coteaux du Layon, (auch mit dem Namen der Commune), Coteaux du Layon-Chaume oder Quarts de Chaume, Montlouis, auch pétillant und mousseux, Rosé d'Anjou, Rosé de Loire, Saumur, auch pétillant und mousseux, Saumur Champigny, Savennières, Savennières-Coulée de Serrant, Savennières-Roche-aux-Moines

Nantais: Gros Plant du Pays oder Gros Plant Muscadet, Muscadet Côtes de Grand Lieu, Muscadet de Coteaux de la Loire, Muscadet de Sèvre et Maine

---

schneiden sich oft, und es gibt große und kleine Appellationen, wobei als Faustregel gelten kann: je kleiner das Gebiet, desto höher die Qualität des Weins. Außerdem sind die A.C.-Bezeichnungen hier so gehalten, daß man den Weintyp erkennen kann: »Rosé d'Anjou« und »Cabernet d'Anjou (rot), auch Schaumwein (mousseux) und Perlwein (pétillant) haben ihre eigenen Appellationen, zu denen immer dieselben Rebareale gehören. Zum Atlantik hin weitet sich das

Tal der Loire. Das Nantais, der vierte Abschnitt, ist die Heimat des beliebten Muscadet. Dies ist kein Ort, sondern eine Rebsorte, bei der niemand weiß, wie sie zu diesem Namen gekommen ist. Ein Muskat-Ton ist nicht zu schmecken. Eigentlich heißt die Traube Melon und stammt aus Burgund. Auf den kiesig-sandigen Böden des Loire-Unterlaufs hat der Muscadet seit drei Jahrhunderten eine ideale Heimat. Es gibt nicht wirklich große, aber oft angenehm frische Weine. Allein die Deutschen trinken jährlich drei Millionen Flaschen Muscadet. Schlechte Jahrgänge gibt es nicht; das Klima im Land um Nantais ist stets ausgeglichen.

Die Nähe des Meeres und der Golfstrom sorgen dafür, daß es im Winter nicht zu kalt und im Sommer nicht zu heiß wird.

Die Jahreszahl auf dem Etikett dient eigentlich mehr als Hinweis darauf, wann der Muscadet zu trinken ist: am besten im Sommer nach der Ernte. Der einfachste Wein kommt aus der »Appellation Muscadet«, es müssen mindestens 163 Gramm Zucker in einem Liter Most enthalten sein. Die weiter flußaufwärts liegende »Appellation Muscadet des Coteaux de la Loire« und die »Appellation Muscadet de Sèvre et Maine« haben 170 Gramm Zucker mindestens, was 10 Grad Alkohol entspricht. Sie stellen den Hauptanteil der Muscadet-Erzeugung.

Häufig wird der Wein »sur lie« angeboten. Er hat dann bis zur Abfüllung auf seiner Hefe gelegen, ist also nicht filtriert worden. Im günstigen Fall verleiht diese Nicht-Behandlung eine besondere, fast prickelnde Frische. Es kann aber auch geschehen, daß der Kellermeister nicht ständig Fässer und Tanks kontrolliert, ob die Hefe noch in Ordnung ist. Beginnt sie zu faulen, erhält der Wein einen »Böckser«.

Die zweite Rebsorte im Nantais ist der Gros-Plant, dessen Liebhaber ihn dem Muscadet vorziehen. Dahinter verbirgt sich die Rebsorte Folle Blanche blanc, die aus der Charente, der Cognac-Region, stammt. Sie ist hier leichter, hat mehr Säure und ist der perfekte Begleiter einer bretonischen »Plat des fruits de mer«.

ELSASS
Üppig genießen

Die Erfolgsgeschichte des Elsässer Weines in Deutschland läßt sich von ihrem Beginn an genau lokalisieren: vor dem eleganten Jugendstilgebäude eines Kaufhauses an der Düsseldorfer Kö'. Dort, vor dem mächtigen Eingang, hatte im November 1974 ein Mann einen Verkaufsstand aufgebaut und pries – in einem merkwürdigen Dialekt – Elsässer Wein an. Das Wetter war unangenehm, es zog ekelhaft vor dem Portal. Dennoch blieben viele Passanten stehen, kosteten den Wein und nahmen auch davon mit. Am Abend hatte Paul Sauner, damals Chef der CEVA, der Vereinigung elsässischer Winzergenossenschaften, mehr als 800 Flaschen verkauft und damit eine Wette gewonnen: An diesem Tag machte er mehr Umsatz als die mit Hunderten Sorten bestückte, elegante und angenehm klimatisierte Wein-Abteilung des Kaufhauses, vor dem er stand. Dessen Chefs waren beeindruckt und beschlossen, Elsässer Riesling und Silvaner in ihr Programm aufzunehmen. Tagelang hatte Paul Sauner zuvor mit den Kaufherren verhandelt. Sie lobten wohl seine Weine, meinten aber, daß die herbe Art bei den Deutschen nicht ankäme. Damals, in den Siebzigern, war lieblich gefragt. Dies war der Durchbruch der Weine vom französischen Oberrhein. Gingen seinerzeit ein paar tausend Flaschen nach Deutschland, so waren es zehn Jahre später bereits knapp 20 Millionen Liter. Die Deutschen mochten also doch trockenen Riesling und Burgunder. Es war nicht nur die ungeschminkte Art des Vin d'Alsace, die bei den Deutschen so gut anschlug, sondern vielmehr die klare und schlichte Form der Darbietung. Die Elsässer stellten nur ihre sieben gängigen Rebsorten heraus: Riesling, Silvaner, Pinot gris, Pinot blanc, den roten Pinot noir, Gewürztraminer und Muscat. Das war übersichtlich und leicht zu merken. Spätlese heißt Vendange Tardive. Die Weine sind, obwohl die Rebsorten meist dieselben sind, anders als in Deutschland. Dies trifft auch für den Riesling zu, der fester und kerniger ist, mehr Extrakt und Körper bringt als der von Rhein und Mosel. Eher schon ist er mit dem württembergischen Riesling vergleichbar. Der Gewürztraminer ist die am weitesten verbreitete Rebsorte. Um Wissembourg ist das Synonym Klevner üblich. Der körperreiche, würzige Wein ist Elsässer Wein an sich, wie man ihn sich vorstellt: trocken, fruchtig, mit einem Duft nach Grapefruit. Pinot gris wird der Ruländer genannt, auch Tokay d'Alsace, obwohl er nichts mit dem Tokajer aus Ungarn zu tun hat. Auch er ist voll, kräftig und aromatisch. Die Elsässer Winzer haben die Kehrtwendung hin zum frischen und herzhaften Grauburgunder nicht mitgemacht. Aber auch ihr Pinot gris ist trocken, dabei breit und ausladend. Pinot blanc heißt in Deutschland Weißer Burgunder. Auch für

Mitte der siebziger Jahre erlebte das Elsaß seinen Durchbruch auf dem deutschen Markt. Der Weinbau im Osten Frankreichs konzentriert sich vor allem auf die beiden Départements Haut-Rhin und Bas-Rhin.

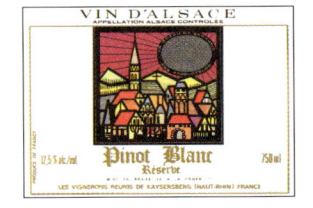

ELSASS

Zahlreiche Weinstuben und Restaurants im Elsaß sorgen dafür, daß der Absatz von einfachen Schoppen der Region bis zu den Alsace Grands crus ein stilvolles Ambiente findet. Ein Genießer-Wochenende im Elsaß zieht nicht nur Menschen aus den angrenzenden Teilen Deutschlands an.

ihn wird das Synonym Klevner und speziell Weißklevner gebraucht. Die Weine sind neutral, ähnlich dem Silvaner, und sie passen so recht in die Vorstellung vom leichten, frischen, unkomplizierten Wein zum Essen. Pinot noir, bei uns Spätburgunder, ist die einzige Rotweinrebe im Elsaß, das sich immer mehr zum Weißweingebiet entwickelt. Der Rotwein ist hell, hat ein ganz besonderes Geschmacksbild und will auch kühler als seine Brüder aus anderen Gebieten getrunken werden. Man muß sich hin und wieder erst vergewissern, ob es wirklich ein Rotwein oder ein Rosé ist. Dazu ist zu sagen, daß auch die Rosés mit ihrer Frische wirklich zu empfehlen sind. Daneben kommen traditionelle Sorten vor, die aber keinen wesentlichen Anteil an der Erzeugung mehr besitzen. Erwähnenswert ist nur der Räuschling oder Ortlieber, elsässisch »Knipperlé«. Die Elsässer nehmen es mit der Reinheit der Sorten genau. Wenn »Riesling« auf der Flasche steht, kann der Genießer sicher sein, daß darin kein Tropfen eines anderen Weines ist. Es gibt nur eine Ausnahme: den Edelzwicker. Sein Ursprung ist der »gemischte Satz«, wobei im Weinberg die verschiedenen Sorten beieinander standen und auch gemeinsam gelesen und gekeltert wurden. Ursprünglich unterschied man auch den Zwicker aus den Sorten Weißburgunder, Chasselas und Silvaner und den Edelzwicker, der ein Verschnitt aus Edelsorten war, also Riesling, Gewürztraminer und Pinot noir. Heute ist die Bezeichnung Edelzwicker für alle Weißweinverschnitte üblich. Die Deutschen waren die besten Abnehmer und kauften zeitweise ein Viertel der gesamten Ernte. Aber Moden kommen und gehen. Heute spielt der Edelzwicker in Deutschland keine wichtige Rolle mehr. Der Export in die Bundesrepublik ist zurückgegangen, was die Menge angeht, doch werden heute deutlich höhere Preise erzielt. Elsässer Wein beginnt, exklusiv und teuer zu sein. Im Elsaß verabredeten die Wirte schon einmal, eine Weile keinen Riesling auszuschenken, weil der nicht mehr zu bezahlen sei. Die Teuerung ist Folge einer Neuheit, über die in dem Fachwerk-Ländchen am Fuße der Vogesen jahrelang gestritten wurde. Führende Domaines und Caves Coopératives, die mit guten Weinbergen gesegnet sind, forderten nachdrücklich, die besten Lagen als »Grands crus« besonders herauszustellen, ähnlich wie in der Bourgogne. Andere Weinproduzenten lehnten die Grands crus

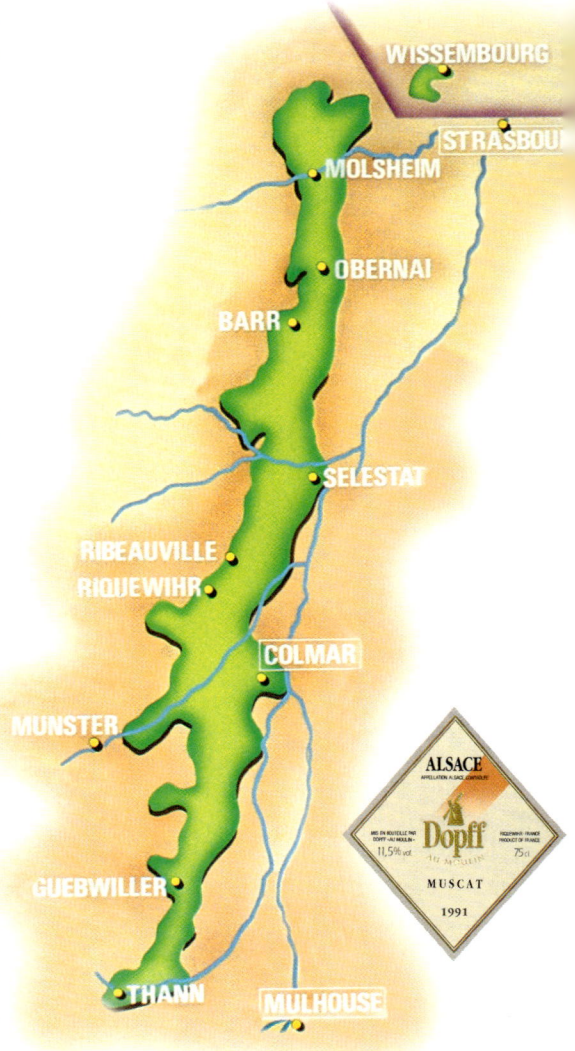

ELSASS

ab. Es waren ja schon viele Lagennamen ins Spiel gebracht worden, von denen es einige auch in Deutschland gibt, wie Mandelberg, Steinert oder Osterberg. Gewichtige Stimmen wurden im Elsaß laut, die vor einer Verwechslungsgefahr warnten. Sie behielten nicht recht. Am 20. November 1975 änderte die Pariser Regierung das nationale Weingesetz und schuf eine »Appellation Alsace Grand cru contrôlée«. Acht Jahre später standen die ersten 25 Sonderlagen fest, vom Marlenheimer Steinklotz im Norden bis zum Rangen in Thann nahe der Schweizer Grenze. Die neuen Hochgewächse (so die wörtliche Übersetzung) wurden rasch weltweit gefeiert und in der Feinschmecker-Presse ausführlich beschrieben. Winzer, die sich bis dahin ablehnend oder uninteressiert gezeigt hatten, wollten nun auch ihr Grand cru haben. Der Weg dorthin ist entnervend schwierig. Die Franzosen gehen mit Prädikaten denkbar zurückhaltend um. Das halbstaatliche »Institute National des Appellations d'Origine« (INAO) in Paris betreibt bei der Einführung neuer Nobel-Bezeichnungen eine Politik des zähen Verzögerns. Zwei voneinander unabhängige Kommissionen im Elsaß halten darüber Gericht, ob ein Weinberg den Grand-cru-Titel verdient. Die erste verlangt Beweise dafür, daß die Lage schon seit Jahrhunderten als hervorragend gilt. Weiterhin untersuchen die Prüfer die Vorzüge des Bodens und des Klimas. Sind die Ergebnisse zufriedenstellend, tritt das zweite Schiedsgericht auf: Alterfahrene Winzer und Geologen der Universität Straßburg kreisen die Lage ein. Nur jene Parzellen werden berücksichtigt, die ausreichend besonnt sind, und deren gesamte Bodenfläche genau der im Mittelpunkt des Weinbergs entspricht. Da verlaufen die Grenzen häufig mitten durch bestehende Rebgärten, ähnlich anderen Anbauflächen in Frankreich: eine Hälfte Hochgewächs, die andere nicht. Genau 50 Grands crus gibt es jetzt, dabei soll es bleiben. Hohe Anforderungen werden an die Weine gestellt. Nicht mehr als 0,7 Liter pro Quadratmeter dürfen geerntet werden. Die Mindestreife der Trauben liegt deutlich über der bei normalem Qualitätswein. Zugabe von Zucker zum Most, um den Alkohol zu erhöhen, auch »Chaptalisieren« genannt, ist verboten. Nur vier Rebsorten sind zugelassen: Riesling, Pinot gris, Gewürztraminer und Muscat. Letztere Regelung führte in Mittelbergheim zu ungeahnten Härten. Dieser altverwinkelte Ort, 30 Kilometer südlich von Straßburg, ist berühmt für seinen frischen Silvaner vom Zotzenberg. Dieser famose Hügel wurde zum Grand cru erklärt. Das aber bedeutete für die Mittel-

Obernai ist nicht nur ein Beispiel für das zauberhafte Fachwerk des Elsaß, die Gemeinde zählt auch zu den führenden Weinorten.

ELSASS

ELSASS

Rebfläche: 140 000 Hektar

Ernte im Schnitt:
1,1 Millionen Hektoliter

Weinbaubetriebe:
circa 7200

Export nach Deutschland:
105 000 Hektoliter

Hauptsorten:
Riesling, Pinot blanc, Gewürztraminer

A.C.-Weine:

Alsace oder Vin d'Alsace
Alsace oder Vin d'Alsace in Zusammenhang mit der Reb- oder Weinsorte:
- Gewürztraminer
- Riesling
- Pinot gris oder Tokay Pinot gris
- Muscat
- Pinot oder Klevner
- Silvaner
- Chasselas oder Gutedel
- Pinot noir
- Edelzwicker

Alsace Grand cru
Alsace Grand cru in Zusammenhang mit dem Lagennamen
Crémant d'Alsace

Der Weinbau im Elsaß blickt auf eine lange Tradition zurück, die in den zahlreichen, romantischen Dörfern der Region gepflegt wird.

bergheimer Winzer, ihren unschlagbaren Silvaner, gewiß den besten vom ganzen Oberrhein, ohne den werbenden Lagennamen zu verkaufen oder aber die beliebte Sorte auszuhauen und statt dessen Riesling zu setzen, der anderswo oft besser wird. Derzeit behilft man sich mit einem Kunstgriff: Der Zotzenberg-Silvaner kommt als »Silvaner Z« in den Handel. Hänge hingegen, auf denen alte Rebstöcke keinen Ertrag mehr bringen, werden mit Riesling bestockt; etwa im Jahre 2010 wird es keinen Silvaner aus Mittelbergheim mehr geben. Im übrigen werden die Grand-cru-Weine bei der regionalen INAO-Außenstelle auf reinen Geschmack hin getestet. Die meisten der Hochgewächse sind großartig. Zumeist sind die Grands crus Alkohol-Bomben, oft 13 bis 14 Grade dick. Die Elsässer mögen ihre Weine meist üppig, weil sie so am besten zu der barocken Küche der Region passen. Die normalen Schoppen werden im allgemeinen bis an die Grenze des Erlaubten aufgezuckert, damit sie breit und voll schmecken. Aber über Geschmack läßt sich bekanntlich nicht streiten, und die Weine finden ihre Liebhaber. Unser Wirtschaftssystem ist da gnadenlos: Was nicht schmeckt, bleibt in den Regalen, und wer enttäuscht wurde, deckt seinen Bedarf künftig woanders. Doch mehren sich seit einigen Jahren die Stimmen am Oberrhein, die da meinen, daß Alkohol allein noch keinen guten Wein mache. Die Elsässer Weine sind sich meist recht ähnlich, natürlich mit Abstufungen bei der Qualität. Genießer, die nicht alles so übergenau nehmen mögen, werden sich mit einer Zweiteilung der Region zufrieden geben. Am Bas-Rhin, dem nördlichen Teil, zwischen Straßburg und Selestat, sind die Weine zarter, feiner gegliedert, südlich davon, am Haut-Rhin, in der Landschaft um Colmar, gibt's oft hitzige Gewächse.

BURGUND
Wo die Könige kauften

An jedem dritten Sonntag im November blicken die Weinhändler der ganzen Welt gespannt auf ein Altersheim in Burgund. Es ist ein vornehmes Stift, mehr als ein halbes Jahrtausend alt, gegründet unter Herzog Philippe dem Guten. Das Besondere an diesem wohltätigen Haus, Hospices de Beaune genannt, ist der Besitz an guten und besten Weingärten, meist Schenkungen von reichen Bürgern, die auf einen Platz näher bei den Engeln oder auf Umgehung der Erbschaftssteuer spekulierten. Mit dem Verkauf der Weine finanziert die Stiftung zu einem großen Teil ihre Aufgaben. Seit Jahrhunderten werden die Gewächse im November faßweise versteigert. Es ist jedesmal ein großes Ereignis in der sonst so betulichen Kreisstadt Beaune. Zuerst dürfen die weltweit angereisten Interessenten die Weine im Keller der Hospizien verkosten. Das Gewühl ist drangvoll. Ausspucken, wie sonst bei Fachproben üblich, verbietet sich; es träfe womöglich den Vordermann. Die anschließende Versteigerung ist seit Jahrhunderten dieselbe. Alle Teilnehmer lassen sich feierlich Zeit. Wenn der Auktionator ein Los aufruft, entzündet er ein – mit Gas gespeistes – Licht, das eine halbe Minute brennt. Bei jedem neuen Gebot wird die Kerze aufs neue entflammt. Bis die rund 80 Fässer (pièces) endlich verteilt sind, können fünf bis sechs Stunden vergehen. Die Fachpresse schreibt emsig mit, das Fernsehen hält geduldig drauf.

Das Ergebnis der Auktion, so heißt es, bestimme den gesamten Weinmarkt in Burgund, wenn nicht gar in ganz Frankreich. Bieten die Händler in Beaune großzügig, dann steigen landesweit die Preise, so die Regel. In den vergangenen Jahren sind sie ständig gesunken. Die Rekorde von 1985, als im Schnitt pro 228-Liter-Faß 25 000 Franc, also umgerechnet seinerzeit mehr als 8000 Mark erlöst wurden, sind längst vergessen. In den Neunzigern liegen die Preise beim Stand von 1982. Sogar der großartige Jahrgang 1990 war günstiger zu ersteigern als dessen Vorgänger. Derzeit bringt die Auktion von Beaune durchschnittlich 25 Mark pro Liter ein, was ja für einen noch trüben, unbehandelten Wein ab Faß immer noch eine Menge Geld ist. Ein Teil des Preises ist für gute Zwecke bestimmt, ein anderer Teil dient der Selbstdarstellung. Zu den

Morey-St.-Denis ist eines der zauberhaften Weindörfer der Côte d'Or. Dort entstehen gute, sehr weiche Weine. Nicht immer muß es hier ein Grand cru sein, auch die einfacheren Tropfen geraten ausgezeichnet.

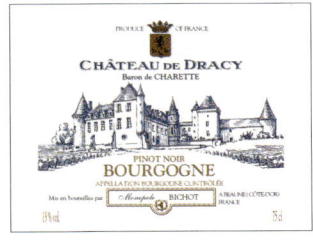

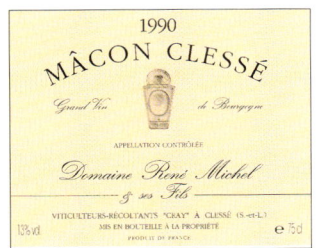

BURGUND

Burgund ist reich an vortrefflichen Weinen und an schönen Wein-Schlößchen, wie beispielsweise dem Château de Meursault an der Côte de Beaune.

Traditionen der Hospices-Auktion gehört es, daß der Präsident des Handelshauses Patriarche Père et Fils die erste Pièce zum Höchstgebot ersteigert. So brachte einmal ein Faß des berühmten Weißweins »Corton-Charlemagne« der Lage Nicolas Rolin 120 000 Franc. Wollte der Sieger den Preis später wohlkalkuliert an seine Kunden weitergeben, hätte er für die fertig gefüllte Flasche mehr als 250 Mark nehmen müssen. Das ist natürlich nicht möglich und einen großen Teil der Kosten muß er unter Repräsentation abbuchen. Allerdings: Der Rebgarten, der vor 1200 Jahren Karl dem Großen gehörte, mißt 63 Hektar. Der Ertrag ist mit 0,15 Liter pro Quadratmeter extrem klein, ein Fünftel dessen, was bei guten deutschen Weißweinen üblich ist. Etwa 140 000 Flaschen gibt es im Jahr, und alle Welt begehrt dieses Gewächs. Die Charlemagne-Reben stehen hoch über dem Dorf Aloxe an einem Hang unterhalb einer Waldkuppe, die den Nordwest-Wind abhält und Feuchtigkeit speichert. Der magere Kalkboden ist völlig verwittert und trocknet schnell aus; die Weinstöcke müssen also tief wurzeln, um an Wasser zu kommen. Damit saugen sie auch reichlich Mineralien aus der Erde. Die Köstlichkeit, die nicht vor fünf Jahren getrunken werden sollte, überrascht im Laufe eines Glases mit immer neuen Nuancen. Verrauschte Autoren beschreiben sie mal als Honig und Haselnuß, mal als Zimt und Preiselbeere. Alle diese Aromen münden endlich in dem einen großartigen Geschmack, der eben nicht mehr zu beschreiben, doch unverkennbar für diesen raren Tropfen ist. Das ist nun die Frage, die ein Franzose gewiß anders beantworten wird als ein Pfälzer: Soll ich auf meinen täglichen Schoppen eine Zeitlang verzichten und mir einmal im Leben eine Flasche »Corton-Charlemagne« leisten, um zu wissen, wie es auf dem Olymp aussieht? Doch bei weitem nicht alles, was in Burgund gedeiht, ist olympisch.

BURGUND

Auch vom »Goldenen Hang«, der Côte d'Or, der sich wie ein schmales Band 40 Kilometer lang südlich von Dijon erstreckt, kommt oft ganz normaler Wein. Die Zisterzienser-Mönche, die die gefeierten Weingärten im 13. Jahrhundert anlegten, lassen sich trefflich vermarkten, ähnliches gilt für die burgundischen Herzöge, die im kriegerischen 14. Jahrhundert zwischen zwei Schlachten immer noch Zeit fanden, sich um ihre Reben zu kümmern und die Spitzensorte Pinot noir einführten. Daß Fagon, Leibarzt von Ludwig XIV., Burgunder-Wein auch noch als »köstlichste Medizin« verschrieb, macht die Premiers crus und die Grands crus von der Côte d'Or vollends königlich.

Nachdem Europa die Trümmer des Zweiten Weltkrieges aufgeräumt hatte, setzte eine stetig steigende Nachfrage nach dem Göttertrank ein. Die Weingärten dehnten sich von den Hängen in die Ebene aus. Umfaßte die Côte d'Or Anfang der Siebziger weniger als 5000 Hektar, so sind es heute 8000. Wo früher zwanzig Hektoliter pro Hektar als viel galten, sind heute 60 Hektoliter keine Ausnahme mehr. Die Weine, ob rot vom Pinot noir, ob weiß vom Chardonnay, wurden immer fetter. Angeblich weil die Weinfreunde in der Welt es so wollten, sparten die Kellermeister beim Zucker, den sie vor dem Gären zur Mehrung des Alkohols zufügen, bald nicht mehr. Wer weiß, ob tatsächlich erst der 13grädige, dröhnige Burgunder der wahre Genuß ist? Bevor der Chemie-Professor Jean Antoine Chaptal in Montpellier das Chaptalisieren erfand, also die Alkohol-Anreicherung mit Hilfe von Zucker, war der Burgunder doch auch an Königshöfen begehrt. Vor allem die Weißweine wie Chablis oder Macon wurden viel zu mastig hergerichtet, was weder der Bekömmlichkeit noch dem Wohlgeschmack dient. Der oben beschriebene, überreife Charlemagne sollte die Ausnahme bleiben. Derzeit ist in Burgund unter den Winzern wieder Rückbesinnung zu spüren. Sie wollen nicht mehr so sehr die Natur beugen, nicht mehr soviel ernten, sich vielmehr wieder auf die großen Weine konzentrieren. Eine 500 Köpfe starke Vereinigung von jungen Weinbauern, »Groupe des jeunes professionnels de la vigne«, bekennt sich zu den Idealen der Großväter. La Bourgogne steigt wieder von den wolkigen Höhen näher zu den Verbrauchern hinab, was angesichts der zurzeit verfügbaren guten Jahrgänge besonders erfreulich ist.

Burgunder-Liebhaber sind Fanatiker, dabei nicht immer geldschwere Zeitgenossen. Sie üben notfalls Verzicht, um sich – alles oder nichts – einmal eine Flasche des göttlichen Chambertin leisten zu können, den Bonaparte, dieser Banause, mit Wasser verdünnt zu sich nahm. Wenn die Gewächse vom »Goldenen Hang« gelungen sind, dann schlagen sie alle anderen. Nirgendwo sonst auf der Welt erreicht der Pinot noir (nichts anderes als der gute

Eine angenehme Vorstellung: Man hängt seinen Flaschenkorb während des morgendlichen Arbeitsweges ans Haus des Winzers und holt ihn – gut aufgefüllt – abends wieder ab.

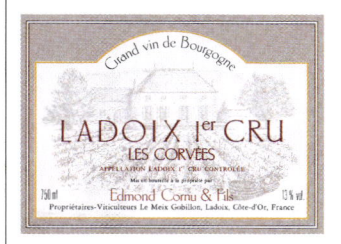

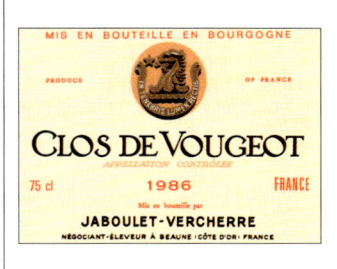

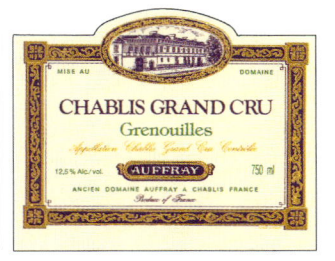

BURGUND

deutsche Spätburgunder) eine derart vollendete Form. Der burgundische Weinbau unterliegt einem strengen Fünf-Klassen-Gefüge, das noch weniger überschaubar ist als ähnliche Systeme. Das Fundament bildet die AOC Bourgogne, worunter in der Regel ein Verschnitt verschiedener Moste aus der Ebene zu verstehen ist. Mitunter findet sich der Zusatz »Passe-Tout-Grain«. Dahinter steckt ein Gemisch aus mindestens einem Drittel Pinot noir und der einfacheren Gamay-Traube. Ein »Bourgogne Aligoté« ist ein Weißwein, benannt nach einer gleichnamigen, anspruchslosen Rebe. Darüber liegen die Appellations regionales wie »Côtes de Beaune« oder »Côtes de Nuits-Villages«, Verschnitte aus jeweils den beiden Unterbereichen der Côte d'Or. Wenn Sie einer »Haute Côte« (Beaune oder Nuits) begegnen, müssen Sie wissen, daß es sich um einen Wein aus dem Hinterland des »Goldenen Hanges« handelt.

Die großen Weine beginnen bei den Appellations locales, meist gutgemachten Cuvées aus einer Gemeinde wie Volnay, Meursault oder Pommard. Das sind vielfach Gewächse von Einzellagen. Traditionelle Kellereien wie Jean Marie Délaunay, Joseph Drouhin, Louis Jadot, Louis Latour oder Louis Lesanglier mischen unter die Gemeinde-Weine oft auch Partien allerbester Lagen, wenn mal ein Faß nur zu 98 Prozent die Ansprüche des Kellermeisters erfüllt. Darüber liegen die Premiers crus von den Lagen in halber Höhe der besten Weinberge. Und weil die Ersten Gewächse noch nicht der Höhepunkt sind, liegen darüber, landschaftlich wie qualitativ, die Grands crus, die 32 großen Lagen der Bourgogne, jene Magnaten im Sinne Goethes, die untereinander keinen Streit mehr über die Rangfolge austragen müssen. Es macht wenig Sinn, alle Namen hier aufzuzählen.

Burgund umfaßt von Norden nach Süden das Chablis, die Côte d'Or, die Heimat der aristokratischen Burgunder, und die Côte Chalonnaise. Weiterhin gehören noch dazu die im Kapitel Beaujolais besprochenen Regionen Mâconnais und Beaujolais. Wir wollen im Kurzdurchgang versuchen, Ihnen eine Übersicht zu geben. Nördlich von Dijon, am Flüßchen Serain, liegt die Stadt, an deren Hängen der meist genannte Weißwein der Welt wächst: Chablis. Die guten Gewächse von dort gelten seit alters her als idealer Begleiter zu Austern und anderem Seegetier. In guten Jahren –

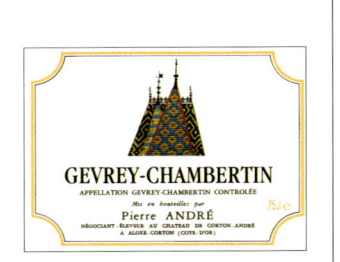

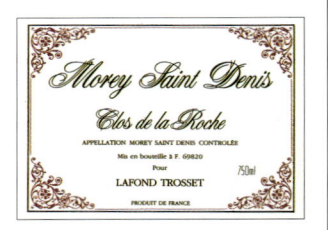

Burgund ist nicht nur die Heimat großer Weine, sondern die schönste Verschmelzung von Landschaft und Kultur. Die Winzer der Bourgogne wissen dies zu schätzen und halten an den önologischen Traditionen fest.

BURGUND

und in einem so weit nördlich gelegenen Anbaugebiet ist man auf einen guten Jahrgang angewiesen – bringen sie einen zarten, feinen Duft, ein sauberes Aroma und einen pikanten, nußartigen Feuersteingeschmack. Sie werden zu den besten Weißweinen Europas gezählt. Es gibt vier Qualitäten: den Petit Chablis, Chablis A.C. (auch Chablis simple oder Chablis village genannt), Premier cru und Chablis Grand cru. Die jetzt für den Weinbau genutzten Flächen stellen den Rest des einstmals größten Weinbaugebietes Frankreichs dar, das, nachdem die Weinberge von der Reblaus vernichtet waren, seine alte Bedeutung nicht wieder erlangen konnte. Auch in Deutschland hat es früher Weinbau hoch im Norden gegeben. War das Klima ein anderes oder waren unsere Vorfahren nicht so von der Süße des Weines abhängig? Tatsache ist, daß die am Nordrand des Weingürtels der Erde wachsenden Weine würziger und extraktreicher sind als die aus dem Süden.

Hinter der Stadt Dijon beginnt die Côte d'Or. Ihr nördlicher Teil, acht Dörfer, hat den Namen Côte de Nuits. Erster bedeutender Ort ist Gevrey-Chambertin. Der Doppel-Ort liegt am Fuße jenes berühmten Berges, dessen Weine Napoleon bevorzugte. Steht auf dem Etikett nicht ein »Gevrey« vorne an, sondern ein »Mazys«, »Charmes« oder »Latricières«, handelt es sich um ein kostbares Gewächs. Die Spitze ist Chambertin ohne Zusatz, ein überragender Rotwein, reinstes Feuer auf Flaschen gefüllt. Südlich folgen die bezaubernden Dörfer Morey-St.-Denis und Chambolle-Musigny, deren Weine angenehm weich sind. In diesen Orten muß es nicht ein Grand cru sein, auch die Appellations locales sind gut. Bei Weinen vom Clos St. Denis – Clos nennt man eine Lage, die aus einem mit einer Mauer umgrenzten Weinberg besteht – ist ein Quittenaroma mitunter unübersehbar. Der beste Weinberg, Bonnes Mares, die – guten Felder – gehört beiden Gemeinden zusammen. Bekannt ist Chambolle-Musigny, das 1875 an seinen Ortsnamen den Grand-cru-Namen angehängt hat, auch durch den Weinberg, der als Geschenk des Chorherren von St. Denis lange von den Mönchen von Citeaux bearbeitet wurde. Zur Hälfte heißt er Les Musigny und Les Petit Musigny, und seine Weine verbinden Stärke und Finesse zu einer wunderbaren Harmonie.

Es folgen drei Orte, gleich einem Triumvirat, das gewiß die Spitze unter den Rotweinen der Côte d'Or darstellt. Vougeot zuerst mit seinem legendären Château, das heute den Weinbrüdern der Confrérie du Tastevin als Unterkunft dient. Der Clos de Vougeot, ein 50 Hektar großer, mit einer Mauer aus dem 14. Jahrhundert umschlossener Weingarten mit 72 Besitzern, liefert kraftvolle, in der Jugend verschlossene, fast rauhe Weine, die uralt werden können. In Flagey-Echezaux und in Vosne-Romanée finden sich die meisten Grands crus. Lagen wie Les Echezaux, La Tâche, Le Richebourg oder Romanée-Conti sind der unerreichbare Gipfel burgundischen Rotweins. In der Kreisstadt Nuits-Saint-Georges, die dem hier beschriebenen Unterabschnitt Côte de Nuits den Namen gibt, gedeihen strenge, mitunter etwas rauhe Pinots noirs. In den angelsächsischen Ländern werden sie sehr geschätzt. Sie brauchen eine lange Lagerzeit, bis man sie mit Genuß trinken kann. Sind im Chablis Chardonnay und Pinot blanc zu Hause, so steht im Rotweingebiet Côte de Nuits der Pinot noir, und weiter südlich, an der Côte de Beaune, reifen Weiß- und Rotwein nebeneinander. Erste und beste Gemeinde ist Aloxe-Corton

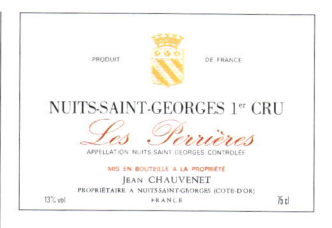

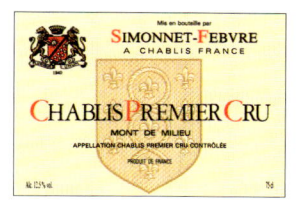

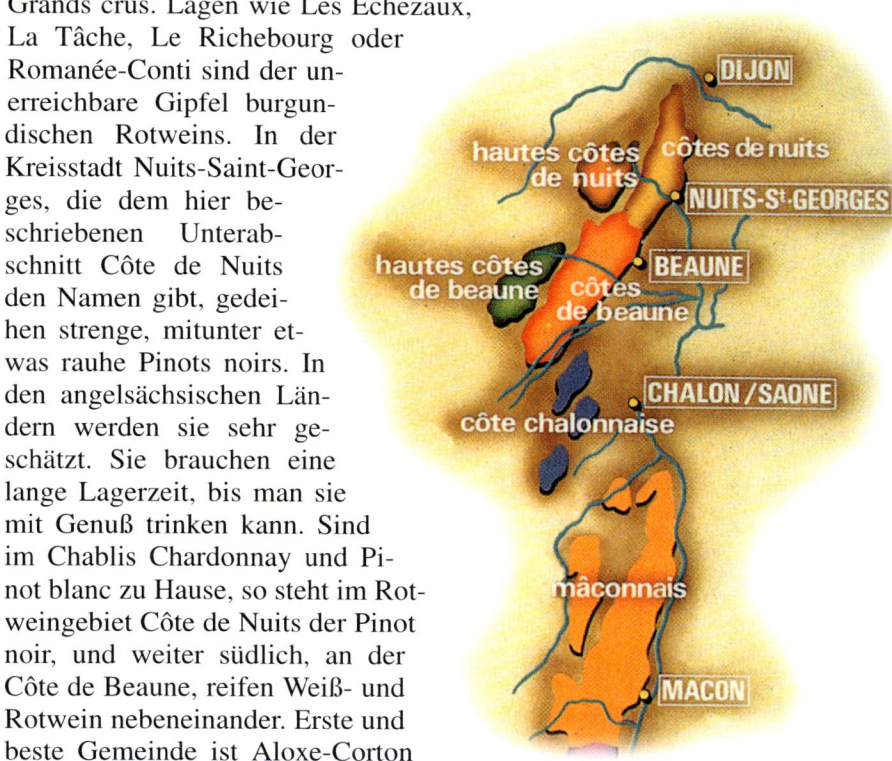

BURGUND

BURGUND

Rebfläche: 240 000 Hektar

Ernte im Schnitt:
1,1 Millionen Hektoliter

Weinbaubetriebe: rund 5000, dazu 120 Kellereien

Export nach Deutschland:
60 000 Hektoliter

Hauptsorten:
Pinot noir, Chardonnay

A.C.-Weine:

Bourgogne, Bourgogne Aligoté und Passe-Tout-Grain, Marsannay, Bourgogne Ordinaire und Grand Ordinaire, Bourgogne mousseux, Crémant de Bourgogne, Bourgogne Hautes Côtes de Beaune, Bourgogne Hautes Côtes de Nuits

Chablis: Chablis Grand cru (mit Name der Lage), Chablis Premiers crus (mit Name der Lage), Petit Chablis

Côte d'Or: *Côte de Nuits:* Côte de Nuits-Villages, Fixin, Gevrey-Chambertin (mit Name der Lage), Morey-Saint-Denis (mit Name der Lage), Chambolle Musigny, Vougeot, Vosne Romanée (mit Name der Lage), Nuits oder Nuits-Saint-Georges, Côte de Nuits-Villages
Côte de Beaune: Côte de Beaune in Zusammenhang mit dem Namen der Ursprungsgemeinde, Côte de Beaune-Villages, Ladoix, Aloxe-Corton (mit Name der Lage), Savigny oder Savigny-les-Beaunes, Pernand-Vergelesses, Chorey-les-Beaunes, Beaune, Pommard, Volnay, Monthelie, Auxey-Duresses, Saint-Romain, Meursault, Puligny-Montrachet, Chassagne-Montrachet, Chassagne-Montrachet Classement der Premiers crus, Saint-Aubin, Saint-Aubin Classement der Premier crus, Santenay, Maranges

Côte Chalonnaise: Rully, Mercurey, Givry, Montagny

mit wuchtigen Rotweinen und dem erwähnten legendären Weißwein Charlemagne. Die Hauptstadt Beaune besitzt einige große Lagen mit glutvollen, fast etwas barocken Weinen. Zu ihnen gehören auch der ein wenig nach Heu duftende Pommard und der Volnay, für mich der klassische Burgunder. Den Namen Pommard kennt man in aller Welt, und es gab in der Vergangenheit unzählige Weine, die sich mit dem berühmten Namen schmückten. Nicht zuletzt sollte auch der Johannisberg genannt werden. Der als vollblütig empfundene Trank, das Original, ist dunkelrubinrot mit einem berauschenden Bukett. Volnay hat einen helleren Rotwein, der durch seine Feinheit und Zartheit besticht. Meursault ist das Zentrum der großen Weißweine. Der typische Meursault ist an seinem charakteristischen Haselnußaroma und an seinem Bukett erkennbar.

Puligny und Chassagne teilen sich den zweiten überragenden Weißwein-Hügel Burgunds, den Montrachet. Am größten ist der Wein ohne Zusatz beim Namen. Es soll der beste weiße Burgunder überhaupt sein. Chassagne-Montrachet erzeugt zu 60 Prozent feine, körperreiche Rotweine.

Die Côte Chalonnaise ist die südliche Fortsetzung. Chalon war zur Römerzeit der größte Wein-Umschlagplatz Galliens. Weine aus Norden und Süden trafen zusammen. Wie auch heute waren die Geschmäcker verschieden, man trank einheimischen Wein oder solchen mit exotischem Flair. Hinzu kam, daß hier der Umschlag vom Schiff auf Karren erfolgte. 23 000 Amphoren hat man bei Baggerarbeiten gefunden. Das Land lebt nicht ausschließlich vom Wein, die Landwirtschaft hat gemischten Charakter. Vom Wirken der Mönche aus Cluny zeugen uralte Weingärten.

Rully ist beinahe ein Geheimtip für guten und seltenen Weißwein, kräftig und doch voller Feinheit und Charme, wunderbar spritzig. Gekeltert aus Chardonnay und Pinot blanc gelingt der Burgunder hier frisch und säuerlich – eine ideale Grundlage für den Crémant de Bourgogne. Auch die Rotweine aus Rully haben wirkliche Klasse. Mercurey erzeugt zu 90 Prozent Rotwein; einen herben, robusten und schmackhaften Tropfen. Im benachbarten Givry ist er weicher und anschmiegsamer, braucht aber auch länger, bis er getrunken werden kann. Er war der Tischwein Heinrichs IV. In Montagny im Süden wächst nur Weißwein. Er ist leicht und frisch, kann aber auch gut altern. Vorteilhaft für Montagny ist die Regel, daß hier alle Weine mit einem natürlichen Alkoholgehalt von über 11,5 Prozent als Premiers crus bezeichnet werden dürfen. Zusammenfassend darf man sagen, daß das Chalonnaise noch Schätze für den zu heben hat, der abseits vom modischen Namensgeklingel einen ehrlichen Wein sucht.

Winzertradition contra Geschwindigkeit: Der Primeur, der Jungwein aus dem reizvoll-hügeligen Beaujolais, ist zwar in aller Munde – und zwar im wahrsten Wortsinn – wenn er im November seine Weltreise antritt, doch verdeckt der Primeur allzu oft, daß hier auch hervorragend ausgebaute Tropfen entstehen.

BEAUJOLAIS

Die Schnellen und die Guten

Mag's noch so kalt sein, der dritte Samstag im November ist für das Beaujolais der heißeste Tag des Jahres. Da wird Villefranche, sonst ein kleines, verschlafenes Dorf, von Hektik befallen. Das Zentrum des Weinhandels ist an diesem Tag voller Lastwagen, die eilends beladen werden. Die Fahrer gönnen sich kaum ein Abendessen, um einen möglichst günstigen Platz an der Ortsgrenze zu ergattern. Schlag Mitternacht heulen die Motoren auf. Die Routiers, wie Lastwagenfahrer in Frankreich heißen, liefern sich verwegene Rennen – gelegentlich mit blutigen Folgen. Am nächsten Morgen soll die Ware in Deutschland, Belgien, Holland, England sein. An den Türen der Gaststätten locken schon Schilder: »Le Beaujolais Primeur est arrivé«. Am Sonntagabend, wenn er endlich freigegeben ist, wollen fröhliche Menschen von Manchester bis Marseille, von Biarritz bis Berlin den neuen Wein genießen. Und nicht nur in Europa. Dank Überschall-Concorde und Zeitverschiebung können auch die Millionäre von Dallas rechtzeitig den Frischling aus Frankreich genießen. Die Sendung nach Fernost darf schon ein paar Tage vor der amtlichen Freigabe die Region verlassen, damit auch in Japan gleichfalls am dritten Sonntag im November der Primeur getrunken werden kann – kaum zwei Monate nach der Ernte. In den paar Wochen hat der Wein schon so manches mitgemacht: Er vergor unter Druck, damit sich der rote Farbstoff schneller aus den Beeren löst. Er wurde rasch abgepreßt, mit Zucker versetzt und hoch erwärmt, um schneller eine zweite Gärung in Gang zu setzen, die wiederum die spitze Säure mildern soll. Anschließend erlitt er einen

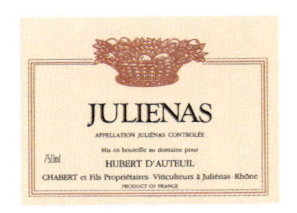

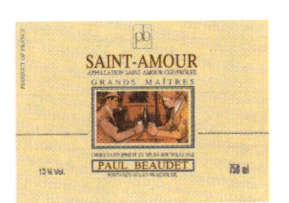

BEAUJOLAIS

Die »Route du Beaujolais« verbindet zahlreiche Weinorte des gleichnamigen Anbaugebietes. Das Beaujolais grenzt im Norden an Burgund und reicht im Süden bis Lyon. Die Böden setzen sich überwiegend aus Ton und Granit zusammen; dominierend ist die Rebsorte Gamay. Historisch ist Beaujolais ein Teil Burgunds, beide Weine unterscheiden sich jedoch elementar.

Kälteschock und wirbelte durch eine Zentrifuge. Nur vier Wochen ruhte er in Tanks, um erneut durch Filter gepreßt, geschwefelt und in letzter Minute gefüllt zu werden. Jeder andere Wein ist nach einer solchen Behandlung zuerst einmal drei Wochen »flaschenkrank«. Der Beaujolais macht da eine Ausnahme. Bekömmlich ist er nur bedingt. Wer dem Primeur zu frohgemut zuspricht, erlebt in der Nacht darauf ein Herzsausen, als hätte er am Abend fünf Kannen Kaffee geleert. Der dicke Kopf anderntags ist nicht auszuschließen. Unter Wein-Profis fallen die Ansichten über den frühen Beaujolais einhellig negativ aus: »Primeur? Nein danke!« Der Rheingauer Starwinzer Erwein Graf Matuschka-Greiffenclau, drückt sich noch volksnäher aus: »Ich liebe den Beaujolais. Aber der Primeur ist eine Riesen-Sauerei.« Doch paßt der Kind-Wein in unsere Zeit, die rasche Reize sucht und nicht warten will. Da bleibt wenig Raum für die Muße, sich in einen reifen Tropfen zu vertiefen wie in ein gutes Buch. So verbreitet sich die Mode des jungen Beaujolais, die früher nur ein Spaß unter Müßiggängern in Lyon war, nun in aller Welt. Den Weinwirten ist es nicht zu verdenken. Sie haben bis Weihnachten mehr als die Hälfte ihrer Ernte verkauft, sehen sofort Geld, was bei oft zweistelligen Zinsen in Frankreich ein satter wirtschaftlicher Vorteil ist. Gewiß ist der Beaujolais jung zu trinken, nichts, was jahrelang reifen muß. Doch wäre es immer noch früh genug, ließen sich Erzeuger

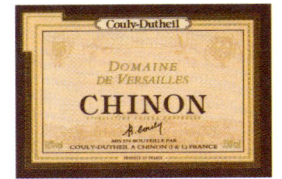

BEAUJOLAIS

und Verbraucher die Zeit bis zum Sommer nach der Ernte. Der Welterfolg des Beaujolais begann Anfang der Achtziger. Damals wurden knapp 60 000 Hektoliter nach Deutschland verkauft. Sieben Jahre später waren es schon dreimal mehr. Neben der jugendlichen Art erweist sich vor allem der hübsche, urfranzösische Name, der sich in aller Welt so leicht aussprechen läßt, als verkaufsfördernd. Zu der Zeit entstanden im Süden von Villefranche auf leichten, sandigen Böden weitläufige neue Weingärten. Hauptsächlich von dort kommt der Primeur. Vom Erfolg beflügelt erhöhten die Winzer die Erträge, düngten mehr, spritzten jede Woche einmal. Nicht immer hielten sie sich an die gesetzliche Grenze von 0,7 Liter pro Quadratmeter. Den Weinen war es anzumerken; sie hatten eine unreife Note, die stark an Bananen erinnert. Die Beaujolais-Werbung war kühn genug, dies als Merkmal besonderer Eigenart herauszustellen. Doch in der – im Grunde stockkonservativen – Region wurden Stimmen des Unmuts laut: »Woher kommt das Bananen-Aroma? Ich habe gelernt, daß Beaujolais nach Himbeeren schmeckt, bestenfalls nach Veilchen duftet«. 1988 war der Höhepunkt der Primeur-Welle erreicht. Dann erhöhten die großen Kellereien die Preise. Dazu kam ein Skandal, nein, ein Skandälchen, denn er wurde erfolgreich unterdrückt. Die Universität von Nantes hatte die Martin-Methode entwickelt, mit deren Hilfe sich unerlaubter Zusatz von Zucker im Wein nachweisen läßt. Damit rückte sie den Primeurs zu Leibe und wurde vielfältig fündig. Schon lange gab es Klagen darüber, daß der Beaujolais, der früher stets als leichtes Tröpfchen galt, im Laufe der Jahre immer schwerer geworden war. Der Beaujolais-Export in die Bundesrepublik sackte innerhalb von fünf Jahren von knapp 180 000 auf 110 000 Hektoliter. In Preisen gerechnet war der Rückgang allerdings längst nicht so stark. Die Deutschen

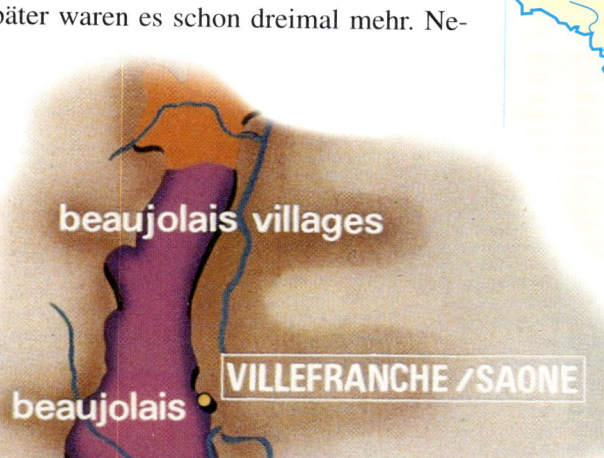

Hauptsächlich Rotweine werden im Beaujolais produziert, Rosé ist recht selten, und Weißweine spielen am Markt fast keine Rolle. Zugleich Verkaufsschlager und Marketingproblem ist der Primeur, der Jungwein, der so beliebt ist und alle anderen Weine der Region überschattet.

BEAUJOLAIS

Rebfläche: 21 000 Hektar

Ernte im Schnitt:
1,3 Millionen Hektoliter

Weinbaubetriebe:
circa 10 000

Rebsorte: Gamay

Export nach Deutschland:
109 000 Hektoliter

A.C.-Weine:

Mâconnais:
Mâcon oder Mâcon in Zusammenhang mit den Namen der Ursprungsgemeinde
- Mâcon Supérieur
- Pouilly-Fuissé
- Pouilly-Loché
- Pouilly-Vinzelles
- Saint-Véran

Beaujolais:
Beaujolais oder Beaujolais in Zusammenhang mit der Ursprungsgemeinde
- Beaujolais Supérieur
- Beaujolais-Villages
  (Brouilly, Chénas, Chiroubles, Côte Brouilly, Fleurie, Juliénas, Morgon, Moulin-à-Vent, Saint-Amour)

Wein ist die Haupteinnahmequelle des Beaujolais. Und so gibt es kaum einen Bürger der Region, der nicht vom Wein lebt und seine Produkte an seiner Hauswand bewirbt.

trinken heute weniger, dafür Besseres. Der Beaujolais-Verband UIVB in Villefranche hatte den jungen Wein niemals gefördert, das schnelle Geschäft vielmehr mißtrauisch verfolgt. »Der Primeur ist eine Mode. Was machen wir, wenn diese Mode vorbei ist?« Seit Jahren setzen die Weinwirte auf ihre besseren Sorten, auf die Gewächse aus dem Villages-Gebiet nördlich von Villefranche. Dies ist das eigentliche Beaujolais, wie es in der bekannten Dorferzählung »Clochemerle« von Gabriel Chevallier beschrieben ist, eine hügelige Landschaft mit hübschen Dörfern, verbunden durch eine Straße, die zu Recht »Route pittoresque« genannt wird, ein Ländchen zum Trödeln und Genießen eben. Zehn Dörfer (Villages) genießen das Recht, eigene Herkunftsbezeichnungen (Appellations) zu führen. Untereinander tragen sie einen fröhlichen Wettstreit aus, wer denn nun den besten, typischsten Beaujolais keltert. Wenn Sie mich fragen: Es ist der von Fleurie. Der Name trägt das Wort »Blume« in sich, und in der Tat sind die Weine von dort betont blumig, duften deutlich nach Veilchen. Zu dieser mehr verspielten, »weiblichen« Art gehören auch Saint-Amour und Chiroubles. Der Brouilly, der auch sehr schätzenswert ist, hat eine pikante Säure. Juliénas, Chénas und Morgon sind eine Spur gewichtiger und festlicher. Als Höhepunkt des Beaujolais wird Moulin-à-Vent gefeiert, ein schon fast wuchtig zu nennender Wein, der in guten Jahren an großen Burgunder heranreicht und – große Ausnahme – lagerfähig ist. Wer nicht viel Geld ausgeben möchte, kann aus dem Beaujolais mitunter Qualitäten zu erstaunlich niedrigen Preisen im Handel erstehen. Neben dem Mâcon und dem Côtes-du-Rhône gehört er zu den ordentlichsten Rotweinen seiner Preisklasse. Wir haben noch das Mâconnais zu besprechen, jene Landschaft zwischen Côte d'Or und dem Beaujolais, die von der Zuverlässigkeit, aber auch von der Preiswürdigkeit ihrer Weißweine lebt. Die besten heißen Pouilly-Fuissé, Pouilly-Vinzelles, Pouilly-Loché und Saint-Véran. Sie bestehen aus zwei Rebsorten, dem Pinot blanc und dem Chardonnay, wobei der letztere heute dominiert. Der Bourgogne Aligoté, aus der gleichnamigen Rebsorte, reift dort, wo die Voraussetzungen für Chardonnay und Pinot noir nicht gegeben sind, ergibt aber – manchmal mit Beimischungen von Chardonnay – einen trockenen, fruchtig frischen Wein, der zum leichten Perlen neigt. Daneben bestimmt der Mâcon Rouge, aus der Rebsorte Gamay gekeltert, das Bild der Region. Der Mâcon Rosé bringt Frische und Frucht. Der Mâcon Passe-Tout-Grans besteht zu zwei Dritteln aus Gamay und zu einem Drittel aus Pinot noir. Er verbindet die Feinheit Burgunds mit der Frische des Beaujolais.

RHÔNE
Gute Mischung

Von der Quelle in der Schweiz bis zur Mündung bei Marseille hat die Rhône zahlreiche Rebflächen durchflossen, die die unterschiedlichsten Weine hervorbringen. Das Gebiet der Côtes-du-Rhône mit seinen Randlagen steht für einige der attraktivsten Weine, die in Frankreich produziert werden, zum Beispiel eine Fülle weicher, unkomplizierter Rotweine.

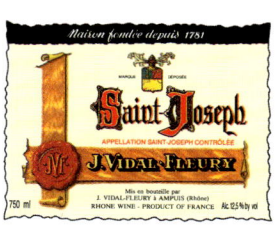

Als überaus aufschlußreich erweisen sich in aller Regel die vergleichenden Verkostungen. Immer wieder bin ich erstaunt, wie wenig Geld man für einen ordentlichen Wein ausgeben muß – vorausgesetzt, man weiß ihn bei der richtigen Adresse zu finden. Und wenn der Weinfreund schon sparen muß oder will, hat er bei der Herkunft Côtes-du-Rhône die beste Chance, fündig zu werden. Warum das so ist? Zwei Erklärungen bieten sich an. Die erste: Das Anbaugebiet ist groß. Im südlichen Teil, zwischen der Nougat-Stadt Montélimar und Avignon, stehen unter der Bezeichnung »Côtes-du-Rhône« rund 40 000 Hektar unter Reben. Das ist die Fläche von Baden und der Pfalz zusammen. Es ist eine gesegnete Landschaft: Die Böden, meist Kalk mit Sand und Kiesel bedeckt, sind reich an Mineralien. Die Sonne meint es immer gut. Schlechte Jahre gibt es an der Rhône nicht. Jacques Reynaud, Herr auf Château Rayas, dem besten Gut im Châteauneuf-du-Pape, meint leichthin: »Es ist nicht weiter schwer, hier gute Weine zu erzeugen. Man muß nur etwas auf die Hitze achten.« Das wußten auch die Vorväter. 600 Jahre vor Christus kamen griechische Kauffahrer den Fluß hinauf und brachten Reben mit. Die heute wichtigste Traubensorte an der Rhône, die Syrah, ist nach der persischen Stadt Shiraz benannt und stammt mit Sicherheit aus Kleinasien, der Wiege des Weltweinbaus. Die zweite Erklärung: Das Gebiet um Avignon ist das französische Zentrum der Kellerei-Wirtschaft. Zahlreiche Betriebe

RHÔNE

Das Rhône-Gebiet zwischen Lyon und Avignon liefert teils herrliche Weine mit einem guten Preis-Leistungs-Verhältnis. Die zahlreichen Châteaux (oben Château Raspail) produzieren Tropfen auf der gesamten Skala der Qualitäten: von preiswürdigen Weinen für einen schöneren Alltag bis zu edlen Dessertweinen.

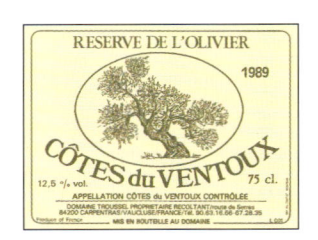

liefern weltweit französische Weine. Sie füllen häufig neben Rhône-Wein auch Burgunder, Beaujolais und Provence-Rosé. Sicher wird schon mal ein etwas zu kurz geratener Burgunder mit einem fetteren Stoff aus Avignon angehoben, ein zu feister Côtes-du-Rhône mit einem Spritzer Beaujolais aufgefrischt. Das sehen die Franzosen nicht gar so eng, solange das fertige Erzeugnis wohlschmeckend ist. Die großen Kellereien an der Rhône beherrschen das Verschneiden vollkommen, die Kunst, aus unterschiedlichsten Zutaten eine gute Mischung herzustellen, die am Ende besser mundet, als es die einzelnen Teile vermögen. Wohlmeinende Menschen sprechen von »Mélange«, »Marriage« oder »Cuvée« und verweisen darauf, daß der festliche Champagner, der weiche Cognac, die beste Tasse Kaffee oder die teure Zigarre aus der Karibik stets Ergebnisse von Verschnitten sind. Wenn in deutschen Regalen die Rhône-Weine immer ein wenig besser sind als andere, zum Teil teurere Herkünfte, dann spricht dies ja für die zuliefernden Kellereien.

Der Weinbau zwischen Lyon und der Mündung der Rhône ist in klarer Hierarchie geordnet. Über den namenlosen Tafelweinen stehen die Vins de Pays, jene süffigen Landweine, deren bekannteste die Bezeichnungen »Coteaux du Pont du Gard«, »Coteaux des Baronnies« und »Sables du Golf du Lyon« sind. Darüber wiederum sind – in drei Stufen – die Qualitätsweine mit der Herkunfts-Garantie »Appellation d'Origine contrôlée« angesiedelt. Die weitestreichende Bezeichnung ist »Côtes-du-Rhône«, die das gesamte Anbaugebiet umfaßt. Es muß solche und solche Flaschen geben, und es gilt in der Region keineswegs als würdelos, einen »Côtes-du-Rhône« zu führen. Die gehobeneren Qualitätsweine tragen den Zusatz »Villages«. 60 Gemeinden führen diese besondere Bezeichnung, von denen 16 wiederum auch ihren Namen auf die Etiketten schreiben dürfen. Die bekanntesten davon, auch die besten, sind Cairanne, Chusclan, Rasteau, Sablet und Séguret. Von dort kommen angenehme Tropfen, die gerne als »fleischig« bezeichnet werden, zum Hineinbeißen also. An der Spitze der Rangordnung endlich steht ein Dutzend Sprengel, die aufgrund uralter Traditionen eigene Appellations locales besitzen. Am bekanntesten: Châteauneuf-du-Pape.

Der Weinbau im Rhône-Tal hat griechische Eltern. Seine Keimzelle war die Kolonie Massilia, jetzt Marseille. Später kamen die Römer, und es war genau wie an Rhein und Mosel. Groß war auch der Einfluß der Bischöfe und Klöster. Avignon war die Papststadt, in Châteauneuf-du-Pape erinnert nicht nur der Name, sondern auch die Ruine des Papstpalastes an das 14. Jahrhundert. Bischöfe, Klöster und andere Feudalherren waren aus geschäftlichen Gründen an einem guten Wein interessiert, sie erließen ein strenges Reglement und gründeten Weinbruderschaften, denen sie die Aufgabe übertrugen, dieses durchzusetzen und gegen schwarze Schafe vorzugehen.

Das sich über 200 Kilometer erstreckende Anbaugebiet zerfällt klar in zwei Teile, wird doch am Oberlauf der Rhône der

RHÔNE

Weinbau am Hang auf schmalen Terrassen betrieben, während in der Gegend um Avignon die weiten Ebenen des Talbodens mit Rebstöcken besetzt sind. Im Norden steht der Wein auf bröckeligen Granitverwitterungsböden, im Süden auf Schwemmgut, das die Flüsse aus den Alpen mitgebracht haben.

Die Landschaft am Oberlauf im Umland von Lyon umfaßt die Mehrzahl der lokalen Appellationen, die meist nur Eingeweihten mit gut gefüllter Brieftasche bekannt sind. Dort finden sich gefeierte Tropfen von einer gewissen Strenge. Sie sind ungemein langlebig und liegen im Geschmack zwischen Burgund und südlicher Rhône, haben aber weder die Festlichkeit des einen noch die Sinnlichkeit des anderen. Die Ernten sind klein, und das meiste davon wird, von Lokalpatriotismus beflügelt, in den Sterne-Restaurants von Lyon ausgeschenkt. Vom Cornas oder vom Condrieu gibt es im Jahr jeweils etwa 300 000 Flaschen. Die Appellation Château-Grillet umfaßt nichts als den 1,4-Hektar-Rebgarten eines einzigen Gutes. Da kommt rasch der Verdacht auf, daß die Knappheit wohl der Hauptgrund für die Berühmtheit ist.

Der bekannteste Weinberg an der oberen Rhône ist der Crozes-Hermitage. Dazu hat nicht nur die unbestrittene Güte beigetragen, sondern auch eine schöne Geschichte. Der Name wird auf Eremitage zurückgeführt. Anderen zufolge soll der Kreuzfahrer Gaspard de Stérimberg nach seiner Rückkehr aus dem Heiligen Land den Weinberg angelegt haben. Tat er es selbst? Ganz gleich, wie es war, die im Gebiet schon immer dominierende Shiraz-Rebe gibt bis heute Weine für gekrönte Häupter und bürgerliche Staatspräsidenten – sie wird im Élysée-Palast getrunken. Der südöstliche Teil des Berges, ein reiner Südhang, ist dem Weißwein vorbehalten. Er liegt nicht nur genau zwischen Nordpol und Äquator, auch im Anbaugebiet Côtes-du-Rhône teilt er die nördliche und die südliche Hälfte. Tatsächlich haben die Weine die Feinheit und Finesse des Nordens mit der Kraft und dem Ungestüm des Südens vereint. Um den Hermitage-Wein-

Die Kellereitechnik der Côtes-du-Rhône findet einen interessanten Mittelweg zwischen Tradition und Fortschritt: Im Châteauneuf-du-Pape oder in anderen herausragenden Provinzen, die eine eigene Appelation führen dürfen, werden die Weine, teils mit moderner Ausrüstung, noch ebenso geformt, wie dies vor Jahrhunderten üblich war.

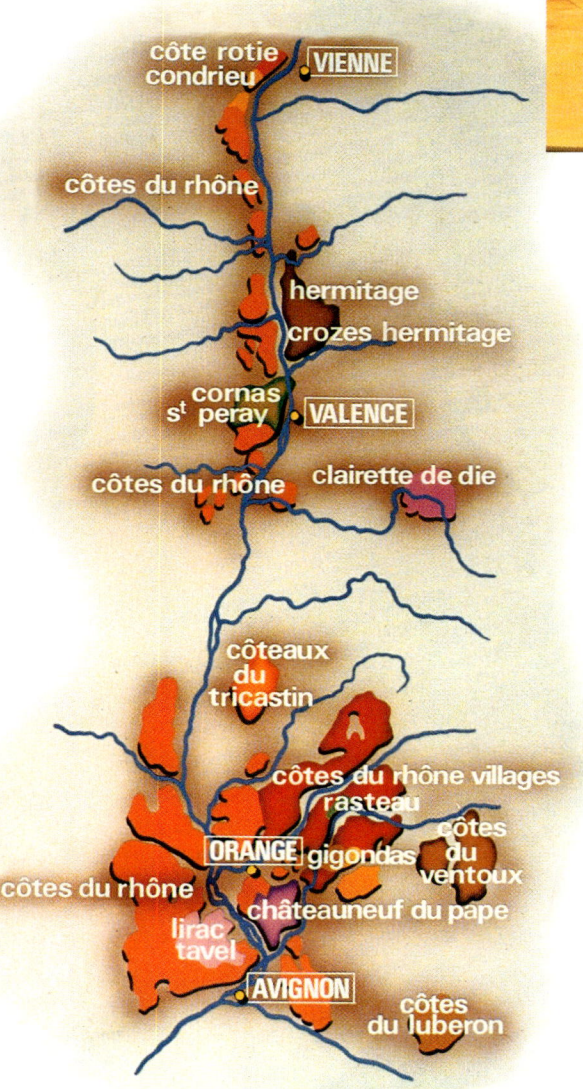

RHÔNE

RHÔNE

Rebfläche: 45 000 Hektar

Ernte im Schnitt:
2,3 Millionen Hektoliter

Weinbaubetriebe:
circa 40 000

Export nach Deutschland:
80 000 Hektoliter

Hauptsorten:
Syrah, Grenache

A.C.-Weine:

Côtes-du-Rhône, auch in Zusammenhang mit den Namen der Ursprungsgemeinde
Côtes-du-Rhône Villages

Vin du Lyonnais:
Coteaux du Lyonnais
Côte Roannaise de la Loire,
Muscadet de Sèvre et Maine

Nördlicher Bereich:
Châtillon-en Diois

Clairette de Die

Château Grillet

Condrieu

Cornas

Coteaux de Die

Côte Rôtie

Crémant de Die

Saint-Joseph

Saint-Péray und Saint-Péray mousseux

Südlicher Bereich:
Châteauneuf-du-Pape

Coteaux du Tricastin

Côtes du Ventoux

Crozes-Hermitage oder Crozes-Ermitage

Gigondas

Hermitage oder Ermitage

Lirac

Tavel

Vacqueyras

berg wächst auf den Kalkböden der Crozes-Hermitage ein leichterer Shiraz oder, als Weißwein, ein feiner, harmonischer Tropfen, der sich wie auf dem Hermitage-Weinberg aus den Rebsorten Marsanne und Roussanne zusammensetzt. Der Hermitage-Weinberg ist übrigens auch abgesehen von den herrlichen Köstlichkeiten, die dort wachsen, einen Besuch wert. Der Anblick der Weinterrassen, um die sich in einer engen Kurve die Rhône windet, lohnt jede Anreise. Stromabwärts schließt sich eine der ungemütlichsten Landschaften Frankreichs an, das Tal voller Industrie mit den Atommeilern von Pierrelatte als Zentrum. Von der Stadt Bolléne an wird es wieder behaglich. Dort öffnet sich die Vallée du Rhône; ein reifes, reiches Land tut sich auf mit prächtigem Obst und geradezu weiblich gerundeten Weinen, am linken Ufer die Villages-Gewächse, am rechten zwei Appellationen mit reicher Tradition: Lirac und Tavel. Letzterer gilt als berühmtester Rosé der Welt, ein üppig-weicher, fast kupferfarbener Tropfen mit einem etwas großmütterlichen Charme. Lirac ist ein stets zuverlässiger, gar nicht teurer Rotwein.

Das Rhône-Gebiet endet mit einem Wein, der wie Orgelklang daherkommt, dem mächtigen Châteauneuf-du-Pape, in Sonnenglut und auf magerem, von roten Kieselsteinen bedecktem Boden gewachsen. Oft wird er aus einem Dutzend Traubensorten gemischt, von denen einige höchst selten sind, wie Cournoise oder Vaccarise. 13 Grad Alkohol hat so ein Tropfen wenigstens. Trotz vieler technischer Fortschritte in den Kellern wird der Châteauneuf-du-Pape heute noch so geformt wie im 14. Jahrhundert, als in Avignon die Gegenpäpste residierten. Bis heute haben es die Winzer verstanden, den Namen des Weins hochzuhalten. Die Reben dürfen nur auf ausgesuchten Böden rund um den ehemaligen Papst-Palast stehen, die Erträge werden knapp gehalten, nicht mehr als ein gut gefülltes Glas, ein Viertelliter pro Quadratmeter, wird geerntet. Es war auch im Châteauneuf-du-Pape, wo der verstorbene Baron Le Roy 1923 den ersten Anstoß zum späteren staatlichen System der Appellations contrôlée gab. Er erließ, daß Traubensorten, Rebschnitt, Ertrag und Alkoholgehalt kontrolliert werden sollten. Auch sollten die Châteauneuf-Reben nur auf den Böden angebaut werden, auf denen Thymian und Lavendel natürlich wuchsen.

Am Rande bleibt zu erwähnen: Die Rhône liefert zu 99 Prozent Rotwein. Es gibt einige wenige, ziemlich teure Weißweine, die meist schwer und weich sind, voller wunderlicher Aromen, mehr zum Meditieren, denn zum fröhlichen Schlucken geeignet. Die Côtes-du-Rhône bringen zwei ausgezeichnete Dessertweine hervor, den Rasteau und den Beaumes de Venise. Von der Rhône-Weinwerbung verschwiegen werden meist einige abseits gelegene Appellationen links des Stromes: Tricastin, Côtes-du-Lubéron, Côtes-du-Ventoux. Es sind preiswerte, nicht zu verachtende Weine für einen schöneren Alltag.

PROVENCE

Rosarotes Vergnügen

Ständig zieht es Menschen aus nördlicheren Gefilden in das leuchtende, duftende Land am Mittelmeer. Die Fremden bauen verfallene Weingüter wieder auf und überraschen bald mit erlesenen Tropfen. Als Pionier provençalischer Wein-Qualität gilt der Elsässer Marcel Ott, der vor gut 100 Jahren seine angesehene Domaine dort errichtete. Schweizer kamen und Dänen, später wohlhabende Aussteiger aus Deutschland. Derzeit interessieren sich Japaner für Investments in der alten Provincia Gallia Narbonensis. Per Hubschrauber kundschaften sie lohnende Objekte in der Provence aus. Der Zuzug der Fremden hat dem Weinbau noch immer gut getan. Die einheimischen Winzer sind bäuerlich geprägt und keltern häufig einfache Weine. Die Touristen trinken sie. Wenn sie nach der Tageshitze die Kühle der Dämmerung, den Blick auf den im Abendlicht purpurn glühenden Mont Sainte-Victoire genießen, dann ist ein eisgekühlter Rosé eine Köstlichkeit. Auch die provençalische Küche mit ihren vielen Gewürzen kommt dem kühlen Rosé sehr entgegen. Daß die Qualität aber in Wirklichkeit gar nicht so großartig ist, merkt der Reisende immer erst, wenn er sich ein paar Flaschen mit in die Heimat genommen hat. 1977 erhielten die »Côtes de Provence« die Appellation d'Origine contrôlée (AOC) und wurden damit zum Qualitätswein-Gebiet ernannt. Diese Auszeichnung löste viel Kritik in Frankreich aus. Doch muß zur Ehre der Winzer dort gesagt werden, daß sie sich seidem anstrengen. Der Anteil der einfachen Carignan-Rebe ging von über 50 auf 25 Prozent zurück. Dafür wurden Edelreben wie Syrah, Cinsault und Mourvèdre

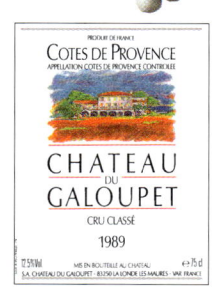

PROVENCE

PROVENCE

Rebfläche: 40 000 Hektar

Ernte im Schnitt:
1,8 Millionen Hektoliter

Export nach Deutschland:
40 000 Hektoliter

Hauptsorten:
Carignan, Grenache, Cinsault

A.C.-Weine:

Bandol

Bellet

Cassis

Coteaux d'Aix-en-Provence

Coteaux d'Aix-en-Provence-les-Baux-de-Provence

Coteaux Varois

Côtes du Luberon

Côtes de Provence

Palette

Die Weinberge der Provence lassen sich aufgrund der Unterschiedlichkeit der Böden in zwei Regionen gliedern: Bei Vaucluse im Norden herrscht Kalkstein vor, im Süden dagegen, so wie hier in der Nähe der Küste, roter Sandstein und Schiefer.

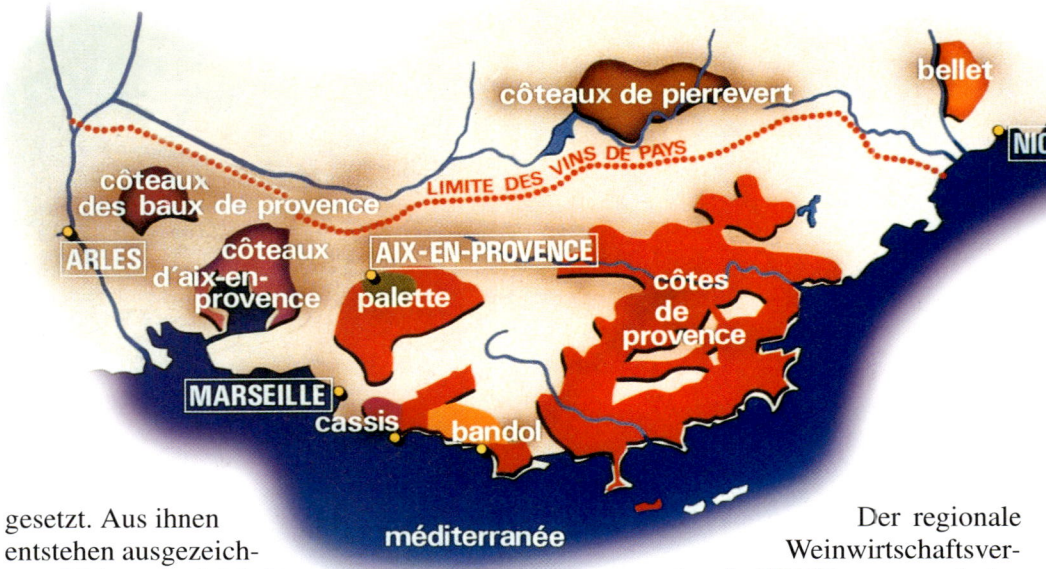

---

gesetzt. Aus ihnen entstehen ausgezeichnete Weine mit viel Saft und Kraft. Ihre besten Erzeuger verdienen und erhalten die Bezeichnung Cru classé. Viel Geld ging auch in die Kellertechnik. Anständige Pressen und Klima-Anlagen sind heute selbstverständlich. Die Kühlung ist das Ein-und-alles: Wenn die Trauben aufgeheizt in die Kelter kommen, und der Saft hernach sofort zu brausen beginnt, verfliegen all die fruchtigen Aromen. Wird die Gärung jedoch durch Kälte gezügelt, bleibt der Wohlgeschmack erhalten. Einen guten Rosé herzustellen, zählt zu den schwierigsten Dingen im Weinbau. Angestrebt wird in der Region ein pfirsichfarbener Tropfen, der nach Himbeeren duftet. Oft scheint es auch, daß der für die Provence so typische Duft sonnenwarmer Pinien, von Thymian und Rosmarin in die Weine der Region eingeht.

Der regionale Weinwirtschaftsverband CIVCP setzt auf den Rosé, was richtig ist. Weißwein wird selten gut. Viel Ehrgeiz setzen manche Winzer in den Rotwein, der nicht schlecht ist, aber weiter westlich, im Minervois oder in den Corbières, besser gerät. Die Spezialität der Provence ist und bleibt der Rosé. »Den kann uns in der ganzen Umgebung keiner nachmachen«, das ist die nicht unberechtigte Meinung der Einheimischen. Dennoch sind die Weine recht unterschiedlich. Sie sollten also beim beliebten »Côtes de Provence« eine Flasche probieren, ehe Sie sich einen Vorrat anlegen.

Nun hat die Provence noch eine Reihe örtlicher A.C. Auf die VDQS-Gebiete wollen wir hier gar nicht eingehen. Alle Weine der Provence sind robust, kräftig und alkoholreich. Das nahe Italien schlägt durch. Das A.C.-Gebiet Bandol produziert einen Rotwein und Rosé, der als Verschnitt mit einem hohen Anteil der Rebsorte Mourvèdre viel Aroma hat, aber mindestens zwei Jahre Lagerzeit braucht, allerdings verträgt er auch eine Lagerung von sechs bis acht Jahren. Auch die anderen kleinen Appellationen erzeugen Weine, die über dem Durchschnitt der Provence liegen und einen gut sortierten Weinkeller durchaus bereichern können.

MIDI

Vom Lieferanten einfacher und einfachster Tafelweine avanciert der Midi – die Landschaft von Languedoc-Roussillon, zwischen Nîmes und der Grenze zu Spanien gelegen – mehr und mehr zu einer geachteten Anbauregion. Das Fitou war der erste Bereich, der den begehrten AOC-Titel aus Paris zuge-sprochen bekam. Weitere folgten, und für die Winzer war´s ein Ansporn zu bes-seren Leistungen.

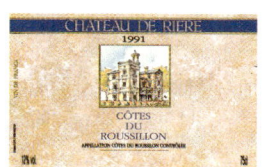

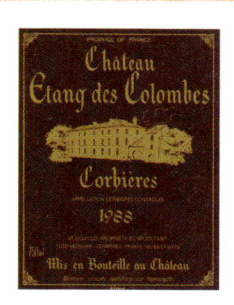

MIDI

Ideale Einkaufsquelle

Als im Mai 1994 die »Vinisud« in Montpellier zu Ende ging – eine neue Messe vor allem für die Wein-Erzeuger des Midi – machte sich unter den Besuchern positive Erwartungshaltung breit: Für die südfranzösischen Weine, die in Frankreich immer noch wenig beachtet werden, prophezeien Kenner seither den »endgültigen Durchbruch«. Die angereisten Händler machten gute Entdeckungen, die ausstellenden Weinbauern bekamen Aufträge. Zu gönnen wäre es den Winzern von Languedoc-Roussillon, dieser größten französischen Reben-Provinz, die sich von der Mündung der Rhône bis an die spanische Grenze erstreckt, 200 Kilometer nichts als Wein. Was haben sie sich angestrengt, ihre überbordenden Ernten zu beschneiden und die Qualitäten ständig zu steigern. Sie sollten die Früchte ihrer Arbeit einfahren dürfen. Bei einem Bummel durch die Städtchen der Coteaux du Languedoc im Hinterland von Montpellier fällt der bröckelnde Glanz vieler alter Häuser auf. Dort war einst Geld zuhause.

MIDI

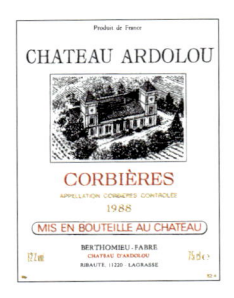

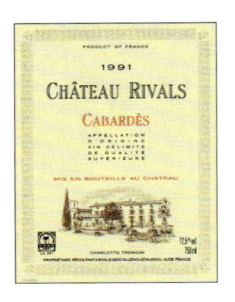

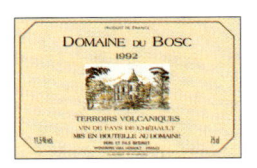

Noch vor 150 Jahren, als das Anreichern von allzu schlankem Most mit Hilfe von Zucker nicht so verbreitet war wie heute, gab es rege Nachfrage nach Languedoc-Wein. Der hatte von Natur aus immer mehr Alkohol als Bordeaux. Die Winzer im Süden zehrten lange von dem guten Ruf, sicher zu lange. Nach dem Zweiten Weltkrieg gab es einen Neuanfang. Vertriebene Algerien-Franzosen, die »Pieds noirs«, die Schwarzfüße, atemberaubend tüchtige Menschen, doch ohne Traditionshintergrund, bepflanzten die weite Ebene zwischen Montpellier und Béziers mit der reichlich tragenden Aramom-Rebe. Die Rechnung ging auf; es gab zwar nur ein paar Centimes für das Kilo Trauben, aber die Masse brachte Geld. Immer weiter dehnten sich die Rebfelder entlang der Flüsse Hérault und Aude aus. Für den Bordelaiser Weinhändler und Buchautor Alexis Lichine ist der Midi »le desert vert«, eine Wüste in Grün. Bei einem Blick aus dem Flugzeugfenster sinnierte er angesichts so vieler Reben: »Mon Dieu, das kann ja die ganze Welt nicht austrinken.«

Die Menschen im Midi sind seit jeher aufsässig. Sie stammen von den alten Katharern ab und liegen mit Paris ständig im Streit. Die Kommunisten besitzen Hochburgen im Languedoc. Um Ärger zu vermeiden, haben die konservativen Regierungen das unruhige Völkchen immer unterstützt. Die Winzer produzierten munter Überschüsse, eine staatliche »garanti de bon fin« sicherte ihnen zu, daß sie am Ende stets ihr Geld bekamen. Und wenn Abgeordnete in Paris anmahnten, daß solche Subventionen bald nicht mehr bezahlbar seien, dann blockierten die Weinbauern mal kurz die Autobahn hinter Nîmes oder steckten mit italienischem Tafelwein beladene Tankzüge in Brand. Das Geld floß weiter. Erst als die Sozialisten in Paris die Macht übernahmen, nahm der Spuk ein Ende; Linke brauchen auf Linke keine Rücksicht zu nehmen.

Frankreichs Weinbau-Politiker hatten einige gute Einfälle, um dem im eigenen Saft ertrinkenden Süden aufzuhelfen. Die erste und beste Idee war der Vin de pays. Diese neue Klasse eines gehobenen, nach festen Regeln erzeugten und mit einer Herkunfts-Garantie versehenen Landweins war von Anfang an erfolgreich, vor allem bei jungen deutschen Weintrinkern. Der französische Staat schoß Werbe-Millionen zu, dafür mußten die Winzer im Midi die simple Regel lernen, daß weniger Trauben am Stock immer einen besseren Wein ergeben. Höchstens 90 Hektoliter pro Hektar sind zugelassen. Zusatz von Zucker zum Most, um den Alkohol anzuheben, ist nicht erlaubt. Seit der Einführung 1978 hat sich der Verbrauch von Vin de pays in der Bundesrepublik verzwölffacht. Frankreichs Politik lockte und zwängte weiter. Es gab keine Subventionen mehr für die Beseitigung von Wein-Überschüssen, wohl aber solche für das Aushauen

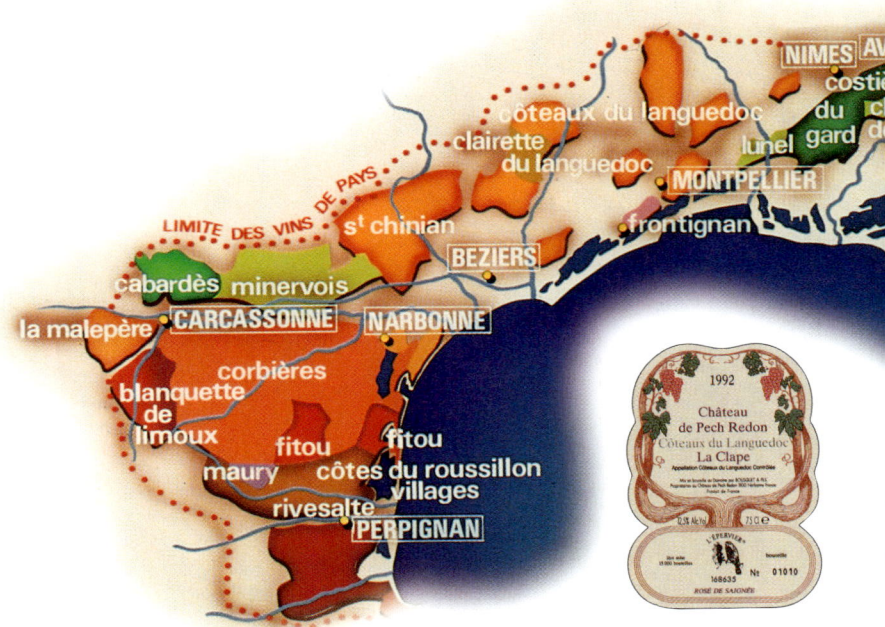

MIDI

Wo einst die Rebe Aramom dominierte, werden heute die wertvolleren Sorten Syrah, Grenache oder Mourvèdre angebaut. Inzwischen legen die Winzer überdies Wert auf eine Reduzierung der Erntemengen.

von Reben. In den vergangenen zehn Jahren ging die Anbaufläche des Languedoc-Roussillon um 120 000 Hektar Reben zurück, mehr als es insgesamt in Deutschland gibt.

Die beste Trumpfkarte der Politik, die Winzer im Midi zu immer besseren Weinqualitäten zu bewegen, war der Wink mit der AOC. Diese Appellation d'Origine contrôlée weist ein Gebiet als geeignet für die Erzeugung von Qualitätswein aus. Dies ist ein höchst begehrter Titel. Wenn ein Flecken im Süden die Chance hatte, in die AOC-Oberliga aufzusteigen, dann bedeutete dies für ihn, mit Bordeaux oder Rhône auf einer Ebene zu stehen. Für die Vergabe und Überwachung dieser Appellationen ist das halbstaatliche Qualitätswein-Institut in Paris zuständig, eine strenge Behörde, die dafür bekannt ist, daß sie Bittsteller lange warten und auch öfter abfahren läßt. Hat das Institut endlich ein Gebiet in die engere Wahl genommen, prüft es über mehrere Jahre hinweg die Weine daraufhin, ob sie in der ganzen Breite wohlbeschaffen und vor allem unverkennbar typisch sind. Kontrolleure bereisen die Landschaft, nehmen Bodenproben und Klimadaten, um endlich die Grenzen abzustecken, die oft mitten durch ein Weingut verlaufen können. Vom Antrag bis zur endlichen Vergabe der Appellation vergehen oft zehn Jahre. Die erste Languedoc-AOC ging nach Fitou, was für Paris eine Art Versuchsballon war. Der Flecken südlich von Narbonne umfaßt kaum 2 000 Hektar, so viel wie die Rebberge von Neustadt an der Weinstraße. Es werden dort jährlich 700 000 Liter eines angenehm-warmen, gut lagerbaren Rotweins erzeugt. Für die Winzer des Languedoc war es ein Ansporn, die Aussicht, vielleicht noch weitere Sprünge in die Oberliga zu schaffen. Die nächste Appellation ging, zur Betroffenheit der Winzer in der weiten Languedoc-Ebene, in den anderen Teil der Bindestrich-Provinz, ins Roussillon, in die schon mehr katalanische als französische Landschaft an den südöstli-

95

MIDI

MIDI

Rebfläche: 330 000 Hektar

Ernte im Schnitt:
22 Millionen Hektoliter

Weinbaubetriebe:
circa 90 000

Export nach Deutschland:
90 000 Hektoliter

Hauptsorten:
Grenache, Carignan

A.C.-Weine:

Banyuls, auch Rancio

Banyuls Grand cru auch

Rancio

Blanquette de Limoux

Blanquette méthode ancestrale

Clairette de Bellegarde

Clairette du Languedoc

Collioure

Corbières

---

chen Ausläufern der Pyrenäen. Dort liegen die Rebgärten meist an Hängen, die Stöcke holen die Feuchtigkeit aus der Tiefe, und große Ernten sind nicht möglich. Die Weine sind tiefdunkel, kraftvoll, rustikal. Meist munden sie deutlich nach vollreifen Pflaumen, umspielt von eigentümlichen Kräuter-Aromen. Der Genießer meint, die Düfte der Landschaft von Thymian, Rosmarin und Lavendel in dem Wein wiederzufinden. Das Roussillon ist traditionell geprägt, der moderne Anbau des Languedoc läßt sich dort gar nicht einrichten. Es ist nicht ungewöhnlich, in den Weinbergen der Vor-Pyrenäen mit Pferden ackernde Winzer anzutreffen. Inzwischen gibt es im Roussillon auch herausgehobene Villages – Weine nach dem Vorbild der Côtes-du-Rhône. Beste Lage ist Caramany.

Aus der Rückschau läßt sich trefflich verfolgen, wie das INAO die Winzer im Languedoc schliff, einem knöchrigen Oberlehrer gleich, der die Klasse zur Elite führen will, erzieherisch richtig, aber voller Niedertracht, immer unerreichbar hoch mit der AOC-Note im Zeugnis winkend. Die Languedociens mußten Vorleistungen erbringen, in Weingärten und Kellern Ordnung schaffen. Der massige Aramom war überhaupt nicht mehr zugelassen, auch große Partien der an sich gar nicht so schlechten Carignan-Rebe mußten ausgehauen werden. Die für den Midi besten Sorten Syrah, Grenache und Mourvèdre rückten an deren Stelle. Eine solche Umstellung ist mit hohen Ausgaben bei gleichzeitig vorläufigem Verzicht auf Gewinne verbunden: Einen Hektar (100 mal 100 Meter) Reben zu roden und neu zu bestocken, kostet mehr als 20 000 Mark, und vier Jahre lang gibt es keine

MIDI

Trauben. Als nach zehn Jahren Kampf am Heiligabend 1985 endlich im Staatsanzeiger verkündet wurde, daß die Corbières-Winzer einen Teil ihrer Erzeugung nun als Qualitätswein verkaufen dürften, war die Stimmung von Erschöpfung gezeichnet: kein Feuerwerk, keine Tänze auf den Straßen. Die früheren Corbières, die heute in dem neuen A.C.-Gebiet Côtes-du-Roussillon aufgegangen sind, bilden eine respektable Einkaufsquelle. Unter diesem Namen werden kräftige Rotweine und trockene, frische Rosés angeboten. Trockene Weißweine sind dort selten. Endlich wurden auch die besten Teile der Coteaux du Languedoc, insgesamt 14 Landstriche, in die AOC-Oberstufe aufgenommen. All diese Flecken liegen auf Schiefer an den südöstlichen Ausläufern der Cevennen. Die Coteaux erstrecken sich etwa von Montpellier bis Béziers. Viele dieser Unter-Appellationen haben nur lokale Bedeutung wie Vérargues, Pic-Saint-Loup oder Quatourze. Drei Namen sollte sich der Weinfreund merken: »Saint-Chinian«, »Faugères« und »La Clape«. Diese stets ordentlichen, preiswerten Weine sind hierzulande öfter zu finden. Die Gewächse von La Clape sind unter ihnen die eigenwilligsten: Sie duften deutlich nach gutem Tabak.

Jugendliche, frische Weißweine gibt es aus der Clairette-Rebe im Gebiet südlich von Avignon: »Clairette du Languedoc« und die etwas bitteren, goldgelben »Clairette de Bellegarde«.

Als etwas altmodisch werden es viele Leser betrachten, wenn ich noch auf die Süßweine der Region eingehe. Natürliche Süßweine werden sie genannt, »Vin doux naturel«, und sie entstehen angeblich seit dem 13. Jahrhundert, als die Kunst des Destillierens aus Spanien kam, so, daß durch die Zugabe von Weingeist zum Most der Gärvorgang gestoppt wird und viel Fruchtzucker im Wein zurückbleibt. Er hat dann 15 bis 22 Grad Alkohol. Damals tranken selbst starke Männer solch einen Wein gern.

Der bekannteste Vin doux naturel ist der »Banyuls« (Grand cru), für den mindestens 30 Monate Lagerung vorgeschrieben sind. Oft werden die Fässer an der freien Luft gelagert, oder es wird der fertige Wein noch einige Jahre auf der Flasche gereift, um einen Alterungston zu erzielen. Aber das ist nicht jedermanns Sache. Neuerdings gibt es solche Weine auch trocken, dem neuen Weingefühl entsprechend. Andere Süßweine sind der »Rivesaltes«, der »Maury« und der Muskateller-Süßwein von Frontignan.

Corbières de Nîmes

Coteaux du Languedoc, auch in Zusammenhang mit folgenden Angaben (Cabrières, Coteaux de la Méjanelle oder La Méjanelle, Coteaux de Saint Christol oder Saint Christol, Coteaux de Vérargues oder Vérargues, La Clape, Montpeyroux, Picpoul-de-Pinet, Pic-Saint-Loup, Quatourze, Saint-Drézéry, Saint-Georges-d'Orques, Saint-Saturnin)

Côtes du Roussillon

Côtes du Roussillon-Villages, auch mit Zusatz Caramany oder Latour de France

Crémant de Limoux

Faugères

Fitou

Frontignan

Grand Roussillon, auch Rancio

Limoux

Maury, auch Rancio

Montagny

Muscat de Beaume-de-Venise

Muscat de Frontignan

Muscat de Lunel

Muscat de Mireval

Muscat de Rivesaltes

Muscat de Saint-Jean-de-Minervois

Rasteau, auch Rancio

Rivesaltes, auch Rancio

Saint-Chinian

SUD-OUEST

SUD-OUEST
Land der Musketiere

Weinbegeisterte »Zugereiste«, wie der Pariser Top-Manager Alain Dominique Perrin (rechts), haben mit ihrem Engagement den Weinbau im Sud-Ouest entscheidend vorangetrieben.

Die Gegend um Cahors, auf halbem Weg zwischen Toulouse und Bordeaux gelegen, konnte sich rühmen, dereinst Königshäuser zu beliefern, bevor ihr Weinbau-Potential in einen Dornröschenschlaf verfiel. Jahrhunderte war der »schwarze Wein von Cahors« eine Berühmtheit und wegen seines enormen Gerbstoff-Gehalts erst nach 20 Jahren trinkreif, dafür aber schier unbegrenzt haltbar. Um 1900 vernichtete die Reblaus fast alle Rebgärten. Ein Neubeginn nach dem Zweiten Weltkrieg, von der Regierung de Gaulle großzügig unterstützt, wurde in einer Frostnacht zunichte gemacht. Alles verfiel erneut in tiefen Schlaf. Es gab wohl Fremde, die Häuser und Weinberge kauften – darunter Dänemarks Königin Margarete – doch erst zugereisten Außenseitern gelang es, die Gewächse von Cahors wieder weltweit bekannt zu machen. Zum Beispiel Alain Dominique Perrin, Präsident des Cartier-Konzerns. Der prominente Neubürger aus Paris verbündete sich bald mit neun gediegenen Domaines der Umgebung und gründete den Club »Seigneurs du Cahors«, der sich ehernes Streben nach Qualität aufs Banner schrieb. Die noblen Winzer erzeugen gewiß nicht mehr den schwarzen Wein von ehedem. Die alte Tannat-Rebe, deren hartschalige Beeren von Gerbstoff nur so strotzen, verschwindet zusehends. Kein Mensch hat heute Zeit und Geld, um Wei-

SUD-OUEST

ne Jahrzehnte im Faß reifen zu lassen. Berater aus Bordeaux gaben den Anstoß, daß neben der – ebenfalls klassisch-urigen – Cot-Traube der fruchtige Merlot eine ideale Ergänzung sei. So ist der Cahors-Wein heute ein Quentchen weniger dunkel, eine Idee geschmeidiger, aber immer noch langlebig. Im fünften Jahr schmeckt er ausgereift, von einem guten Bordeaux nicht mehr so weit entfernt wie früher, auch wenn der Geschmack von Schlehen und etwas Cassis doch eigen ist. Die Gegnerschaft zu Bordeaux ist der einigende Trieb im sogenannten Sud-Ouest, der Region zwischen Toulouse und dem Atlantik. Das weitläufige, buntscheckige Land links und rechts des Garonne-Flusses wird stets als Einheit herausgestellt, obwohl es die unterschiedlichsten Weingebiete umfaßt. Was haben die leichten Weißweine des Jurançon mit dem üppigen Rosé von Béarn, was die weichen Roten von Marmande mit dem süßen Monbazillac zu tun? All die bunten Flecken auf der Karte des französischen Südwesten blicken zurück auf eine reiche Geschichte. Händler und Erzeuger der Gegend litten unter dem Diktat der Bordelaiser, die jedermann schröpften, der die Garonne oder die Dordogne herabgesegelt kam. Gemeinsam war die Reblaus-Katastrophe um die Jahrhundertwende. Nach dem verlorenen Algerien-Krieg siedelte die Pariser Regierung dort ebenso wie im Midi »Pieds noirs« an, Nordafrika-Franzosen, tüchtige Bauern, die den Weinbau wieder in Gang brachten. Es entstanden große Genossenschaften im Sud-Ouest, von denen einige heute führend in der Qualität sind, so die im Gaillac, im Marmandais oder in Buzet.

Gehen wir, wie üblich in diesem Buch, von Ost nach West, von Nord nach Süd. Der Sud-Ouest beginnt, weinbaulich betrachtet, im Gaillac nahe Toulouse. Die Winzer dort bezeichnen ihre Heimat gerne als »Mutter von Bordeaux«. Auf dem Marsch nach Norden legten die Römer hier Weingärten an – früher noch als in Bordeaux. Uralte Rebsorten mit ausgefallenen Namen haben sich hier bis heute gehalten. Doch seitdem der junge, in Bordeaux geschulte Kellermeister Alain Boutrit bei der Genossenschaft von Tecou anheuerte, gibt es im Gaillac dichte, ausdrucksstarke Rotweine, die in ihrer Preisklasse fast allen Bordelaiser Gewächsen überlegen sind. Mit Merlot, Syrah und Gamay sind moderne Rebsorten eingeführt worden. Auch der Weißwein aus der Sauvignon-Traube ist spritzig, frisch und trocken. Nordwestlich davon liegen das Cahors und weiter das Rebland von Bergerac, das in vergangenen Jahrhunderten am meisten unter dem Diktat Bordeaux' zu leiden hatte. Rotweine der Appellation Bergerac sind meist eher leicht, fruchtbetont, nichts Großartiges, dafür aber preiswert. Unter dem Namen »Côtes de Bergerac« werden gehobene Qualitäten verkauft. Trockene Weißweine haben die Bezeichnung »Bergerac sec«. Buzet am Unterlauf der Garonne liegt fast vor den Toren von Bordeaux. Die Weinhändler der Metropole wußten stets zu verhindern, daß in ihrem Gebiet eine Flasche Buzet verkauft wurde. Ich möchte aber nicht wissen, wieviel Buzet-Wein früher, pur oder verschnitten als »Bordeaux« in den Handel ging. In den Siebzigern entstand in dem unterdrückten Flecken eine wackere Genossenschaft. Es gibt da die rührende Geschichte von einem ehemaligen Kellermeister des Bordelaiser Super-Château Mouton-Rothschild, der sich auf seine alten Tage einen Spaß daraus machte, die Winzer von Buzet zu beraten. Ergebnis: gute, handfeste Rotweine, die viel Qualität fürs Geld bieten.

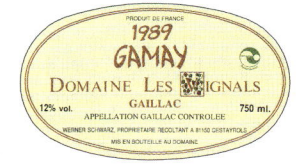

Die Region Sud-Ouest ist kein einheitliches Anbaugebiet; die wichtigsten Bereiche sind Gaillac, Bergerac, Cahors, Jurançon und Madiran. Von den leicht-fruchtigen Weißweinen Bergeracs bis zu dem kernig-farbkräftigen Traditions-Rotwein aus Cahors entstehen hier sehr unterschiedliche Tropfen.

Sud-Ouest

Sud-Ouest

Madiran:
Rebfläche: 1 000 Hektar

Ernte im Schnitt:
50 000 Hektoliter

Weinbaubetriebe:
circa 500

Hauptsorte: Tannat

Cahors:
Rebfläche: 3 000 Hektar

Ernte im Schnitt:
150 000 Hektoliter

Weinbaubetriebe:
circa 700

Hauptsorten: Cot, Merlot

Gaillac:
Rebfläche: 13 000 Hektar

Ernte im Schnitt:
700 000 Hektoliter

Weinbaubetriebe:
circa 5 000

Hauptsorten:
Cabernet-Sauvignon, Sémillon

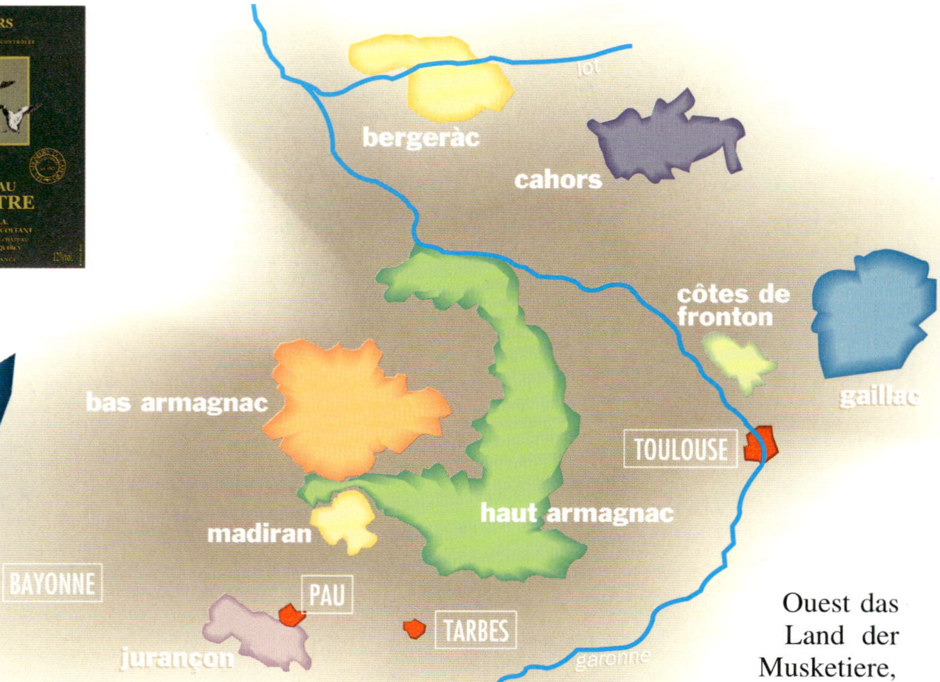

Ein paar kleine Appellationen innerhalb des Bergerac gelten für liebliche und süße Weißweine, die aus Sémillon-Trauben gekeltert werden. Die bedeutendste ist Monbazillac. Seine üppigen und alkoholreichen Weine, goldgelb mit einem honigartigen Bukett erinnern an die Gewächse von Sauternes – ein sehr gut alternder Dessertwein. Im Süden umfaßt der Sud-Ouest das Land der Musketiere, Gascogne und Baskenland. Bis in die Täler der nördlichen Pyrenäen reicht der Rebbau. Hierzulande finden sich öfter die Weißen aus dem Jurançon, ursprünglich süß, die heute auch trocken angeboten werden, frisch-fruchtig und gar nicht so teuer. Reizvoll ist es schon, mit dem Wein Bekanntschaft zu machen, der bei der Taufe Heinrichs IV., des späteren Königs von Frankreich und Navarra, 1553

Früher reiften die Weine von Cahors jahrzehntelang in Eichenfässern. Heute schmecken sie bereits nach wenigen Jahren.

SUD-OUEST

eine Rolle spielte. Gemäß dem Brauch in den Pyrenäen werden einem Täufling die Lippen mit Knoblauch und dem Wein seiner Heimat befeuchtet. Knoblauch steht für Ausdauer, der Jurançon für Geist und Klugheit. Heinrich ist übrigens nicht der einzige Anwärter auf Frankreichs Thron, der auf diese Weise auf das Leben vorbereitet wurde. Aber wichtiger scheinen mir doch die Weine der benachbarten Madiran-Landschaft, die eine ähnliche Geschichte hat wie das Cahors, indem sie von der Tatkraft eines einzelnen geradezu reanimiert wurde: Alain Brumont, Jahrgang 1946, hatte zunächst den Ehrgeiz, der größte Mais-Bauer Südfrankreichs zu werden, bis die Preise für die gelben Kolben fielen, und er sich mit gleicher Kraft auf die Erzeugung von Wein warf. Dafür holte er sich sein Wissen in Bordeaux und machte deutlich Front gegen die Winzer-Funktionäre seiner Heimat, die alles auf einen leichten, gerbstoffarmen Wein setzten, mit allen kellertechnischen Tricks im Stahltank geformt. Brumont hingegen kaufte neue Holzfässer, Bordelaiser Barriques, pflegte die anderswo verschmähte Uralt-Sorte Tannat, wurde angefeindet und endlich – die Franzosen lieben solche Titel – vom Feinschmecker-Magazin »Gault/Millau« zum »Winzer des Jahrzehnts« ernannt. Brumonts Wirken hat im Madiran viele Nachahmer gefunden. Kenner sagen, daß der Madiran tatsächlich der beste Rotwein aus dem Südwesten ist.

A.C.-Weine:

Béarn

Bergerac, auch sec

Cahors

Côtes de Bergerac, auch sec

Côtes de Duras

Côtes de Montravel

Côtes du Frontonnais

Côtes du Frontonnais-Fronton

Côtes du Frontonnais-Villaudric

Côtes du Marmandais

Gaillac, auch Gaillac doux und mousseux

Gaillac premières Côtes

Haute-Montravel

Irouléguy

Jurançon, auc sec

Madiran

Monbazillac

Montravel

Pacherenc du Vic Bilh

Pécharmant

Rosette

Saussignac

BORDEAUX

Benannt nach der gleichnamigen Hafenstadt an der Garonne und Metropole des Südwestens, entsteht im Bordeaux beinahe ein Viertel der gesamten französischen Qualitäts-Weinproduktion.

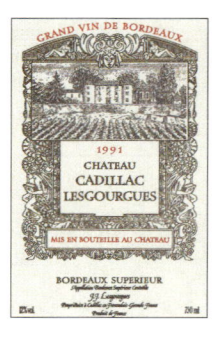

BORDEAUX

Der Wein-Adel

Die Gegend ist so aufregend wie ein Stück Pappe und sieht auch so ähnlich aus: platt, flach, eintönig. Die höchste Erhebung mißt 30 Meter. Die Kiefernwälder machen einen langweiligen Eindruck, die Dörfer bieten wenig Reize. Nur eine Erdöl-Raffinerie fällt schon von weitem ins Auge. Nicht mal Radfahren macht dort Spaß; im Frühjahr weht ein strammer Wind vom Atlantik her und bringt viel Regen, im Sommer ist es stickig heiß. Weinkenner in aller Welt jedoch erwähnen den Namen dieser Landschaft nur mit Ehrfurcht: Médoc. Nirgendwo sonst hienieden entstehen so viele überragende Rotweine auf einem Fleck. Snobs kennen die Liste der Grands crus classés, der klassifizierten Hochgewächse, auswendig. Narren nehmen diese Aufstellung der besten Médoc-Adressen ganz wörtlich, obwohl sie aus dem Jahre 1855 stammt. Kaiser Louis Napoléon III. hatte damals bei der Weltausstellung in Paris Weinhändler von Bordeaux aufgefordert, eine Rangfolge der besten Gewächse des Médoc zu erarbeiten. Die »négociants«, die Kellerei-Leute, taten das einzig Richtige, sie machten sich die Arbeit leicht, verglichen ihre Preislisten aus vielen Jahren und lieferten zuletzt 61 Namen von Weingütern, die schon immer die teuer-

102

BORDEAUX

sten waren, alle säuberlich in fünf Gruppen geordnet. Die These, daß der kostspieligste Tropfen auch der beste sein muß, stimmt in Frankreich weitgehend. Diese Liste ist bis heute unverändert geblieben, mit einer einzigen Ausnahme: 1973 wurde das Spitzen-Château Mouton-Rothschild vom zweiten in den ersten Rang befördert. In den anderthalb Jahrhunderten hat sich selbstredend vieles im Médoc verändert. Besitzer wechselten, einige Betriebe gingen mehrfach bankrott, französische Versicherungen, englische und japanische Getränke-Konzerne übernahmen Güter, Weingärten wurden ver- und hinzugekauft. Bei kaum einem der ausgezeichneten Châteaux stimmen die Flurgrenzen noch mit denen aus dem vorigen Jahrhundert überein. Das widerspricht aber dem Grundgedanken des französischen Weinrechts, wonach die Lage mit ihren besonderen Böden, ihrem eigenen Kleinklima zuallererst die Qualität eines Weins bestimmt. Doch an der musealen Klassifikation mag niemand in Frankreich rütteln. Da könnte ja einer gleich den Eiffelturm abreißen lassen. Nur respektlose Wein-Journalisten haben immer wieder versucht, die alte Liste zu überarbeiten. Die Redaktion einer deutschen Verbraucher-Zeitschrift drehte endlich all die Vorschläge durch den Wolf und errechnete eine Über-Liste. Das Ergebnis macht staunen: Das meiste ist nach wie vor in Ordnung, nur 14 der 61 Châteaux sind nach überwiegender Meinung der Kritiker heute in der Rangordnung völlig falsch placiert, also stark über- oder unterbewertet. Sieben Güter müßten ausscheiden: Belgrave, Croizet-Bages, Dauzac, Ferrière, Lynch-Moussas, Pédescaux, La Tour-Carnet. Dafür sollten sieben wackere Häuser aus dem unteren Lager der bürgerlichen Gewächse die Chance bekommen, in die Klassifikation aufgenommen zu werden: Gloria, Lanessan, Meyney, De Péz, Phélan-Segur, Poujeau, Sociando-Mallet. Eigentlich sollte auch Chasse-Spleen aufsteigen dürfen, dazu auch noch Angludet. Dann wäre halt die Liste um zwei Namen länger. Wie ich die Franzosen kenne – und schätze – wird es die Médoc-Oberliga auch in den nächsten 150 Jahren unverändert geben. Es ist ja schon imponierend, daß in diesem hektischen Jahrhundert eine mehr zufällig entstandene Rangordnung nach so langer Zeit heute noch zu drei Vierteln stimmt. Das zeigt nur zu gut, wie sehr unsere traditionsbewußten Nachbarn an alten Werten festzuhalten verstehen.

Dieser lange Atem macht es, daß die Bordelaiser Weine eine so herausragende Stellung genießen. Im krassen Gegensatz dazu steht der Aufmarsch, den das Ländchen an der Gironde alljährlich im Frühling erlebt. Kein anderes Weinbau-Gebiet der Welt hat soviel Besuch von Händlern und Journalisten, die in tagelanger Arbeit

Bordeaux zählt zwar beileibe nicht zu den malerischsten Gegenden des Landes; seine Weine hingegen – vor allem aus dem Bereich des Médoc – nehmen auf der internationalen Rangliste immer noch vorderste Plätze ein.

BORDEAUX

Die Kellertechnik im Bordelais bewegt sich auf höchstem Niveau. Neben den kalifornischen Gütern zählen die renommierten Châteaux dort zu den ersten Adressen unter den »Lehrstellen« für angehende Kellermeister.

von Keller zu Keller ziehen, um den jeweils neuen Jahrgang zu verkosten. Hernach ist in den Gourmet-Blättern aller Länder nachzulesen, daß unter den Höchsten der Hohen diesmal Lafite um zwei Hundertstel besser ist als Mouton, daß Latour etwa um zwokommafünf Pünktchen weniger Schmelz bringt als die anderen Gestirne am Weinhimmel. Es gibt genug wohlhabende Verbraucher, die, von eigener Meinung unbefrachtet, das Geschriebene für bare Münze nehmen und bei den Bordeaux-Subskriptionen im Frühsommer entsprechend ordern, ohne im geringsten zu wissen, wie die Weine später einmal schmecken werden. Einiger Snobismus ist wohl schätzenswert, doch diese Sorte Weinkauf ist nichts als Torheit. Einen großen Bordeaux sechs Monate nach der Lese zu probieren ist wie in einen grünen Pfirsich beißen. Alles ist hart, der Mund spürt nur Bitteres und Säure, dazu den bissigen, ungeschliffenen Gerbstoff, der die Zähne angreift. Wie sich der Tropfen einmal entwickeln wird, läßt sich nur raten. Dazu kommt, daß die Weine später nie so gefüllt werden, wie die neugierigen Besucher sie vorab zu kosten bekamen. Erst nach zwei Jahren

kommt erstklassiger Bordeaux in die Flasche. Zuvor hat er lange in neuem Eichenholz gelegen, ist mit Hühnereiweiß gereinigt worden. Vor der Füllung bereitet der »maître de chai«, der Kellermeister, die »assemblage«, stellt aus den geeigneten Fässerinhalten die rechte Cuvée zusammen, um endlich den für das Château typischen Geschmack zu erzielen.

Bordeaux läßt sich Zeit, also sollte sie sich auch der Weinfreund nehmen. Der Handel bietet herrlich-ausgereifte Flaschen in allen Preisklassen an. Warum immer nach dem jüngsten Jahrgang gieren? Bei Lexika mögen Subskriptionen sinnvoll sein. Doch bei Bordeaux haben sie den einzigen Zweck, dem Erzeuger und dem Händler zu schnellem Geld zu verhelfen. Die Vorverkäufe, während die Weine noch rauh und schroh in den Fässern liegen, haben dem Verbraucher ein einziges Mal etwas gebracht: Als der 82er vorab angeboten wurde, waren die Preise noch günstig. Danach zogen sie rasch an und entschwanden in schmerzliche Höhen. Wer sich diesen legendären Jahrgang früh sicherte, machte ein Schnäppchen. Hernach brachten die Subskriptionen, wenn der Käufer die Zinsen ordentlich einrechnete, nur Verluste. Viele Insider sagten mir, die Châteaux in Bordeaux drängten darauf. Die teure Lagerhaltung müßte entlastet werden, und der Vorverkauf sei die einzige Möglichkeit, Rabatte zu gewähren, ohne das Gesicht zu verlieren. Leider ist der gute Wein von der Gironde nicht nur ein Mittel zum Genuß, sondern auch zum Spekulieren. Der Markt – gesteuert von rund 400 Handelskellerei-

BORDEAUX

en und Maklern, den »négociants« und »courtiers« – bewegt sich alles andere als gleichförmig. Es ist tröstlich, wie die Zeit alle wilden Ausschläge der Tagesmärkte glättet. Wer abwarten kann, bis die Weine gereift sind, merkt von den Preissprüngen kaum etwas. Und er wird feststellen, daß der Markt zuletzt vernünftig urteilt. Es scheint, als zeichne sich eine Stabilisierung der Preise ab. Ein breites Angebot wartet auf Käufer, und angenehm daran ist, daß es in großer Breite gute Qualität gibt. An der Gironde tummeln sich annähernd 7000 Châteaux, also selbst abfüllende Weingüter, auf einer Fläche, die so groß ist wie Pfalz, Rheinhessen, Mosel und Baden zusammen. Der Stand der Kellertechnik ist dank der hervorragend wirkenden Weinbau-Fakultät an der Universität der Hauptstadt Bordeaux hoch. In den Siebzigern schuf der große Weinforscher Emile Peynaud wertvolle Grundlagen für eine bessere Ausbildung der Kellermeister. Im vorigen Jahrhundert, als sich der klassifizierte Wein-Adel unverdrängbar festgesetzt hatte, sicherten sich emporgekommene Kaufleute die Weingärten in der Nachbarschaft der großen Güter. Die sogenannten Crus bourgeoises entstanden, die zwar nicht auf den allerbesten, von Kies und Sand bestimmten, gut entwässerten und daher leicht erwärmbaren Lagen sitzen,

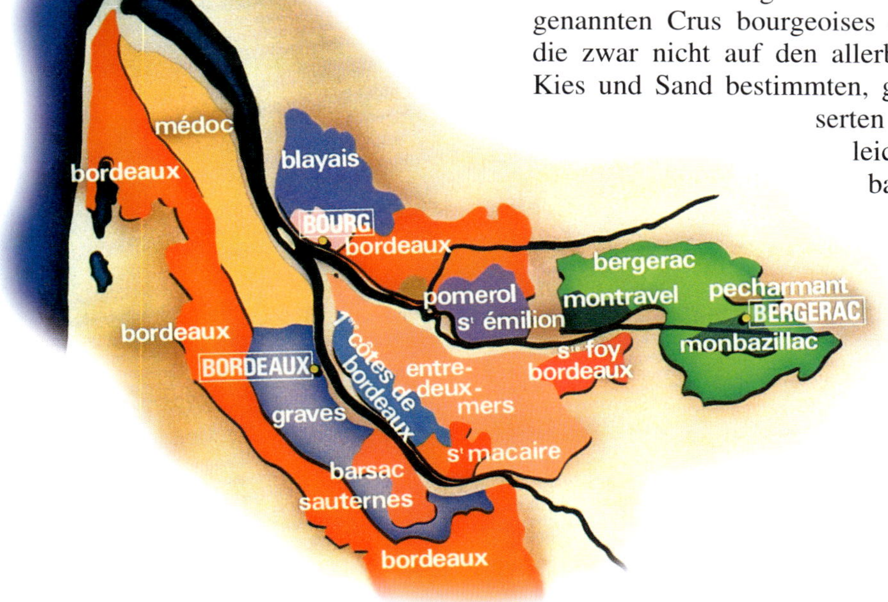

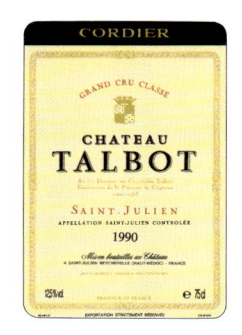

Der Nebel spielt für die Qualität der Trauben eine besondere Rolle, fördert er doch die – gewollte – Edelfäule. Manche Winzer, wie etwa die von Château d´Yquem, lassen die Beeren einzeln lesen; die Weine reifen jahrelang im Faß. Der Preis ist entsprechend immens.

BORDEAUX

Das gesamte Bordeaux-Gebiet ist in über 50 Appellationen unterteilt, einzelne Herkunftsgebiete, die dem Genießer über die Qualität der dort erzeugten Weine bereits vieles verraten.

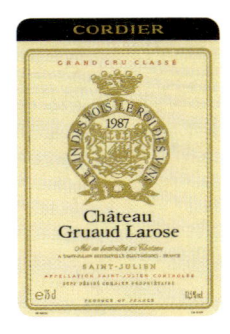

dies aber heute dank studierter Winzer-Kunst reichlich wettmachen. Während die Denkmäler der Crus classés meist von anonymen Handelsgruppen dirigiert werden, sind die Bürger-Weine von blutvollen Menschen gemacht. 1932 entstand eine Klassifikation der Crus bourgeoises als getreues Abbild der großen Liste. Auch darin waren feine Abstufungen zu finden in »Crus exceptionnels«, »Crus supérieures« oder »Grands crus bourgeoises«. Diese Titelchen, die gar nichts mehr besagen, finden sich immer noch auf den Etiketten, obwohl sie längst verboten sind. Der kluge Weinkäufer weiß, daß heute etwa 280 Güter im »Syndicat des Crus bourgeoises« zusammengeschlossen sind. Dieser Verein hat sich selbst strenge Regeln auferlegt; wer Mitglied sein will, muß gut sein. Natürlich gibt es Unterschiede, aber die kann der Weinfreund mühelos an den Preisen ablesen. Die besten, wie Chasse-Spleen, Gloria, Meyney oder Poujeau, dürfen halt ein wenig teurer sein.

Nun ist in diesem Kapitel seitenlang nur vom Médoc die Rede, als ob das Bordelais nicht mehr zu bieten hätte. Dies sind zweifellos Auswirkungen der Klassifikation von 1855; als sie geschaffen wurde, galten die Weine aus den anderen Bezirken um Bordeaux wenig. Zunächst muß gesagt werden, daß Bordeaux nicht nur den Wein-Adel anbietet, wie die Über-

BORDEAUX

schrift glauben macht, sondern Weine für jeden Gelbeutel. Das A.C.-Gebiet Bordeaux ist gut 100 000 Hektar groß (etwa so groß wie die gesamte Weinbaufläche Deutschlands) und liefert im Durchschnitt 3 Millionen Hektoliter A.C.-Wein jährlich. Bordeaux ist damit das größte Qualitätsweinbaugebiet der Erde. Es gibt in der ersten Stufe die Benennungen »Bordeaux«, »Bordeaux supérieur« für einen Wein gehobener Qualität, »Bordeaux clairet« für hellen Rotwein. Die Appellationen Bordeaux und Bordeaux supérieur stehen für Rotwein, Weißwein und Rosé. Als nächsthöhere Stufe gibt es 42 Gemeinde-Appellationen. Das Médoc hat zum Beispiel sechs, und zwar Pauillac, Margaux, Moulis, Listrac, Saint-Julien, Saint-Estèphe.

Die dritte Stufe sind die Spitzenlagen, sie werden durch besondere Prädikate ausgezeichnet, die für das Médoc schon vorstehend erläutert wurden: Premier cru, Deuxième cru, Troisième cru, Quatrième cru, Cinquième cru nach der Einteilung von 1855, dann Cru exceptionnel, Cru bourgeois supérieur und Cru bourgeois. In anderen Gebieten gibt es abweichende Qualifikationen (Saint Émilion, Graves, Sauternes und Barsac). Zwei Drittel der A.C.-Weine aus dem Bordelais sind Rotweine, ein Drittel Weißweine. Die Weine sind Verschnitte mehrerer Rebsorten. Rotwein besteht aus Cabernet Sauvignon, Cabernet franc, Merlot, Petit Verdot oder Malbec. Weißwein besteht aus Sauvignon, Sémillion oder Muscadelle. In Bordeaux wird der Verschnitt nicht wie bei uns als etwas Minderwertiges angesehen, vielmehr gibt er die Möglichkeit, die spezifischen Merkmale verschiedener Weine zu addieren und darüber hinaus einen Wein von annähernd gleichem Charakter herzustellen. Dazu wird das Mischungsrezept für die »assemblage« von Jahr zu Jahr verändert.

Die Kellertechnik ist soweit fortgeschritten, daß man auch für wenig Geld einen typischen Bordeaux bekommt. Ein wesentlicher Faktor für einen Bordeaux-Wein ist auch der Boden. Mergel mit Kalk, und ein hoher Anteil Sand und Kies sind im Médoc und Graves, aber auch in Entre-Deux-Mers, in Saint Émilion und Fronsac die Grundlage für die Qualität. Schwemmböden und Schlick, mit einer Fülle von Nährstoffen, lassen beispielsweise die Weine von Bourgeais und Blayais kräftig,

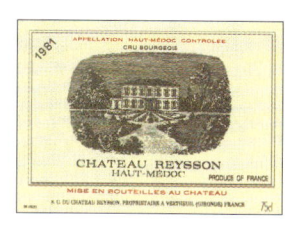

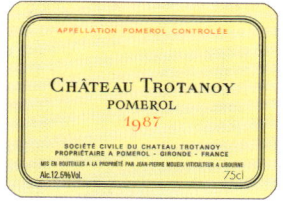

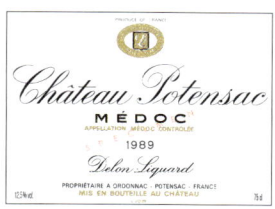

Die Klassifikationen der Bordeaux-Weine gehen auf eine alte Tradition zurück. Vom Premier cru supérieur bis zu den »bürgerlichen« Gewächsen tut sich eine teils verwirrende Vielfalt auf. Doch haben die überlieferten Einstufungen immer noch ihren Orientierungswert.

BORDEAUX

jedoch ohne die letzte Feinheit erscheinen. Saint Émilion, keine Frage, die schönste Stadt im Bordelais, enthält noch reiche Bausubstanz aus römischen Zeiten. Sie liegt am Bruch eines mächtigen Kalk-Plateaus mit mageren Böden, auf denen die Reben tief wurzeln müssen, um an Nahrung und Wasser zu gelangen. Die Weine sind etwas weicher, leichter zugänglich und auch früher reif als die von Médoc. Das liegt auch daran, daß um Saint Émilion neben dem herben Cabernet-Sauvignon viel Merlot gepflanzt wird, der einen runderen Geschmack ergibt. Die Güter dort wollten auch so eine verkaufsfördernde Rangordnung haben wie die berühmten Wettbewerber vom anderen Flußufer. Seit 1954 gibt es in dem Gebiet ebenfalls eine Klassifikation mit zwei Gruppen: 63 Grands crus classés und elf Premiers grands crus classés, unter letzteren die beiden unbezahlbaren »A«- Châteaux Ausone und Cheval blanc.

Die Liste hat einen kleinen Nachteil, sie wurde nicht von unabhängigen Händlern aufgestellt, sondern vom lokalen Weinwirtschaftsverband zusammen mit dem Pariser Qualitätswein-Institut INAO. Es ist ein offenes Geheimnis in Saint Émilion, daß einige wackere Güter nicht aufgenommen wurden, weil deren Besitzer in der falschen Partei saßen. Im großen und ganzen aber stimmt die Rangordnung, sie ist aktueller, damit genauer als die von Médoc. Nordwestlich von Saint Émilion schließt sich das Pomerol-Gebiet an, das wiederum auf Kies- und Sand-Geröll liegt. Dort herrscht traditionell die Merlot-Rebe vor, die den Wein so schön rund und mollig macht. Ein guter Pomerol erinnert an den Duft von feinem Gänseschmalz. Vor 50 Jahren noch war die Landschaft ein Nichts unter Weinkennern, heute zählen die Gewächse zu den besten im Bordelais. In Barsac und Sauternes sind einige der besten edelsüßen Weißweine zu finden. Sie sind rar und kostbar, dafür beinahe unbegrenzt haltbar. Liebhaber sammeln sie. Dort ist wieder ein offizielles Klassifizierungssystem eingeführt. Es gibt nur einen Premier grand cru, nämlich das berühmte Château d'Yquem, 11 Premiers crus und 13 Deuxièmes crus.

Wer trockenen, frischen und fruchtigen Weißwein liebt, wird in Entre-Deux-Mers fündig. Der Name des Gebietes besagt, daß es zwischen den beiden großen Flüssen (Meeren) liegt. Obwohl mehr Rotwein als Weißwein produziert wird – der Weiße ist der bessere. Der zartgrüne Wein besteht aus den Rebsorten Sauvignon, Sémillion und Muscadelle mit einigen Ergänzungssorten zur Abrundung. Er gibt auf den sehr unterschiedlichen Böden genauso unterschiedliche Weine, denen aber eines gemeinsam ist, ihre herzhafte

Zahlreiche Preisschwankungen haben die Weine des Bordelais erlebt. Inzwischen hat sich der Markt stabilisiert, und die Käufer finden neben den hochrangigen Qualitäten, die immer schon deutlich teurer waren, viele gute Weine zu moderaten Preisen.

BORDEAUX

Rebfläche: 75 000 Hektar, davon 13 000 im Médoc

Ernte im Schnitt: 3,1 Millionen Hektoliter

Weinbaubetriebe: rund 10 000, darunter 400 000 Handelshäuser

Hauptsorten: Cabernet-Sauvignon, Merlot

BORDEAUX

Frische. Die besten Weißweine kommen aus Cadillac und Gabarnac, allerdings unter dem Namen der allgemeinen Appellation, »Premières-Côtes-de-Bordeaux-Cadillac« und »Premières-Côtes-de-Bordeaux-Gabarnac«. Die Weine sollten nach ein bis zwei Jahren getrunken werden. Hier gilt also nicht, was für die »adligen« Roten ein Gesetz ist: abwarten. Als sehr preiswert werden auch die Rotweine von Fronsac empfohlen, die alle die Eigenschaften eines typischen Bordeaux haben, also nicht sofort getrunken werden dürfen, sondern mindestens drei Jahre alt sein sollen. Die Rotweine der Orte Bourg und Blaye mit 60 Prozent Merlot genießen in den letzten Jahren steigenden Zuspruch. Sie können in guten Jahren mit den Gewächsen vom anderen Flußufer durchaus mithalten.

Auf den Lehm- und Kalksteinböden entstehen hier Weine von tiefer Farbe und kräftigem Gehalt. Sie sind dabei so gerbstoffhaltig, daß sie erst nach drei- bis sechsjähriger Lagerzeit am besten schmecken. Übrigens wurde hier auf der anderen Seite der Gironde, in den beiden Orten Bourg und Blaye, bereits Wein exportiert, als im Médoc noch niemand wußte, was man eigentlich mit Reben anfangen sollte. Die Landschaft – nicht so flach wie beim großen Bruder – mit ihren abwechslungsreichen, kleinen Hügeln lohnt einen Ausflug.

Dem »Bordeaux clairet« soll hier noch ein Wort gewidmet werden. Verwechseln Sie ihn nicht mit dem Rosé – er hat eine eigene Appellation. Er ist eine historische Marginalie aus der Zeit, in der Bordeaux den Engländern gehörte. Heute sind seine Liebhaber auch meist in der angelsächsischen Welt zu finden. Er ist ein leichter, hellroter Wein, voller Frucht, der allerdings nicht so kühl wie ein Rosé getrunken werden sollte.

A.C.-Weine:

Bordeaux, auch rosé und clairet, sec, Bordeaux mousseux, Bordeaux Supérieur, rosé und clairet, Crémant de Bordeaux, Bordeaux Côtes de France, Bordeaux Supérieur Côtes de France, Premières Côtes de Bordeaux, auch in Zusammenhang mit dem Namen der Ursprungsgemeinde

Barsac, Cadillac, Cerons, Sauternes

Blaye oder Blayais, Côtes de Blaye, Premières Côtes de Blaye

Bourg oder Bourgeais, Côtes de Bourg, Côtes de Castillon Fronsac, Canon Fronsac, Côtes Canon Fronsac

Entre-Deux-Mers, Entre-Deux-Mers-Haut-Benauge, Bordeaux Haute-Benauge, Bordeaux Supérieur Haut-Benauge

Graves, Graves supérieures, Pessac-Léognan

Graves de Vayres
Loupiac

Médoc, Haut-Médoc, Listrac-Médoc, Margaux, Moulis oder Moulis en Médoc, Pauillac, Saint Estèphe, Saint-Julien Pomerol, Lalande de Pomerol, Néac

Sainte-Croix-du-Mont

Saint-Émilion, Saint-Émilion Grand cru, Lussac Saint-Émilion, Montagne Saint-Émilion, Parsac- Saint-Émilion, Puisseguin- Saint-Émilion, Saint-Georges-Saint-Émilion
Sainte-Foy-Bordeaux
Côtes de Bordeaux Saint-Macaire

VENDEMMIA 1992 VINTAGE

CHIANTI CLASSICO CONSORZIO

Z 9050904

Verführerisches Italien

Die Griechen der Antike besiedelten lange Zeit Italien und nannten es Oinotria, Land des Weins. Nirgendwo wird mehr »Rebenblut« erzeugt und in alle Welt vertrieben. Jede fünfte Flasche Wein, die in Deutschland getrunken wird, stammt von dort. Die Winzer in Bella Italia sind geniale Verkäufer. Auch die Sprache macht´s: Namen wie Soave klingen verführerisch, Pinot grigio spricht sich dreimal süffiger als das rauhe Wort Grauburgunder, obwohl es dieselbe Rebe ist. Und nicht zuletzt schmecken Italiens Weine so angenehm. Ein Glas davon ist wie Urlaub.

OBERITALIEN

Alto Adige, wie Südtirol in der italienischen Amtssprache heißt, hat eine weit in die Historie zurückreichende Weinbautradition. Die Vernatsch-Rebe, dem württembergischen Trollinger identisch, bringt hier überwiegend einen leichten, unkomplizierten Schoppenwein hervor, der kaum Tannine aufweist und deshalb eine hell-rubinrote Farbe zeigt.

OBERITALIEN

Machtvoller Aufbruch

Haben Sie schon einmal vom Kalterersee gehört, dem Wein, der am gleichnamigen See in Südtirol wächst? Weine kommen in Mode und verschwinden wieder aus den Regalen. Der Verfasser eines italienischen Weinbuches schrieb, daß auf dem Höhepunkt der Konjunktur unter der Herkunftsbezeichnung Kalterersee eine »gewaltige Menge roten Rebensaftes produziert wurde«. Auf jeder Weinkarte zwischen Meran und München war der Kalterersee zu finden.

Heute ist der Wein mit dem diskreditierten Namen wieder mit Genuß zu trinken. Man knüpft an eine Zeit an, in der ein Hofmedicus mit Namen Hypolitius von Guarinone schrieb, der »Caldererseewein habe in Tyroll nichts, daß er mit ihnen möge verglichen werden«. Das liegt rund 400 Jahre zurück. Der weiche, leichte Rote, arm an Gerbstoff und Säure, wird denn auch heute von Urlaubern gern als Jausenwein zu Speck und Schüttelbrot getrunken, er ist in seiner Einfachheit der Prototyp des unkomplizierten Südtiroler Kneipenweins, der den Durst löschen will und sonst gar nichts. Heute keltert man aus der fruchtbaren Sorte Vernatsch (Schiave), die in Deutschland unter dem Namen Trollinger bekannt ist, aber auch Besseres. Doch dazu kommen wir später. Die großen Kellereigenossenschaften, die zwei Drittel der Südtiroler Ernte aufnehmen, arbeiten daraufhin, daß diese Traube durch andere Gewächse, zum Beispiel den französischen Chardonnay und andere Burgunderarten, die höhere Qualitäten und bessere Preise versprechen, ersetzt wird. Sogar die Italiener, die Südtirol bisher als wunderliche Fortsetzung von Österreich ansahen und seine Weine ablehnten, begeistern

OBERITALIEN

Südtirol und Trentino

Caldaro
Meranese di Collina
Teroldego Rotaliano
Casteller
Trentino
Santa Maddalena
Valle Isarco
Terlano
● Altre denominazioni

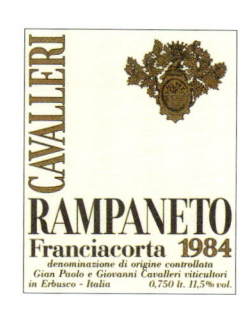

sich für die neue Linie. Der machtvolle Aufbruch, den Norditaliens Weinbau seit einigen Jahren erlebt, ging nicht von tüchtigen Weinbauern aus, sondern von großen Kellereigenossenschaften, auf die sonst gern alle Übel der Weinwirtschaft geschoben werden. Trotzdem, Südtirol und seine Weine scheinen für die Deutschen gemacht. Die geologischen und klimatischen Verhältnisse am Alpenrand haben viel Ähnlichkeit mit denen deutscher Weinbaugebiete, die Rebsortenpalette zeigt manches Bekannte. Dazu kommt das Landschaftsbild, von dem die Südtiroler bedauern, daß man es nicht als Zugabe liefern kann – adrette Dörfer inmitten von Obst- und Weingärten. Nur die Erziehungsart der Reben ist anders. Man hat meist das Pergola-System, wobei ein dachartiges Holzgerüst Reihen von Holzlauben ergibt.

In Italien gibt es eine Vielzahl von DOC-Gebieten. DOC, das bedeutet »Denominazione di origine controllata« – Weine mit kontrollierter Ursprungsbezeichnung. Die Auflagen zur Produktion sind verschieden, jedenfalls beinhalten sie nicht nur einen geographischen Herkunftsnachweis wie im deutschen Weinrecht, sondern sie orientieren sich nach französischem Vorbild und legen auch andere Merkmale fest, zum Beispiel die Rebsorte, den Höchstertrag, Erziehungsart und die Mindestgradation an Alkohol. Schließlich gibt es die Oberklasse der Weine, die als DOCG bezeichnet wird, was bedeutet »Denominazione di origine controllata e garantita« – kontrollierte und garantierte Herkunftsbezeichnung. Das Prädikat »Riserva« darf nach einer bestimmten Lagerzeit geführt werden, beim Südtiroler Cabernet zum Beispiel nach zwei Jahren, beim Lagrein Dunkel nach einem Jahr. »Classico« darf ein Wein genannt werden, der aus dem genau festgelegten Herzen eines DOC-Anbaugebietes stammt. In Südtirol ist wie auch in anderen italienischen Weinbauregionen in einzelnen DOC-Gebieten eine ganze Reihe von Rebsorten zugelassen und geschützt. In der Anbauzone Südtirol/Alto Adige sind es 17, in Terlan kommen sechs in Frage (Terlaner ohne Sortenbezeichnung hat mindestens 50 Prozent Pinot bianco, ergänzt durch Müller-Thurgau, Riesling italico und Riesling renano, dem Rheinriesling, Sauvignon und Silvaner), im Trentino sind es 16. Der Trentino bianco besteht aus 50 bis 85 Prozent Chardonnay und Pinot bianco als Ergänzungssorte, der Trentino Cabernet aus Cabernet franc und Cabernet-Sauvignon oder er besteht aus einer der beiden Sorten, als Ergänzungssorte enthält er aber auf jeden Fall Merlot. Nun zu den Rebsorten-Weinen: Da sind zunächst die global bewährten zu nennen, Cabernet und Chardonnay, Riesling renano, Merlot, Weißburgunder (Pinot bianco), Sauvignon, Ruländer (Pinot grigio) und Blauburgunder (Pinot nero). Dabei ist zu bedenken, daß – trotz aller Ähnlichkeit mit Deutschland – der Süden »durchschmeckt«, daß die Weine

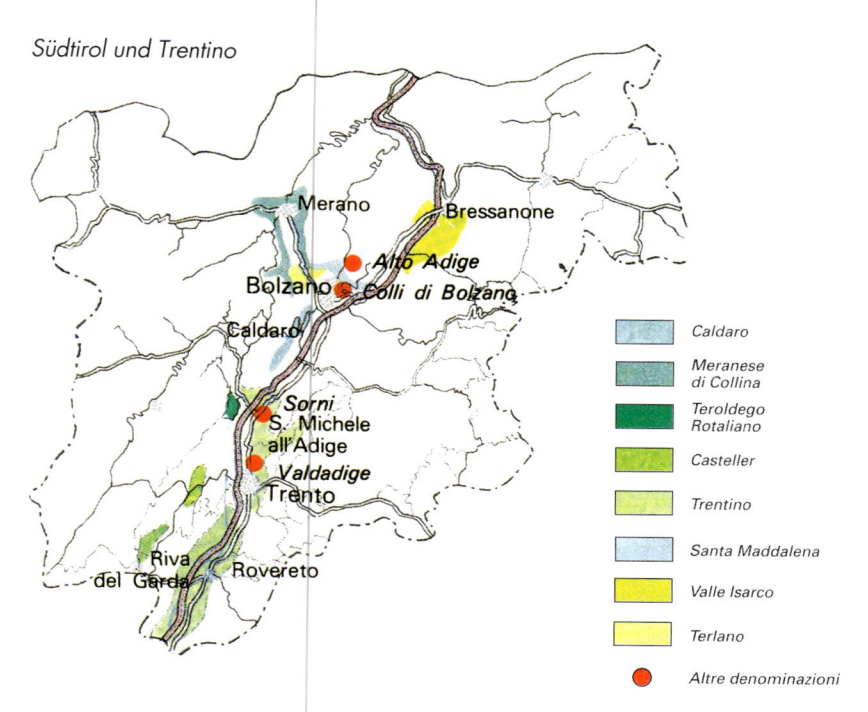

Die Winzer in Südtirol konzentrieren sich mehr und mehr auf An- und Ausbau gehaltvoller Qualitätsweine. Von der Vernatschrebe führt der Trend inzwischen geradlinig zu kostbareren Sorten.

OBERITALIEN

Wo der Himmel voller Trauben hängt, läßt es sich besonders angenehm genießen. Neben Südtirol und Trentino gehören auch weniger bekannte Weingebiete, etwa Veltlin, zu Oberitalien.

also immer etwas fülliger, ja breiter wirken, als wir es gewöhnt sind. Das gilt auch für Müller-Thurgau (Riesling x Silvaner) und Silvaner. Malvasier und Gewürztraminer (Traminer aromatico) ergeben hier weiche und runde Weine, fruchtig-würzig, sehr aromatisch, rubinrot mit orangefarbenen Reflexen der eine, der andere hellgelb, grünlich schimmernd. Goldmuskateller (Moscato giallo) und Rosenmuskateller (Moscato rosa), beide süß, fein und delikat, sind Südtiroler Spezialitäten. Dazu ist auch der Lagrein zu rechnen. Als Kretzer (Rosé) ist er beliebt, obwohl der Name nicht auf eine besondere Beanspruchung der Kehle zurückzuführen ist, sondern er kommt von dem Weidenkorb (Kretze), durch den er läuft, um vor der Vergärung noch von verbliebenen Traubenbestandteilen gereinigt zu werden. Der Wein hat ein eigenwilliges Bukett, einen Geruch nach Vanille, im Geschmack ist er frisch und lebhaft und ein wenig prickelnd anregend. Als Rotwein gekeltert besticht er – nach entsprechender Lagerung – durch seine Weichheit. Der Welschriesling (Riesling italico) gibt vollmundige und frische, trockene Weine, leicht aromatisch mit harmonischem Geschmack. Trollinger heißt Vernatsch oder Schiave, er ist noch die meist angebaute Rebe in Südtirol, ergibt zarte, aber süffige Weine mit dezenter Säure und einem leichten Mandelton. Nur im Trentino sind die Weine aus der Rebsorte Marzemino und Nosiola geschützt. Marzemino ist ein Rotwein – rubinrot – und wird in der Regel trocken ausgebaut, gelegentlich gibt es aber auch halbtrockene und liebliche Weine. Er hat einen leichten Vanilleduft, einen zarten Bitterton und ein harmonisches, komplexes Geschmacksbild. Es gibt nur etwa 100 000 Flaschen davon im Jahr, die nicht reißend weggehen, obwohl Wolfgang Amadeus Mozart ihm im »Don Giovanni« ein kleines Denkmal gesetzt hat. Dagegen ist der Nosiola ein strohfarbener Weißwein, der unter seinem Namen als schmackhafter, trockener, unter der Bezeichnung »Vin Santo« als samtiger, süßer Strohwein angeboten wird. Strohwein heißt er, weil die geernteten Trauben mehrere Monate auf Stroh ausgelegt werden, damit sie rosinenartig einschrumpfen. Der Wein hat dann eine ambrafarbene, gelbe Färbung und ein Trockenbeeren-Aroma. Die Reihe der örtlichen DOC eröffnet Kalterersee (Lago di Caldero), wobei die Bezeichnung »Classico« verrät – es wurde schon gesagt – daß er aus dem Zentrum des Gebietes stammt. »Superiore« darf der Wein (nur Classico) genannt werden, wenn er bestimmte Qualitätskriterien, wie erhöhten Alkoholgehalt, aufweist, Auslese oder »Scelto/Selezionato« signalisiert eine noch höhere Qualität. Der Wein aus Kaltern wird aus Schiave-Varietäten gekeltert, Blauburgunder und Lagrein dürfen zu 15 Prozent enthalten sein. Ähnliche Weine sind der Bozner Leiten (Colli di Bolzano), der Meraner Hügel (Meranese di Collina), der Meraner Burggräfler (Burgravio) und der St. Magdalener. Letzterer wächst an den Hängen nördlich, östlich und westlich von Bozen und hat eine für Südtirol typische Ent-

OBERITALIEN

wicklung hinter sich. Der früher klangvolle Name war abgewirtschaftet, doch die Erzeuger rafften sich auf und keltern nun wieder beachtliche Qualitäten. Sie schneiden ihre Reben kurz, bewässern sie nicht mehr, düngen sparsam, entfernen da und dort im Sommer überschüssige Trauben. So haben sie ein Beispiel gegeben. Eine weitere Produktionszone ist dem Eisacktaler (Valle Isarco) vorbehalten. Die Sorten Müller-Thurgau, Gewürztraminer, Silvaner (der beste in Südtirol), Ruländer und Veltliner sind geschützt. Der Veltliner ist ein frischfruchtiger Weißwein (Frühroter Veltliner), der nur im Eisacktal kultiviert wird. Trentinos Weinbau konzentriert sich auf die Hanglagen an der oberen Etsch, was einem Wunder gleicht, weil dort die Arbeit härter, der Ertrag geringer ist. Dafür kommt mehr Geschmack in die Flasche. Die Böden sind für die Reben ideal, liegen auf gerölligen Moränen, Hinterlassenschaften von eiszeitlichen Gletschern. Nur eine Ebene im Trentino, der Campo Rotaliano, bringt einen hervorragenden Rotwein hervor. Der Teroldego ist ein tiefdunkler, kraftvoller, in seiner Jugend etwas rauher Wein, der herzhaft nach Kirschen schmeckt. Leichter ist der Casteller – rot und rosé – aus 28 Gemeinden der Provinz Trento. Ein Verschnitt aus Schiave-Varietäten und Merlot sowie Lambrusco. Auch andere typische Sorten der Region dürfen mit maximal 10 Prozent vertreten sein, sie ergeben einen wenig beschwingten, meist halbtrockenen bis trockenen Tropfen. Schließlich ist der Etschtaler zu nennen, ein Verschnittwein, der auf den einfachen Genuß ausgerichtet ist. Er kann gut sein, muß es aber nicht. Neben den ebenfalls zum nördlichen Italien zu rechnenden Regionen Piemont und Venetien, die gesondert dargestellt werden, liegen in Oberitalien noch einige Weinbaugebiete, aus denen hierzulande kaum eine Flasche zu finden ist. Diese Landschaften sind klein, ihre Weine von besonderer Art. Da reicht die Erzeugung kaum, den Durst am Ort zu stillen. In der Valtellina (Veltlin), die an das schweizerische Engadin grenzt, wird an wenigen Orten ein nicht eben eleganter, aber glutvoller Rotwein erzeugt. Genau genommen gibt es zwei DOC-Weine Valtellina. Der erste besteht zu mindestens 75 Prozent aus der Nebbiolo-Rebe, die hier nach der Stadt Chiavenna Chiavennasca genannt wird. Der Rest sind verschiedene Rotweintrauben, wie Pinot nero, Merlot, Rossola, Brugnola und Pignola valtellinese. Der zweite Wein wird mit dem Prädikat »Superiore« versehen und muß zu 95 Prozent aus der Nebbiolo-Traube bestehen. Für ihn wurde eine Reihe von genau umgrenzten Lagen geschaffen: Sassella, Grumello, Inferno, Paradiso und Valgella. Valtellina-Superiore-Weine eignen sich zur längeren Lagerung. Man kann ihnen ohne weiteres zehn bis zwölf Jahre zutrauen.

OBERITALIEN

Südtirol:

Rebfläche: 5100 Hektar

Ernte im Schnitt: 500 000 Hektoliter

Weinbaubetriebe: circa 5000

Export nach Deutschland: 80 000 Hektoliter

Hauptsorten: Vernatsch, Weißburgunder

Trentino:

Rebfläche: 8700 Hektar

Ernte im Schnitt: 900 000 Hektoliter

Weinbaubetriebe: circa 8000

Export nach Deutschland: 200 000 Hektoliter

Hauptsorten: Vernatsch, Chardonnay

DOC-Weine:

Alto Adige (Südtirol) – Cabernet, Chardonnay, Lagrein rosato, Lagrein scuro, Malvasia, Merlot, Moscato giallo, Moscato rosa

Fortsetzung auf Seite 116

OBERITALIEN

	Botticino
	Cellatica
	Franciacorta
	Lugana
	Oltrepò Pavese
	Riviera del Garda Bresciano
	Tocai di S. Martino della Battaglia
	Valtellina
●	Altre denominazioni

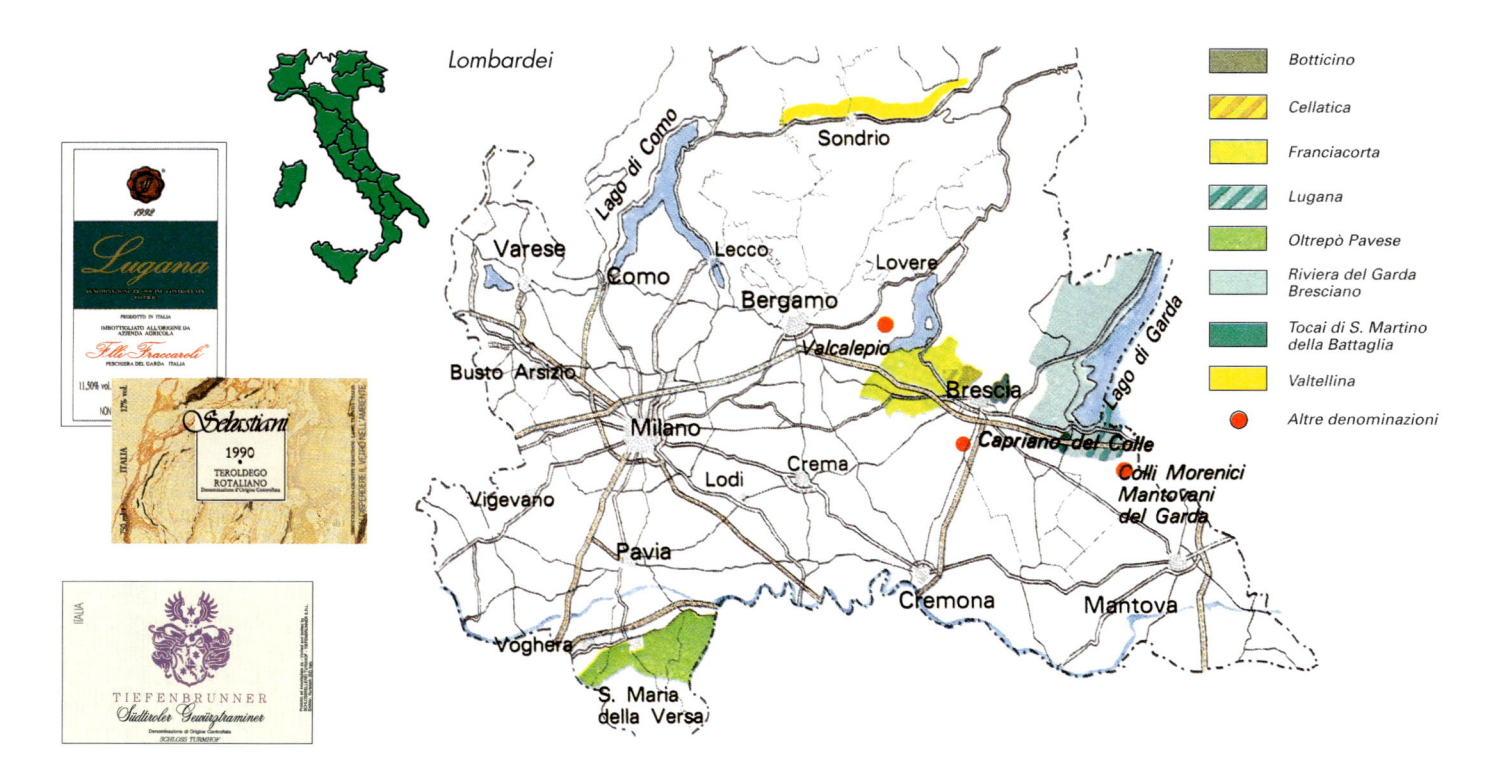

Pinot bianco, Pinot grigio, Pinot nero, Riesling italico, Riesling renano, Riesling x Silvaner, Sauvignon, Schiave, Silvaner, Traminer aromatico

Caldaro/Lago di Caldaro

Casteller

Colli di Bolzano

Meranese/Meranese di Collina/Meranese Burgravio

Santa Maddalena

Sorni

Terlano – Müller-Thurgau, Pinot bianco, Riesling italico, Riesling renano, Sauvignon, Silvaner

Teroldego Rotaliano

Trentino – bianco, Cabernet, Cabernet franc, Cabernet Sauvignon, Chardonnay, Lagrein rosato, Lagrein rubino, Marzemino, Merlot, Moscato giallo, Moscato rosa, Müller-Thurgau, Nosiola, Pinot bianco, Pinot grigio, Pinot nero, Riesling italico, Riesling renano, Rosso, Traminer aromatico, Vin Santo

Valdadige

Valle Isarco – Müller-Thurgau, Pinot grigio, Silvaner, Traminer aromatico, Veltliner

---

Der Weinbau im Veltlin, das im Mittelalter noch zum schweizerischen Graubünden zählte, ist veraltet und beschränkt sich auf steile Terrassen. Oft muß nach Gewittern oder starken Regengüssen die abgeschwemmte Erde in Körben wieder hochgeschleppt werden.

Die weite Ebene nördlich und östlich von Mailand ist ein einziges Industriegebiet, die einst liebliche Landschaft zerfressen von Industrieansiedlungen. Und doch gedeiht in dieser Landschaft manch guter Tropfen. Zwischen dem Stahl-Zentrum Brescia und dem Lago d'Isea liegt die Franciacorta. Franciacorta Pinot ist ein in der Produktionszone, 21 Gemeinden in dem Hügelgebiet südlich des Isea-Sees, gewachsener Pinot bianco: strohgelb mit grünlichen Reflexen, bukettreich, trocken, mit mittlerem Körper. Franciacorta rosso ist ein Verschnittwein aus Cabernet franc, Barbera, Nebbiolo, Merlot und bis zu 15 Prozent anderen roten Trauben. Im frühen Reifestadium ist er reintönig, später wird er betont weinig. Auch für erstklassigen Spumante ist die Produktionszone bekannt. Vom Südufer des Lago di Garda kommt ein meist angenehmer bis sehr guter Weißwein, der Lugana, auch in Deutschland öfter zu finden. Als hierzulande kaum bekannter Höhepunkt des lombardischen Weinbaus gilt das Oltrepò pavese, das Hügelland südlich von Pavia jenseits des Po-Stromes. Dort wachsen granatrote, schwere Rotweine. Es gibt zwölf DOC-Weine, wobei der einfache Oltrepò pavese, ein Roter mit Barbera, Croatina, Uva rara und Ughetta, aus der gesamten Produktionszone kommt, die anderen, bei denen bestimmte Rebsorten oder bestimmte Verschnitte geschützt sind, aus mehr oder weniger weit gefaßten Teilgebieten.

Abenteuerlich steil sind die Reben-Terrassen an der ligurischen Küste. Die reizvolle Landschaft um die Cinque Terre ist von Touristen überlaufen. Die wenigen Weißweine der Region, aus Vermentino- und Pigato-Trauben gewonnen, sind rasch weggetrunken. Da den Winzern alles aus den Händen gerissen wird, brauchen sie sich nicht sonderlich anzustrengen. Doch man kann auch hier sehr gute Weine finden. An Ligurien ist der Aufbruch Norditaliens nicht vorbeigegangen, ohne Spuren zu hinterlassen.

PIEMONT

PIEMONT
Wein aus dem Nebel

Barolo – der Wein aus der gleichnamigen Region läßt Weinfreunde in höchsten Tönen schwärmen. Dieses Anbaugebiet bringt Tropfen hervor, die zu den bemerkenswertesten Rotweinen Italiens zählen. Einfacher Barolo muß drei, eine Riserva mindestens fünf Jahre gelagert sein, bevor ein weiteres, mehrjähriges Flaschenlager sich anschließt.

Nahe dem Städtchen Annunziata besitzt Lorenzo Accomasso – ein Winzer von der alten Sorte, ein knorriger, bäuerlicher Typ – ein kleines Weingut. Er schneidet seine Nebbiolo-Reben kurz. Aus der Nachbarschaft holt er sich Stallmist. Zum Glück ist im Umland der emsigen Industrie-Stadt Alba die Viehzucht noch nicht ausgestorben. Im Herbst wartet Accomasso, bis die späten Nebel die Hügel wie in Watte kleiden, dann erntet er. Die Trauben werden zu Maische vermahlen, wochenlang gärt der Brei vor sich hin, währenddessen frischer Alkohol die dunkle Farbe, aber auch reichlich Gerbstoff aus den Beerenschalen laugt. Nach dem Abpressen kommt der Most unbehandelt ins Faß, wo er bis zu drei Jahre lang ruht. Dabei nimmt der heranreifende Wein aus dem Eichenholz Lohe auf, also noch mehr Gerbsäure. Bevor der Winzer füllt, legt er Wert auf ein Zwischenlager in Damigiane-Flaschen, die etwa 50 Liter fassen. Dort können sich Trubstoffe absetzen, der Wein reinigt sich selbst. Geschwefelt wird kaum, zum Schönen reicht etwas Eiweiß, wenn überhaupt nötig. Wird der Wein endlich im vierten, oft erst im fünften Jahr gefüllt, dann ist er rauh, bitterlich, hart und verschlossen. Erst nach langem Warten wird er weich und bekommt sein charakteristisches Aroma von Brombeeren. Doch auch Düfte wie von moderndem Laub und von Trüffeln steigen auf. Accomassos Wein kann bequem 20 Jahre alt werden, und sein Erzeuger sagt, daß er dann eigentlich erst richtig schmecke.

Keine drei Kilometer davon entfernt in Castiglione Falletto liegt auf dem gleichnamigen Hügel die Cantina Bricco Rocche, ein wohlgestalteter, durch und durch zweckmäßiger Bau. Dies ist das Reich der Brüder Bruno und Marcello Ceretto, beide betont neuzeitlich eingestellte, bestausgebildete Weintechniker. Sie sind Geschäftsleute, die genau wissen, was sie wollen. Bei den Cerettos gärt der Most kurz auf der Maische, nur so lange, bis sich ausreichend Farbstoff gelöst hat.

PIEMONT

Neben dem Barolo spielt der Barbaresco, ebenfalls aus der Nebbiolo-Rebe erzeugt, eine gewichtige Rolle im Piemont. Sein Ruf als »kleiner Bruder« hingegen ist nicht in jeder Hinsicht gerechtfertigt.

Nach dem Abpressen wird der junge Wein schonend gefiltert und in gekühlten Tanks aus Edelstahl gelagert, dabei mehrfach »abgestochen«, immer wieder in andere Tanks gepumpt, bis sich kein Trub mehr absetzt. Danach erst kommt er ins Faß, zum Teil auch ins Barrique aus neuem Eichenholz, wie in Bordeaux üblich. Wenn der Wein im vierten Jahr nach der Ernte amtlich zum Verkauf freigegeben wird, schmeckt er bereits reif, rund, betont fruchtig. »Warum sollen denn unsere Kunden noch jahrelang warten, bis sie den teuren Wein endlich trinken dürfen?« fragt Bruno Ceretto. So unterschiedlich sie arbeiten – Lorenzo Accomasso und die Cerettos zählen gleichermaßen zu den großen Könnern des Barolo, des »königlich« genannten Spitzenweins aus dem Piemont. Der eine hält ehern fest am bäuerlichen Handwerk, so wie es in der Langhe, der herben Landschaft südlich von Alba, seit Generationen noch gepflegt wird. Und es ist nicht so, daß die anderen etwa hudeln. Auch sie gehen ruhig ans Werk, wollen nur nicht alles den Launen der Natur überlassen, sondern den Wein behutsam formen. Gemessen an all der Technik, wie sie heute in modernen Kellern eingesetzt wird – oft durchaus zum Wohle des Weins – erscheinen die Brüder von Bricco Rocche immer noch rückständig. Auch der Barolo der Cerettos besitzt jenen einzigartigen Profumo morbido, den weichen Duft, dieses farbenreiche Spiel von Aromen dunkler Beeren und Düften herbstlicher Wälder, frisch und welk zugleich. Nur ist deren Wein bereits ein Hochgenuß, wenn er endlich auf den Markt kommt. Ob er sich ebenso wenigstens 20 Jahre hält, wie seine Erzeuger gerne sagen, muß sich noch zeigen. Die neuen Formen der Barolo-Erzeugung begannen erst Mitte der Achtziger, begleitet von Debatten, wie sie zehn Jahre zuvor die Bordelaiser Weinwirtschaft erlebt hatte. Treibende Kraft war Renato Ratti, Chef einer angesehenen Kellerei und damals Präsident des Barolo-Verbandes. Er sah es wirtschaftlich und rechnete vor, daß die Verbraucher auf Dauer die ständig steigenden Kosten der langen Lagerung nicht mehr bezahlen wollten. Es mache keinen Sinn, einen Rotwein mit Tanninen (Gerbsäuren) vollzupumpen und Jahre warten zu müssen, bis dieser herbe Stoff vom Wein wieder ausgeschieden oder durch Alterung weich geworden sei. Ratti warb dafür, die gesetzliche Frist bis zur Freigabe des Verkaufs zu verkürzen; vier Jahre seien zuviel. Die Kellereien in der Langhe, von denen es einigen trotz der Berühmtheit ihrer Wei-

PIEMONT

ne gar nicht so gut ging, müßten rascher an Geld kommen. Ratti vermochte sich gegen die Beharrlichkeit der Piemonteser nur wenig durchzusetzen. In seiner eigenen Cantina experimentierte er mit schnellerer Reifung des Barolo, war zuletzt nicht zufrieden mit den Ergebnissen und ist heute wieder ein eigentlich konservativer Weinmacher. In der Langhe braucht alles seine Zeit. Das Klima ist eher rauh, die Böden sind karg, wenn auch stark mineralisch. Der Nebbiolo, wichtigste Rebsorte, wird spät reif und das auch nicht immer. Die Winzer sagen, ihre Trauben müßten den ersten November-Nebel gesehen haben, damit sie mürbe werden. In einem Jahrzehnt, so die Piemonteser Erfahrung, gibt es zweimal einen großen Barolo, dreimal eine mittlere, annehmbare Qualität. In der restlichen Zeit sollte der Wein nicht unter dem königlichen Namen angeboten werden, sondern als einfacher Nebbiolo d'Alba in den Verkauf gehen, das wäre ehrlicher.

So ein himmelstürmendes Gewächs wie einen großen Barolo trinkt der Normalverbraucher ja auch höchstens zweimal im Jahr. Für die Zwischenzeit gibt es wunderschöne, preiswerte Weine. Und wenn Barolo, dann auch am Essen nicht sparen: Sie nehmen beste Fettucini aus Molise, lassen Butter aus, raspeln ein paar Gramm Trüffel dazu (es gibt auch gute eingelegte Ware im Glas) und geben einen Hauch frischgeriebenen Parmesan daran. Dazu schlürfen Sie einen 82er aus gutem Hause, und Sie erleben einen Genuß, schlicht und übersteigert zugleich, eben piemontesisch. Von fast gleicher Art ist der Barbaresco, der 15 Kilometer weiter östlich erzeugt wird. Er gilt als »kleiner Bruder des Barolo«, der nicht so schwer und wuchtig daherkomme, dafür einfacher und leichter zu trinken sei. Daran stimmt nur, daß dem Barbaresco das Gewichtige, das allzu Ernste fehlt. Bruno Ceretto erklärt den Unterschied italienisch-männlich: »Wenn mein letztes Stündlein naht, trinke ich Barolo. Wenn ich zu einer Frau gehe, nehme ich eine Flasche Barbaresco mit.« Der eine ist wie Bach, der andere wie Händel.

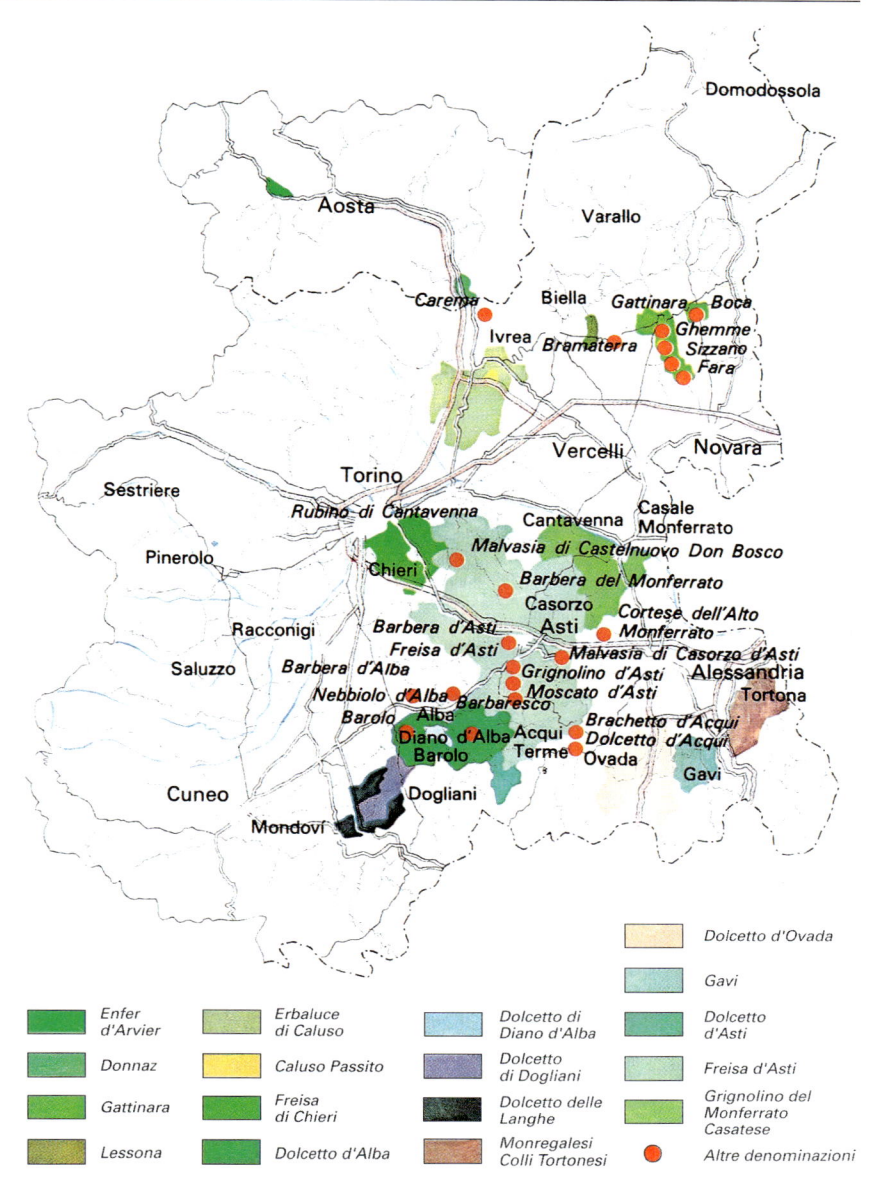

Barolo und Barbaresco dominieren im Piemont alles. Doch lassen sich in der Landschaft um Turin durchaus interessante Entdeckungen machen. Weine, die teils Raritäten geworden sind.

PIEMONT

Großartige Weine wie den Barolo oder den Barbaresco vor einer solchen Kulisse zu genießen, gehört zweifellos zu den schönsten Dingen des Lebens.

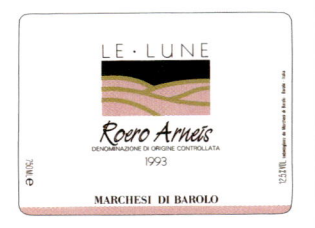

PIEMONT

Piemont:

Rebfläche: 50 000 Hektar

Ernte im Schnitt: 3 Millionen Hektoliter

Hauptsorten: Barbera, Nebbiolo

Barolo:

Rebfläche: 1200 Hektar

Ernte im Schnitt: 50 000 Hektoliter

Weinbaubetriebe: circa 1200

Hauptsorte: Nebbiolo

Barbaresco:

Rebfläche: 460 Hektar

Ernte im Schnitt: 21 000 Hektoliter

Weinbaubetriebe: circa 500

Hauptsorte: Nebbiolo

Wie anders klingt das offizielle Signalement des Barbaresco: »Produktionszone: In vier Gemeinden der Provinz Cuneo: Barbaresco, Neive, Treiso und einige Gemarkungen von S. Rocco Senodelvio bei Alba. Rebsorten: Nebbiolo in ihren lokalen Varietäten Michet, Lampia und Rosé. Charakteristische Merkmale: rubin- bis granatrot mit orangefarbenen Reflexen; charakteristischer, ätherischer, ausdrucksvoller, angenehmer Duft, manchmal an verblühende Veilchen erinnernd; im Geschmack feinherb, reich, mit viel Körper, aromatisch, füllig, kräftig, rund, samtig. Alkoholgehalt: 12 bis 14 Prozent. Gesamtsäure: 5,5 bis 7,5 Promille. Trinktemperatur: 18 bis 20 Grad Celsius. Haltbarkeit: über 10 Jahre. Wissenswertes: Bevor der Wein in den Handel gelangt, muß er zwei Jahre gelagert werden, davon mindestens ein Jahr in Eichen- oder Kastanienholzfässern. Barbaresco, der mindestens vier Jahre gelagert wurde, kann die Bezeichnung »Riserva« tragen. Der Barbaresco hat – wie übrigens auch der Barolo – das Prädikat DOCG verliehen bekommen. Die beiden gefeierten Gewächse machen nur zwei Prozent der Weinerzeugung im Piemont aus. Da gibt es einen großen Rest annehmlicher bis guter Weine, so der Grignolino d'Asti oder der Grignolino del Monferrato Casalese, beides Rotweine, rubinrot mit zuweilen kirsch- und geranienfarbigen Reflexen. Jung sind sie angenehm kräftig, später erhalten sie ein Rosen-Aroma, immer jedoch sind sie gerbstoffbetont. Sie sollen bis zum fünften Jahr ausgetrunken sein. Dann gibt es noch den Dolcetto; das sind sieben DOC-Rotweine aus der gleichnamigen Traube, die sich durch ihre geographische Herkunft unterscheiden. Die Farbe tendiert bis zum Violett, gemeinsam ist ihnen ein leichter Bittermandelton. Der Dolcetto d'Acqui ähnelt am ehesten einem reifen Barberawein. Ja, der Barbera, die am weitesten verbreitete Traube im Piemont, ist – oder vielmehr war bis vor kurzer Zeit – ein Problemkind. Es ging ihr ebenso wie dem Müller-Thurgau in Deutschland. Drückende Übermengen gab es und schlechte, wäßrige Weine, denn das eine zieht das andere nach sich. Dann haben ein großzügig bemessenes, staatliches Rodungsprogramm und das Qualitätsstreben einiger großer Weinhäuser die Krise gemeistert. Man bewies, daß auch der Barbera zu großen Auftritten fähig ist,

PIEMONT

wenn eine Reihe von Voraussetzungen beachtet wird. Längst geben sich die guten Adressen in der Langhe, die ja neben dem Nebbiolo auch Barbera erzeugen, ebenfalls mit dieser Rebsorte große Mühe.

Weißweine sind selten im Piemont. Der beste ist fraglos der Gavi aus der südöstlichsten Ecke der Region. Lange Zeit war er Modewein unter italienischen Feinschmeckern. Er ist gut und recht teuer. Des opernhaften Namens wegen wird auch gerne der Erbaluce di Caluso gekauft, der im Westen Piemonts wächst. Eher empfiehlt sich der Arneis aus dem ans Barolo angrenzenden Roero-Gebiet. Der weiche Tropfen schmeckt vorzüglich zu »Piatti di verdura«, den typisch italienischen Gemüse-Vorspeisen. Bleiben noch einige seltene Rotweine aus dem Norden des Piemonts zu erwähnen: Bova, Carema, Gattinara oder Ghemme.

Es sind eigenwillige, immer etwas rustikale Tropfen, die völlig im Schatten von Barolo & Barbaresco stehen. Die Rebberge, überaus steil, liegen schon hoch in den Voralpen, die Arbeit ist beschwerlich, nur selten werden die Weine vollreif. Die Gefahr besteht, daß diese Raritäten aussterben.

Noch weiter in den Alpen gedeihen die Weine des Aosta-Tals. Geschützt von den höchsten Gipfeln wachsen ausgezeichnete Weißweine bis zu 1000 Metern hinauf. Sie kommen den Schweizer Weinen nahe. Dagegen sind die Roten rechte Italiener mit alpenländischem Einschlag. Die Weine des Valle d'Aosta werden zu einem großen Teil im Ursprungsgebiet – von Einheimischen und Touristen – getrunken. Wer sie außerhalb bekommt, hat Glück gehabt.

DOC-Weine:

Asti Spumante, Moscato d'Asti
Barbaresco
Barbera
Barolo
Boca
Brachetto d'Acqui
Bramaterra
Caluso Passito
Cerama
Colli Tortonesi
Cortese d'Alto Monferrato
Cortese di Gavi oder Gavi
Dolcetto
Erbaluce di Caluso
Fara
Freisa d'Asti, di Chieri
Gabiano
Gattinara
Ghemme
Grignolino
Lessona
Malvasia
Nebbiolo d'Alba
Roero
Rubino di Cantavenna
Sizzano
Valle d'Aosta,

VENETIEN

VENETIEN
Woran sich Romeo berauschte

Das »Wunder von Friaul« – dieser markante Ausspruch fällt häufiger, wenn es darum geht, die Entwicklung der Region Friuli-Venezia Giulia zu beschreiben. Denn was den Winzern hier seit den sechziger Jahren gelungen ist, nötigt einigen Respekt ab: Aus einem Schattendasein heraus gelingt ihnen inzwischen die Herstellung von Weinen auf internationalem Niveau. Rund 45 Prozent der Erzeugung wird als DOC-Wein eingestuft.

Wenn es gilt, das sich 250 Kilometer ausbreitende Land zwischen Gardasee und der slowenischen Grenze zu beschreiben, dann ist es angebracht, ganz im Osten zu beginnen. Dort ist die Weinwelt in Ordnung – noch und auch schon wieder – beides stimmt. Was sich seit Ende der Sechziger in der Provinz Friuli-Venezia Giulia ereignet hat, wird weltweit das »Wunder von Friaul« genannt. Es ist sogar ein Wunder in Fortsetzungen. Vor 30 Jahren hatten die Weine in dem welligen, von Moränen-Hügeln geprägten Voralpen-Land nicht mehr als örtliche Bedeutung. Im Oktober 1975 wagten sich einige Winzer der Gegend zur Anuga-Messe nach Köln und boten ihre Erzeugnisse zum Kosten an: wahrlich nichts Besonderes. Heute zählen Pinot bianco und Tocai, Chardonnay und Sauvignon di Friuli europaweit zu den guten und gewiß nicht billigsten Weißweinen. Dazwischen liegen Jahre unbändigen Strebens, an dem sogar Deutschland ein wenig beteiligt war. Es gibt alte Verbindungen zwischen der Weinbau-Hochschule im rheinischen Geisenheim und dem Friaul.

1979, nur vier Jahre nach dem ersten Auftritt in Köln, wurde das Friaul im angesehenen Weinführer von Luigi Veronelli lobend erwähnt. Von 19 mit drei Sternen ausgezeichneten Weißweinen kamen sechs aus Friuli-Venezia Giulia. Darunter waren auch Gewächse von Mario Schiopetto, der heute als der erfahrenste Weinmacher, der beste Kellermeister weit und breit gefeiert wird. Der große, noch gar nicht so alte Mann des friulanischen Weinbaus besitzt kein Diplom, hat seinen Beruf nie studiert. Der Vater war Gastwirt, der Trauben von Winzern der Umgebung kaufte und daraus zwei Sorten Wein kelterte: bianco und rosso. Als von den Bauern einer nach dem anderen wegen Alters aufgab, mußte Sohn Mario für

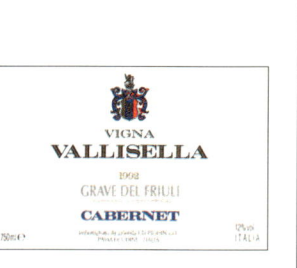

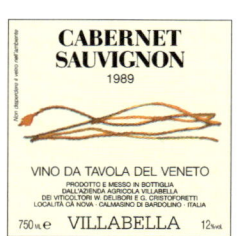

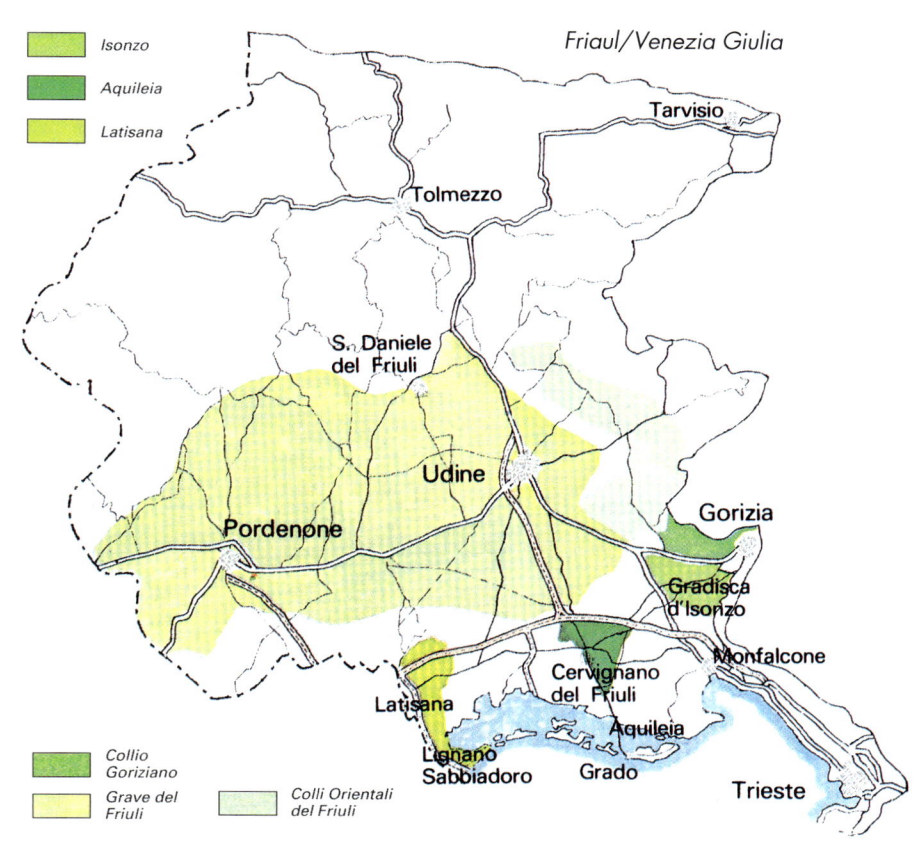

VENETIEN

Nachschub sorgen, aufgekaufte Rebgärten bewirtschaften, neue anlegen. Zwischendurch versuchte sich der Junior in verschiedensten Berufen, verdiente sein Geld auch als Lkw-Fahrer, faßte endlich allen Mut zusammen und pachtete eine mit einem guten Keller ausgestattete Villa aus ehemals bischöflichem Besitz, die er zu seinem heutigen Weingut ausbaute. Alles, was er jetzt weiß, hat er sich mit angeborenem Gespür für die Geheimnisse guten Weins selbst beigebracht.

Zu Recht sind seine Schätze begehrt: Schiopettos Glück war sicherlich, der rechte Mann zur rechten Zeit gewesen zu sein. Sein Aufstieg fiel in eine Zeit, in der das Weinland Friaul voller Unruhe war. Eine neue Generation wollte alles ändern und haderte mit den beharrenden Vätern. Leuchteten früher die Augen der Winzer, wenn die Trauben überreif am Stock hingen und einen mächtigen Wein versprachen, so wollten es die Jungen lieber leichter, zarter. In die Geschichte der Region ging der Streit im Hause Jermann zu Villanova di Farra ein: Weil Vater Angelo nicht von der alten Weinbereitung lassen wollte – »Was 200 Jahre gut getan hat, kann heute nicht schlecht sein.« – packte Sohn Silvio seine Tasche und wanderte nach Kanada aus. Es gebe in Nordamerika auch Rebbau, soll er zum Abschied geschrien haben, doch gottlob weniger Sonnenschein. Jahrelang ließ er nichts von sich hören, dann söhnten sich die Querköpfe aus und teilten sich die Arbeit: Angelo im Weinberg, Silvio im Keller. Daraus erwachsen einige der schönsten Weißweine des Landes.

Bald sprach die Fachwelt Italiens vom friulanischen Stil, den es nachzuahmen gelte, obwohl die Techniken ursprünglich aus Deutschland kamen. Heute ist es im Mittelmeer-Raum selbstverständlich, die Trauben früher zu ernten, sofort schonend zu pressen, den Most scharf zu filtern, zu kühlen und ihn bei Kälte, weitgehend ohne Zutritt von Sauerstoff gären zu lassen. »Reduktiver Ausbau« wird diese Machart genannt. Tanks aus Edelstahl eignen sich dafür besser als Holzfässer. Ist in den ersten Stunden Eile geboten, so soll sich die Gärung möglichst langsam hinziehen, umso besser bleiben die Aromen der Traube erhalten. Bald begann der technikverliebte Winzer-Nachwuchs im Friaul, sich ein wenig zu sehr den blinkenden Spielzeugen im Keller zu widmen.

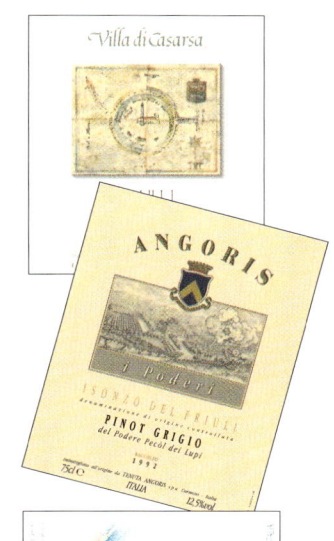

VENETIEN

Die Linie der friulanischen Winzer führte über modernistische Umwege zu einer Synthese von Tradition und Neuerung: Von den einst fetten Weinen ging die Entwicklung ins andere Extrem, bis sich ein Standard herausbildete, der zu überaus bemerkenswerten Ergebnissen führte. Neben den renommierten Weißweinen werden hier auch ausgezeichnete rote ausgebaut.

Die Weine wurden immer brillanter und eleganter, bis sie zuletzt alle Eigenart verloren, zu strahlenden Schönheiten wurden ohne inneren Wert. Ein schickes, nach schnellen Genüssen haschendes Publikum spendete Beifall und wehrte sich nicht gegen die schnell steigenden Preise. Freunde italienischer Weine meinten, da seien ihnen die fetten, oxydierten Weine von früher lieber gewesen: »Wir hatten wenigstens Geschmack im Mund, auch wenn er nicht immer ganz sauber war.«

der, ließen auch vorsichtig zu, daß die Weine bei der Bereitung doch ein wenig mit Sauerstoff in Berührung kamen, gerade so weit, daß sich der Geschmack entfalten konnte, aber ohne daß Oxydation eintrat. Man ging noch weiter und tat Dinge, die unter den modernen Önologen im Friaul bisher streng verpönt waren. Früher war es üblich, die Trauben nicht gleich abzupressen, sondern sie zu mahlen und die so entstehende Maische angären zu lassen. Das ergab extraktreiche, aber doch ziemlich grobe Weine. Die Beerenschalen

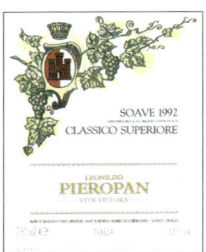

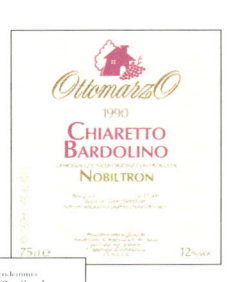

Es bildete sich, behutsam, aber nachhaltig, eine Gegenrevolution. Die älter gewordenen Pioniere begriffen, daß sie beim Metodo friulano in vielem zu weit gegangen waren. Sie schraubten den Einsatz der Technik zurück auf ein kluges Mittelmaß, filterten den Most nicht mehr steril, ließen den Wein von eigenen Hefen gären und gebrauchten nicht länger die völlig neutralen, im Labor gezüchteten Kulturen. Sie fanden wieder Spaß daran, die Eigenarten der Traube und des Bodens herauszuarbeiten, kauften zum Erstaunen der Kollegen wieder Fässer, nutzten Holz und Stahl nebeneinan-

enthalten neben vielen Geschmacksstoffen auch Gerbsäure, die beim Rotwein gern gesehen wird, Weißwein jedoch derb und ein wenig bitter macht. Man verbindet neue und alte Technik, befreit die Trauben von den Stielen, preßt sie gleich ab und läßt den schonend gesäuberten Most gären. Ein Teil der Rückstände vom Pressen kommt in den Kühlkeller. Später läßt man den fertigen Wein mehrfach für wenige Minuten über die Schalen fließen, nur so lange, daß die guten Aromen herausgespült werden, ohne daß sich Gerbstoff löst. Das nenne ich wahre Kunst: neueste Technologie so zu nutzen, daß vom Althergebrachten das Beste erhalten bleibt.

VENETIEN

Zu solchem neoklassischen Stil gehörte auch die Rückbesinnung auf historische Traubensorten, die nur im Friaul wachsen und zum Teil schon vergessen waren: Picolit, Verduzzo, Ribolla. Aus ihnen werden eigenwillige Weine gekeltert, von denen es aber nie für ei- nen internationalen Vertrieb ausreichende Mengen geben wird. Sie bleiben Liebhabern vorbehalten.

Der gute friulanische Normalfall sind die Burgundersorten Pinot bianco, Pinot grigio und Chardonnay, Hinterlassenschaften aus Zeiten, da Oberitalien zu Frankreich gehörte und von napoleonischen Truppen besetzt war. Dazu kommt der Tocai, eine eigenständige, uralte friulanische Sorte, die nichts mit der ungarischen Tokayer-Traube Furmint zu tun hat. Der Grigio, der Grauburgunder (mit dem badischen Ruländer identisch) ist zum Liebling von hiesigen Ristorante-Besuchern geworden. Empfehlenswert ist auch der Bianco, der Weißburgunder, der etwas rassiger schmeckt. Am besten gedeiht er im Osten des Friauls entlang der Grenze zu Slowenien an den Colli Orientali del Friuli und im Collio Goriziano. Unter diesem Namen sind zwölf Gebiete und zehn Rebsortenweine geschützt. Der Collio Goriziano oder einfach Collio ist ein Verschnittwein aus 45 bis 55 Prozent Ribolla gallia, 20 bis 30 Prozent Malvasia istriana und 15 bis 25 Prozent Tocai. Es ist ein spritziger, leicht perlender Wein. Die Rebberge liegen dort höher, es regnet viel, im Sommer kann es glühen. Insgesamt reifen die Trauben lang und werden dadurch gehaltvoll. Die größte Landschaft im Friaul ist das Grave, das nicht so hügelig ist. Die Weine werden dort kräftig, doch nicht ganz so elegant wie die im östlichen Teil.

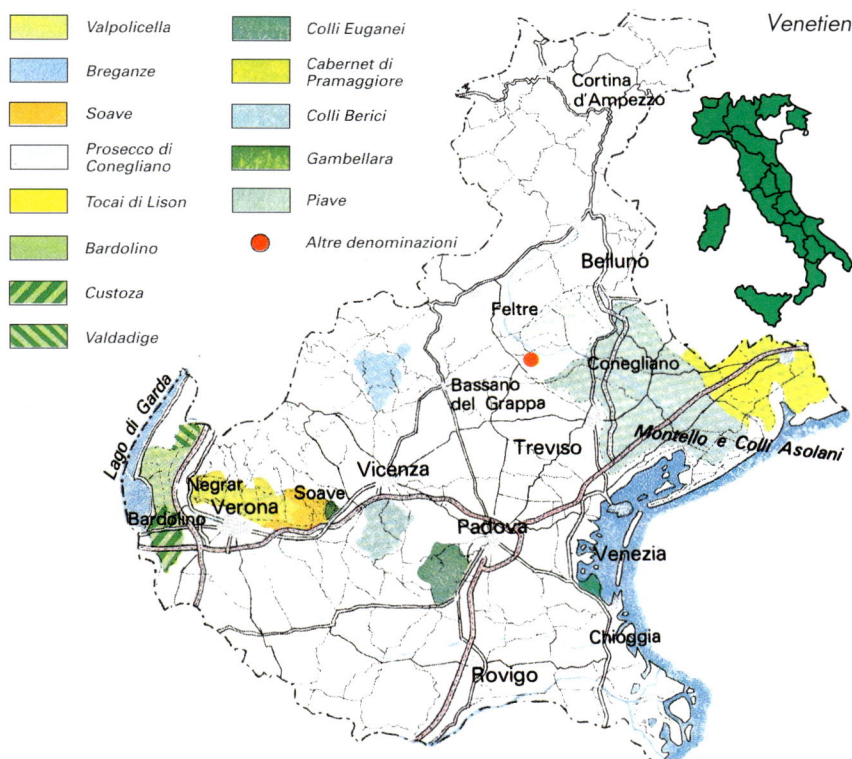

Das Weißwein-Land Friaul erntet, anderswo wenig bekannt, ein wenig mehr rote als weiße Trauben. Von den dunklen Sorten stammen die meisten aus Frankreich: Blauer Burgunder (Pinot nero), Merlot und der bordelaiser Cabernet-Sauvignon mit einigen Spielarten.

Eine neue Generation von Winzern beschäftigt sich hingebungsvoll mit der Bereitung von Rotwein und macht hier erstaunliche Fortschritte. Vor allem ein Roter der Gegend sollte unbedingt erwähnt werden: der Refosco aus dem Pramaggiore-Gebiet, ein uriger, kraftstrotzender Tropfen, voller Farbe, Frucht und Gerbstoff, mit reichlich Alkohol ausgestattet. In seiner Jugend ist dieser Wein ein Wüstling, aus dem mit den Jahren aber ein Herr wird.

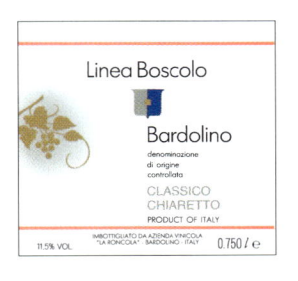

VENETIEN

Das Pramaggiore grenzt westlich ans Friaul und wird heute amtlich als Bindestrich-Land zusammen mit dem benachbarten Lison geführt, bekannt für guten Tocai, der nicht ganz die Ausdruckskraft des gleichnamigen friulanischen Weins erreicht, doch preiswerter ist. Wiederum weiter westlich breiten sich Reblandschaften aus, die angenehme, unkomplizierte, zudem preisgünstige Tropfen bieten, die jedoch nur regionale Bedeutung haben. Die Rot- und Weißweine aus dem breiten Tal der Piave ähneln denen des Grave di Friuli, sind dabei nicht ganz so schwer. Der helle, grünliche Verduzzo di Piave wird gerne in den Trattorie Venedigs getrunken, das ja nur 40 Kilometer entfernt liegt. Eine halbe Autostunde nördlich von Vicenza, schon in den Voralpen, liegt versteckt das kleine, viel zu wenig bekannte Weingebiet um Breganze. An den Hügeln, auch im flachen Tal wird ein schlanker Weißwein mit herzhafter Säure erzeugt, wunderbar zu »Piatti di pesce« passend, zu Fischgerichten. Die Ebene ist mit weißem Kies bedeckt, der früher nach Wien gekarrt wurde, um dort die Pfade in den kaiserlichen Schloßgärten zu verschönern. Auf solchen Böden wachsen keine fetten Weine.

Kommen wir zum Kern Veneziens. Als ich zum ersten Mal durch die Ebene zwischen Verona und dem Gardasee fuhr, bekam ich Erstaunliches zu sehen. Die Winzer lassen beim Rebschnitt im Frühjahr vier Fruchtruten stehen, die sie in Mannshöhe zu einer Art Schirm spannen. Sonst begnügt man sich mit einer Rute, hat dann aber nicht so viele Trauben. Im Veroneser Land sind reiche Ernten erwünscht, und das Ergebnis sind einfache, aber ehrliche Weine. Sie erscheinen unter den alten, einst ehrwürdigen Namen Bardolino, Soave und Valpolicella auf dem Markt – und in dem italienischen Restaurant um die Ecke. Sie sind nicht alle zu empfehlen, aber es gibt auch wirklich lohnende Schnäppchen, mit denen Sie Ihren Vorrat auffüllen können. Die drei bekannten Weine zu verteufeln, hieße, den vielen Winzern, Kellereien und Händlern, die sich um Qualität bemühen, Unrecht zu tun. Schon William Shakespeare läßt seinen Romeo von dem Duft des Soave schwärmen, den der Jüngling beim ersten Kuß auf Julias Lippen spürte. Den Wein genossen damals Veronas nobelste Familien. Soave kommt aus dreizehn Gemeinden, davon dürfen zwei, Soave und Monteforte d'Alpone, mit dem Prädikat »Classico« glänzen. Der Wein besteht aus der Rebsorte Garganega (70 bis 90 Prozent), Trebbiano di Soave und Trebbiano toscano (bis 30 Prozent, dabei Trebbiano toscano allein bis 15 Prozent). Er ist strohgelb mit einer Neigung zum zarten Grün und sauberem, delikaten Duft, er ist trocken, mit mittlerem Körper, frisch, leicht, harmonisch und hat einen angenehmen Bitterton. Er kann zwei bis drei Jahre gelagert werden. Dann sollte noch erwähnt werden, daß es neben dem Soave Superiore mit erhöhtem Alkoholgehalt den aus handgelesenen und getrockneten Trauben gekelterten Süßwein Recioto di Soave gibt und einen Soave Spumante.

Der Bardolino kommt vom Ostufer des Gardasees. Die Produktionszone umfaßt 15 Dörfer, davon liegen fünf in der klassischen Anbauzone. Er soll die Rebsorten Corvina veronese (35 bis 65 Prozent), Rondinella (10 bis 40 Prozent), Molinara (10 bis 20 Prozent) und Negrara (bis 10 Prozent) enthalten. Der Wein ist rubinrot mit violetter Tönung und kirschfarbenen Reflexen, bei höherer Reife wird er granatrot. Der Geruch ist delikat, der Geschmack trocken, lebhaft und harmonisch,

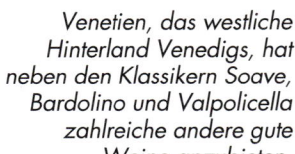

Venetien, das westliche Hinterland Venedigs, hat neben den Klassikern Soave, Bardolino und Valpolicella zahlreiche andere gute Weine anzubieten.

VENETIEN

manchmal leicht und flüchtig perlend. Die Haltbarkeit wird mit einem bis zu drei Jahren angegeben. Gehobene Qualität wird als »Superiore« angeboten. Werden die Rotweintrauben wie bei der Weißweinerzeugung behandelt, entsteht der roséfarbene Bardolino chiaretto. Der dritte der bekannten Weine aus Venetien ist der Valpolicella, auch er ein Verschnittwein aus verschiedenen Rotweinsorten, die weitgehend mit dem Bardolino übereinstimmen: Corvina veronese (40 bis 70 Prozent), Rondinella (20 bis 40 Prozent), Molinara (5 bis 25 Prozent); sie werden einzeln oder gemeinsam durch Rossignola, Negrara, Trentina, Barbera und Sangiovese ergänzt. Die Färbung ist rubinrot, später granatrot, der Geschmack trocken, weich und geschmeidig, zuweilen mit angenehmer Tiefe. Der Alkoholgehalt liegt zwischen 11 und 13 Grad. Der »Superiore« muß mindestens 12 Grad Alkohol enthalten und hat ein kraftvolles Aroma. Der Valpolicella kann bis zu sechs Jahre gelagert werden.

Der beste Valpolicella stammt von den kleinen Erzeugern im Classico-Herzen der Region, das überdies eines der schönsten Hügelländer ist, das Italien seinen Besuchern zu bieten hat. Neben der geographischen Herkunftsangabe »Classico« ist auch die Ortsbezeichnung »Valpantena« zugelassen. Breit und lieblich ist der aus eingetrockneten Traubenpergeln hergestellte Recioto della Valpolicella, die trockene Version heißt Recioto della Valpolicella Amarone. Hierbei handelt es sich um einen leicht schäumenden, dunklen Wein aus Trauben, die bis nach Weihnachten an der Luft getrocknet wurden. Aus denselben Trauben werden ferner ein Spumante erzeugt sowie auch ein Liquoroso, beide sehr zu empfehlen.

VENETIEN

Friuli:
Rebfläche: 24 000 Hektar

Ernte im Schnitt: 1,3 Millionen Hektoliter

Hauptsorten: Pinot bianco, Pinot grigio, Cabernet, Merlot

Soave:
Rebfläche: 7 000 Hektar

Ernte im Schnitt: 700 000 Hektoliter

Hauptsorten: Garganega, Trebbiano

Valpolicella:
Rebfläche: 6 000 Hektar

Ernte im Schnitt: 600 000 Hektoliter

Hauptsorten: Corvina, Rondinella

DOC-Weine Friuli-Venezia Giulia:

Aquileia

Carso

Colli Orientali del Friuli

Colli Goriziano/Collio

Grave del Friuli

Isonzo

Latsina

Prosecco di Conegliano/Valdobbiadene

Soave

Valpolicella

TOSKANA

Großer, kleiner Chianti

Die Herren kommen aus den unterschiedlichsten Ländern und Berufen, doch sie haben eines gemeinsam, die Liebe zur Toskana. Der Schotte Norman Bain, früher Chef von Shell Italien, der Ungar Polo Farkas, Textildesigner von Haus aus, der Berliner Baulöwe Christian Rack oder Giorgio Regni, vor Jahren Verkaufsdirektor bei Pirelli, sie alle kauften sich kränkelnde Winzereien in den Hügeln zwischen Florenz und Siena, steckten viel Geld in ihre Restaurierung und leiten heute Vorzeige-Weingüter. Es lassen sich leicht noch mehr als hundert weitere solcher Karrieren auflisten, Geschichten erzählen von großstadtmüden Unternehmern und Managern, die einen neuen Lebensinhalt in der Herstellung von Wein fanden. Das Rebland Toskana gehört zu einem immer geringeren Teil den Toskanern. Es ist müßig, darüber zu klagen, daß manches beschauliche Tal mit Villen zugebaut wurde, die nicht immer geschmackssicher den ländlichen Stil imitieren. Die Besitzer haben oft genug keine Ahnung von Wein. Sie lassen sich einen der gefragten Berater kommen wie Giacomo Tachis oder Franco Bernabei, kaufen sich nach deren Empfehlung eine sündhaft teure Keller-Einrichtung und holen sich zuletzt einen tüchtigen Önologen, einen Weinwissenschaftler, der für sie den Wein macht. Das Unternehmen muß sich nicht rentieren, es dient der Selbstverwirklichung des Besitzers und der Möglichkeit, anderswo auflaufende Gewinne abzuschreiben. Der alteingesessene Weinbauer hat gegen diese Zuwanderer wenig Chancen. Doch ohne die millionenschweren Investoren, von denen ja einige ernsthafte Winzer geworden sind, wäre der toskanische Wein heute nicht so bedeutend. Bis zum Zweiten Weltkrieg gehörte die Gegend reichen Landbesitzern meist adeliger Abstammung. Sie bedienten sich eines Heeres von Halbpächtern, die den Padroni unentgeltlich dienen mußten. Nach dem Krieg wurde diese Quasi-Leibeigenschaft gesetzlich verboten. Die Gutsherren mußten nun ordentliche Löhne zahlen, ihre Fattorie unternehmerisch führen, was die wenigsten gelernt hatten. Der borniere Landadel zehrte vom Vorhandenen, von wenigen respektablen Ausnahmen abgesehen. Doch anderswo verkam die Toskana samt ihrem Wein. Der große Chianti wurde zum Liebling der Touristen. Die Tedeschi, wie die Deutschen in Italien heißen, kauften begeistert die Korbflaschen, die der geniale Michelangelo Buonarotti für den bruchsicheren Transport entwickelt hatte, um daheim Kerzenständer oder Lampenfüße daraus zu machen. Auf den Inhalt kam es gar nicht so an. Daran konnten auch die ehrgeizigen Zugereisten aus den Großstädten nichts ändern. Die Qualitätspalette des Chianti reicht jedoch von den einfachen und preiswerten Sorten bis hin zu großartigen Spitzenerzeugnissen. Die rotfunkelnde Visitenkarte der Toskana hat eine wechselhafte Geschichte. Im ausgehenden Mittelalter war der Chianti meist süß und weiß. In der Renaissance bevorzugten Adel und reiche Kaufleute in Florenz einen feurig-herben Roten. Der »Rosso di Firenze« war bald so begehrt, daß Fälschungen auftauchten. Cosimo III., Großherzog der Toskana, schuf mit seinem »Bando« das erste Chianti-Gesetz, das Anbauweise, Rebsorten und vor allem die Grenzen des Gebietes festlegte. Cosi-

TOSKANA

In der weltweit gerühmten Landschaft der Toskana mit ihrem milden Licht entstehen lediglich rund fünf Prozent der gesamten italienischen Weinproduktion. Doch der Anteil an Weinen, die mit dem Qualitätsprädikat DOC oder gar DOCG versehen sind, liegt bei fast einem Drittel.

Populärer Exportrenner der Toskana ist nach wie vor der Chianti. Gerade in den Regionen des Chianti classico zwischen Siena und Florenz erreicht er überaus beachtliche Qualitäten. Chianti ist in Italien übrigens bei weitem nicht so verbreitet wie diesseits der Alpen.

mos Regeln wurden erstaunlich lange beachtet. 1927 gründeten führende Weingüter der Toskana ein »Consorzio Chianti classico«, das erneut Qualität und Herkunft festlegen sollte. Neun Jahre währte die Arbeit, ständig von Kompromissen bestimmt. Die ursprünglich ins Auge gefaßte Chianti-Fläche, die als klassisch gelten sollte, war am Ende fast doppelt so groß. Die Grenzen gingen später in das »Gesetz 930« über den kontrollierten Ursprung der italienischen Qualitätsweine ein. Diese »Denominazione di origine controllata« (DOC) entspricht exakt dem französischen AOC-Vorbild. Das Gesetz tat anfänglich gut. Das Consorzio, dem fast alle maßgeblichen Winzereien des Chianti classico beitraten, führte eine strenge Selbstkontrolle ein. Bei mehreren Prüfungen fiel oft die Hälfte aller Weine eines Jahrgangs durch und durfte nur als einfacher Chianti verkauft werden. Der gestandene Rest wurde mit einem »Bollino« gekennzeichnet, einem kleinen Siegel, das den schwarzen Hahn zeigt, das Wappentier der Toskana. Der Hahn wurde eine Zeitlang zum Symbol für hohe Qualität und gab dem reformierten Winzerverband seinen neuen Namen »Consorzio Gallo nero«. Allerdings erhielt das Consorzio von unerwarteter Seite einen bösen Schlag: Ernesto Gallo, Chef der weltgrößten Weinkellerei im kalifornischen Modesto, zog wegen der Bezeichnung »Gallo nero« vor die Gerichte. Was den damals 82jährigen Italo-Amerikaner dazu bewog, seine alte Heimat mit

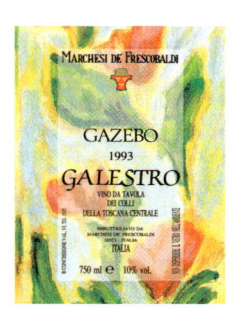

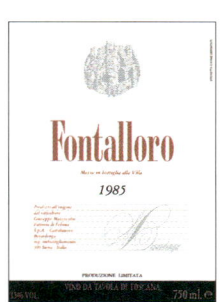

TOSKANA

Der Chianti hat im Laufe der letzten Jahrhunderte einen durchgreifenden Charakterwandel erlebt; viele Winzer orientieren sich inzwischen an Vorbildern aus dem Bordelais. Die Toskana bringt jedoch keineswegs nur den Classico hervor: Die übrigen Bereiche produzieren insgesamt mehr als das Doppelte der Menge, darunter einige superbe eichenfaßgelagerte Rotweine.

einem derart nutz- und sinnlosen Streit zu überziehen, wird sich wohl nie herausfinden lassen. Gallo verunglückte wenig später tödlich. Das Bildzeichen des schwarzen Hahns durfte wohl bleiben, aber das Consorzio mußte sich von da an einen neuen Namen geben: »Marchio storico – Chianti classico«.

Ermüdend waren auch die ständigen Debatten darüber, ob die Uralt-Regeln, nach denen der Chianti hergestellt wird, überhaupt noch zeitgemäß seien. Der Wein, so wie wir ihn heute kennen, geht auf Bettino Ricasoli zurück, »Eiserner Baron« genannt. Er war der bedeutendste Weintechniker Italiens im 19. Jahrhundert. Auf seinem Castello di Brolio nahe Siena tüftelte er die unterschiedlichsten Verfahren aus, um den von Natur aus oft rauhen, mitunter sauren Chianti weicher und fülliger zu machen.

Er legte die heute sehr umstrittene Formel fest, wonach der Rotwein auch Anteile von den weißen Rebsorten Trebbiano und Malvasia haben muß. Diese Mischung, lange Zeit gesetzlich vorgeschrieben, macht den Chianti runder und früher trinkbar. Auch das sogenannte »Governo«-Verfahren geht auf Ricasoli zurück: Aussortierte Trauben werden im Herbst auf Strohmatten gelegt und zu Rosinen getrocknet. Der daraus gefertigte dicke Süßmost kommt zum halbfertigen Rotwein. Der Zucker löst eine zweite Gärung aus, die etwas Säure abbaut und den Alkohol erhöht. Das Governo wird heute noch vielfach angewendet, aber doch allzu oft in einer bequemen Form. Der Mühe des Trauben-Trocknens unterziehen sich nur noch wenige Güter, die auf Tradition Wert legen. Die anderen kaufen sich industriell vorgefertigten Süßmost, der sogar aus Süditalien stammen und die Weinmenge um 15 Prozent erhöhen darf. Moderne, gut ausgebildete Önologen verweisen überdies darauf, daß die Fortschritte in der Kellertechnik heute bessere Methoden kennen als die mit Hilfe von Traubensaft-Konzentrat eingeleitete zweite Gärung. Sie verwerfen den »Governo all'uso del Chianti«, wie das Verfahren genau heißt. Einen besonders heftigen Glaubenskrieg führt die toskanische Winzerschaft um die Frage, aus welchen Traubensorten ein guter Chianti gekeltert werden soll. Junge Önologen, die ihr Handwerk in Bordeaux und in Kalifornien studierten, höhnen über den kauzigen Barone Ricasoli. Sein Diktum, dem Rotwein den Most weißer Trauben beizumischen, sei längst überholt. Derartige Cu-

TOSKANA

vées, wird argumentiert, seien nicht lagerfähig, weil der weiße Anteil rascher alt werde, als der rote reifen könne. Es entstehe so eine Mischung, die welk und unfertig zugleich schmecke. Der Schotte Norman Bain, der sich vor langer Zeit in die Tenuta La Massa in Panzano eingekauft hatte, beweist das Gegenteil, führt jahrelang gelagerte Riserva-Weine vor, die Weißwein enthalten und durchaus harmonisch schmecken. Die meisten der Spitzenbetriebe im Chianti classico bestehen jedoch darauf, nur die rote Sorte Sangiovese mit etwas vom weicheren Cannaiolo zu verwenden, und vielleicht auch fremdländische Trauben unterzumischen. Schon in den Sechzigern gab es Weingüter, die den Chianti ausschließlich aus roten Trauben bereiteten. Sie verstießen stillschweigend gegen das Gesetz. Jeder wußte Bescheid, aber keiner redete darüber, weil die solchermaßen erzeugten Tropfen ja nicht schlecht waren. Alles änderte sich mit Marchese Mario Incisa della Rocchetta, der auf seiner Tenuta San Guido in Bolgheri mit der französischen Traube Cabernet-Sauvignon experimentierte. Er schwärmte für Bordeaux-Weine und wollte ähnliche Gewächse auf seinem Gut erzeugen. Da er keinen eigenen Keller besaß, sprach er mit Marchese Piero Antinori, dem er seit langer Zeit Trauben verkaufte. Der erklärte sich zu einem Versuch bereit. Barriques wurden herangeschafft, jene im Bordelais gebräuchlichen 225-Liter-Fässer aus neuem Eichenholz. Giacomo Tachis, der beste Kellermeister weit und breit, machte das Spiel mit, Wein à la française zu fertigen. Was dabei herauskam, schmeckte alles andere als übel. Die Herren überlegten, daß sich ein solches Tröpfchen gewiß für gutes Geld verkaufen ließe, doch müßten sie dann wohl auf die Bezeichnung Chianti classico DOC verzichten. Der neue Wein wurde als Vino da tavola, als simpler Tafelwein, angeboten und »Sassicaia« genannt, nach dem Weinberg, auf dem die Cabernet-Reben standen. Piero Antinori trieb das Abenteuer weiter. Er wollte einen ähnlichen Barrique-Wein aus eigenen Trauben. »Auf Befehl des Marchese« zog Önologe Tachis los, um die rechte Lage dafür auszugucken und entschied sich für den Tignanello-Weinberg nahe dem Antinori-Gut Santa Cristina, der mit besonders alten Sangiovese-Reben bestockt war. Gewiß nicht sehr glücklich sah er zu, wie der Fürst den legendären Önologie-Professor Emile Peynaud aus Bordeaux um Beratung bat. Tachis hat selbst

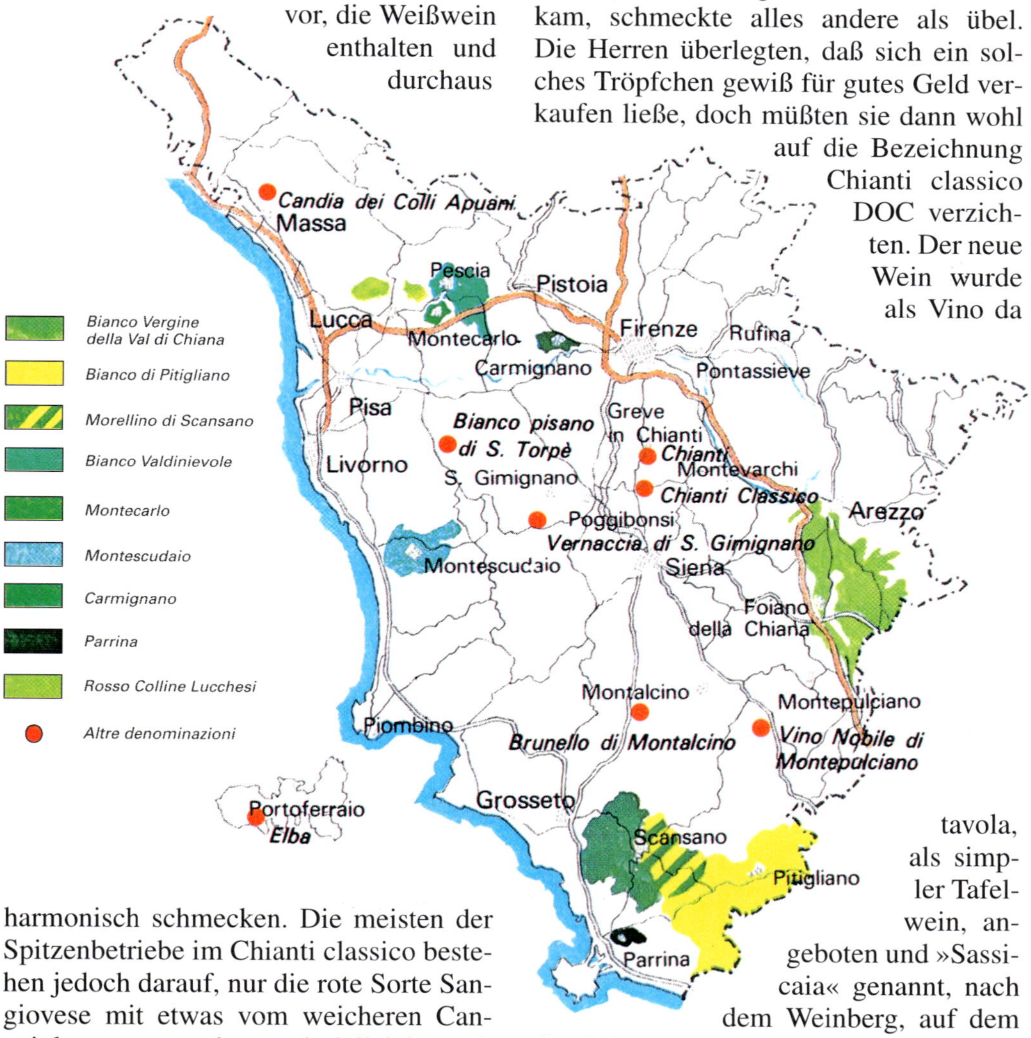

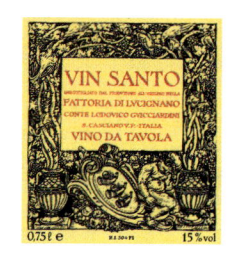

TOSKANA

Weißweine spielen in der Toskana eine untergeordnete Rolle, wenngleich auch so klangvolle Namen wie Vernaccia die San Gimignano weltweiten Ruhm genießen. Das Gros der Qualitätswein-Produktion aber ist rot.

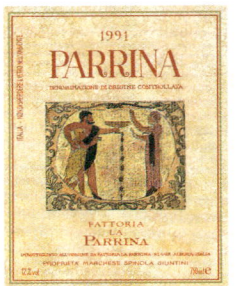

noch viel dabei gelernt. Niemand sonst in der Toskana beherrschte anschließend den Umgang mit dem jungen Eichenholz so gut wie er. Der erste Tignanello-Jahrgang war der 71er, ein Geniestreich. Die neuen Fässer hatten den Sangiovese wunderbar geformt, ihm alle Eigenart gelassen, niemals trat ein lauter Holzton hervor, wie sonst bei vielen Barrique-Weinen üblich. Sassicaia und Tignanello sind heute weltweit bekannte Marken. Ersterer hat eine bessere Stellung auf dem Markt, Liebhaber authentischer Weine jedoch bevorzugen den Tignanello. Er ist – auch mit einem heute üblichen geringen Zusatz von Cabernet-Sauvignon – ein Italiener geblieben, wohingegen der Sassicaia für mich ein nobler Welt-Wein ohne Heimat ist, weder Toskaner noch Bordelaiser. Der Einfall der Herren Incisa und Antinori wurde zur Mode. Dutzende anderer Fattorie und Tenute pflanzten Cabernet-Sauvignon, auch gleich Merlot und Burgunder dazu, rüsteten den Keller mit Barriques und verkauften teure Vini da tavola. Es strömten Tafelweine auf den Markt mit Phantasie-Namen, in todschick gestylte Flaschen gefüllt. Doch nicht zuletzt sind die Vini da tavola ein Verrat am Chianti classico. Der Cabernet-Sauvignon zählt gewiß zu den wertvollsten Rebsorten. Doch wird er nie das Klima der toskanischen Hügel, die Eigenart der Mergel- und Sandstein-Böden so wundersam widerspiegeln wie der gute alte Sangiovese. Der Sassicaia hat viele neue Freunde gefunden, aber die Liebhaber landestypischer Kreationen werden auf Dauer der einfachen Annata, dem Chianti des jüngsten Jahrgangs, aus einem konservativen, grundehrlichen Hause den Vorzug geben. Die Experimente mit neuem Holz und fremden Reben, der Verzicht auf Governo und Trebbiano-Trauben haben fraglos den Ruf des toskanischen Weins gehoben. Der Gesetzgeber sah, daß die Umgehung der traditionellen DOC-Regeln mit Hilfe der Tafelwein-Bezeichnung jegliches Weinrecht auf den Kopf stellen und auf Dauer dem Chianti nur schaden werde. Also beugte sich das römische Parlament den neuen Entwicklungen, änderte die alten Paragraphen und hängte an das DOC noch ein G an. Zu dem »controllata« kam ein »garantita«.

Schauen wir uns die Daten einmal genau an. Produktionszone: eine genau begrenzte Anbauzone in den Provinzen Arezzo, Florenz, Pisa, Pistoia und Siena. Rebsorten: Sangiovese (75 bis 90 Prozent), Cannaiolo nero (5 bis 15 Prozent), Trebbiano toscano und Malvasia del Chianti (5 bis 10 Prozent) sowie als Ergänzung bis 10 Prozent andere in der DOCG-Zone Chianti zugelassene oder empfohlene Rebsorten. Charakteristische Merkmale: Lebhaftes Rubinrot, das mit zunehmender Reife zum Granatrot tendiert; weiniger Duft, manchmal mit dem Geruch von Veilchen; trocken, wohlschmeckend, harmonisch, leichter Tanningeschmack, der allmählich weicher und geschmeidiger wird. Alkoholgehalt: 11,5 Grad. Gesamtsäure: 5 bis 7 Promille. Trinktemperatur: 18 Grad Celsius. Haltbarkeit: 2 bis 5 Jahre (Classico bis zehn Jahre). Nach dreijähriger Lagerung darf der Wein das Prädikat Riserva tragen. In diesem Fall muß der Mindestalkoholgehalt 12 Grad betragen. Das traditionelle, heute immer weniger praktizierte Verfahren der zweiten Gärung, durch auf Weidenholzgestellen angetrocknete Trauben, die dem Jungwein hinzugegeben werden (Governo-Verfahren), darf nur bis zum 31. Dezember nach der Lese erfolgen. Ein ähnliches Verfahren darf im März oder April des folgenden Jahres nochmals wiederholt werden (Rigoverno). Chianti darf nicht vor dem 1. März des auf die Lese folgenden Jahres in den Handel gebracht werden. Innerhalb

TOSKANA

der Produktionszone für Chianti gibt es mehrere Bezirke, in denen Chianti-Weine mit folgenden Ursprungsbezeichnungen erzeugt werden: Chianti classico – das Herzstück der Produktionszone; Chianti Colli fiorentini – von den Hügeln um Florenz; Chianti Ruffina – aus Ruffina und fünf weiteren Gemeinden in der Provinz Florenz; Chianti Colli senesi – aus mehreren Gemeinden der Provinz Siena; Chianti Colli aretini – aus Gemeinden der Provinz Arezzo; Chianti Colli pisane – aus Gemeinden der Provinz Pisa; Chianti Montalbano – aus je drei Gemeinden der Provinzen Florenz und Pistoia.

Die neue Regel, die den zugelassenen Anteil der weißen Sorten im Rotwein stark eingrenzte, warf ein Problem besonderer Art auf: Wohin mit dem vielen Trebbiano, den Mengen von Malvasia? Gemeinsam fanden die großen Erzeuger der Toskana eine Lösung. Die besten Önologen wurden beauftragt, einen neuen Weißwein-Typus zu entwickeln: leicht, frisch, fruchtig, etwas grün, als Sommer-Schluck bestens geeignet. Die Weintechniker ermittelten den günstigsten Zeitpunkt zur Lese, die ideale Mischung der Trauben. Werbe-Fachleute testeten lange den rechten Namen und einigten sich schließlich auf »Galestro«. So heißt ein besonderer Boden in den Weinbergen der mittleren Toskana. Dieses stets in gleicher Art von einem Dutzend großer Kellereien erzeugte Produkt war, mit einem Dollar pro Flasche beworben, rasch Liebling der Amerikaner. Der Galestro ist nun auch bei uns ein gängiger Schluck. Jährlich werden etwa zwei Millionen Flaschen verkauft. Neben dem Chianti und seinen Abkömmlingen hat die Toskana einen bunten Strauß weiterer Weine zu bieten, die teils hoch geachtet, ja überbewertet sind, und zum anderen Teil der Entdeckung harren. Zu den geachteten gehört der »Edle Wein«, der Vino nobile di Montepulciano. Edel heißt er, weil seine Herstellung früher in der Hand aristokratischer Familien lag. Die geographische Herkunft weist auf ein Jesuitenkloster nicht weit vom Trasimenischen See hin. Man nannte ihn den »König aller italienischen Weine«. Schon im 13. Jahrhundert wurde er als Meßwein benutzt, später erhielt er den Namen »Lieblingswein des Papstes Paul III.«. Er ist ein Verschnittwein aus Spielarten von Rebsorten, die vom Chianti her bekannt sind: Sangiovese grosso, der hier Prugnola gentile genannt wird, dazu Cannailo, Malvasia del Chianti und Trebbiano toscano. Gestattet ist die Zugabe von Pulcinculo. So entsteht das delikate Veilchen-Bukett. Zwei Jahre Lagerzeit im Holzfaß sind Vorschrift. Man gibt ihm eine Haltbarkeit von bis zu 20 Jahren. Wird er drei Jahre gelagert, kann er als »Riserva« bezeichnet werden.

Der Brunello di Montalcino ist angeblich der wertvollste Rotwein Italiens. Er nimmt für sich in Anspruch, der haltbarste Wein zu sein. Zumindest hinter die erste Feststellung sollte man ein Fragezeichen machen. Der Wein ist relativ jung – vor 150 Jahren züchtete der Weingutsbesitzer Ferrucio Biondi-Santi aus der Rebsorte Sangiovese grosso die Brunello-di-Montalcino-Rebe. Er ist ein »Spätzünder«, die gesetzliche Vorschrift verlangt eine mindestens vierjährige Lagerung im Holzfaß. Und auch auf die Flasche gefüllt, baut dieser Wein kaum ab. Oft kommen seine guten Eigenschaften erst bei 20 Jahre alten und noch älteren Flaschen zur Geltung. Das macht den Brunello begehrt bei den Weinsammlern. Hundert Jahre al-

---

TOSKANA

Rebfläche: 80 000 Hektar

Ernte im Schnitt:
4 Millionen Hektoliter

Weinbaubetriebe:
circa 75 000

Export nach Deutschland:
circa 800 000 Hektoliter

Hauptsorten:
Trebbiano, Sangiovese

Chianti classico:
Rebfläche: 6000 Hektar

Ernte im Schnitt:
300 000 Hektoliter

Weinbaubetriebe: 900

Montalcino:
Rebfläche: 1000 Hektar

Ernte im Schnitt:
50 000 Hektoliter

Weinbaubetriebe: 100

Montepulciano:
Rebfläche: 400 Hektar

Ernte im Schnitt:
17 000 Hektoliter

Weinbaubetriebe: 40

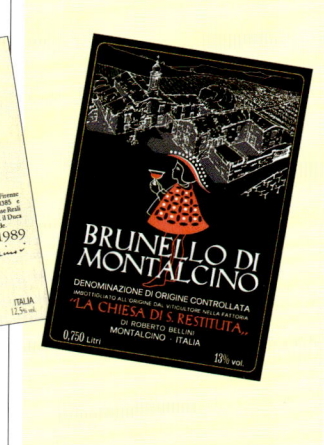

TOSKANA

te Flaschen erzielen sagenhafte Versteigerungserlöse. Wenn Sie diesen Wein einmal entkorken sollten, so denken Sie daran, daß die Flasche mindestens 24 Stunden vor dem Genuß geöffnet werden soll, damit sich durch den Luftsauerstoff die außerordentliche Duftfülle entfalten kann. Dagegen ist der rote Morellino di Scansano für normale Sterbliche erschwinglich. Auch er besteht vorwiegend aus der Sangiovese-Traube. Der leicht tanninhaltige, angenehm schmeckende Wein mit duftigem Bukett eignet sich für eine Lagerung von fünf bis acht Jahren.

Zu den zahlreichen beachtenswerten Weißen der Toskana zählt der Bianco di Pitigliano, ein strohgelber Tropfen, der manchmal einen leichten Bitterton hat. Überwiegend aus Trebbiano toscano besteht auch der Parrina bianco, er ist aber samtiger als der Bianco di Pitigliano und hat eine leichte Goldfärbung. Erwähnenswert ist der Vernaccia di San Gimignano, der übrigens als erster Wein im März 1966 den DOC-Status erhielt. Gut gemacht ist dieser grüngelbe, ungemein weiche, doch dichte, fast nach Olivenöl duftende Wein eine herrliche, altväterliche Kostbarkeit mit ausgewoge-nem Geschmack, ein Vino da meditazione, wie Liebhaber schwärmen. Die erste Erwähnung fand er im Jahre 1276 im Zusammenhang mit Steuerzahlungen. Dann wurde er in einer endlosen Reihe von Bewunderern besungen. Er tröstete Päpste und stand bei der Familie Medici auf der Hochzeitstafel, verschönerte das Leben von Monarchen und Magnaten. Heute läuft er Gefahr, immer mehr den modernen, geschmacklichen Erfordernissen angepaßt zu werden: leichter, frischer, fruchtiger – bis er von dem Reißbretterzeugnis Galestro kaum noch zu unterscheiden sein wird. Vom Vernaccia di San Gimignano gibt es auch einen Typ Liquoroso, der durch Alkoholzugabe gewonnen wird. Viele Weine der Toskana werden auch als Vin Santo (Stroh-

wein) ausgebaut, meist süß; es gibt ihn aber auch wie den Bianco della Valdinievole oder den Carmigiano in drei Geschmacksrichtungen: lieblich (dolce), halbtrocken (semisecco) und trocken (secco). Die Dessertweine sind durchweg lange lagerfähig.

Zum Schluß der Reise durch die Toskana will ich Ihnen noch die Weine der Insel Elba vorstellen. Der Elba Bianco paßt ausgezeichnet zu Fisch und Meeresfrüchten. Er besteht zu mindestens 90 Prozent aus der Rebsorte Trebbiano toscano, auch als Procanico bekannt, und soll innerhalb von zwei bis drei Jahren ausgetrunken sein. Der Elba Rosso besteht zu 75 Prozent aus Sangiovese und typischen Ergänzungssorten. Trocken und leicht gerbstoffbetont finden sich im Duft Anklänge von Myrte und Kiefernholz.

DOC-Weine:

Bianco della Valdinievole

Bianco di Pitigliano

Bianco Pisano di San Tropé

Bianco Vergine Val di Chiana

Bolgheri Bianco und Rosato

Brunello di Montalcino

Candia dei Colli Aquani

Carmigiano

Colline Lucchesi

Chianti

Elba

Montecarlo

Montescudaio

Morellino di Scansano

Moscadello di Montalcino

Parrina

Pomino

Rosso di Montalcino

Val d'Arba

Vernaccia di San Gimignano

Vino Nobile di Montepulciano

MITTELITALIEN

Was die Römer trinken

Die modernen Römer halten es ebenso wie ihre antiken Vorfahren. Wenn die Sommerglut über der Hauptstadt lastet, dann fliehen sie. Ein Teil stürzt sich in das Gewimmel der Strände von Ostia, den Rest zieht es in die Albaner Berge. Der erfahrene römische Genießer kennt dort einen Viticoltore, einen netten Winzer, der mit Liebe seine Trebbiano-Reben pflegt und in einer der vielen Tuffstein-Grotten einen urigen Hauswein herstellt. Die Gäste sitzen im Schatten auf langen Bänken, die Frau des Winzers schenkt aus dem Foietta-Krug ein und reicht Porchetta dazu, Rollbraten vom jungen Schwein mit reichlich Knoblauch und Rosmarin gewürzt. Es herrscht eine ausgelassene Stimmung ähnlich wie in Pfälzer Straußwirtschaften. Der Wein, nicht gefiltert, nicht geschönt, kaum geschwefelt, muß vor Ort getrunken werden, lautet eine Regel. Selbst die Fahrt bis nach Rom verträgt er nicht; in der Stadt angekommen, schmeckt er nicht mehr. Gewiß spielt dabei das Ambiente in der Kühle vor der Kellergrotte eine Rolle, das den Sommerschluck angenehmer macht als er tatsächlich ist. Die gelöste Stimmung läßt sich nicht transportieren. Das ist die eine, die schöne Seite des Frascati. Schon bald nach dem Krieg begannen deutsche Touristen den Wein mit dem eingängigen, frech klingenden Namen zu lieben. Heute gehört er zum Standard jeder besseren Pizzeria zwischen Saar und Oder. Etwa zwei Millionen Flaschen Frascati kommen so im Jahr nach Deutschland. Das wenigste davon stammt von den Rebgärten der gleichnamigen Stadt. Damit der grenzenlose Bedarf an Frascati gedeckt werden kann, schaute der Gesetzgeber bei jeder Ausweitung der Rebfläche interessiert, aber tatenlos zu. Um die namengebende Stadt herum liegen, von der kontrollierten Ursprungsbezeichnung DOC großzügig

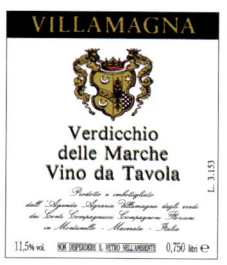

Das Latium gilt als eine Art Naherholungsgebiet der Metropole Rom, und es ist die Heimat des Frascati.

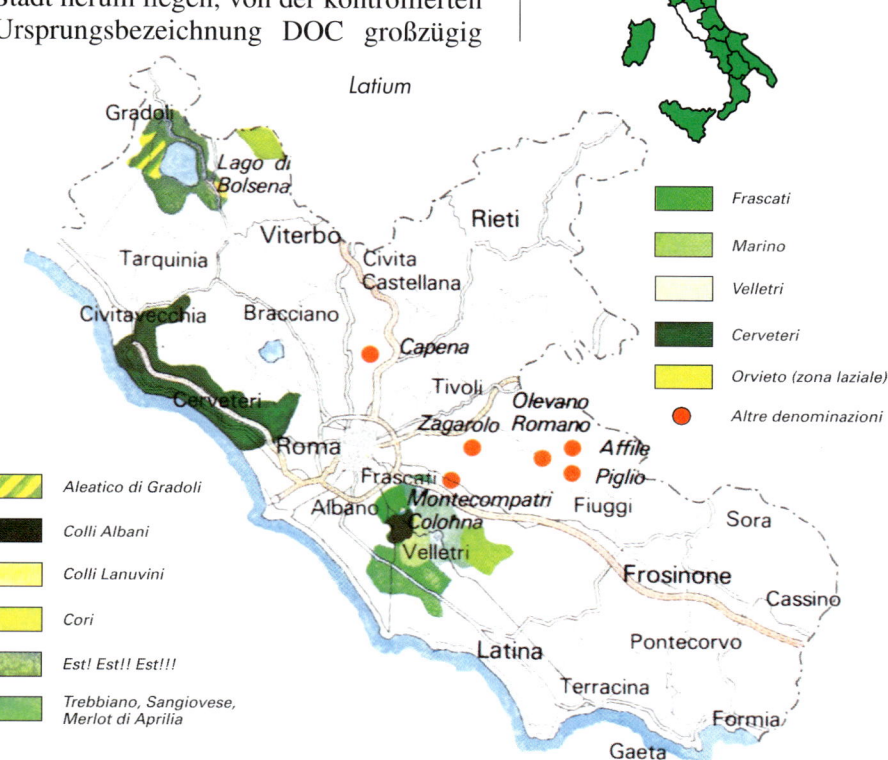

135

MITTELITALIEN

Umbrien

- Colli di Trasimeno
- Orvieto
- Torgiano
- Altre denominazioni

erfaßt, rund 2000 Hektar Weinberge, soviel wie im Rheingau zwischen Wiesbaden und Rüdesheim. Der Frascati ist ein Mischwein aus 70 Prozent Malvasia bianca di Candia und Trebbiano toscano sowie 30 Prozent Greca und Malvasia del Lazio. Seine Haltbarkeit wird mit zwei Jahren angegeben. Eine Besonderheit ist, daß er in den Geschmacksrichtungen secco (herb), asciutto (trocken), amabile (lieblich), dolce (süß) oder cannellino (süßlich) angeboten wird. Das Latium, wie die schöne, bergige Landschaft um Rom genannt wird, lieferte in früheren Jahrhunderten einige der wichtigsten Weine Europas.

Der Wein mit dem ausgefallenen Namen »Est! Est!! Est!!! di Montefiascone« soll denselben nach der folgenden Überlieferung erhalten haben: Der aus dem Hause Fugger in Augsburg stammende Geistliche Johannes schätzte guten Wein so sehr, daß er auf Reisen einen Diener vorausschickte, der die Weine probierte und das Ergebnis mit Kreide an den Türen der Wirtshäuser aufschrieb. »Est« bedeutete »vinum bonum est«. Der Diener war von dem Wein in Montefiascone so begeistert, daß er dreimal »Est« anschrieb, und Johannes Fugger soviel davon trank, daß er dort starb. Zur Erklärung sei gesagt, daß es sich um einen trockenen Weißwein handelt – Hauptbestandteil Trebbiano toscano oder procanico – der sich als Begleiter zu Fischgerichten aller Art eignet. In der Region Umbrien dominiert der Orvieto. Der Weißwein, der um die auf einem 200 Meter hohen Tuffstein-Hügel gelegene, altehrwürdige Stadt wächst, wurde vor 500 Jahren erstmalig erwähnt, als Teil der Entlohnung für die Künstler, die an der Ausgestaltung des Domes von Orvieto, einer der schönsten Kirchen Italiens, arbeiteten. Früher gab es ihn secco und abboccato (lieblich), doch der liebliche Typ hat stark an Bedeutung verloren, wie ganz allgemein der Wein als das Ergebnis neuer kellertechnologischer Verfahren »moderner« wird, weniger oxydativ, frischer und ausgewogener, und damit seine Einmaligkeit, sein Profil verliert. Die überragende Figur der Landschaft ist zweifellos Dottore Giorgio Lungarotti, der nahe Perugia ein staunenswertes Reich aufbaute. Das kleine DOC-Gebiet Torgiano, eben mal 300 Hektar groß, gehört ihm allein. Sein Weingut ist schon heute eine mittelgroße Kellerei, die zwei Millionen

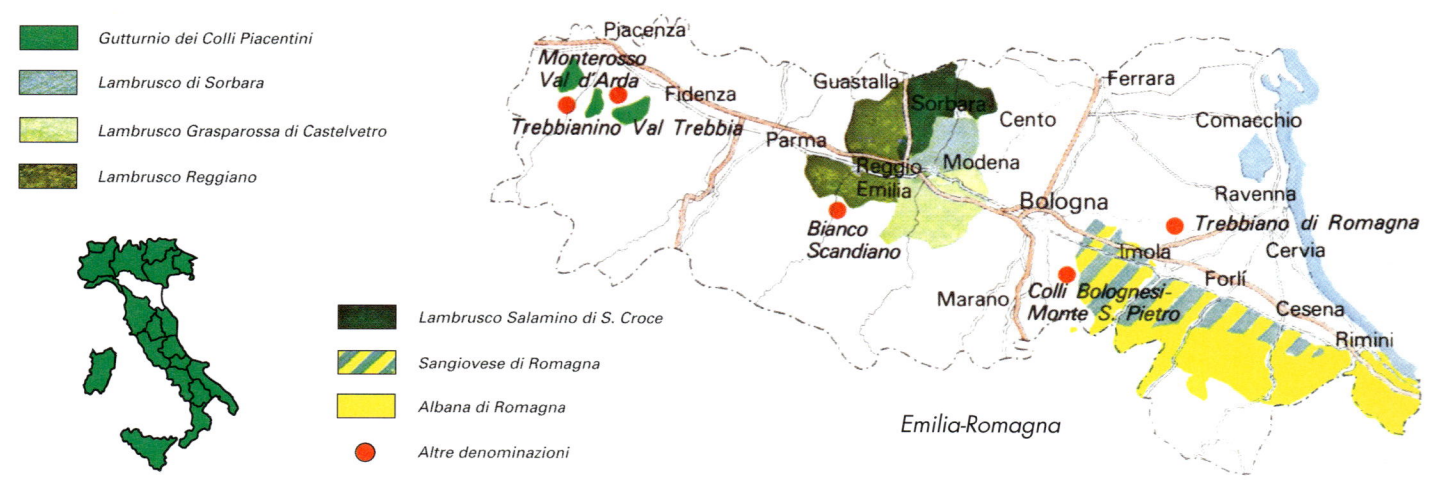

- Gutturnio dei Colli Piacentini
- Lambrusco di Sorbara
- Lambrusco Grasparossa di Castelvetro
- Lambrusco Reggiano
- Lambrusco Salamino di S. Croce
- Sangiovese di Romagna
- Albana di Romagna
- Altre denominazioni

Emilia-Romagna

MITTELITALIEN

Ob Emilia-Romagna, Marken oder Umbrien – wo Italien nicht allzu touristisch ist, haben Genießer immer wieder die Chance, interessante Wein-Entdeckungen zu machen.

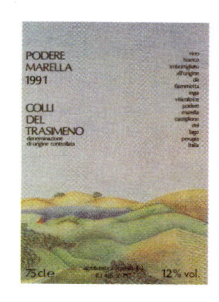

Flaschen jährlich füllt, und das von einer gleichbleibend hohen Qualität. Ich bin sicher, daß in Umbrien noch manche Entdeckung möglich ist, zum Beispiel die herrlichen, rustikalen Rotweine von Montefalco, die ich in Italien mit Vergnügen probierte, die aber ihren Weg noch nicht in die Regale deutscher Händler gefunden haben.

Ein großer Schritt auf die adriatische Seite Mittelitaliens: Die Emilia-Romagna ähnelt in vielem dem Latium. Die Bürger von Bologna, einer Stadt der Feinschmecker, wissen nur zu genau, wo es in der Umgebung süffige Tröpfchen direkt ab Faß zu kosten gibt. Dort unten kann sogar der Lambrusco eine Köstlichkeit sein, gar nicht süß, gut zum Parma-Schinken zu schlürfen. Rebfläche und Ernte in der Emilia-Romagna sind etwa so groß wie die von Deutschland. Der meiste Wein wächst auf unüberschaubaren Plantagen in der Ebene, immer entlang der Autostrada 14, die nach Rimini und Cattolica führt. Vieles davon kommt als Sekt-Grundwein zu uns. Dabei sind die Hügel um Piacenza, Parma und Bologna wie geschaffen, hübschen Vino bianco und saftigen Vino rosso hervorzubringen. In der Landschaft sind die vergnüglichen Schoppen reichlich zu finden, gar nicht teuer. Gutes ist aus der Gegend um Faenza zu erwarten, auf halbem Wege zwischen Bologna und Rimini gelegen. Dort gedeiht die anspruchsvolle Traube Albana, die einen gehaltvollen Weißwein ergibt. Er schmeckt meist angenehm trocken, wird aber auch als edelsüßer »Passito« angeboten. Die Albana di Romagna erhielt die Super-Qualitätswein-Bezeichnung DOCG (Denominazione di origine controllata e garantita, kontrollierte und garantierte Ursprungsbezeichnung). Die Winzer mußten sich dafür zu einer scharfen Selbstkontrolle durchringen; am Ende war nur die Hälfte ihrer Produktion gut genug, mit dem stolzen Titel ausgezeich-

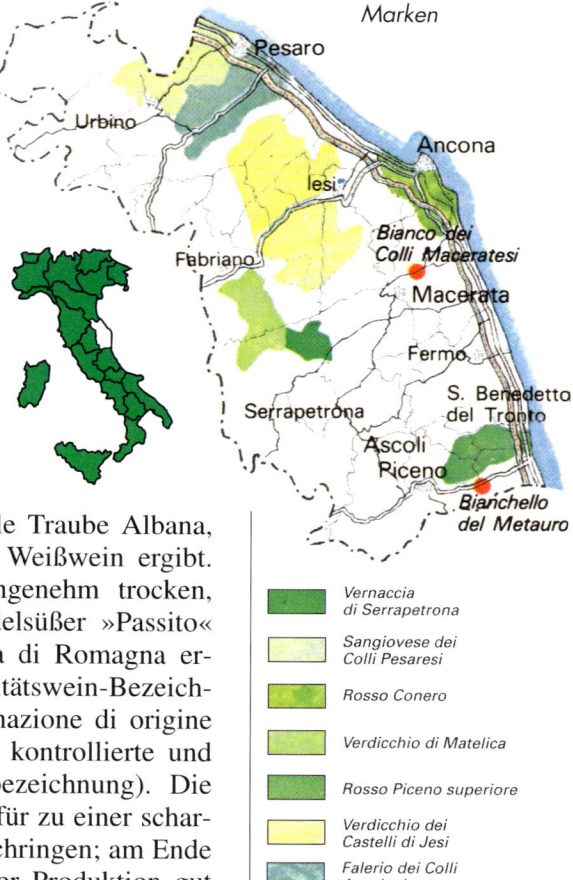

Marken

- Vernaccia di Serrapetrona
- Sangiovese dei Colli Pesaresi
- Rosso Conero
- Verdicchio di Matelica
- Rosso Piceno superiore
- Verdicchio dei Castelli di Jesi
- Falerio dei Colli Ascolani
- Altre denominazioni

MITTELITALIEN

Montepulciano d'Abruzzo

Trebbiano d'Abruzzo

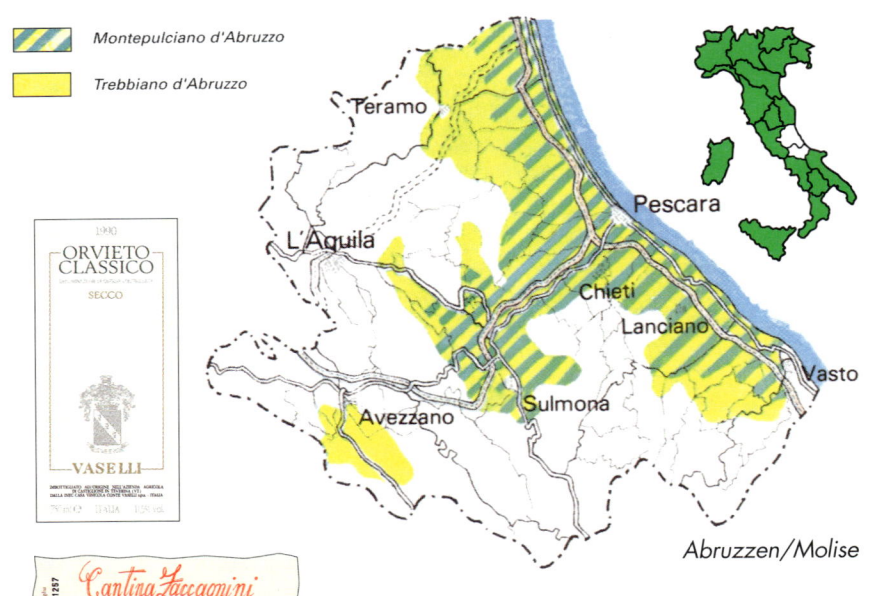

Abruzzen/Molise

net zu werden. Birgt die Emilia-Romagna das Potential einer zukünftig guten Einkaufsquelle – die Marken (italienisch: Marche), das grüne Land um die Hafenstadt Ancona, sind es bereits. Spitzensorte dort ist der Verdicchio, aus dem ein nach Blüten duftender und leicht nach Bittermandeln schmeckender Weißwein gekeltert wird. Am besten gerät er in dem hügeligen Ländchen rund um die Stadt Jesi. Dieser unkomplizierte Tischwein wird traditionell in Flaschen gefüllt, die hohen Amphoren ähneln und arg touristisch aussehen. Deshalb lehnen viele Ästheten den Verdicchio ab. Von den DOC-Rotweinen sind der Rosso Conéro und der Rosso Piceno empfehlenswert. Es sind trockene, anfangs kernige Weine, die mit längerer Lagerung zunehmend geschmeidig und samtig werden. Ihre Haltbarkeit liegt bei drei bis sechs Jahren. Südlich daran schließt sich die Doppel-Region Abruzzen und Molise an, für jeden italienischen Genießer zuerst einmal bekannt wegen der besten Nudeln überhaupt. Die Weinberge reichen hoch, von westlichen Wet-

MITTELITALIEN

Latium:
Rebfläche: 65 000 Hektar

Ernte im Schnitt:
5,2 Millionen Hektoliter

Hauptsorten:
Malvasia, Trebbiano

Emilia-Romagna:
Rebfläche: 75 000 Hektar

Ernte im Schnitt:
9,2 Millionen Hektoliter

Hauptsorten: Albana, Sangiovese, Trebbiano, Lambrusco

DOC-Weine:
Latium:
Aleatico di Gradoli, Aprilio Sangiovese, Bianco Capena, Cerveteri, Cesanese del Piglio, Cesanese d'Affile, Cesanese d'Olevano Romano, Colli Albani, Colli Lanuvini, Cori, Est! Est!! Est!!! di Montefiascone, Frascati, Marino, Merlot di Aprilia, Montecompatri Colonna, Trebbiano di Aprilia, Velletri, Zagarolo

MITTELITALIEN

anständige Weine zu günstigen Preisen. Am angenehmsten ist der weiße Vermentino di Gallura aus dem Norden, ein Rebsortenwein aus der Traube Vermentino, trocken bis halbtrocken mit dezentem Mandelton. Auf der ganzen Insel wächst der Cannonau di Sardegna, der ebenfalls zu empfehlen ist, ein feuriger Rotwein aus der gleichnamigen Traube, der kräftig nach Pflaumen und etwas Zimt schmeckt. Der führende DOC-Wein ist der Nuragus di Cagliari, ein Weißwein, ein »Fischwein«, vorwiegend aus der Rebsorte Nuragus mit den Ergänzungssorten Trebbiano, Vermentino und anderen gekeltert. Die Genossenschaften haben in Sardinien einen hohen Stand. Das regionale Kreditinstitut »Banco di Sardegna« unterstützt den vorerst noch geringen Export, doch werden wir uns darauf einstellen können, bald ein größeres Angebot sardischer Weine in Deutschland zu finden.

ter-Unbilden durch das Gran-Sasso-Massiv geschützt. Nicht wenige erfahrene Genießer sagen, daß am östlichen Rand der Abruzzen grundsätzlich die besten Rotweine Italiens wachsen, ausgestattet mit überreichem Extrakt, mit viel Gerbstoff und Alkohol, der aber nie hitzig oder gar plump wirkt, weil er von einer herzhaften Säure umspielt wird. Dieser Rosso ist vollkommener Begleiter der kräftigen regionalen Küche, und er hat alle Anlagen, sehr alt zu werden. Wichtigste Rebsorte ist der Montepulciano, eine Spielart des toskanischen Sangiovese. Die Winzer der Gegend, bescheidene Menschen, geben sich leidlich Mühe, die Trauben ordentlich zu verarbeiten. Die Weine sind gediegen, doch mit einigem Ehrgeiz könnten wahrhaft große Gewächse entstehen. Der Montepulciano wird, schnell abgepreßt, auch zu »Cerasuolo« (Rosé) verarbeitet. Aus der toskanischen Trebbiano-Traube bereiten die Winzer Weißwein, der sehr viel Alkohol enthält. Zu Mittelitalien gehört auch die Insel Sardinien, deren Menschen sich um einen ruhigen Tourismus bemühen und lieber auf die schnelle Lira verzichten, bevor sie ihr Land zerstören. Es gibt

Umbrien:
Colli Altotiberini,
Colli del Trasimeno,
Montefalco und Montefalco Sagrantino,
Orvieto,
Torgiano,
Colli Perugini

Emilia-Romagna:
Albana di Romagna,
Bianco di Scandiano,
Colli Bolognesi,
Colli di Parma, Colli Piacentini, Lambrusco,
Sangiovese di Romagna,
Trebbiano di Romagna

Marken:
Bianchello del Metauro,
Bianco dei Colli Maceratesi,
Falerio dei Colli Ascolani,
Lacrima di Moro,
Rosso Conero,
Rosso Piceno,
Sangiovese dei Castelli di Jesi, Verdicchio di Matelica,
Vernaccia di Serrapetrona

Abruzzen und Molise:
Biferno,
Montepulciano d'Abruzzo,
Pentro d'Isernia,
Trebbiano d'Abruzzo

Sardinien:
Campidano di Terralba,
Cannonau di Sardegna,
Carignano del Sulcis,
Girò di Cagliari,
Malvasia di Bosa,
Mandrolisai,
Monica di Cagliari,
Moscato di Cagliari,
Nasco di Cagliari,
Nuragus di Cagliari,
Vementino di Gallura,
Vernaccia d'Oristano

MEZZOGIORNO

Hellenische Erbschaften

Süditaliens Provinzen Kampanien, Kalabrien, Apulien und die Insel Sizilien verfügen über eine traditionsreiche Weinwirtschaft. Vom schweren Südwein bis zum knackig-leichten Rosé reicht die Angebotspalette.

Grausam war die Herrschaft einst im »Königreich beider Sizilien«, aber nicht weniger blühend. Sein Territorium, das auch den Bereich von Neapel umfaßte, erstreckte sich von dort bis Ragusa und war berühmt für seine Früchte und seinen Wein. 1860 organisierte der Umstürzler Giuseppe Garibaldi, nachdem ihm bereits drei Aufstände mißlungen waren, endlich den »Marsch der Tausend«, jagte den Bourbonen-König samt Gefolge aus Sizilien und entmachtete die Padroni, die wohlhabenden Landesherren. Der Mezzogiorno genoß seine hart erkämpfte Freiheit, doch bald gerieten die Menschen in eine neue, schleichende, nirgendwo zu packende Abhängigkeit. Süditalien zählt heute zu den ärmsten Regionen Europas, ausgesaugt von einem verbrecherischen Geheimbund. Die Regierungen in Rom schossen Milliarden in die »Cassa per il Mezzogiorno«, die spurlos versickerten. Die Bauern in Kampanien lassen ihre Äcker liegen, weil sie von der Ernte nicht mehr leben können, und strömen in die Stadt, in der trügerischen Hoffnung, dort mehr zu verdienen. Das einst reiche Rebland hat heute zu wenig Wein, muß aus anderen Gegenden hinzukaufen, wodurch wiederum manches Geld abfließt, das in der Region dringend benötigt wird. Die Casa Vinicola Michele Mastroberardino war zu Beginn des Jahrhunderts eine von Dutzenden Kellereien in der Campania, die erste Adressen in aller Welt belieferten. Die meisten sind längst vergessen, nur Mastroberardino blieb wie ein gutes altes Möbelstück, der letzte der großen Namen in dem antiken Weinland südlich von Neapel. Dort gedeihen noch die gleichen Reben, die griechische Siedler vor 3000 Jahren pflanzten: Greco, Troia, Aglianico (die hellenische Traube). Die daraus gekelterten Weine sind dicht, fremdartig und schwer zugänglich, brauchen viele Jahre zum Reifen. Wer oberflächlichen Reiz sucht, kann mit diesem flüssigen Altgold gewiß nichts anfangen. Ein solcher Schatz will mit der ganzen Seele genossen werden, in winzigen Schlucken. Mastroberardinos Urenkel, die Brüder Angelo, Antonio und Walter, halten unverrückbar am alten Stil fest, auch wenn sie ihre Kellerei gründlich modernisierten. Die Firma hat einen schweren Stand. Wer besitzt in einer Zeit, die nach schnell reifenden Weinen giert, noch die Muße, sich in beliebte, antike Klassiker wie den Taurasi oder den Greco di Tufo zu versenken? Die Nachfrage ist noch nicht einmal das größte Problem. Weit mehr Schwierigkeiten bereitet die Beschaffung der alten Trauben, die langsam reifen und niedrigste Ernten liefern. Die in Kampanien zurückgebliebenen Winzer pflanzen lieber moderne, reichlich tragende Sorten, die letztlich mehr Geld bringen; für die Umstellung gibt es staatliche Zuschüsse. Die Mastroberardinos schlossen Verträge mit jedem Bauern, der die alten Reben behielt. Sie begannen, zum erstenmal in der Ge-

MEZZOGIORNO

Basilicata

Aglianico del Vulture

Potenza

Matera

Lauria

schichte des Unternehmens, selbst zu pflanzen. Der bekannteste Wein Kampaniens ist der Vesuvio, der sich als »Lacryma Christi« (Tränen Christi) noch besser verkaufte, aber ein neues DOC-Reglement bekommen hat und den es traditionsgemäß weiß, rosé und rot gibt. Der Weiße darf, wenn er einen Alkoholgehalt von 12 Grad hat, auch weiterhin als Lacryma Christi bezeichnet werden. Es ist für einen Mitteleuropäer schon ein Erlebnis, einen Wein von den Hängen des Vesuvs zu trinken, und wenn er dazu einen solchen Namen hat, läßt das einen ehrlichen Christen auch über eventuelle Mängel im Geschmack hinwegsehen.

Ähnliche Armut wie in Kampanien grassiert auch in der sich südlich anschließenden Basilicata. Der Name kommt aus dem Griechischen und bedeutet: königliches Land. Die Menschen dort warten auf Hilfsgelder aus Rom, die mafiös verrinnen. Die bäuerliche Gegend ist zu weit von den Städten entfernt, als daß Landflucht einsetzen könnte. Auf 14 000 Hektar (so groß wie das Weinland Baden) werden rund 500 000 Hektoliter eines alkoholreichen, tiefdunklen Rotweins erzeugt. Grundsätzlich wachsen in der Basilicata großartige Weine, die besten an den bis zu 600 Meter hohen Hängen des Monte Vulture, eines erloschenen Vulkans. Dort hat sich Donato D'Angelo einen in Europa bekannten Namen geschaffen. Sein spät gelesener Aglianico del Vulture, nicht ganz so konservativ gefertigt wie der von Mastroberardino, steht auf den Karten guter Ristoranti in Deutschland. Er ist übrigens der einzige DOC-Wein der Region, als solcher aber beinahe eine archäologische Entdeckung: eine Traube, die

griechische Kolonisten aus ihrer Heimat mitgebracht haben und die hier zu einem der besten, ausdrucksvollsten Rotweine Italiens kultiviert wurde. Noch weiter südlich: Kalabrien am Golf von Tarent erzeugt mehr als eine Million Hektoliter Wein, der 15 bis 16 Grad Alkohol besitzt und in Frankreich zur Abrundung von Tafelweinen sehr begehrt ist. Einen guten Namen haben Rotwein und Rosé von den Weingärten der Hafenstadt Cirò, gekeltert aus der anderswo unbekannten Gaglioppo-Traube (auch ein griechischer Name). Einige Kellereien geben sich Mühe mit diesem wuchtigen Wein, der anläßlich der Olympischen Spiele des Altertums den Athleten gereicht wurde. Eine etwas frühere Lese und Kühlung in den Kellern, die den Most langsamer gären läßt, bringen heute elegantere Weine, die nicht mehr so von Alkohol strotzen. Auch der Cirò bianco aus der Rebe Greco bianco wurde auf modern getrimmt. Ein guter Begleiter zum Essen, nicht zu verwechseln mit dem Greco di Bianco, dessen Name daher rührt, daß er um die Ortschaft Bianco an der Spitze des italienischen Stiefels wächst. Im benachbarten Apulien, dem weiten Weinland am Absatz des italienischen Stiefels, ist der durchschnittliche Alkoholgehalt aller Weine seit den frühen achtziger Jahren von 15 auf 13 Grad gesunken. Auch dort wird immer zeitiger

Ein Gutteil der Ernte aus dem Mezzogiorno geht als konzentrierter Dickmost zum Anheben schwachbrüstiger Tropfen in nördliche Gefilde – obschon ein gutes Geschäft, viele Winzer bedauern es.

Kalabrien

Castrovillari

Rossano

Paola

Cosenza

Cirò

Monte Pollino

Donnici

Melissa

Savuto

Crotone

Nicastro

Catanzaro

Lamezia

Vibo Valentia

Reggio di Calabria

Greco di Bianco

- Cirò
- Savuto
- Pollino
- Altre denominazioni

MEZZOGIORNO

Mezzogiorno

Apulien:

Rebfläche: 180 000 Hektar

Ernte im Schnitt:
11 Millionen Hektoliter

Hauptsorten:
Primitivo, Negroamaro

Sizilien:

Rebfläche: 160 000 Hektar

Ernte im Schnitt:
8 Millionen Hektoliter

Hauptsorten: Cataratto, Trebbiano, Calabrese

DOC-Weine:

Campanien:
Capri,
Fiano d'Avellino,
Greco di Tufo,
Ischia,
Solopaca,
Taburno/Aglianico del Taburno,
Taurasi,
Vesuvio

---

geerntet, um der Nachfrage nach leichteren, frischeren Weinen zu entsprechen. Die altgewohnten dicken Moste gibt es immer noch reichlich. Sie fließen meist in Richtung Norden, zum Verschneiden bestens geeignet. Ein großer Teil des apulischen Weins wird zu Konzentrat verkocht, mit dem Kellereien im Veneto und im Piemont die nicht vollreif gewordenen Erzeugnisse anreichern. Anders als in Frankreich und Deutschland ist es dort verboten, den Alkohol mit Hilfe von Zucker zu mehren. Der Dickmost ist ein gutes Geschäft, mit dem sich die großen apulischen Genossenschaften am Leben erhalten. Die regionalen Politiker suchen nachhaltig Verbindung zu den EU-Behörden. Aus süditalienischer Sicht könnte nichts Besseres geschehen, als wenn der gesamte mitteleuropäische Weinbau statt Zucker das Konzentrat verwendete. Es gibt genug Marktordner in Brüssel, die gerne auf diese Forderungen eingehen. Sie sehen es als wohlfeile Möglichkeit, die nicht zu bändigenden Wein-Überschüsse teilweise abzubauen. Der Gedanke jedoch, in Mosel-Riesling apulisches oder sizilianisches Traubensaft-Konzentrat wiederzufinden, scheint ein wenig sonderbar. Der wohl angesehenste Winzer der Region ist Pienicola Barone Leon de Castris. Seine Kellerei ist modern, um rationell und vor allem klinisch sauber wirtschaften zu können. Doch am Stil der Weine hat sich seit den zwanziger Jahren wenig geändert. Der gewichtige rote Salice Salentino, benannt nach dem Sitz des Unternehmens nahe Brindisi, schmeckt noch heute wie vor Jahrzehnten. Der Wein hat in Deutschland viele Freunde. Nach wie vor gibt es bei Leon de Castris den Anfang des Jahrhunderts geborenen »Five Roses«, einen üppigen, schwermütigen Rosé, den die Vanderbilts, die Rockefellers, die Kautschuk-Barone in São Paulo früher schlürften, eine Berühmtheit wie Champagner. So hält auch sein Nachbar, Vittore Cosimo Taurino, an seinem berühmten Notarpanaro-Wein fest, der nach getrockneten Pflaumen und Rosinen schmeckt und ein großartiger Schluck zu einem festlichen Essen ist. Das Weinland Apulien, das sich über 300 Kilometer erstreckt, hat fast doppelt so viele Rebgärten wie Deutschland, und die Ernten sind etwa so groß wie bei uns. Der größte Teil ist für den Verbleib im Lande oder auch zur Weiterverarbeitung bestimmt, nur ein kleiner Teil wird exportiert. Da spielt oft eine gewisse Romantik mit, wie bei den Weinen – weiß, rosé und rot – von Castell del Monte, dem Lieblingsaufenthalt des Staufer-

MEZZOGIORNO

kaisers Friedrich II. oder auch bei dem gravitätischen Rosso di Barletta, einem Roten alten Stils, der bei einem Wettbewerb ausgerechnet im Piemont die höchste Auszeichnung errang. Hersteller ist die Cantina sociale von Barletta, die neben dem herzerwärmenden, bewährt-altväterlichen Tropfen einen verblüffend leichten, frischfruchtigen Markenwein mit dem Label Léontine aus früh gelesenen Trauben anbietet, bianco und rosato, der dem Zeitgeist entspricht. Im Museum von Siracusa auf Sizilien liegen Wein-Amphoren aus der Zeit 1500 vor Christus. Archäologische Funde belegen, daß es auf der Insel bereits vor 5000 Jahren Rebbau gab. Phönizier, Hellenen und Römer pflegten die Weingärten. Aus dieser Zeit stammt auch die Bacchus-Legende. Der junge Gott Bacchus, der einst von Griechenland nach Sizilien kam, sah bei einer Rast zu seinen Füßen eine schöne, unbekannte Pflanze. Er nahm sie mit, um sie in den hohlen Knochen eines Vogels zu setzen. Während er weiter wanderte, wuchs die Pflanze, so daß er sie in einen Löwenknochen pflanzen mußte, dann in einen Eselsknochen und später in einen Einbaum. Die Weinrebe, denn darum handelte es sich, brachte große Trauben hervor. Bacchus preßte sie aus und machte davon Wein. Später interpretierte man die Legende so: Mäßiger Gebrauch von Wein macht dich leicht wie einen Vogel, regelmäßig und in Maßen genossen macht er dich stark wie einen Löwen. Unmäßiger Gebrauch aber verwandelt einen Mann in einen Esel. Am meisten gelobt wurde der Wein vom Ätna. Seine Eigenschaften wurden dem vulkanischen Boden und der vulkanischen Wärme zugeschrieben. Später waren die Araber die Herren des Landes. Ihnen verbot der Koran, Alkohol zu trinken. Das schlug sich natürlich negativ auf den Weinbau nieder. Dann ging es wieder bergauf, im 16. Jahrhundert begann die Welt sich zu erinnern. Die Ritter von Malta und der Papst waren die ersten Kunden, Adel in aller Welt und das Bürgertum zogen nach. Engländer investierten in Sizilien. Es war ein großer Tag, als Woodhouse einen Vertrag mit Admiral Nelson schloß, wonach die Belieferung der britischen Flotte mit Marsala gewährleistet wurde. Sizilianischer Wein wurde im vorigen Jahrhundert in den besten Pariser Häusern getrunken.

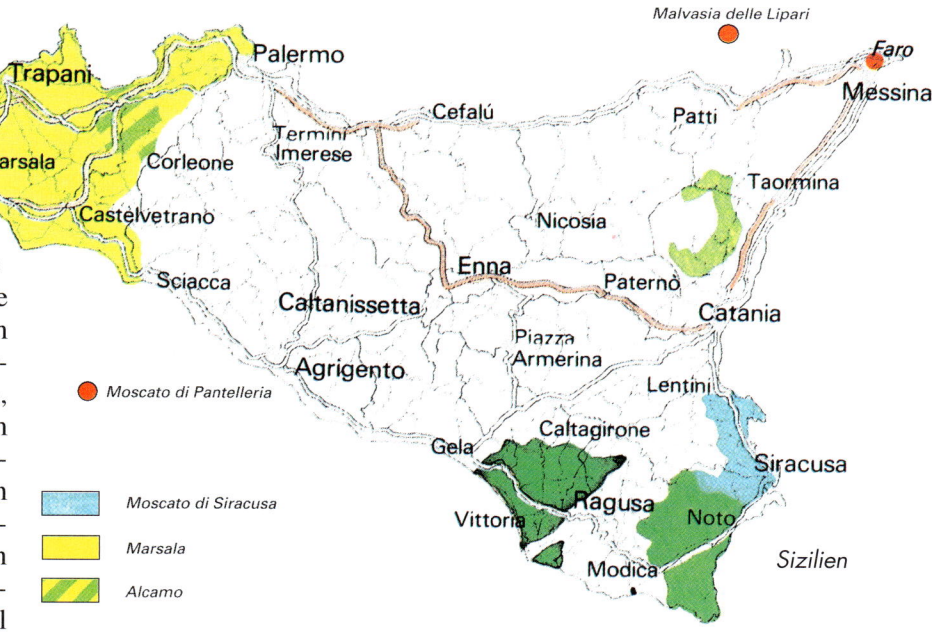

Die Weinbaufläche Siziliens war meist größer als die in Deutschland. Heute bläst der Wind den Winzern ins Gesicht, denn die schweren Süßweine, mit denen Sizilien die Welt lange versorgte, entsprechen nicht dem Geschmack unserer Zeit. Bedeutende Kellereien fahren notgedrungen zweigleisig, um zu überleben. Sie bringen knackigfrische Rosés und Weißweine auf den Markt, mit wenig Alkohol. Die eleganten Flaschen sind derzeit ein Renner unter deutschen Liebhabern der Cucina italiana.

Basilicata:
Cirò, Donnici, Greco di Bianco, Lamezia, Melissa, Pollino, Sant'Anna d'Isola Capo Rizzuto, Savuto

Apulien:
Aleatico di Puglia, Alezio, Brindisi, Cacc'emmitte di Lucera, Castel del Monte, Copertino, Gravina, Leverano, Locorotondo, Martina Franca, Moscato di Trani, Orta Nova Rossa, Ostuni, Ostuni Ottavianello, Primitivo di Manduria, Rosso Barletta, Rosso Canosa, Rosso di Cerignola, Salice Salentino, San Severo, Squinzano

Sizilien:
Alcamo, Cerasuolo di Vittoria, Etna, Faro, Malvasia delle Lipari, Marsala, Moscato di Noto, Moscato di Pantelleria, Moscato di Siracusa

VINHO BRANCO

ENGARRAFADO NA REGIÃO

PRODUCE OF PORTUGAL

BOTTLED AND SHIPPED BY
VINÍCOLA DO VALE DO DÃO, LDA.
VISEU - PORTUGAL

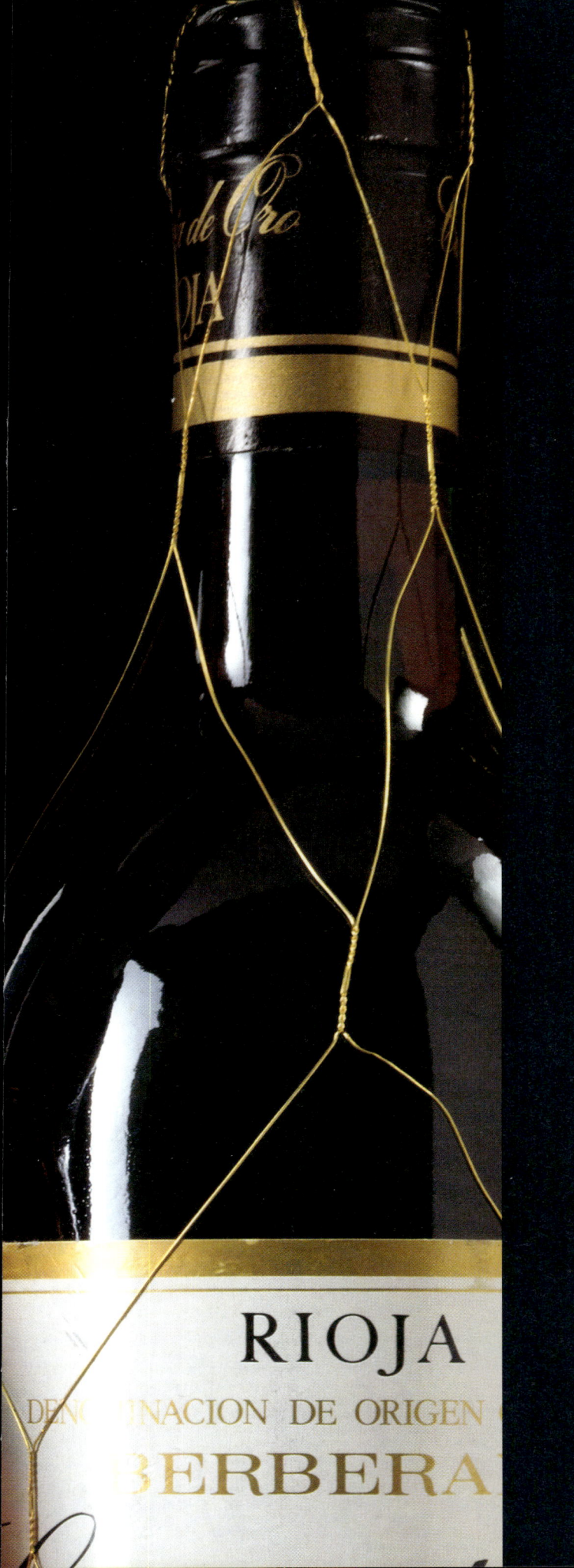

IBERIENS AUFBRUCH

Iberien tat sich lange schwer mit Europa. Die Pyrenäen erschienen wie eine Mauer, zu Südamerika gab es stets innigere Beziehungen, allein wegen der Sprachen. Doch jetzt herrscht Aufbruch-Stimmung bei den Winzern in Spanien und Portugal. Gewaltige Summen fließen in den Bau neuer Bodegas, in die Modernisierung rückständiger Keller. Mehr denn je bemüht sich Iberiens Weinwirtschaft um hohe Qualität, um in den Wettbewerb mit dem restlichen Europa eintreten zu können. Aus Gegenden mit nie gehörten Namen kommen jetzt große Gewächse.

SPANIENS PROVINZEN

SPANIENS PROVINZEN
Pioniere überall

Über 1,5 Millionen Hektar spanischen Bodens sind mit Reben bepflanzt. Hier entstehen Weine ganz unterschiedlichen Charakters, die weltweit immer mehr Liebhaber und Liebhaberinnen finden.

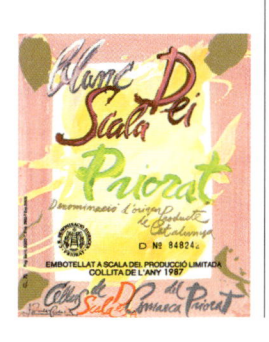

Ziehen wir von Spanien Rioja und Navarra ab (die beiden führenden Wein-Regionen werden eigens beschrieben). Was bleibt dann? Zum Beispiel die Mancha, glutheißer Mittelpunkt der iberischen Halbinsel: In der ständig staubenden, wehmütig machenden Steppe, gelegen auf einem 700 Meter hohen Plateau, verbreiten sich fünfmal mehr Rebgärten, als es in Deutschland gibt. Don Quijotes Heimat stillt die große Nachfrage nach Weinen für den Alltag, meist Weißweine, die dank vorgezogener Lese der Airen-Trauben heute nicht mehr gar so alkoholisch sind wie ehedem. Immer wieder ist festzustellen, daß in der Mancha auch noble Weine wachsen, wenn sie gekonnt bereitet werden. Auch in der benachbarten Region Valdepeñas finden sich gute Tropfen. Spanien – das ist auch die Levante an der Ostküste, das Land um die geschäftige Hafenstadt Valencia. Von dort kommen meist tintige, schwere Rotweine, zum Verschneiden bestens geeignet. Früher kauften die Winzer an der Ahr, in der Pfalz und in Württemberg gerne den pechschwarzen Alicante, mit dem sie ihren eigenen Erzeugnissen etwas mehr Farbe verleihen konnten, was heute verboten ist. Valencia ist Zentrum des levantinischen Weinhandels. Spanien – das sind auch einige Wein-Provinzen voller Unruhe und

SPANIENS PROVINZEN

Ehrgeiz, deren tüchtige Winzer nicht länger zuschauen, daß alle Welt nur über die erhabenen Reservas der Rioja spricht, als ob das reiche Land nicht mehr zu bieten hätte. Folgen wir, wie stets in diesem Buch, dem Lauf der Sonne. Im Nordosten Iberiens, wo die Menschen Wert darauf legen, weder Spanier noch Franzosen zu sein, vielmehr Katalanen, machen die Weine aus dem Penedés ständig mehr von sich reden. Eigentlich ist das Gebiet südlich von Barcelona für seinen meist guten, handgerüttelten Cava-Sekt bekannt. Doch will sich Katalonien auch mit Stillweinen hervortun. Pionier des Penedés ist der 1991 verstorbene Miguel Torres, Begründer der gleichnamigen Großkellerei. Wie ein fanatischer Sammler steckte er die vom Vater ererbten, aus Öl-Geschäften stammenden Millionen in bestes Rebland und bewies, daß dort Besseres gedeihen kann als nette Xarel-lo- und Macabeo-Trauben, die überwiegend in den Sekt gehen. Torres wollte Rotwein von der Bordelaiser Art und ließ sich aus Frankreich Cabernet- und Merlot-Reben kommen. Die Kellerei fertigt daraus heute gediegene Tropfen, die gottlob nie Franzosen geworden, sondern Spanier geblieben sind. Miguel Torres jun. führt den Besitz im Sinne des Vaters weiter, noch ehrgeiziger, mit noch mehr Freude am Versuchen. An den Hängen der Sierra Llacuna in fast 800 Meter Höhe pflanzte er rheinischen Riesling, den er nach seiner aus Frankfurt stammenden Ehefrau »Waltraud« nennt. Torres zeigt, daß ein weitgreifender Betrieb mit 600 Hektar Reben – mehr, als am Mittelrhein stehen – nicht unbedingt Masse fertigen muß. Auch die Weine für den Alltag sind ordentlich, und vom besten Rebhang, Mas de Planta, ausschließlich mit Cabernet-Sauvignon bestockt, erzeugt Torres Spitzengewächse. Sein Vorbild macht Schule. Ein Zugereister, Jean León, erregt Aufsehen mit seinem auf Flaschen gefüllten Feuer. Zu loben ist auch das kleine Priorato-Gebiet südlich des Penedés. Dort gibt es einen Ort mit dem bezeichnenden Namen Scala Dei (Gottestreppe). Die örtliche Genossenschaft erzeugt den wohl wuchtigsten Wein Spaniens, am besten zu trinken, wenn's draußen friert.

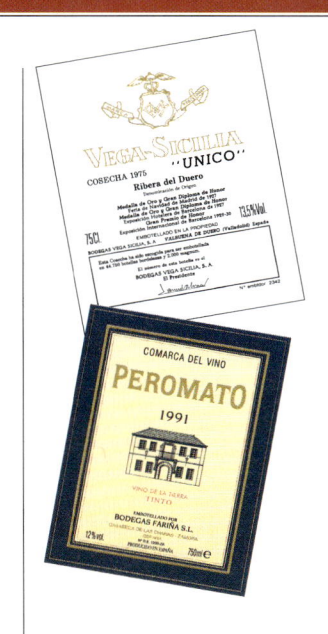

Im Sog des Markterfolges von Rioja ziehen auch die übrigen Anbaugebiete nach: Ob Penedés, Ribera del Duero, Rueda, Terra Alta oder Valdepeñas – die Winzer verbinden die Erkenntnisse ihrer 3000jährigen Weinbautradition mit neuesten önologischen Standards und liefern inzwischen oft Hochklassiges.

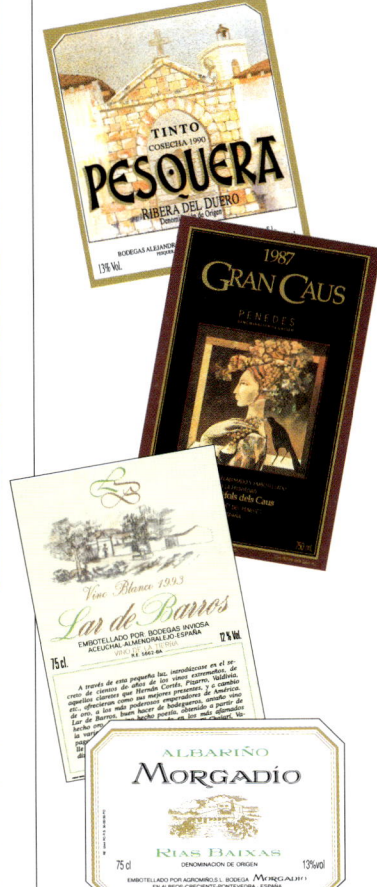

SPANIENS PROVINZEN

Von den Likörweinen, wie Sherry oder Málaga, bis zu den oft hervorragenden Schaumweinen, den Cavas, reicht das Spektrum spanischer Erzeugnisse aus Trauben. Jede junge Ernte wird kritisch geprüft (oben).

Überspringen wir die Rioja und folgen dem Fluß Duero, der in Portugal Douro heißt und in den Atlantik mündet. Drei staunenswerte Wein-Regionen liegen dort aufgereiht. Die Ribera del Duero am Oberlauf fiebert in schöpferischer Unruhe. Ständig werden neue Bodegas gegründet, alle zu dem Zweck errichtet, die bestmöglichen Weine zu erzeugen. Es mag an Spaniens Beitritt zur Europäischen Union liegen oder nicht, der Weinmarkt hat einen einheitlichen, internationalen Geschmack entwickelt und dem kommen Weine aus dem Norden der Pyrenäenhalbinsel am nächsten. Die Weine sind nicht so breit und fett, die Sonne verwöhnt die Trauben mit Maßen und kocht sie nicht gar, und wenn sie rechtzeitig gelesen werden und moderne Kellertechnik hinzukommt, dann entsteht der so geschätzte Typ eines delikaten, frischen, fruchtigen und nicht alkoholreichen Weines: Der Wein zu Geschäftsessen, der Wein des rastlos tätigen, modernen Menschen, der sich nicht in Genuß

SPANIENS PROVINZEN

Flußabwärts, im Toro-Gebiet, bemühen sich immer mehr Erzeuger, mit dem Ehrgeiz der Kollegen am Oberlauf Schritt zu halten, ohne allerdings die Eleganz der dortigen Erzeugnisse zu erreichen. Toro-Weine sind die schwersten in ganz Spanien, 15 Grad Alkohol sind nicht ungewöhnlich. Seit einiger Zeit aber beweist eine kleine Zahl von Winzern, daß es dort auch einen weniger bulligen Schluck geben kann, alles nur eine Frage des rechten Lese-Zeitpunkts, wobei manchmal wenige Stunden entscheidend sind. Drittes Gebiet am Duero ist Rueda, Spaniens Weißwein-Land schlechthin. Verbesserter Kellertechnik ist es zu danken, daß die beliebten Vinos blancos nicht mehr so feist sind wie früher, vielmehr knackig, apfelfruchtig und leicht. Noch weit besser sind die aus der Albariño-Traube erzeugten Weißweine in den galicischen Rías Baixas. Sie vereinigen die Spritzigkeit der Mosel mit der Reife Badens. Zu den Fischen des At-

versenken und auf keinen Fall den Kopf verlieren will. Die Investitionen, die in die Ribera fließen, zeigen, daß man die Zeichen der Zeit erkannt hat und die Stunde nutzt.

Die enorme Produktion von 35 Millionen Hektolitern jährlich umfaßt viele einfache Landweine. Doch der Trend zu Spitzenerzeugnissen – und das Preisgefüge – entwickeln sich nach oben.

1 Valdepeñas
2 Almansa
3 Jumilla
4 Yecla
5 Alicante
6 Utel-Requena
7 Valencia
8 Priorato

SPANIENS PROVINZEN

Rebfläche:
1,5 Millionen Hektar

Ernte im Schnitt:
35 Millionen Hektoliter

Export nach Deutschland:
700 000 Hektoliter

Penedés:

Rebfläche: 25 000 Hektar

Ernte im Schnitt:
1,7 Millionen Hektoliter

Weinbaubetriebe: 320

Export nach Deutschland:
14 000 Hektoliter

Hauptsorte: Xarel-lo

SPANIENS PROVINZEN

Ribera del Duero:

Rebfläche: 8000 Hektar

Ernte im Schnitt: 180 000 Hektoliter

Weinbaubetriebe: 80

Export nach Deutschland: 500 Hektoliter

Hauptsorte: Tempranillo

DOC-Weine:

Allella
Alicante
Almansa
Ampurdán-Costa Brava
Benissalem
Bulla
Calatayud
Campo de Borja
Cariñena
Cava
Chacolí de Bizkaia – BizkaikoTxakoli-na
Chacolì de Guetaria
Conca de Barberá
Condado de Huelva
Costers del Serge
El Bierzo
Jerez
Jumilla
La Mancha
Lanzarote
La Palma
Málaga
Mentrida
Montilla-Moriles
Navarra
Priorato
Rías Baixas
Ribera del Duero
Ribeiro
Rioja
Rueda
Somontano
Tacoronte-Acentejo
Tarragona
Terra Alta
Toro
Utiel-Requena
Valdeorras
Valencia
Valdepeñas
Vinos de Madrid
Yecla
Ycoden, Daute, Sora

lantiks gibt es kaum angenehmere Tropfen. Nach Süden hin, wie gesagt, erstrecken sich über Hunderte Kilometer die Wein-Steppen der kastilischen Mancha und des Hinterlandes von Valencia, alles in allem das größte Reben-Meer der Welt. Südlich davon befinden sich alt-angesehene Weinbau-Gebiete, die um ihre Existenz ringen. Ich meine Malaga, dessen süßer Dessertwein oft als »Damenwein« bezeichnet wird, und Jerez, das durch seinen Sherry bekannt ist. In riesigen kathedralähnlichen Lagerkellern wird er hergestellt, vorwiegend aus den Rebsorten Palomino und Pedro Ximénez, außerdem ist er aufgespritet. Die feinsten Sherrys durchlaufen das Solera-System zur Herstellung des Verschnittes und zur Alterung. Bis zu fünf Faßreihen liegen übereinander. Der fertige Wein wird der untersten Reihe entnommen, aber nur bis zu einem Drittel des Faßinhaltes. Das Faß wird aus der nächsten Reihe aufgefüllt, Jungwein wird in Fässer der obersten Reihe gegossen. So kommt es, daß es bei diesem Sherry keine Jahrgangsbezeichnungen gibt. Der beste und teuerste Sherry-Typ ist der Fino. Er ist trocken, hellfarbig und von besonders feinem Geschmack. Sein Alkoholgehalt liegt in der Regel zwischen 15 und 17 Grad.

RIOJA

RIOJA

Ruhe nach dem Sturm

Rund 200 Bodegas gibt es in der Rioja, eine überaus bunte Mischung von Kellereien, mit und ohne Weingärten, mit und ohne Abfüllung, industriell oder auch handwerklich arbeitend. Die Zahl erscheint kaum glaublich, doch sie stimmt. 1989 wurden erst 90 Unternehmen gezählt. Innerhalb von nur fünf Jahren hat sich dieser von Traditionen gefügte Wirtschaftszweig im Tale des Rio Oja mehr als verdoppelt. Es sind ja nicht nur in jedem Monat durchschnittlich zwei neue Betriebe gegründet worden, viele der bestehenden Bodegas haben sich zudem erheblich vergrößert. Seitdem wächst die Wein-Region Rioja ständig weiter. Banken und Versicherungen, internationale Getränke-Konzerne, südspanische Sherry-Häuser stürzten sich hungrigen Wölfen gleich in das Geschäft mit Rioja-Wein. Zu der Zeit befand sich Spanien in einem Rausch des Aufbruchs. Nach Jahren einer sich selbst genügenden Muße erwachten die alten Conquistadores: Europa begann sich zu öffnen, es galt einen riesigen Markt zu erobern. Geld spielte dabei keine Rolle, es lockten ja beachtliche Einnahmen. Die meisten Deutschen schätzen Rioja-Wein hoch ein, aber getrunken haben sie ihn noch nicht. Wichtig dafür ist, daß der Konsument die Angaben des Etiketts verstehen kann. Als erstes soll hier daher die Frage des Abfüllers geklärt werden. Bodega ist die Kellerei, Genossenschaftskellereien werden als Bodega cooperativa bezeichnet. Die folgenden Angaben lauten übersetzt: criado y embotellado por ... – ausgebaut und abgefüllt durch; elaborado y añejado por ... – hergestellt und gelagert durch; embotellado en la propriedad – Erzeugerabfüllung; producido y embotellado por ... – erzeugt und abgefüllt durch;

Der Rio Oja (oben), ein Nebenfluß des Ebro, ist der Namensgeber des wichtigsten Anbaugebietes in Spanien. Während die Weißwein- und Rosé-Produktion hier immer weiter rückläufig ist, wächst der Erfolg mit den roten Sorten. Aus der Tempranillo-Traube, vor allem im Rioja-Alta- und Rioja-Alavesa-Bereich, werden Weltklasse-Weine gekeltert.

RIOJA

In Háro und Logroño liegen die Zentren des Weinhandels der Rioja. Nach der Reblaus-Katastrophe um die Jahrhundertwende ließen sich dort zahlreiche Bordelaiser Winzer nieder, um einen neuen Start zu wagen. Der Weinbau Riojas wurde durch sie nachhaltig geprägt.

Vino di cosecha propria – vom Weingut bereiteter Wein. Einfacher Tafelwein heißt Vino de pasto oder Vino corriente. Vino blanco ist Weißwein, Vino rosado und Vino tinto Rosé beziehungsweise Rotwein. Die gesetzlich geschützte Ursprungsbezeichnung lautet DO (Denominación de Origen) und DOCa. Die Bezeichnung Vino de Calidad steht für Qualitätsweine ohne Reifungszeit in Faß oder Flasche. Wie bei allen Qualitätsweinen muß das Lesegut ausschließlich aus dem DO-Gebiet stammen, auch bei Verschnittweinen. Vinos de Crianza sind in einem für das Anbaugebiet typischen Reifeprozeß gealtert, und zwar mindestens sechs Monate in Faß und Flasche. Die Bezeichnung »Reserva« für bessere Qualitäten genießt seit einigen Jahren auch gesetzlichen Schutz. Sie besagt bei Weißweinen, daß sie mindestens zwei Jahre lang gelagert worden sind, davon ein halbes Jahr in Eichenfässern, bei Rotweinen drei Jahre, davon mindestens ein Jahr im Holzfaß. Ob der Wein durch diese Lagerung in jedem Fall besser geworden ist, wird angezweifelt, insbesondere dann, wenn es sich um frische Weißweine handelt. »Gran reserva« ist ein Prädikat für Weißweine und besagt, daß diese mindestens fünf Jahre auf Faß und Flasche gelagert haben. In Deutschland ist übrigens zum ersten Mal vorgeführt worden, daß die Roten vom Rio Oja international zur Spitze gehören. Im November 1982 kam es im Wiesbadener Sterne-Restaurant »Ente vom Lehel« zu einem denkwürdigen Wettstreit. Jeweils 20 Weine aus der Rioja und aus Bordeaux wurden blind verkostet und bewertet. Die Spanier trugen einen glanzvollen Sieg davon, der in der Presse gebührend ausgebreitet wurde. Ganz fair ist es damals nicht zugegangen. In der Jury saßen nur wenige Fachleute, dafür probierte zahlreich die lokale Prominenz mit, von der Erfahrung im Umgang mit Wein nur wenig belastet. Zudem hatten die Veranstalter eine Obergrenze von 30 Mark pro Flasche festgelegt. In diesem Rahmen

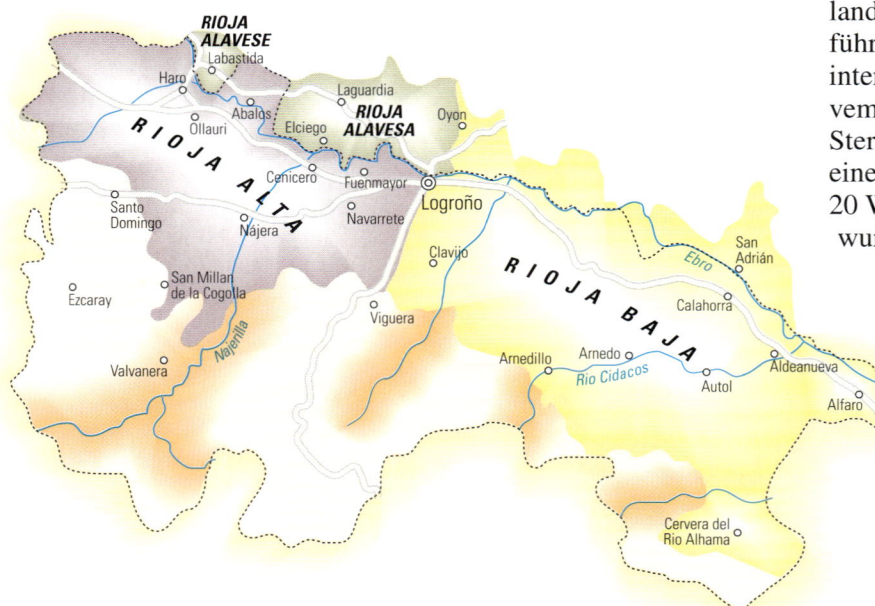

RIOJA

trat Rioja mit ihren Spitzen, Bordeaux hingegen nur mit der zweiten Garde an. Die Spanier stellten durchweg ältere Jahrgänge in die Probe, Frankreich war mit jüngeren, oft zu jungen Weinen vertreten. Wer Rioja zum erstenmal trinkt, ist berauscht von den verführerischen Düften nach Veilchen und Johannisbeere. Bordeaux hingegen erschließt sich nicht sofort, will begriffen werden wie eine alte Orgelfuge. Die anwesenden Fachleute durchschauten bald die Ungleichheit des Wettstreits und gaben den Bordeaux-Weinen, die meist leicht zu erkennen waren, bewußt höhere Noten. So war die Niederlage für Frankreich nicht gar so schmerzlich. Selbstverständlich wurden in der »Ente« zum Streicheln schöne Reservas aus der Rioja eingeschenkt, aber sie hatten es zu leicht.

Bordeaux ist den spanischen Winzern seit jeher das große Vorbild, von den Franzosen haben sie all ihr Wissen. Es gibt Verbindungen, die mehr als 200 Jahre zurückreichen. Bordelaiser Händler kauften früher gerne in Spanien ein, wo sie kräftigere Weine mit reichlich Alkohol fanden. Als Ende des vorigen Jahrhunderts die Reblaus die meisten Weingärten im Südwesten Frankreichs vernichtete, zogen Gutsbesitzer aus Bordeaux in die Rioja, um dort ihr Glück zu versuchen. Sie brachten einen hohen Stand der Kellertechnik mit und führten die Rebsorte Cabernet-Sauvignon ein. Wohlstand kam auf, bald wurde eine Bahnlinie gebaut. Doch die Blüte währte nur ein paar Jahre. 1899 wütete die Reblaus auch in der Rioja. Glück im Unglück für die Spanier war, daß die Franzosen inzwischen herausgefunden hatten, wie sie dem Parasiten begegnen konnten: Sie pfropften die Rebe auf das Wurzelholz amerikanischer Sorten, was den gefräßigen Schädlingen nicht behagte. Der einzige Punkt, in dem die Rioja-Winzer dem Vorbild Bordeaux nicht folgten, war die Wahl der Reben. Der Cabernet-Sauvignon spielt in Spaniens führender Wein-Region keine Rolle, vielmehr beherrschen die roten Sorten Tempranillo und Garnacha das Feld. Zwei sehr unterschiedliche Reben: Der Tempranillo fühlt sich auf den porösen Kalkböden des oberen Rioja-Tales wohl, liebt es etwas kühler und braucht Regen zwischendurch. Er reift früh, schon Ende September haben die Trauben genug Zucker, um einen ausreichend alkoholischen, farbkräftigen Wein zu ergeben, der zudem sehr haltbar ist. Dies liegt vor allem an der herzhaften Säure. Die Garnacha hingegen mag es heiß und trocken, gedeiht am besten in der Rioja Baja, auf den tiefer ge-

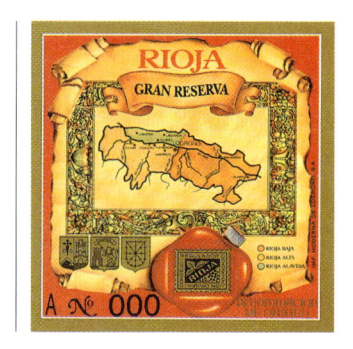

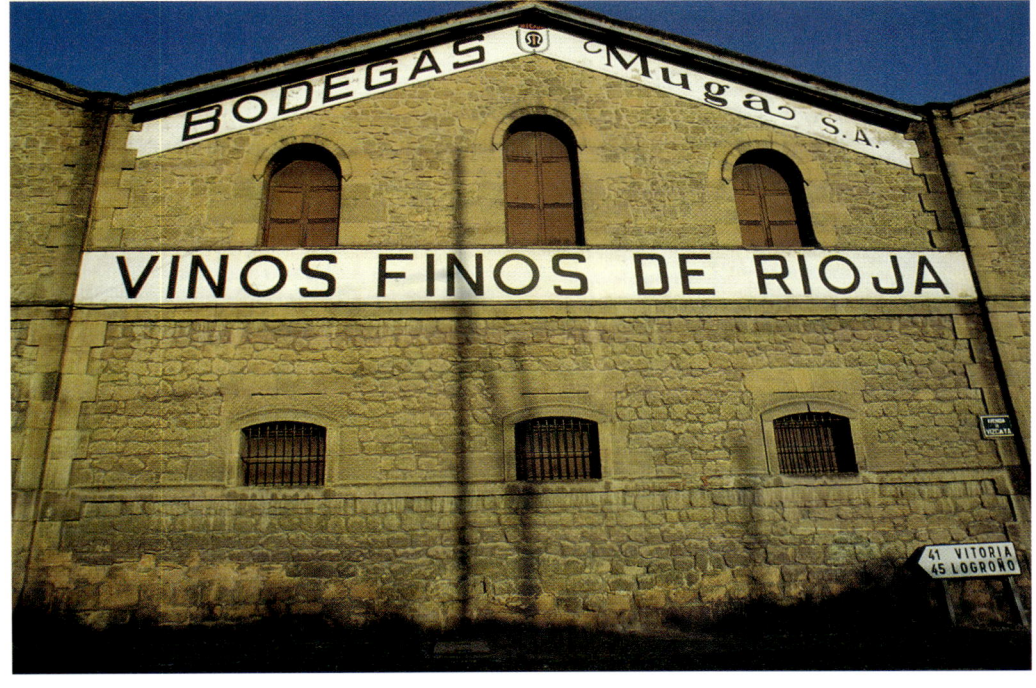

Die säurebetonte Tempranillo und die weiche, schwere Garnacha – die wichtigsten Rebsorten in der Rioja – verstehen die Kellermeister der führenden Bodegas auf das Beste zu verschneiden.

RIOJA

Von Sin crianza über Crianza, Reserva bis zu Gran reserva reichen die Qualitätsstufen riojanischer Weine. Ein Gran-reserva-Spitzenwein kann noch nach 50 Jahren ein Genuß sein. Die großen Jahrgänge, zum Beispiel 1964, '68, '70, '73 oder '76, haben jetzt einen ausgezeichneten Reifegrad erreicht, wenn sie richtig gelagert wurden.

legenen Schwemmböden des Unterlandes im Osten des Gebietes. Die hellroten Weine sind weich, schwer, säurearm, ideal zum Verschneiden, wenn der Tempranillo einmal zu mager geraten ist. Sie halten nur nicht lange, neigen zum Oxydieren, wobei sie ins Bräunliche umfärben und zunehmend nach Sherry schmecken. Dazu kommen, mit nur geringen Anteilen, zwei uralte bodenständige Sorten, der betont fruchtaromatische Graciano und der robuste, vom Gerbstoff bestimmte Marzuelo. Beide werden gerne zum Abrunden einer guten Crianza genommen. Es gibt auch Weißweine am Rio Oja, teilweise sogar sehr gute, doch spielen sie nur eine geringe Rolle. Sie entstehen aus der hocharomatischen Viura-Traube. Allerdings werden die anfangs noch herrlich kernigen Weißweine, die in jungen Jahren durchaus das Format eines Rhône-Weines erreichen könnten, erst vier oder fünf Jahre im Faß gelagert, bis sie rund, goldfarben und leider auch ziemlich flach geworden sind. Heute fallen auch viele Bodegas in das andere Extrem und füllen den Wein noch viel zu jung ab. Nur wenige finden den goldenen Mittelweg.

Wie bei Bordeaux oder Chianti auch ist der Wein aus der Rioja stets eine Mischung mehrerer Traubensorten (die Spanier gebrauchen dafür das französische Fachwort »Coupage«). Auch verschiedene Herkünfte dürfen kombiniert werden. Es ist seit alters her üblich, zum Beispiel einen fetten Garnacha-Most aus der hitzigen Rioja Baja mit einem zarten, frucht- und säurebetonten Tempranillo aus der Alavesa, dem kühlsten und höchstgelegenen Teil der Landschaft, zu verschneiden. Dazwischen liegen mehr als 100 Kilometer. Die Kunst des Capataz, des Kellermeisters, besteht nun darin, die einzelnen Partien so aufeinander abzustimmen, daß nicht nur ein angenehmer und ein für die Bodega typischer Geschmack entsteht, sondern auch Haltbarkeit erreicht wird. Guter Rioja kann Jahrzehnte altern. Bei preiswerten, jüngeren Weinen, die späte-

RIOJA

stens im zweiten Jahr nach der Ernte weggetrunken sein sollten, ist der Anteil der Garnacha hoch. Für die höherwertigen Crianzas, besonders für die wertvollen Reservas und Gran reservas, die oft viele Jahre im Faß reifen, wird überwiegend Tempranillo genommen. Die Tatsache, daß der Anbau von Garnacha zurückgeht und dafür mehr Tempranillo gesetzt wird, zeigt deutlich, wohin die Weinwirtschaft in der Rioja marschiert: zu noch mehr Qualität. Die Lager der Bodegas gleichen oft Kirchenschiffen, in verwegener Backstein-Architektur gestaltet. Nicht enden wollende Reihen von dreifach übereinander gestapelten Barricas, den typischen 225-Liter-Fässern, füllen die Hallen. Dies ist die Kinderstube (so heißt »Crianza« wörtlich) guter Weine. Der Streit darüber, wie lange die Cuvées im Eichenholz liegen sollen, wogt schon seit Jahrzehnten.

Die großen Abfüller, die mit hohen Zinsen übermäßig belastet sind, drängen ständig darauf, die für die Lagerhaltung vorgeschriebenen Mindestzeiten zu verkürzen. Nach deren Meinung könnte eine Reserva schon ein Jahr früher an den Markt gehen und damit etwas eher Geld bringen. Auch ist deutlich ein Wandel des Geschmacks zu spüren. Heute werden Weine, die zu stark vom Holz geprägt sind und allzu vorlaut nach Vanille duften, meist abgelehnt. Der Genießer heute sucht mehr das Aroma frischer Trauben. Wenn aber ein älterer Stoff so riecht wie ein Bauernschrank aus dem vorigen Jahrhundert, dann liegt dies nicht immer am langen Faßlager, sondern auch an der Sauberkeit in den Bodegas, am Können des Kellermeisters. López de Heredía in Háro zum Beispiel, die gewiß altmodischste Kellerei der Rioja, rückt keinen Tropfen heraus,

Wo Weine in Barricas ausgebaut werden, finden auch Küfer noch ausreichend Beschäftigung. Daß in Wingert und Keller später alles mit rechten Dingen zugeht, darüber wacht in Spanien der Consejo Regulador, die Wein-Aufsichtsbehörde, die auch die Banderolen (unten) an die Bodegas vergibt und damit den Genießern ein Stück Qualitätssicherheit vermittelt.

RIOJA

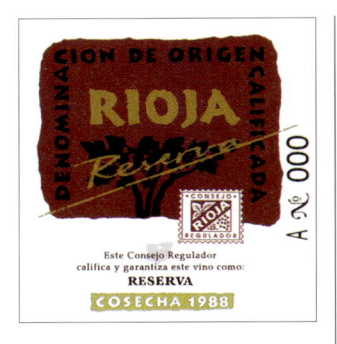

RIOJA

Rebfläche: 45 000 Hektar

Ernte im Schnitt:
1,7 Millionen Hektoliter

Weinbaubetriebe:
circa 200

Export nach Deutschland:
55 000 Hektoliter

Hauptsorten:
Tempranillo, Garnacha

Fruchtbar sehen die Weingärten des Rioja-Gebietes nur in den Uferlandschaften aus. Das Hinterland vermittelt eher den Eindruck einer kargen Berglandschaft. Gemeinsam aber ist der gesamten Weinbau-Region, daß die Reben ohne Pfähle und Haltedrähte erzogen werden.

der nicht wenigstens drei Jahre in Barricas reifte. Die Spitzenmarke dieses Hauses, Viña Tondonia, die nicht vor dem achten Jahr nach der Ernte verkauft wird, ist ein gewaltiger Wein von noch erstaunlicher Frische. Die meisten der Rioja-Kellereien investieren verstärkt in ihre Reserven, bewundernswert in einer Zeit, in der doch Lagerhaltung allgemein als antiquierter Luxus angesehen wird. Es ist also nicht zu erwarten, daß sich an den Vorschriften über die Mindestreife auch nur ein Buchstabe ändern wird. Das weiß schon der Consejo Regulador zu verhindern, die im Städtchen Háro amtierende Wein-Aufsicht. Diese Organisation untersteht zwar dem Staat, ihr gehören auch Beamte der regionalen Regierung an, doch versteht sie sich auch im siebten Jahrzehnt als Selbstkontrolle der Kellereien untereinander.

In der Werbung wird die Rioja gerne als die am strengsten überwachte Wein-Provinz der Welt dargestellt. Anhaltspunkte dafür, daß dem nicht so ist, gibt es nicht. Jede Partie Wein wird erfaßt und auf ordentliche Beschaffenheit hin geprüft. Wer im Herbst zu viele Trauben aus seinem Rebgarten herausholt, muß damit rechnen, daß ihm die Ernte weggenommen und vernichtet wird. Ständig sind Kontrolleure unterwegs und ziehen Proben. Besonders zu Jahresbeginn, wenn die Coupages abgestimmt werden, müssen die Bodegas täglich mit Besuch des Servicio de Inspección rechnen. Die Winzer, die Trauben verkaufen, führen nicht selbst Buch. Das nimmt ihnen schon der Consejo ab, damit sie erst gar nicht in Versuchung kommen, etwa Eintragungen zu frisieren. Ist eine zur Füllung bestimmte Partie Wein endlich über jeden Zweifel erhaben, erhält die Bodega abgezählte, numerierte Banderolen für jede Flasche; in Spanien funktioniert also reibungslos, was in Deutschland angeblich wegen technischer Schwierigkeiten nicht machbar ist.

Der Consejo Regulador ist, Dionysos sei Dank, so stockkonservativ, daß er gegenüber jeglichen Wünschen nach Lockerung der alten Regeln taub bleibt. In Anerkennung dieser Sorgfalt ließ die Regierung in Madrid der Rioja eine besondere Ehre zukommen. Als erste Wein-Provinz Spaniens erhält sie den Titel »Denominación de Origen Calificada« (D.O.Ca.), zu deutsch: anerkanntes Weinbaugebiet mit besonderer Qualifikation. Dafür wurden die Anforderungen an die Weine noch etwas verschärft. Unter anderem liegt jetzt die Ernte-Obergrenze bei 0,55 Liter pro Quadratmeter. Kein Problem: Im Schnitt erzeugen die Riojaner 0,35 Liter.

Die D.O.Ca. entspricht auf den ersten Blick der DOCG-Bezeichnung in Italien, nur daß letztere nicht so strenge Anforderungen stellt. Ich denke, die Spanier werden mit ihren Auszeichnungen etwas vorsichtiger umgehen.

NAVARRA
Aus dem Schatten heraus

Corella, in der Ebene des mittleren Ebro gelegen, ist ein wenig ergötzliches Nest, im Winter naßkalt, im Sommer staubig. Das Museum für sakrale Kunst neben der Kirche San Miguel scheint noch das Aufregendste in der kleinen Stadt zu sein. Doch es rumort in dem Ort, neue häßliche Hallen werden hochgezogen. Namhafte Wein-Erzeuger der Rioja lassen sich dort im Südwesten Navarras nieder. Der mächtige Abfüller AGE errichtete einen Zweigbetrieb. Der Stahl-Industrielle Luis Olarra, der in der Rioja bereits eine hochmoderne Kellerei besitzt, gründete in Corella die Bodegas Bardon und hat Großes damit vor. Aus Rioja-Sicht besitzt der Ort zwei unschätzbare Vorzüge: Er ist per Bahn und über die Autopista 68 schnell zu erreichen. Und es gibt noch preiswert Rebland zu kaufen. Es ist im Sommer wohl zu trocken, die Böden sind schwer, gewiß nicht dazu geeignet, große Weine hervorzubringen. Doch die genügsame Garnacha-Rebe fühlt sich dort wohl. Aus ihren Trauben läßt sich ein guter Rosé fertigen, der zurzeit europaweit gefragt ist. Navarra ist im Aufbruch. Das spanische Wirtschaftsblatt »Marco Real« errechnete, daß jährlich 25 bis 30 Millionen Mark umgerechnet in den Weinbau investiert werden. Auch alteingesessene Familien in Corella haben sich von der optimistischen Stimmung anstecken lassen. Vicente Malumbres machte früher sein Geld mit Karden, stacheligen Rollen aus Distel-Kolben, die in der Textil-Industrie zum Kämmen von Stoffen gebraucht werden. Zum Betrieb gehörten stets Weingärten, mit denen sich niemand viel Arbeit machte; die Trauben wurden an die nächstbeste Bodega verkauft. Vicente Malumbres' Kinder bedrängten den Vater, selbst Wein zu erzeugen. Der Alte zögerte lange, doch als er sah, daß die Begeisterung des Nachwuchses mehr als nur Strohfeuer war, beschloß er, »etwas Rich-

Aus dem Schatten, der auf der traditionsreichen Provinz Navarra lag – der Erfolg der Region Rioja – sind die Winzer inzwischen herausgetreten. Doch der Weg, den man einschlagen will, beginnt sich erst langsam abzuzeichnen: Setzt man eher auf den Vino jóven, den jungen Wein, der aus der Garnacha-Rebe hergestellt wird? Oder eifert man dem Nachbarn Rioja nach und verlegt sich auf den Ausbau großer Rotweine in Barrique-Fässern?

NAVARRA

Die Region Navarra grenzt im Norden an Frankreich. Das Zentrum des Weinbaus bildet jedoch der Abschnitt südlich der Provinzhauptstadt Pamplona. Hier liegt auch das DO-Gebiet, aus dem die Weine mit der Ursprungsbezeichnung »Denominatión de Origen« stammen.

tiges zu machen«. Er steckte umgerechnet mehr als 1,5 Millionen Mark in eine blinkende Kellertechnik. Alle Gerätschaften und Tanks sind aus Edelstahl. Das Wasser zum Reinigen wird eigens entkalkt, Kühlung ist selbstverständlich. Anders läßt sich in der heißen Ribera Baja, wie der Süden Navarras genannt wird, kein frischer Wein erzeugen. Im Herbst kommen die Trauben von der Sonne aufgeheizt herein. Wenn sie gekeltert werden, muß es kalt im Keller sein. Sonst braust der Saft sofort los, ist in wenigen Stunden vergoren, und alle feinen Aromen verfliegen. Der Keller duftet tagelang, aber der Wein wird schal. Bei niedrigen Temperaturen jedoch läßt sich die Gärung hinauszögern, der frische Geschmack der Traube bleibt erhalten.

Die Malumbres-Bodega bietet heute den besten Rosé der Gegend. Die Herstellung verlangt hohes Können. Bei der Ernte kommt es oft auf einen Tag an. Wird nur etwas zu früh gelesen, dann ist der Wein später dünn und sauer, verpaßt der Winzer den besten Zeitpunkt der Reife, hat er am Ende einen zu dicken, faden Stoff. Um einen besonders feingliedrigen Rosado zu erhalten, wird beim Pressen der Mosto lágrima genommen, nur jener Saft, der durch den Eigendruck der Trauben aus der Kelter rinnt. Javier Malumbres, studierter Wirtschaftsingenieur, hat auf seinen vielen Verkaufsreisen in Europa erfahren, daß sich ein solch zarter Tropfen international verkaufen läßt, weil »Frische inzwischen gefragt ist«. Ganz sicher ist man sich jedoch nicht, ob der Vino jóven, der jugendliche Wein aus dem Edelstahl, auf Dauer als wirtschaftliche Grundlage für den Betrieb reicht. Denn um das Gut Malumbres hauen ehrgeizige Bodegas die Garnacha aus und setzen statt dessen den Tempranillo, die Star-Traube der Rioja, dazu französische Sorten wie Merlot und Cabernet-Sauvignon. Sie kaufen Barricas, 225-Liter-Fässer aus frischem Eichenholz nach dem Bordelaiser Vorbild. Typisch dafür ist das Weingut Magaña in der benachbarten Gemeinde Barillas, ursprünglich das Hobby zweier Brüder, die nie mit Wein zu tun hatten. Juan Pio Magaña brachte sich das Winzer-Handwerk selbst bei und wollte »Wein wie in Frankreich« machen. Bruder Luis arbeitet in Madrid als Werbetexter und kann so einiges für die Bekanntheit der Bodega tun. Die Weine sind die berühmtesten, aber auch teuersten in Navarra. Der Erfolg der Magaña-Brüder beeindruckt Javier Malumbres mächtig. Er kaufte nun ebenfalls Barricas, will auch mit faßgereiften Crianzas, später mit langgelagerten Reservas nach Rioja-Vorbild Erfolg haben.

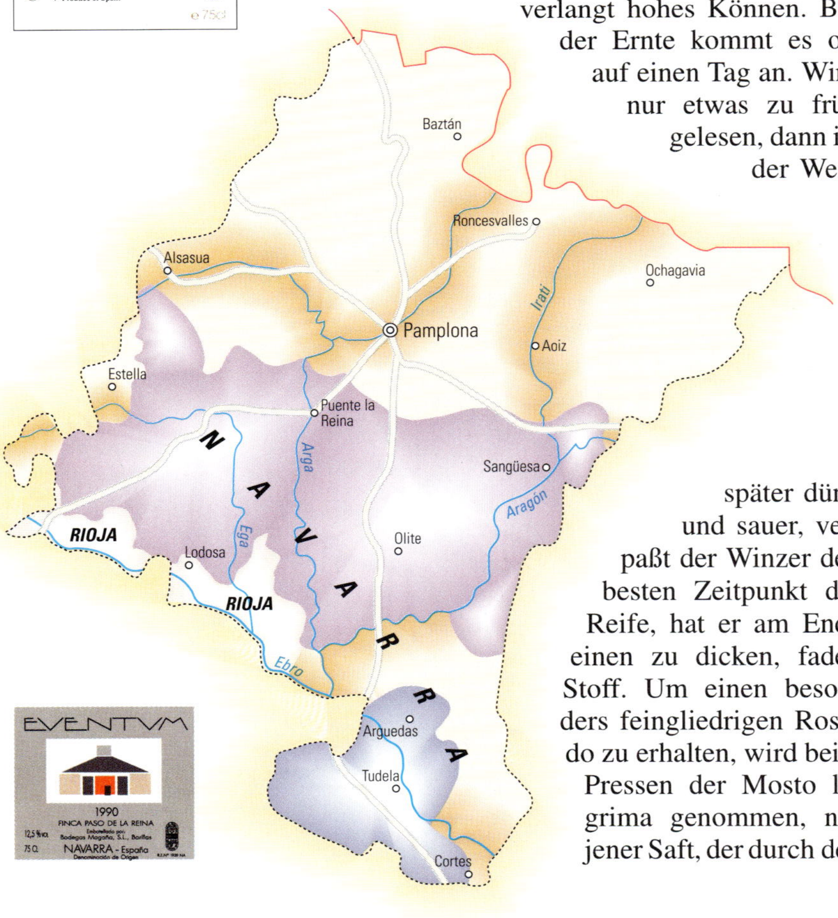

Toni Barrero hingegen sieht die Zukunft Navarras in anderen Gleisen verlaufen: »Reservas sollen die Kollegen in der Rioja machen, das können sie am besten. Wir haben den Vino jóven, den kriegen wir besser hin.« Barrero ist Exportleiter der Cenalsa in Pamplona, einer halbstaatlichen Organisation zur Förderung der Ausfuhr von Wein. Zahlreiche Genossenschaften sind Mitglieder, auch die regionale Sparkasse engagiert sich. Eine besondere Spielwiese hat die Cenalsa mit der kleinen Cooperativa in Murchante. Dort wird mit den unterschiedlichsten Rebsor-

NAVARRA

ten und Kellertechniken experimentiert. Bestes Ergebnis dieser Versuche ist der »Basiano« – nach einem in Navarra wohlgelittenen Maler benannt – ein im Edelstahl ausgebauter, ausgesprochen traubenfruchtiger Rotwein aus Tempranillo und Cabernet, die jugendliche Antwort auf die vom Eichenholz geprägten, hochreifen Crianzas der Rioja. Toni Barreros Ansicht über den künftigen Weg Navarras wirkt klar und überzeugend. Dennoch: der Zwiespalt durchzieht die ganze Navarra. Zu mehr als 90 Prozent liefert die Region junge Weine und ist damit auch ganz gut im Geschäft, selbst wenn das meiste Massenware ist, was bei einigen Anstrengungen nicht sein müßte. Javier Malumbres beweist ja, daß es auch anders geht. Den mäßigen Ruf der Vinos jóvenes und den Ruhm des großen Nachbarn Rioja ständig vor Augen, gehen immer mehr Bodegas in dem alten Königreich dazu über, auf Faßlager und Reife zu setzen. Herausragendes Beispiel dafür sind die Bodegas der Familie Chivite in Cintruénigo, von der Größe und der Bedeutung führend in der Provinz. Dort gibt es hübschen Rosado, der in Deutschland einigen Erfolg hat, doch füllen auch schier unendliche Reihen von Barricas die Kellerei. Die ganze Liebe von Julián Chivite Marco und seinen Geschwistern gilt den üppigen, holzgereiften Rotweinen, die nicht schlecht schmecken, aber noch im riojanischen Schatten stehen. Die Chivites steckten in den vergangenen Jahren gut 100 Millionen Peseten (zu dieser Zeit etwa 16 Millionen Mark) in das alte Landgut Señorio de Arinzano im Norden Navarras. 300 Hektar stehen jetzt dort unter Reben, bestockt vor allem mit Tempranillo und Cabernet-Sauvignon. Eine auf das modernste eingerichtete Kellerei wurde fertiggestellt, ebenfalls mit langen Reihen von Barricas. Dort im Norden ist das Klima kühler als in der Ribera Baja. Julián Chivite Marco ist sicher, dort Weine zu erhalten, die sich mit der Spitze von Rioja messen können. All dieser Wagemut machte keinen Sinn, wenn die Investoren nicht sicher wären, daß Navarras Weine im Kommen sind. Es bleibt abzuwarten, auf welchem Weg.

NAVARRA

Rebfläche: 16 000 Hektar

Ernte im Schnitt: 500 000 Hektoliter

Bodegas: 50

Export nach Deutschland: 7000 Hektoliter

Hauptsorten: Tempranillo, Garnacha

Auch in den zahlreichen kleinen Orten der Provinz Navarra sind in den letzten Jahren große Summen in den Ausbau der Kellerwirtschaft investiert worden.

PORTUGAL

Wo der Mensch noch Zeit hat

Eine lange Geschichte prägt den Weinbau Portugals. Und die Historie ist in vielen der Winzer-Produkte auch heute noch sinnlich zu erfahren: Gehaltvolle Garrafeiras, die überaus alt werden können.

Die Portugiesen sind bedächtige Menschen, die jeden ihrer Schritte genau überlegen und sich nicht aus der Ruhe bringen lassen. Entsteht irgendwo in der Welt eine mächtige Brücke, dann ist es wahrscheinlich, daß der Bauherr für die Arbeiten in schwindelnder Höhe Portugiesen einsetzt. Bei ihnen darf er sicher sein, daß nichts passiert. Die Fähigkeit, sich Zeit zu lassen, ist das wesentlichste Merkmal der Menschen in Europas südwestlicher Ecke. Wer alte Weine sucht, vielleicht seinen eigenen Jahrgang, der findet sie am ehesten in Lissabon. Dort werden Flaschen angeboten, die 40 Jahre und älter sind, und deren Inhalt durchaus noch mundet. In den altertümlichen Kellern der Häuser Dom Teodósio oder Carvalho, Ribeiro & Ferreira ruhen gewaltige Stapel von Flaschen, die mitunter zehn Jahre und länger lagern, bevor sie in den Verkauf kommen (vorgeschrieben sind nur drei Jahre). Sie werden »Garrafeiras« genannt, was soviel heißt wie: Flaschenkeller. Für diese langlebigen Schätze kaufen die Hersteller meist Moste aus dem Ribatejo-Gebiet östlich der Hauptstadt. Dort wächst die kleinbeerige, hartschalige Periquita-Traube, deren konzentrierter Saft schwarzviolett und voller Gerbstoff ist. Da die Winzer es oft gar nicht anders kennen, wird das Lesegut samt den Stielen gekeltert und vergoren. Das Ergebnis ist ein tintiger Stoff, im Geschmack Feuerholz ähnlicher als Wein und adstringierend wie Gurgeltropfen gegen Halsschmerzen, kurzum: erst einmal ungenießbar. Auch längeres Faßlager macht den Wein kaum milder. So kommt er in große Flaschen, in denen er jahrelang ruht, bis sich ein Teil des bitterherben Gerbstoffs (auch Tannin genannt) als schwärzlicher Schlick absetzt. Ist der Stoff einigermaßen ausgereift, wird er in normale Flaschen umgefüllt, meist noch von Hand. Das fertige Erzeugnis, mit Extraktstoffen dicht gefüllt, kann noch Jahrzehnte aufgehoben werden, ohne daß jemals ein Milligramm Schwefel nötig war. Das überreichliche Tannin, das im Alter endlich weich schmeckt, ist ein natürliches Mittel zum Konservieren. Bei Caves Dom Teodósio in Lissabon ruhen noch Flaschen aus den fünfziger Jahren, bei denen auch die ältesten Mitarbeiter nicht mehr wissen, woher die Grundweine kamen. José dos Santos, Inhaber des noblen Hotels »Buçaco« in Lusa im Nordwesten des Landes, serviert Tinto von eigenen Reben, der noch wie in vorigen Jahrhunderten gekeltert wurde: mit den bloßen Füßen. Jetzt sind die Weine aus den Sechzigern trinkbar. Jüngere Önologen in Portugal halten die Garrafeiras für zu altmodisch. Einige von ihnen haben ihr Handwerk in Bordeaux studiert und dort lernten sie andere Techniken: Wenn die Trauben nur entrappt, also von den Stielen befreit werden und nicht zu lange mit ihren Schalen gären, dann erhält der Wein mehr Frucht, wird feiner und eleganter. Gerbstoff hat er dann immer noch genug. Und nicht zu Unrecht verweisen die Modernisten darauf, daß viele Garrafeiras heute nicht mehr reifen, sondern gemacht werden. Der Kellermeister muß nur den Most scharf filtern und später dem Jungwein einen Kälteschock verpassen, schon flockt das Tannin aus. Auch hält die Chemie wohlfeile Schönungsmittel bereit, die den gleichen Zweck erfüllen. Diese jungen, selbstbewußten Weintechniker, sie beweisen ja ständig, daß portugiesische Gewächse nicht so antiquiert zu sein brauchen, daß sie brillieren können wie die Stars aus Spanien oder Kalifornien. Das heißt aber auch, daß die besten Weine die eigene Art des Landes verleugnen, daß sie international und damit austauschbar wer-

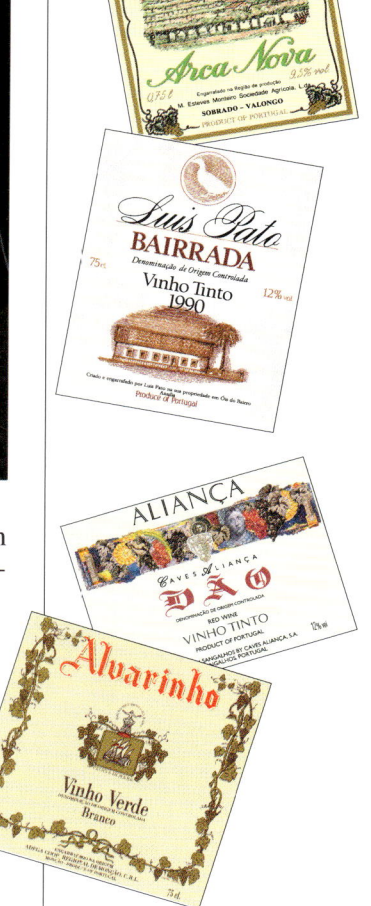

Im internationalen Vergleich nimmt Portugal in Sachen Wein noch immer die Stellung einer »terra incognita«, eines unbekannten Landes, ein. Gleichermaßen unverdient wie unverständlich, da der Weinbau hier aus einer langen Tradition bei weitem nicht nur den vielgerühmten Portwein, sondern weitere, überaus beachtenswerte Tropfen von höchster Qualität hervorbringt.

PORTUGAL

den, auf höchstem Niveau selbstverständlich. Diese neuen Schönheiten, die bei jeder Fachprobe drei Punkte mehr einheimsen, können aber nicht so hübsch erzählen wie die angejahrten, angestaubten Altertümchen. Wenn Sie so einen Schatz zu fassen bekommen, pfeifen Sie auf die drei Punkte und versenken Sie sich in den Wein. Er stammt vielleicht aus den frühen Siebzigern und wird Sie an die Revolution der Nelken erinnern. Dann bewundern Sie die Portugiesen, die einen Umsturz ohne Blutvergießen schaffen, die den Stier nach dem Kampf wieder laufen lassen und die sich die Geduld nehmen, den Dingen einfach ihre Zeit zu geben. Wer weiß, wie lange es die Garrafeiras noch geben wird? Ihnen droht Gefahr von einer anderen Seite, von einem auf Ordnung versessenen Gesetzgeber. Die staatliche Aufsicht meint es ja gut, will die Qualität fördern, indem sie Herkunftsgebiete für hochwertige Weine schafft und beste Lagen heraushebt, wie in Frankreich üblich. Das kommt den ehrgeizigen Winzer-Söhnen entgegen, die nicht mehr nur Trauben ernten wollen für die Caves und Agedas Cooperativas, sondern eine eigene Quinta gründen, ein Weingut. Und sie wollen eine besondere Lage aufs Etikett drucken und nicht nur den Namen eines 15 000-Hektar-Anbaugebietes wie Bairrada oder Alentejo. Bei einer solchen Unterscheidung müssen Flaschen, auf denen nichts weiter steht als der Jahrgang und »Garrafeira«, verdächtig erscheinen. Sicher, die Kellereien sind gehalten, bei den Lagerweinen über jede Partie Buch zu führen. Doch wird es eigentlich nicht so genau genommen. Bei den Portugiesen kann man auf Dreierlei bauen: Beharrung, Bescheidenheit und Liebe zum Wein. Es hat sie niemand dazu bringen können, sich eingehender mit dem international geschätzten Cabernet-Sauvignon zu befassen. Sie bleiben bei ihrem herrlichen Chaos von mehr als 500 verschiedenen Reben, in jedem Ort eine andere. Nur wenige Sorten, wie der hochwertige Tourigo Nacional, finden sich vom Douro bis in die Estremadura. Fast jeder Portugiese hat entweder selbst Reben oder einen Winzer in der Familie. Ein Sechstel der Bevölkerung lebt ausschließlich vom Weinbau. Einen alten Stock auszuhauen, fällt

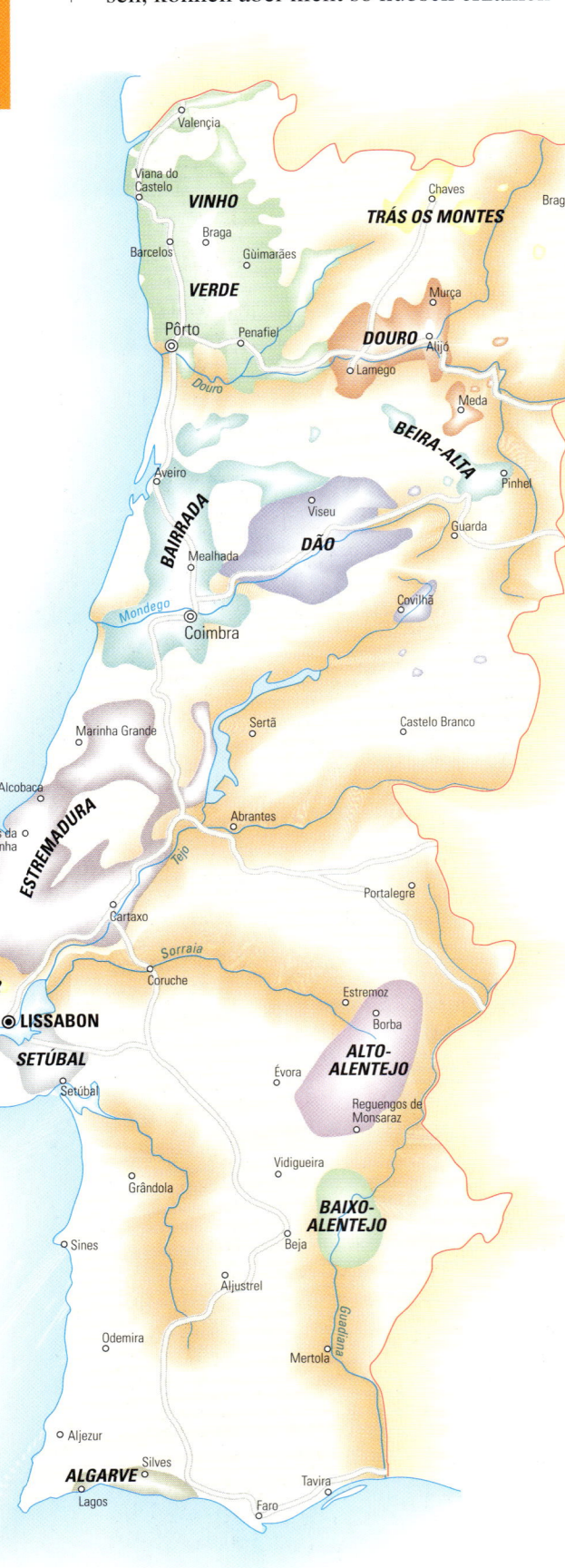

1 Colares
2 Bucelas
3 Carcavelos

PORTUGAL

schwer. So sind mehr als die Hälfte aller Reben im Lande mehr als 50 Jahre alt, bringen nur wenig, dafür aber besonders gehaltvollen Wein, auch wenn er nicht immer nach neuestem önologischen Stand gekeltert und halt ein wenig rustikal ist. Der durchschnittliche Ertrag pro Quadratmeter liegt bei 0,2 Liter, dreimal niedriger als in Frankreich, fünfmal niedriger als in Deutschland. Düngen und Spritzen sind in vielen Gegenden Fremdwörter. Der Verbrauch im Lande ist mit 70 Litern pro Kopf und Jahr sehr hoch. Bei knappen Ernten, die es immer wieder gibt, muß Wein eingeführt werden. Trotzdem schauen die Eurokraten, die Kämpfer wider alle Überproduktion, mißtrauisch auf Portugal, das im Welt-Weinbau an sechster Stelle steht, dessen Rebfläche viermal größer ist als die der Bundesrepublik. Was ist, fragt sich Brüssel, wenn die portugiesischen Winzer die alten Stöcke roden und neue, ertragssichere Reben setzen, was, wenn sie nur ein wenig mehr düngen? Davon sind erst nur Ansätze spürbar und dies bislang auch nur im Alentejo im Südosten des Landes, wo große Genossenschaften sich seit einiger Zeit gegenseitig darin überbieten, den Weinbau neu zu erfinden. Wer hingegen das Dão bereist, Portugals angesehenste, älteste Reben-Provinz, der wird feststellen, daß sich dort in den vergangenen hundert Jahren nicht allzuviel geändert hat. Derzeit macht das Land mit einem Wein auf sich aufmerksam, der in

Ähnlich wie in anderen Gegenden, wo Weinbau schon seit Jahrhunderten kultiviert wird, treibt auch Portugals Winzer die Frage nach Beharrung oder Fortschritt um: Zwischen dem traditionellen Zwischenlager in Großflaschen und gekühlten Stahltanks liegen kellertechnische Welten. Doch wird auch der europäische Binnenmarkt Konsequenzen zeitigen.

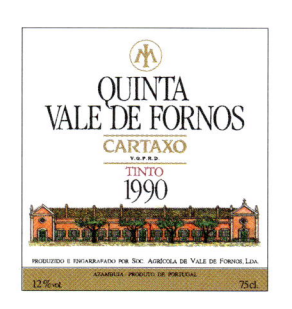

PORTUGAL

Nur ein Drittel der Weinproduktion Portugals entfällt auf Weißwein, der große Rest verteilt sich auf Roten und Rosé, der nicht nur vor Ort geschätzt, sondern auch in Mengen exportiert wird.

der Welt einzig ist. Er stammt aus dem kühleren, regenreichen Norden und heißt Vinho Verde, der »Grüne Wein«, der heftig den sonstigen portugiesischen Winzer-Traditionen widerspricht. Grün ist er keineswegs (er kann sogar rot sein), der Ausdruck bezieht sich vielmehr auf die frühe Lese. Meist schon im August werden die Trauben geerntet, wenn sie noch eine hohe Säure haben. Der Most wird zweimal vergoren, einmal normal wie jeder andere Wein auch, indem Hefe den Traubenzucker in Alkohol verwandelt. Es folgt die »malolaktische Gärung«, wie sie sonst nur bei Rotwein üblich ist: Milchsäure-Bakterien – just jene, die Milch sauer werden lassen – machen sich über die harte Apfelsäure des unreifen Weins her und spalten sie auf, mildern sie und erzeugen gleichzeitig Kohlensäure. Das Ergebnis ist dann ein extrem leichter, prickelnder Wein, ein veritabler Durstlöscher im Sommer, der appetitlich zu Fisch und Schalentieren schmeckt. Der Vinho Verde hat meist nicht mehr als sieben Grad Alkohol, weshalb eine Ausnahme vom europäischen Weinrecht notwendig war: normale Qualitätsweine müssen wenigstens neungrädig sein. Vinho Verde ist eines der 18 DOC-Anbaugebiete, die als Qualitätsweingebiete abgegrenzt sind. Darüber hinaus gibt es noch VQPDR-Regionen, von denen einige sicherlich bald das Ziel erreichen, auch als DOC eingestuft zu werden. Vinho Verde als das größte und älteste portugiesische DOC-Gebiet ist noch in sechs Regionen unterteilt, die insofern für uns von Bedeutung sind, als sie auch auf dem Etikett erscheinen können: Aramante, Basto, Braga, Lima, Penafiel und Monção, wo außerdem der körper- und alkoholreichere Weißwein aus der Alvarinho-Traube wächst. Es ist kaum bekannt, daß es auch roten Vinho Verde gibt, schwarz-rot und lila schäumend, der meist im Lande getrunken wird – kühl, wie es einem Rotwein sonst nicht bekommt. Der Rote ist ein leichter, herber und säurebetonter Wein, ein rechter Durstlöscher. Einzigartig ist auch, wie in dem Gebiet beiderseits des Minho-Flusses Weinbau betrieben wird: Das Land ist waldreich, Ackerboden rar, so ranken die Reben platzsparend an Bäumen oder an hohen Spalieren. Geerntet wird nicht selten von Leitern aus in zehn Metern Höhe. Südlich an die Provinz Minho schließt sich das Douro-Gebiet an: Im engen Flußtal ragen die Weingärten, meist in Terrassen geformt, in schwindelerregende Höhen. Ein Großteil der Trauben geht in die Erzeugung von Portwein, eine Berühmtheit für sich. Doch zunehmend verkaufen die Kellereien dort auch herbe Rotweine ins Ausland. Sie sind weich, nicht so schwer und weniger vom Gerbstoff geprägt. Eine große Rolle spielt im Douro-Tal die Rebsorte Tinta Roriz, nichts anderes als der gefeierte Tempranillo in der spanischen Rioja. Allgemein kräftiger sind die Rotweine aus der Dão-Region südlich des Douro-Tals. Das hügelige Land dort ist von Zweitausendern umschlossen, ebenfalls waldreich. Die Weingärten liegen oft an steilen Hängen, die mit verwittertem Granit bedeckt sind. Die wichtigste Rebe ist der Tourigo Nacional, Portugals beste rote Sorte. Westlich des

PORTUGAL

Dão zum Atlantik hin liegt die Bairrada, die vor allem für die Herstellung von Sekt bekannt ist. Die dafür bestgeeignete Rebe trägt einen Mädchennamen, Maria Gomes, was etwa unserem Lieschen Müller entspricht. Gehaltvoller ist die dunkle Sorte Baga, aus der in jüngster Zeit einige der besten Rotweine des Landes erzeugt werden. Als Spitze des portugiesischen Weinbaus gilt die Landschaft um Lissabon. Leider frißt sich die Hauptstadt immer weiter in das Rebland hinein, auch dem Ferien-Betrieb von Estoril fallen immer mehr Weingärten zum Opfer. Einzigartig sind die Anlagen von Colares: Durch Strohmatten vor dem Atlantik-Wind geschützt wachsen die Reben dort auf Sanddünen, nicht wie üblich an Stöcken, vielmehr kriechen sie am Boden. Aus der Ramisco-Traube werden wuchtige, von Gerbstoff strotzende Weine erzeugt, die jahrelang in Mahagoni-Fässern reifen, bis sie endlich weich geworden sind. Zuletzt eine Beschreibung, die all dem bislang Gesagten heftig widerspricht. In einer bestimmten Sparte sind Portugals Weinmacher alles andere als beharrend und selbstgenügsam. Mit einigen Markenweinen treten sie welterobernd auf wie ihre seefahrenden Ahnen: »Mateus Rosé« hält den internationalen Rekord. Mehr als 50 Millionen Flaschen gehen in alle Welt. Seit einiger Zeit holt die Rosé-Marke »Lancers« auf. Auch der »Gatão« (zu deutsch: Kater) zieht mit Siebenmeilen-Schritten nach. Portugal hat für jeden etwas anzubieten.

PORTUGAL

Rebfläche: 390 000 Hektar

Ernte im Schnitt: 14 Millionen Hektoliter

Weinbaubetriebe: circa 180 000

Export nach Deutschland: 80 000 Hektoliter

Hauptsorten: Tourigo Nacional, Tinta Roriz, Alvarinho

DOC-Weine:

Bairrada

Borba

Bucelas

Colares

Carcavelos

Dão

Lagoa

Lagos

Madeira

Portalegre

Portimão

Porto e Douro

Redondo

Reguenges

Setúbal

Tavira

Vidigueira

Vinho Verde

·Ö·P·L·E·R

H

[signature]

1991

...ÜNER VELTLINER
...BINETT - TROCKEN

RODAPHNE PATRAS
...scher Likörwein

NOCH MEHR SCHÄTZE IN EUROPA

Österreich hatte noch nie so ausgezeichnete Weine wie heute. Die Schweizer Kellermeister haben einiges dazugelernt: Die Weine sind längst nicht mehr so kreuzbieder und austauschbar, vielmehr kecke Persönlichkeiten. In Ungarn tut sich viel seit dem Umbruch. Griechenland wartet auch mit noblen Gewächsen auf. Und wer sucht, findet auf dem Balkan hochanständige Flaschen. Deutschland, Frankreich, Italien, Spanien – gut und schön. Europa hat noch mehr Schätze zu bieten. Sie wollen gehoben werden.

ÖSTERREICH

ÖSTERREICH
Besser als je zuvor

Das Bild des Weinlandes Österreich hat sich seit Mitte der achtziger Jahre kolossal gewandelt: Ein strenges Weinrecht, eine Neuordnung der Regionen sind nur die äußeren Kennzeichen.

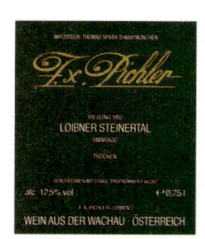

Es ist leider nicht möglich, über Österreich zu schreiben, ohne daß die Rede auf den Skandal kommt. Die Geschichte fand zwar schon Anfang der achtziger Jahre statt, aber immer noch wird den Winzern des Alpenlandes das Diethylenglykol vorgehalten, als sei dies der schlimmste Sündenfall in der Weltgeschichte des Weinbaus gewesen. Ich bin mir sicher, daß die Österreicher selbst am meisten erschrocken waren, als sie erfuhren, welche Essenzen da in ihrem Wein gefunden wurden. Sie haben für die üble Geschichte, die ihnen ein paar Ganoven vom Neusiedlersee einbrockten, bitter büßen müssen. Aus heutiger Sicht hatte der Skandal für die Österreicher auch viel Gutes. Entsetzt darüber, daß alle Welt mit dem Finger auf sie zeigte, räumten sie schnell und gründlich auf. Die Glykol-Geschichte wurde im April 1985 ruchbar. Im August trat der Nationalrat in Wien zu einer Sondersitzung zusammen, um über ein neues Weinrecht zu befinden. Im Oktober 1985 wurde das Gesetz, eines der strengsten und klarsten der Welt, ohne Abstriche verabschiedet. Es enthält nichts als Pluspunkte für österreichischen Wein: Erntemengen so niedrig wie in Bordeaux, hohe Anforderungen an die Reife der Trauben und an die Reinheit des Weins, Verbot von zugesetzter Süße, nur eindeutige Aussagen auf dem Etikett, Kontrolle jeder einzelnen Flasche mit Hilfe einer numerierten Banderole.

Was das Wiener Parlament in wenigen Wochen durchgepeitscht hatte, war mehr als nur ein neues Weinrecht, vielmehr war es Niederschlag eines heißen, gemeinschaftlichen Ansporns, der Welt zu zeigen, was ein reeller Tropfen ist. Die Winzer vom Weinviertel bis Südburgenland wurden von einer Welle sportlicher Begeisterung erfaßt, jeder wollte noch besser sein als der Nachbar, mochte höchstper-

ÖSTERREICH

sönlich den Schutt wegräumen, den der Skandal hinterlassen hatte. Allmählich kommen wirtschaftliche Erfolge. Der Export nach Deutschland, der im zweiten Halbjahr 1985 bei Null lag, steigt jährlich mit mehr als 20 Prozent, auch wenn der einstige Ausfuhr-Rekord von 325 000 Hektoliter wohl so bald nicht erreicht wird. Der Unterschied ist nur: Heute liefern die Österreicher Weine nach Deutschland, auf die sie stolz sein können. Grundsätzlich trinken die Deutschen, denen es früher nicht lieblich genug sein konnte, heute nur noch trockene Weine aus Österreich. Noch hat die Weinwirtschaft an der Donau ihre Krise nicht überwunden. Die Rebfläche wird kleiner, besonders im Burgenland. Zudem wurde 1993 eine strikte Begrenzung der Most-Erträge festgeschrieben. Wer pro Hektar auch nur ein Schöppchen über die erlaubten 6750 Liter hinaus erntet, muß die gesamte Menge abstufen und darf sie nur noch als Tafelwein verkaufen. Österreich schrumpft sich gesund, die Qualität steigt steil an, auch werden Rebstöcke und die Umwelt geschont. Eine völlig neue Klasse von Wein entsteht, kraftvoll und elegant zugleich, an großen französischen Vorbildern geschult, dennoch ur-österreichisch. Grundsätzlich ist der Geschmack resch, wie es dort heißt, also ohne Süße. Die »Zuckerl« von ehedem stellt heute kaum noch jemand her, es sei denn einen edelsüßen Ausnahme-Wein wie den legendären Ausbruch von Rust.

Am deutlichsten fällt der revolutionäre Wandel bei den roten Sorten auf. Noch in den achtziger Jahren konnte niemand so recht nachvollziehen, wieso denn Otto von Bismarck, ein ausgewiesener Feinschmecker, sich ständig große Mengen Vöslauer schicken ließ. Was der Eiserne Kanzler im vorigen Jahrhundert goutierte, hatte wohl – einzig denkbare Erklärung – nichts gemein mit jenen blassen, immer etwas süßlichen Weinchen, die Bad Vöslaus Winzer in der jüngeren Vergangenheit anboten. Doch dies ist überwunden, es gibt heute Vöslauer voller Kraft und Herrlichkeit, mit einer angenehmen Gerbstoff-Note, satter Frucht und einem überaus geschickt eingesetzten Hauch von neuem Eichenholz. Noch mehr legen sich die burgenländischen Winzer bei Rotwein ins Zeug. Sie haben neue Flächen mit der besten Sorte Blaufränkisch (dem Lemberger in Württemberg) angelegt und wissen die dunkelblaue Traube mit Können und Anstand zu verarbeiten. Oft mischen sie ein wenig vom Bordelaiser Cabernet-Sauvignon darunter, was zusätzlich Rasse bringt. Führend sind die Orte Horitschon und Deutschkreutz. Dort im Mittelburgenland wurde ein Blaufränkisch-Verband gegründet, dessen Mitglieder sich gegenseitig in kellertechnischen Dingen beraten, die vor allem auf einen Typus Rotwein hinarbeiten, der sicher sehr gefragt sein dürfte: nicht so weich wie der deutsche Spätburgunder, nicht so herb wie Bordeaux, nicht so schwer wie die Spanier, dafür reich an Fruchtigkeit von Kirschen und Pflaumen. Die Genießer schätzen die neuen, sanft glühenden Cuvées. Rotwein, früher eine Nebensache, ist heute schnell ausverkauft. Die Nachfrage verändert das Rebland, es verschwindet der Müller-Thurgau (hier auch »Riesling x Silvaner« genannt), dafür kommen rote

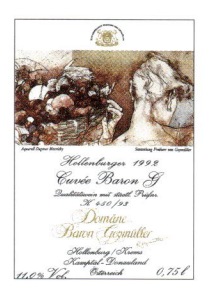

Die österreichischen Winzer sind sich einig in dem Bemühen um gehaltvolle, aromatische Tropfen. Rebflächen wurden neu bestockt, die Erträge zugunsten der Qualität heruntergeschraubt.

ÖSTERREICH

Reben wie Zweigelt, Saint-Laurent, Spätburgunder und natürlich Blaufränkisch zum Zuge. Noch beträgt das Verhältnis Weiß- zu Rotwein vier gegen eins. Es wird sich in den nächsten Jahren deutlich zu den dunklen Sorten hin verändern. Für das Burgenland, die zweitgrößte Reben-Region der Republik und nach Meinung der übrigen Österreicher schon der Anfang vom Balkan, ist die Neubesinnung auf den gediegenen Rotwein vermutlich der einzige gangbare Weg, um wieder einen guten Leumund zu erhalten. Mit ihren alten Schätzen, den Beerenauslesen und Ausbruch-Weinen, haben die Burgenländer derzeit kaum Chancen, obwohl bei europäischen Feinschmeckern durchaus ein Bedarf für edelsüße Spezialitäten festzustellen ist. Doch Lieblichkeiten aus Österreich gelten leider immer noch als verdächtig.

Schade drum: Am Neusiedlersee, vor allem an seinem westlichen Ufer, herrscht ein einzigartiges feuchtwarmes Klima, das die Trauben schnell reifen läßt. Schon früh im Herbst legt sich Edelfäule über die Weingärten, Mikro-Pilze der Gattung Botrytis cinerea bohren sich durch die Schalen der Beeren und entziehen ihnen Wasser. Der Saft wird immer stärker konzentriert, oft hängen im Oktober nur noch Rosinen am Rebstock. Edelsüßer Wein, den die Winzer an Rhein und Mosel der Natur nur unter großen Anstrengungen und Verlusten abtrotzen, ist am Neusiedlersee erheblich leichter zu erzeugen. Früher waren diese goldfarbenen Tröpfchen in der Welt begehrt, nur Edelleute und reiche Bürger konnten sich den »Ausbruch« aus dem Städtchen Rust leisten. Die Orte Oggau, Rust und Mörbisch sind zu empfehlen. Wenn die Flasche den rot-weiß-roten Kontrollstreifen trägt, ist der Inhalt über jeden Zweifel erhaben. Es gibt rund um den Neusiedlersee selbstverständlich auch trockene Weißweine, sie sind üppig und schwer und haben schon einen annähernd ungarischen Charakter. Zwar versuchen die Winzer, ihren Welschriesling und Weißburgunder früher zu ernten, um einen leichteren Schoppen zu erzeugen, doch wird das Ergebnis sich nie mit dem reschen Veltliner von der Donau messen können.

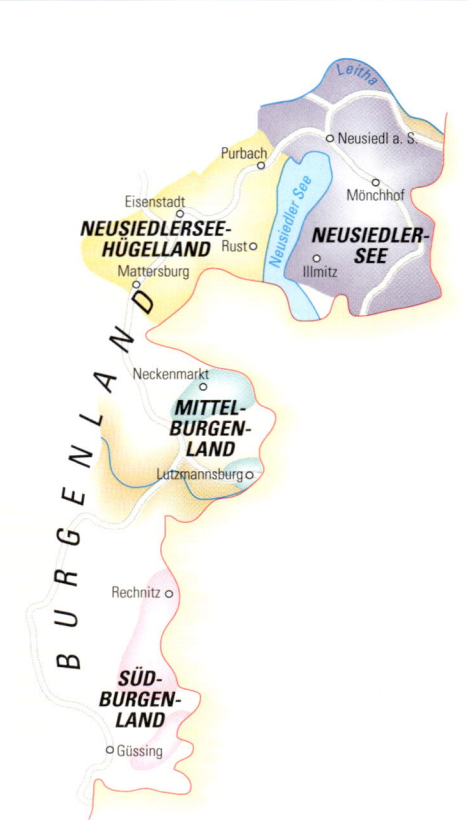

Doch auch der barocke, wuchtige Weißwein findet seine Liebhaber – es sind eben nicht alle Weinkonsumenten auf den Zeitgeist eingeschworen. Um dem steigenden Bedarf an Rotwein genügen zu können, wird selbst in der Ausbruch-Stadt Rust Blaufränkisch gepflanzt, wie schon im Osten des Neusiedlersees, in Gols und in Podersdorf oder in Neckenmarkt, Horitschon und Deutschkreutz im Mittelburgenland südlich des Sees, das schon immer Rotwein-Zentrum war. Die größte

ÖSTERREICH

Reben-Region Österreichs ist das Bundesland Niederösterreich, das mehr als die Hälfte der gesamten Rebfläche beiderseits der Donau einnimmt. Dies ist das Reich einer höchst eigenständigen Sorte, die in keinem anderen Land der Welt zu finden ist. Gemeint ist der Grüne Veltliner, dessen frische Art und vor allem die Eigenschaft, Aromen des Bodens zu speichern, ein wenig dem deutschen Silvaner ähneln. Dem Wein, der wohl nichts mit dem norditalienischen Valtellina gemein hat, wird ein »Pfefferl« nachgesagt, ein Duft, der an einen Rostbraten frisch vom Herd erinnert.

Aufgeteilt ist Niederösterreich in sieben Weinbaugebiete, von denen einige hart um einen gewissen Grad der Bekanntheit kämpfen müssen. Oder haben Sie schon einmal etwas von Carnuntum (liegt südöstlich von Wien) gehört? 1993 wurden einige Bereiche neu geordnet und umbenannt, daran muß sich die Welt erst noch gewöhnen. Aus den nicht unbekannten Begriffen Klosterneuburg und Traismauer wurde das Donauland westlich der Hauptstadt. Einige Dutzend Winzer dort am linken Ufer des Stroms versuchen, mit einer »Wagramer Selektion« streng ausgesuchter Weine auf sich aufmerksam zu machen. Sie haben sich dafür ein verwegenes Zeichen entwerfen lassen, einen zu einem Kelch verzweigten Rebstock, in dem sich ein junges Weib mit einem Stier tummelt, frische Schönheit und Mächtigkeit zugleich verkörpernd. Weiterhin wurde aus Langenlois, in Deutschland wohlbekannt, jetzt das Kamptal. Das Gebiet ist für preiswerten Veltliner ebenso bekannt wie für seine Spitzengewächse. Es wurde der »Verein Österreichischer Traditionsweingüter« gegründet – mit ehrgeizigen Zielen. Der Schriftsteller Rudolf Steurer, als »Wein-Professor« im Lande hoch-

Weißwein steht traditionell im Mittelpunkt der österreichischen Weinproduktion. Doch der Trend geht immer stärker zu den roten Sorten: Blaufränkisch etwa erlangt zunehmende Beliebtheit.

ÖSTERREICH

Der Wandel zum Ausbau hochwertiger, gehaltvoller Weine in Österreich ist auch Ergebnis einer reformierten Kellertechnik: Zunehmend und mit wachsendem Erfolg setzen die Winzer Barriques – Eichenfässer – ein.

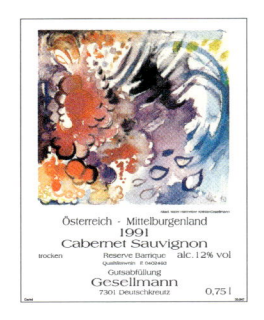

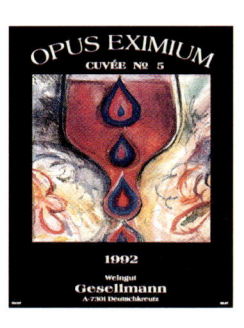

verehrt, wurde gewonnen, den Grundstein zu legen für eine Klassifizierung der besten Rieden (Weinlagen) nach Bordelaiser Vorbild. Steurer sammelte mit Bienenfleiß Zehntausende von Daten und ließ endlich den Computer entscheiden. Der Verein beschränkt sich noch auf die Gebiete Kamptal und Donauland, möchte sich aber über die ganze Republik ausbreiten. Größtes Gebiet innerhalb Niederösterreichs ist das Weinviertel zwischen der Donau und der Landesgrenze im Norden. Wohlgelitten ist das Retzer Becken entlang der Grenze zu Böhmen, eine Landschaft mit »pannonischem«, also ungarisch-hitzigem Klima. Dort in Mailberg und Haugsdorf gedeihen sehr kraftvolle Rotweine. Östlich davon grüßt das Falkensteiner Land mit kräftigem, säurebetonten Veltliner. In Deutschland weitgehend unbekannt ist der Begriff Thermen-Region, früher Gumpoldskirchen, die Kurbäder-Landschaft um Baden südlich von Wien. Mollige Rotweine gedeihen hier wie der schon erwähnte Vöslauer, auch üppige Weißweine wie der Gumpoldskirchner. Heute gehen die vernünftigen Winzer von der lange gepflegten, überzuckerten Art ab. Den originalen Gumpoldskirchner, immer ein Verschnitt

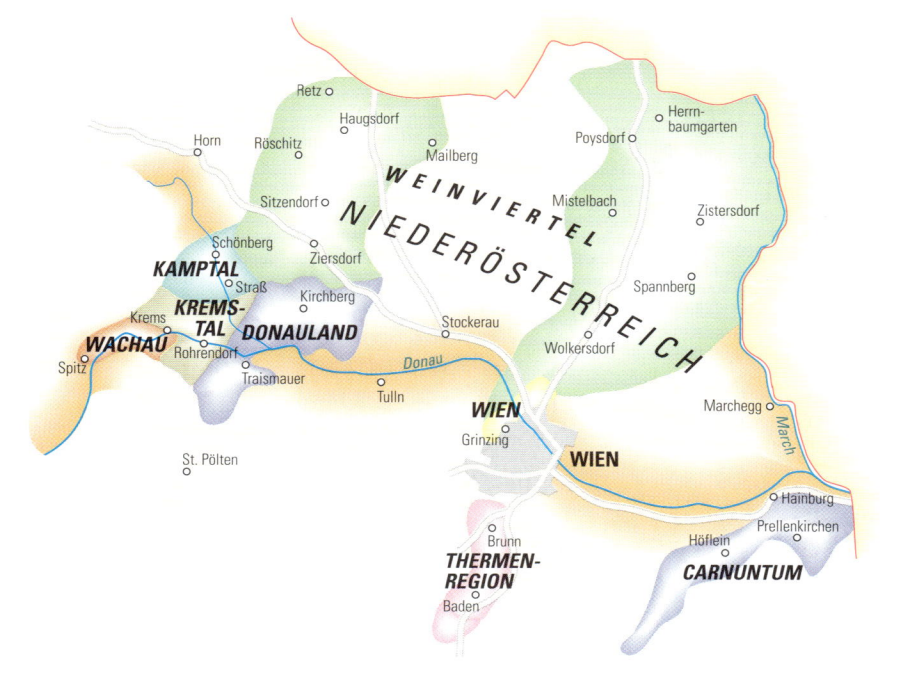

ÖSTERREICH

aus den seltenen Sorten Rotgipfler und Zierfandel, sollte man eigentlich »vor Ort« trinken, im Freien zu deftigen Paprikaspeisen. Da dies aber nicht immer möglich ist, empfehle ich, ihn an einem lauen Sommerabend zu Hause zu probieren. Die paprikagewürzten Speisen brauchen dabei nicht zu fehlen.

Die gute Stube Niederösterreichs ist die Wachau, die schönste Flußlandschaft weit und breit. Auf nur 35 Kilometern am Strom finden sich konzentriert die meisten der guten Winzer-Adressen. Der Grüne Veltliner dort ist gut, weitaus besser ist jedoch der Riesling, der auf steilen Löß-Terrassen wächst und sich mit nobelstem Rheingauer messen kann. Unter Franz Prager entstand 1983 der Schutzverband Vinea Wachau, heute eine Vereinigung zur Pflege guter Weinbau-Traditionen. Die Gruppe schuf eigene Güteklassen, die längst im Bundesgesetz verankert sind: die leichte »Steinfeder«, ein nicht angereicherter Qualitätswein, sodann »Federspiel«, ein gehobener Tropfen der Stufe Kabinett, endlich »Smaragd«, die hochwertige Spätlese. Nur mehrfach geprüfte Weine dürfen einen dieser Namen tragen. Sie sind das Vornehmste, das Österreichs Weinbau zu bieten hat.

Zu beschreiben sind noch die beiden anderen Bundesländer, die Rebland besitzen. Da ist einmal Wien, die einzige Hauptstadt der Welt mit größerem Besitz an Weinbergen – immerhin 700 Hektar, mehr als am Mittelrhein. Im Nordwesten und im Süden der Metropole werden aus unterschiedlichsten Trauben, häufig zusammen verarbeitet, frische, jung zu trinkende Schoppen gekeltert. »Heuriger« heißt die Spezialität, die Winzer in eigenen Schänken zu deftigen Speisen in großen Gläsern kredenzen. Die Steiermark endlich, deren Weine früher nur im Lande getrunken wurden, meist leicht gesüßt, macht neuerdings mit hochfeinen, trockenen Gewächsen auf sich aufmerksam. Sauvignon blanc, Weißburgunder und Chardonnay (am Ort Morillon genannt) erinnern sehr an Friauler Weine, Norditalien ist ja nicht weit. Im Westen der Steiermark gibt es eine Spezialität, so begehrt, daß kaum eine Flasche nach draußen geht: Aus den Trauben der Sorte Blauer Wildbacher wird der Schilcher-Rosé gepreßt, mit der Farbe von Zwiebelschalen und herzhaft säuerlich. Bei Vindobona – dem heutigen Wien – sollen schon die Römer Wein angebaut haben.

ÖSTERREICH

Rebfläche: 58 000 Hektar

Ernte im Schnitt: 2,6 Millionen Hektoliter

Weinbaubetriebe: 45 000

Export nach Deutschland: 84 000 Hektoliter

Fortsetzung Seite 174

ÖSTERREICH

Weinbauregion Niederösterreich
Rebfläche: 33 000 Hektar

Ernte im Schnitt: 1,6 Millionen Hektoliter

Weinbaubetriebe: 26 000

Hauptsorten: Grüner Veltliner, Müller-Thurgau

Weinanbaugebiete: Kremstal, Kamptal, Wachau, Donauland, Weinviertel, Thermen-Region, Carnuntum

Weinbauregion Burgenland
Rebfläche: 19 000 Hektar

Ernte im Schnitt: 1 Millionen Hektoliter

Weinbaubetriebe: 14 000

Hauptsorten: Grüner Veltliner, Welschriesling, Blaufränkisch

Weinanbaugebiete: Rust/Neusiedler See, Eisenberg

Weinbauregion Steiermark
Weinanbaugebiete: Südsteiermark, Weststeiermark, Klöch/Oststeiermark

Weinbauregion Wien
Weinanbaugebiet: Wien

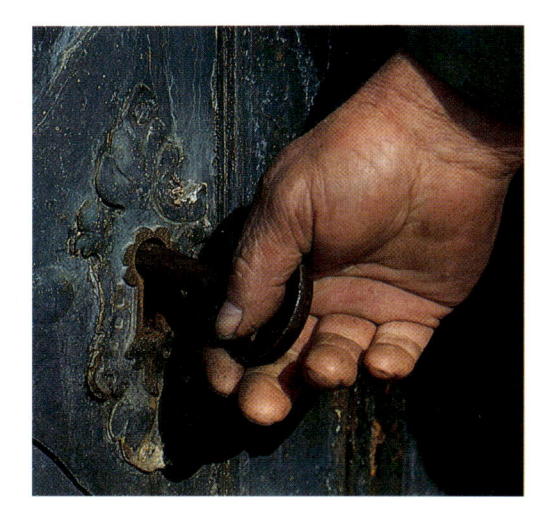

Zahlreiche alte und traditionelle Weinkeller Österreichs laden zum gemütlichen Probieren ein.

Vor ihnen wußten sogar bereits die Kelten einen guten Tropfen zu schätzen. Während der Völkerwanderung war dies jedoch nicht der Fall, und die Weinberge verfielen. So beruft man sich zur Wiederbelebung des Weinbaus auf Karl den Großen. Die Türkenkriege, die Auflösung der Klöster in der Reformation und nicht zuletzt der Dreißigjährige Krieg waren wieder eine Periode des Niedergangs, worauf Kaiserin Maria Theresia und ihr Sohn, Josef II., den Winzern ihre Unterstützung zukommen ließen. Der Weinbau ist so ein Spiegel der Geschichte Österreichs, der Weltgeschichte überhaupt – geht es den Völkern gut, dann nehmen sie sich die Zeit zu genießen.

Nach dem österreichischen Weingesetz sind die Bezeichnungen Tischwein und Tafelwein nicht geschützt. Allerdings hat das Österreichische Weininstitut für fehlerfreie, reintönige und harmonische Tafelweine die Marke »Kontrollierter Tafelwein« eingeführt. Die Güte wird durch Stichproben überwacht. Die Qualitätsweine müssen ein Mostgewicht von 15° KMW (Klosterneuburger Mostwaage) haben, was 73 Grad Oechsle entspricht. Der Most darf wie in Deutschland verbessert werden. Bei Prädikatsweinen ist dies dagegen nicht erlaubt. Ihr Name ist hier etwas langatmig: »Qualitätsweine besonderer Reife und Lesart«. Die Prädikate sind dieselben wie bei uns, nur steht der »Ausbruch« noch mit mindestens 27° KMW – das sind 135 Grad Oechsle – zwischen Beeren- und Trockenbeerenauslese. Er wird aus edelfaulen, trockenen Beeren gekeltert. Verglichen mit den deutschen Anforderungen muß der Zuckeranteil im Most (vor der Vergärung, nicht im Wein) etwas höher sein. Der österreichische Qualitätswein entspricht zumindest nach dem Mostgewicht dem deutschen Kabinett. Es gibt Prämierungen in einzelnen Bundesländern und eine zentrale Prämierung anläßlich der Österreichischen Weinmesse in Krems, wo die Weine mit der Großen Goldmedaille oder nur mit der Silbermedaille ausgezeichnet werden können. Daneben versprechen Weinsiegel oder Weinkapsel der Gebietskörperschaften, daß der Wein gut und gebietstypisch ist.

SCHWEIZ

Ein gediegenes Land

Nur wenig Wein aus der Schweiz verläßt das Land der Eidgenossen. Nicht zuletzt der hohe Eigenverbrauch der Schweizer kommt als Ursache dafür in Frage. Mit weniger als fünftausend Hektolitern liegt Deutschland noch an der Spitze der Importeure.

Die eidgenössischen Weine sind von ganz unterschiedlichem Gepräge. Spitzenreiter unter den Reben ist der Chasselas, aus dem zum Beispiel der Fendant, auch Dorin oder Perlan genannt, gekeltert wird. Pinot noir, die zweite Hauptsorte, steht für glutvolle Rotweine, wenn die Lage entsprechend ist.

Für gutes Essen und Trinken geben die Schweizer viel Geld aus. Deshalb trinken sie auch den Schweizer Wein gerne selbst. Denn die hohen Kosten der Schweizer Weinwirtschaft – es handelt sich durchweg um steile Weinberge – und ein fester Franken sorgen dafür, daß nur wenig exportiert wird. Stolz sagen die Eidgenossen, daß ihre Weine wie ihre Uhren seien, gewiß nicht preiswert, aber zuverlässig. Das ist wahr: Eine wirklich schlechte Flasche gibt es in der Schweiz nicht. Soviel Gediegenheit muß bezahlt werden. Das Weingesetz des Landes ist streng und klar. Es umfaßt nur wenige Seiten, eingebunden in das Lebensmittelrecht. Es fehlen jene Hunderte Ausnahme-Regelungen, die anderswo das Leben so kompliziert machen. Die besten Kontrolleure sind dabei die Verbraucher selbst. Die Schweizer verehren ihren Fendant und Dorin, ihren Dôle und Salvagnin. Sie verstehen viel von Wein, trinken ihn grundsätzlich völlig durchgegoren. Das Gesetz schreibt vor, daß mehr als vier Gramm Restzucker pro Liter auf dem Etikett als »leicht süß« gekennzeichnet werden müssen. Die mit Abstand führende Rebe ist der Chasselas, dessen Wein neutral ist. Die zu beachtlicher Fruchtbarkeit neigende Sorte, vor 5000 Jahren schon in Ägypten bekannt, gilt in Frankreich als drittrangig. In Baden liefert sie als Gutedel liebenswerte Schoppen. In der Schweiz jedoch, wo sie je nach Region Fendant, Dorin oder Perlan heißt, läßt sich daraus bei guter Lage und Winzer-Ehrgeiz manch hochrangiges Gewächs erzeugen.

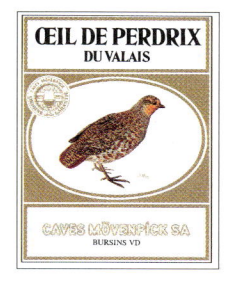

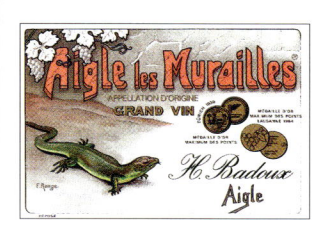

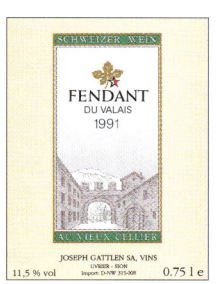

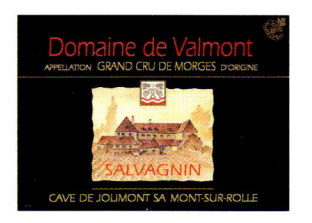

SCHWEIZ

Schweizer Weine erfüllen hohe Qualitätsanforderungen. Das ist eidgenössische »Eigenart« – kritisches Verbraucherverhalten, das sich sehr zum Vorteil der Weine auswirkt.

Da der Wein selbst wenig Eigenart zeigt, nimmt er stark die Aromen der Erde an, aus der er stammt. Da nun an den Ufern der Rhône und des Genfer Sees der Boden alle 50 Meter wechselt, kann so eine überraschende Vielfalt an Geschmack entstehen. All die raffinierten Unterschiede werden jedoch oft verwischt durch eine in der Schweiz weitverbreitete kellertechnische Besonderheit, genannt Biologischer Säure-Abbau (BSA), hervorgerufen durch Milchsäure-Bakterien, jenen Keimen, die aus Milch Quark und aus Weißkohl Sauerkraut machen. Bei jungem Wein können sie eine zweite Gärung in Gang setzen. Dabei spalten sie die spitze Apfelsäure auf und wandeln sie in die weiche Milchsäure um. Bei schwerem Rotwein ist dies erwünscht. Doch bei den weißen Sorten verhindert der Winzer lieber diese »malolaktische Gärung«, die den Wein arg mild macht. Die Bakterien sind leicht fernzuhalten. Meist genügt es schon, die Kellertüren aufzureißen und die winterliche Kälte hereinzulassen. Die Schweizer mögen jedoch ihren Chasselas extrem weich, auch wenn er mitunter so wenig Säure aufweist, daß er nicht mehr den EU-Bestimmungen entspricht und nicht ausgeführt werden darf. Bedauerlich ist, daß der Biologische Säure-Abbau dem Wein soviel von seiner Eigenart nimmt. Erst die Provins-Kellerei in Sion, die führende Walliser Genossenschaft, wagte 1990, einen Wein nach anderer Art zu bereiten. Der öffentliche Beifall war überraschend groß. Seitdem finden sich ständig Nachahmer. Mehr Winzer, vor allem im Wallis, gehen von der Übermacht des Chasselas ab, entdecken uralte, lang verdrängte Reben wie Humagne und Arvine, die zart-fruchtige Tropfen mit frecher Säure hervorbringen. Eine weitere alte Rebsorte wird am Zürichsee und im Limmattal gepflegt, der Räuschling, auch Zürichrebe oder Thuner Rebe genannt. Ihr

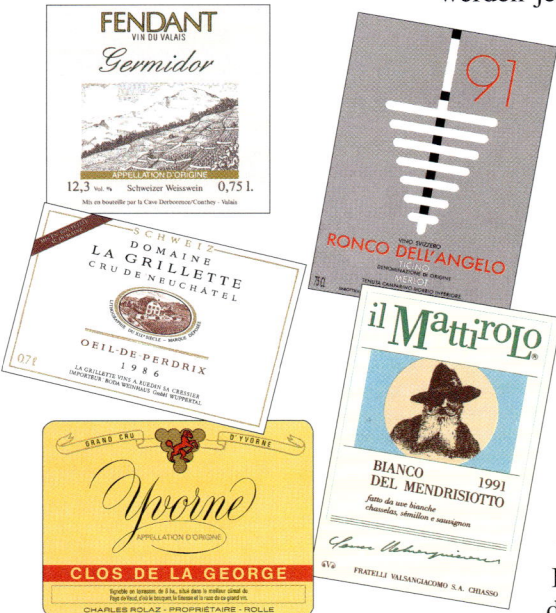

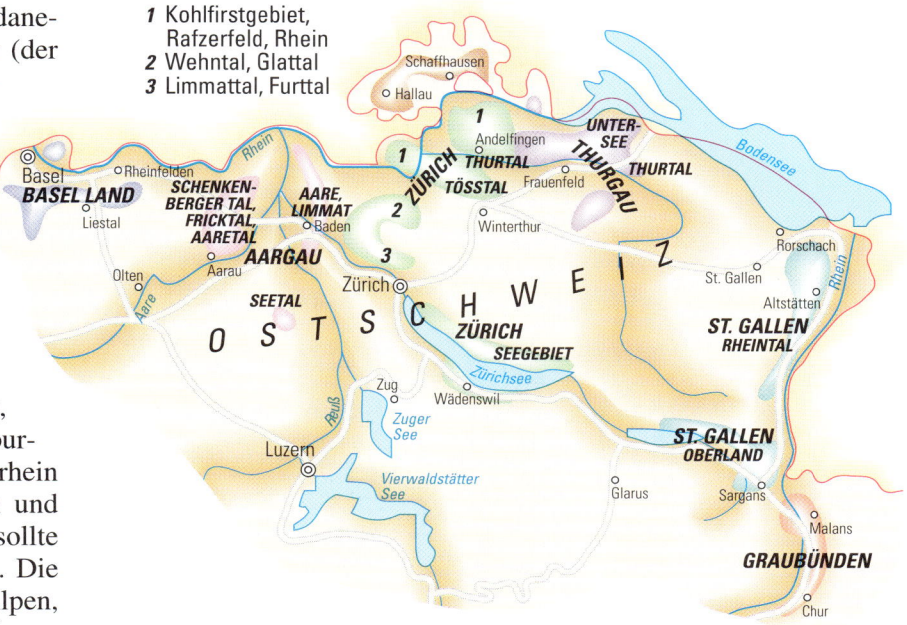

SCHWEIZ

Anbau ist jedoch rückläufig, weil die Trauben spät reifen und die Gefahr des Frostschadens hoch ist. Das ist schade, denn sie ergeben feinfruchtige Weine mit eleganter Säure. Auch der Silvaner, der an der oberen Rhône Johannisberg genannt wird, weil er in dieser Gegend einem Riesling vom Rhein ähneln kann, kommt zu neuen Ehren. Verstärkt wird der rote Spätburgunder (Pinot noir) angebaut, der längst nicht mehr so überweich daherkommt wie ehedem. Die jungen Kellermeister haben sich in Frankreich umgesehen und wissen, wie feurige Weine gemacht werden. 1993, bei einem alemannischen Drei-Länder-Wettkampf, bei dem Spätburgunder aus Baden, dem Elsaß und aus der Eidgenossenschaft verkostet wurden, belegten die Schweizer von den ersten zehn Plätzen gleich sieben, was niemand für möglich gehalten hätte. Erstaunlicher noch: Einige der Besten kamen aus der Ostschweiz.

Neben der Tessiner VITI-Qualitätsmarke gibt es noch für Ostschweizer Weine das Siegel »Attestierter Winzer-Wy«. Der Wein muß eine Reihe von Qualitätsmerkmalen aufweisen und wird von einer Degustationskommission geprüft, wobei er mindestens 18 von 20 möglichen Punkten erreichen muß. Unter den Schweizer Weinbaugebieten hat die Ostschweiz die meiste Ähnlichkeit mit den benachbarten deutschen Regionen – Baden und Württemberg. Im Kanton Schaffhausen befindet sich das größte geschlossene Rebareal mit dem Zentrum Stein am Rhein. Man baut fruchtige, erdige Rotweine an, daneben zunehmend Riesling x Silvaner (der hiesige Name für den Müller-Thurgau). Wein-Kantone sind weiter Thurgau, Aargau, Zürich, St. Gallen und Graubünden. Zürich hat den Vorteil der Wärmerückspiegelung des Sees, aber nur die Kantone St. Gallen – im Rheintal und im Oberland – und Graubünden kennen den Föhn als »Traubenkocher«. In der Herrschaft, wie die Landschaft um Chur heißt, werden erstaunlich glühende Spätburgunder-Weine erzeugt. Wo Vorderrhein und Hinterrhein zusammenkommen und so etwas wie einen Fluß bilden, sollte eigentlich kein Wein mehr wachsen. Die Rebgärten liegen halb in den Alpen, Davos ist gleich um die Ecke. Ein Geheimnis der Reife ist auch hier der Föhn, der oft hitzig von Italien herüberbläst und im Spätherbst den Trauben zusätzliche Reife verleiht. Die Bündner können nur lächeln, wenn sie hören, mit welch geringen Oechsle-Graden die Kollegen im berühmten Wallis zurechtkommen. Bei dem Wenigen, das am Hochrhein geerntet wird, bringt sogar der Müller-Thurgau hochfeine Tröpfchen. Die Traube ist ja für diese hochgelegene Landschaft gezüchtet worden, ihr Schöpfer, der Rebforscher Hermann Müller, war Ostschweizer. Daher ist es verwunderlich, daß die Sorte dort nicht seinen Namen trägt wie in Deutschland, sondern Riesling x Silvaner heißt. In der Ostschweiz gibt es immer zu wenig Wein. Um die Jahrhundertwende war die Anbaufläche fünfmal größer, doch die Reblaus vernichtete den größten Teil der Weinberge. Erst in den vergangenen Jahren wurden wieder neue Rebgärten angelegt. Sogar am unbezahlbaren Herrliberg in Zürich entstand ein neuer Wingert. Fast die gesamte Erzeugung wird am Ort ausgetrunken. Wenn Wein aus der Schweiz zu uns kommt, dann ist es fast immer Walliser. Auf 70 Kilometer Länge zwischen Brig und Martigny wird im Tal der Rhône fast die Hälfte des schweizerischen Weins geerntet, überwiegend Chasselas, genannt Fendant. Der einfache heißt »Fendant courant«, »Fendant choix« steht für bessere Qualitäten. Es gibt himmelstürmende

1 Kohlfirstgebiet, Rafzerfeld, Rhein
2 Wehntal, Glattal
3 Limmattal, Furttal

SCHWEIZ

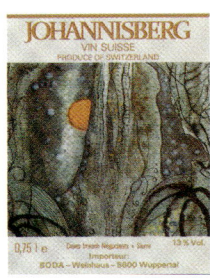

Wein-Terrassen dort, die sich bis in Höhen über 1000 Meter aufschwingen, aber auch schier endlose Rebflächen im fruchtbaren Schwemmland direkt am Fluß. Der Besitz ist hoffnungslos zersplittert durch Realteilung, eine Hinterlassenschaft Napoleons, die im Falle einer Erbschaft gleichmäßige Berücksichtigung aller Nachkommen vorschreibt. Etwa 22 000 Winzer erzeugen Trauben, im Schnitt hat jeder nur einen Viertelhektar, nicht wenige leben davon. Zwei Jahre hintereinander, 1982 und 1983, wurde so viel geerntet, daß die Kellereien Swimmingpools anmieteten, weil sie anders den Segen nicht unterzubringen wußten. Als 1988 wieder ein überreicher Wimmet (schwyzerisch für Weinernte) anfiel, griff der Landwirtschaftsminister durch und befahl Begrenzung der Mengen zur Verbesserung der Qualität. Eine Appellation contrôlée nach französischem Vorbild soll das Streben nach Qualität fördern. Nur die besten Weine erhalten diese Auszeichnungen. Zwei Orte haben sich den Titel Grand cru (Hochgewächs) verdient: In Salgesch gibt es nur ökologischen Weinbau, und die Winzer von Vétroz geloben, ohne Zucker auszukommen. Der Fendant ist erheblich besser geworden. Ebenso sind die Ansprüche an den Dôle gestiegen. Das ist ein aus den Trauben von Pinot noir und den Beaujolais-Trauben Gamay gekelterter Rotwein. Allerdings haben nur die besten Qualitäten Anspruch auf diesen Namen.

Bei Martigny schwenkt die Rhône nach Nordwesten. In der Reihe der Westschweizer Weinlandschaften folgt das Chablis. Auf steilen, oft kaum begehbaren Terrassen gedeiht ein kerniger, erdbetonter Wein, der für seinen Feuersteingeschmack (pierre à fusil) bekannt ist. Die Lagen von Aigle und Ivorne gehören zu den besten der Schweiz. Mit dem Genfer See schließt sich das satte, stattliche Waadtland an; das gesamte Nordufer des Genfer Sees ist mit Reben bestockt, mit Blick auf die franzö-

Während manche Schweizer Winzer ihre Rebflächen in Flußtälern vergleichsweise bequem bearbeiten, sind viele Weingärten in Gebirgsregionen gelegen. Boden und Mikroklima bestimmen hier in hohem Maße Qualität und Charakter der Weine. Der Großteil der eidgenössischen Weine entsteht jedoch in der Ostschweiz. Wallis, Waadt und die sanfte Jura-Landschaft stehen insbesondere für qualitätsstabile Weißweine.

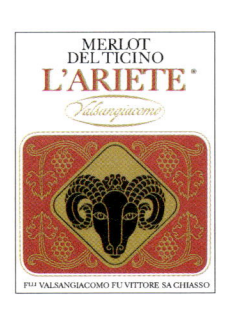

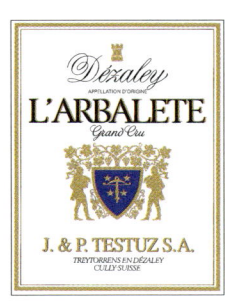

SCHWEIZ

sischen Dreitausender. Schlösser liegen dort zuhauf, ein Paradies könnte die Gegend sein, wenn nur die Autobahn nach Genf nicht wäre, die das Rebland zerschneidet. In Villeneuve hoffen die Winzer immer noch darauf, daß sich die Piste als Fehlkonstruktion erweisen und in den See rutschen möge, natürlich ohne dabei das alte Château Chillon zu treffen. Der Kanton Waadt (französisch Vaudt, denn wir sind in der französisch sprechenden Schweiz) ist das zweitgrößte Schweizer Weinbaugebiet. Das Chablis gehört dazu und dann die Regionen Lavaux und La Côte. Neben feinen, zarten Rotweinen haben Weißweine eine Spitzenstellung. Dorin ist für Weißweine aus der Rebsorte Chasselas eine geschützte Wortmarke. Terravin, mit der Kontrollmarke am Flaschenhals, heißen die besten Weißweine. Sie müssen sich einer Degustationskommission stellen. Salvagnin ist der Rotwein aus Pinot noir und vielleicht einem Zusatz von Gamay. Aus dem Lavaux genannten Stück zwischen Vevey und Lausanne kommen die besten Weißweine der Schweiz, Villette und Epesses, Pully, Cully und Lutry, allen voran der füllige Dézaley. Es gibt seit langem Appellationen nach Burgunder Vorbild, eingeteilt in Bereiche, Dorf- und Schloß-Lagen. Der Kanton Genf bildet den Abschluß nach Westen. Rote und weiße Sorten halten sich etwa die Waage. Der Weinbau konzentriert sich auf die Gemeinde Satigny. Für meinen Geschmack kommen die angenehmsten Weine der Schweiz vom Neuenburger See. Der Chasselas von Neuchâtel ist frisch, leicht, spritzig, eine Köstlichkeit zu den Fischen des Sees. Die Kellermeister dort beherrschen die malolaktische Gärung perfekt, lassen zudem den Wein lange auf der Hefe liegen, was die natürliche Kohlensäure bewahrt. »Sternli-Wy« wird der Trunk dort genannt, weil beim Einschenken winzige Bläschen an die Oberfläche sprudeln und, wenn das Licht in einem bestimmten Winkel einfällt, einen Stern bilden sollen.

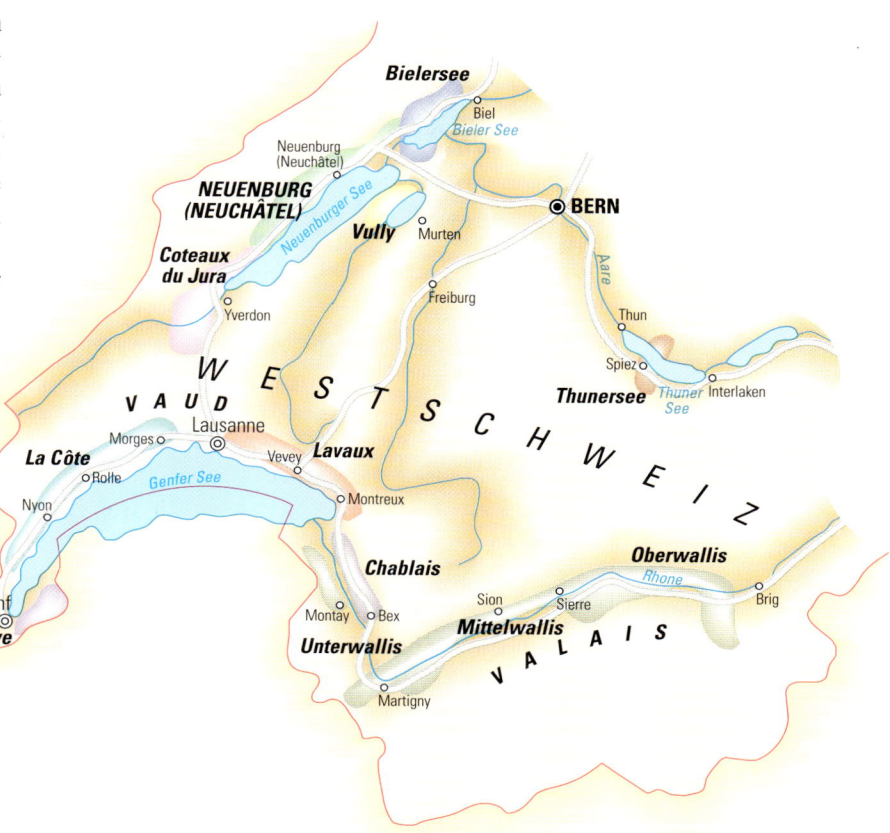

Auch die Rotweine des Sees können sich sehen lassen und nicht zuletzt der frische Rosé. Das »Œil de Perdrix« wird hier in seiner bekanntesten Ausprägung gekeltert. Zu den Westschweizer Weingebieten gehören noch die Kantone Bern und Fribourg (Freiburg). Gibt es in Bern Wein? Vielleicht stehen die Rebstöcke an der Aare-Schleife? Nein, aber an Thuner See und Bieler See, an den sonnigen Südhängen wächst ein Tropfen, den man mit gutem Gewissen empfehlen kann, sowohl Weißwein (zu 70 Prozent, am Thuner See Riesling x Silvaner, am Bieler See Gut-

Aus dem Lavaux am Genfer See stammt einer der besten Weißweine der Schweiz: der füllige Dézaley. Insgesamt ist diese Rebregion klimatisch begünstigt, weshalb die Winzer stets die Erträge reduzieren müssen, wollen sie die Qualität halten.

SCHWEIZ

SCHWEIZ

Rebfläche: 14 000 Hektar

Ernte im Schnitt:
1,3 Millionen Hektoliter

Weinbaubetriebe:
circa 35 000

Export nach Deutschland:
4 700 Hektoliter

Hauptsorten: Chasselas, Pinot noir

Rebkantone

Ostschweiz:
Kanton Schaffhausen
Kanton St. Gallen
Kanton Thurgau
Kanton Aargau
Kanton Zürich
Kanton Graubünden

Westschweiz:
Kanton Wallis (Valais)
Kanton Waadt (Vaud):
Cablis, Lavaux, La Côte
Kanton Genf (Genéve)
Kanton Neuenburg
(Neuchâtel)
Kanton Freiburg (Fribourg)
Kanton Bern

Südschweiz:
Kanton Tessin (Ticino):
Sottoceneri, Sopraceneri
Kanton Graubünden: Misox

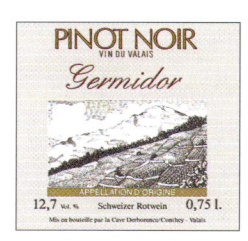

---

edel, also Chasselas) als auch Rotwein, nämlich Blauer Spätburgunder. Im Kanton Fribourg liegt am Steilhang über dem Murtensee am Mont Vully ein geschlossenes Weinbaugebiet mit 80 Prozent Chasselas und wenig Pinot noir und Gamay. Die Weine sind leicht und süffig. Das zu wissen, ist aber nur wichtig, wenn Sie dorthin fahren wollen – die Weine werden am Ort ausgetrunken.

Ein völlig anderes Bild bietet das Anbaugebiet Südschweiz. Im bündnerischen Misox ist der Weinbau rückläufig. Dagegen stehen im Tessin (Ticino) die Merlot-Rotweine hoch im Kurs. Sie sind gehaltvoll, kräftig und warm. Die Reben wurden aus Frankreich eingeführt. Die besten von ihnen tragen das Qualitätssiegel VITI (Vini ticinesi). Um die Jahrhundertwende reiften noch 6500 Hektar Reben im Tessin. Aber das war, bevor die Reblaus eingeschleppt wurde. Heute unterscheidet man die Pfropfreben und die Americani, die amerikanischen Reben. Die sind zwar reblausresistent, ergeben aber Weine minderer Qualität mit jenem aufdringlichen, fuchsigen Geschmack, dem Foxton, in der Schweiz auch »Chatzedräckeler« genannt. Wo sie noch nicht ausgerissen sind, werden sie fast nur zur Bereitung von Traubensaft genutzt. Aber durch die veränderte Siedlungsstruktur schrumpft der Weinbau auch im Tessin. Der Zuzug begüterter Rentner, die ohnehin lieber Bordeaux trinken, läßt eine Siedlungsstruktur entstehen, mit der leichter Geld zu verdienen ist als mit der Schufterei im steilen Weinberg. Und so mancher Weinberg wurde als unverbaubares Grundstück mit Aussicht für eine Villa verkauft. So konzentrierte sich der Weinbau auf die leichter zu bewirtschaftenden Ebenen südlich des Luganer Sees, Sottoceneri genannt. Daneben gibt es noch das Weinbaugebiet Sopraceneri um den Gardasee und im Tal des Ticino.

Zusammenfassend kann man sagen, daß die Schweizer Weinwelt in Ordnung ist. Zwar sind Phantasienamen wie »Römerblut« gestattet, aber nur zusammen mit Herkunfts- und Sortenangaben. Qualitätshinweise wie Spätlese, Auslese und Beerenauslese sind nicht wie in Deutschland gesetzlich geschützt, sondern werden von den Erzeugern frei verwendet – wenn die Güte des Erzeugnisses nicht befriedigt, fällt das auf den Abfüller zurück und deshalb ist man schon vorsichtig. Bei allen »herkunftsechten« Weinen muß der Kanton angegeben werden. Je konkreter die Angabe der Herkunft, desto wertvoller ist der Wein, also in der Reihenfolge der geographischen Ausdehnung die Region, die Lage, das Weingut.

BALKAN

Die preiswertesten Weine der Welt

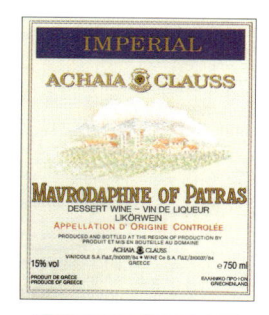

Der Balkanraum bildet ein riesiges Rebenreservoir. Von dort gelangen nicht nur preiswerte Weine auf den zentral-europäischen Markt, sondern auch Klasse-Weine.

Umstürze, Kriege, Zusammenbrüche ganzer Staaten können einen Kaufmann nicht erschrecken. Händler haben immer noch Wege durch die Fronten gefunden. Vom Balkan kommen nach wie vor weit mehr als 100 Millionen Liter Wein jährlich nach Deutschland, Tendenz zunehmend. Anders gerechnet stammt ungefähr jede 15. Flasche, die der Deutsche trinkt, aus Ungarn, dem ehemaligen Jugoslawien, aus Rumänien und Bulgarien oder aus Griechenland, auch wenn der Südosten Europas wie von einem Erdbeben erschüttert wird. Denn grundsätzlich besitzen Länder wie Bulgarien, Rumänien und die Landschaften des ehemaligen Jugoslawiens alle klimatischen und geologischen Vorzüge, um große Weine wachsen zu lassen. Sicher konnten dort würdevolle Traditionen nicht entstehen; Jahrhunderte hindurch hatten die Türken das Sagen, und ihr Glaube verbietet nun einmal jeglichen Alkohol. Doch zumindest Ungarn kann auf eine Geschichte der Trink-Kultur verweisen. Zu Zeiten der Kaiserin Maria Theresia hieß es: »Nullum vinum nisi hungaricum – kein Wein außer ungarischem«. Im 18. Jahrhundert exportierten die Magyaren mehr als zwei Millionen Liter in alle Welt. Sie hatten den Vorteil des heißen Klimas, vermochten einen schweren, milden Stoff zu erzeugen, wie dies damals in Deutschland oder Frankreich kaum möglich war. Dazu kam der konzentriert-süße Tokajer. Aber davon später.

Sicher schmeckten Kékfrankos und Leányka damals völlig anders als die heutigen, mit chromblitzender Technik und äußerster Hygiene hergestellten Abfüllungen. Einen »reduktiven Ausbau« unter völligem Luft-Ausschluß gab es nicht. Die Weine mußten also oxydiert gewesen sein und wie Madeira angemutet haben. Doch waren sie robust, wurden im Pferdekarren wochenlang durch Europa transportiert und ließen sich dann immer noch viele Jahre lang aufheben. Es liegen heute noch in den Kellern Ungarns und Rumäni-

BALKAN

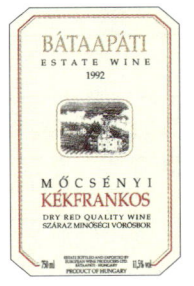

Die politischen Umwälzungen zeigen starke Auswirkungen auf den Weinbau. Die zentralen Strukturen sind zerschlagen. Man steht vor einem Neubeginn.

ens vereinzelt Flaschen aus der alten Zeit. Händlern und Sammlern gelingt es gelegentlich, solche Schätze zu heben, und die zahlenden Gäste staunen bei deren Verkostung immer wieder, wie raffiniert diese Museumsstücke bei aller Oxydation noch munden, welche Fülle feinster Säuren und Aromen sie besitzen. Finden wir uns damit ab, daß es solche Weine heute nicht mehr geben kann, selbst wenn sich ein Kellermeister den Spaß machte und einen Debröer oder Soproner so herstellte wie ehedem – die alte Fachliteratur ist ja noch vorhanden. Während früher die himmlischen Mächte eingreifen mußten, kann man heute jeden Jahrgang mit Genuß trinken, gewährt uns doch die moderne Technik gleichbleibende Qualität.

Ungarns Weinwirtschaft ist im Umbruch, wie das ganze Land. Die zentralen staatlichen Strukturen sind zerschlagen, westliche Investoren von Bordeaux bis zum Kaiserstuhl sind deren Nachfolger und versuchen mit Know-how und Millionen Dollars das Geschäft wieder anzukurbeln. Dabei können sie sich nicht auf die Tradition berufen, denn unsere Zeit verlangt andere Weine als die k.u.k. österreichisch-ungarische Monarchie. Ungarische Weine haben ein klares Güteschema. Da ist zunächst der einfache Tafelwein (Asztali bor oder Kommersz), die nächste Kategorie ist der Markenwein (Pecsnye bor), es folgt der Qualitätswein (Minöségi bor), dessen Herkunft nachgewiesen werden muß. An der Spitze der Pyramide steht der »Wein höherer Qualität« (Különleges minöségi bor), der aus edelfaulen Trauben erzeugt wird, also eine Art Spätlese. Ungarische Weine sind meist feurig und vollmundig, oft alkoholreich. Csemegebor ist aufgespritet. Wie in vielen alten Weinbauländern gibt es eine Vielzahl von Rebsorten. Manche können wir erraten wie Tramini, hinter dem sich unser Traminer verbirgt, oder Rizlingszilváni für Müller-Thurgau und Oportó für Portugieser. Es ist allerdings zu bedenken, daß die Weine in dem extremen Klima mit dem feuchten Frühjahr und dem langen, heißen und trockenen Sommer anders ausfallen, als wir es von den Rebsorten bei uns gewohnt sind. Kékfrankos wird von den Österreichern Blaufränkisch genannt und ist als Blauer Lemberger bekannt, Rajnai Rizling ist Riesling (Rhein-Riesling). Dagegen ist der Olasrizling Welschriesling. Er ergibt milde Tafelweine und ist nicht mit dem Riesling verwandt. Vermutlich stammt er aus Frankreich. Szürkebarát (Grauer Mönch) ist der ungarische Name für Ruländer. Leányka, die Mädchentraube, bringt bei geringem Ertrag edle, feurige und feinblumige Weine. Ezerjó, auch Tausendgut oder Kolmreifer,

BALKAN

eine alte ungarische Rebsorte, gibt herzhafte Weine mit feinem Aroma und einer in Ungarn seltenen fruchtigen Säure. Mézesfehér (Honigler) wächst auf den vulkanischen Böden des Weinbaugebietes Somló. Der Kéknyelü (Blaustengler) ist im Balatongebiet verbreitet. Die Weine sind schwer, süß und feurig und werden in Ungarn Bratenweine genannt, womit ihre Eignung zum guten Essen betont wird. Er sind immer Weine mit Restsüße und betörendem Honigduft. Die Krone des ungarischen Weins ist der Tokajer, König der Weine – Wein der Könige. Früher wurde er in Apotheken angeboten, denn man war von seiner Heilkraft überzeugt. Er muß aus dem Gebiet Tokaj-Hegyalja stammen, einem Areal von nur 28 Gemeinden. Der Tokaj Aszú ist ein gold- bis braungelber Likörwein. Die Rebsorten Furmint, Gelber Muskateller und Harslevelü (Lindenblättriger) werden als Trockenbeerenauslese, in 15 Kilo fassenden Butten, gelesen und unter geringem Druck zu einem Ausbruchteig zerquetscht. Der enthält pro Liter 250 Gramm Zucker sowie 50 Gramm zuckerfreien Extrakt. Er wird mit normal geernteten Most, Jungwein oder einem älteren Jahrgang zusammengegossen und im ortsüblichen Gönczer Faß von 135 Liter der Gärung überlassen. Je nach der Anzahl der für ein Faß verwendeten 15-Kilo-Butten mit Ausbruchteig spricht man von 2buttig bis 6buttig. Für jede Butte muß der Wein ein Jahr im Faß reifen. Dem Tokaj Szamorodni (wie gewachsen) wird kein Ausbruchteig zugefügt. Er entspricht der deutschen Spätlese, ist aber schwerer und süßer. Szamorodni Száraz ist ein trockener Wein mit delikatem Sherryton. Der Tokajer verdankt seine Einmaligkeit nicht nur jahrhundertealter Winzer-Erfahrung, sondern auch einer speziellen Mikroflora und nicht zuletzt den einmaligen Weinkellern des Tokaj-Hegyalja. Es werden pro Hektar nur 60 bis 70 Doppelzentner Trauben gelesen, die 40 Hektoliter Wein ergeben. Der Weinbau selbst ist seit 1074 urkundlich belegt, es sollen aber vor den Römern die Kelten schon Weinbauern gewesen sein.

Über den Wein Jugoslawiens und seiner Nachfolgestaaten heute etwas auszusagen, vermag niemand. Da Nachschub und Lieferfähigkeit nicht mehr zu garantieren waren, mußte der deutsche Weinfreund auch auf den ihm liebgewordenen »Amselfelder« verzichten. Ähnlich sieht es auch mit anderen Spezialitäten aus. Der einzige halbwegs zuverlässige Lieferant blieb Slowenien, das hauptsächlich herzhafte, fruchtige Weißweine erzeugt.

BALKAN

Jugoslawien stand bis zu den Auseinandersetzungen seit 1991 für eine Fülle teils unterschätzter Weine. Slowenien mit seinem wohl berühmtesten Weinberg Jeruzalem (Seite 185 oben) hat mit dem »Rizling« eine Vorreiterrolle im Export eingenommen.

BALKAN

Ungarn:

Rebfläche: 140 000 Hektar

Ernte im Schnitt:
5 Millionen Hektoliter

Hauptsorten: Blaufränkisch, Welschriesling, Kadarka

Export nach Deutschland:
150 000 Hektoliter

Die Weine entstammen dem Welsch- und dem Rheinriesling. Bodenständige Rebsorten sind für den Export ohne Interesse.

Noch mehr als Ungarn leidet Rumänien unter dem Vorurteil, daß dort nur einfache Weine wachsen. Das wird sich ändern, vorerst aber kann man rumänischen Wein mit der »Königlichen Mädchentraube« gleichsetzen, die wir weiß, rot und als Sekt kennen. Dabei ist Rumänien eines der ältesten Weinbauländer Europas. Homer erwähnt in seiner »Ilias« den thrakischen Wein, und eine Gedenkmünze Kaiser Trajans zeigt neben der Ähre gleichberechtigt die Weintraube. Dazu kam das Wissen der aus Mitteleuropa einwandernden Donauschwaben. Kurz: Ich möchte Ihnen empfehlen, die Augen offenzuhalten, zu probieren und zuzugreifen, wenn Ihnen etwas von der Palette rumänischer Weine angeboten wird. Für Bulgarien ist der Wein ein wichtiger Devisenbringer. Der Rosentaler Kadarka ist der im Ausland bekannteste bulgarische Wein. In guten Jahren ist er beinahe mit dem Burgunder zu vergleichen. Er kann jung getrunken und auch länger gelagert werden. Gamza wird auch mit Pamid (einem hellen Rotwein) und Mavrud verschnitten, man nimmt es da nicht so genau. Mavrud pur liefert alkoholreiche, aromatische Weine von fast schwarzer Färbung. Markenweine aus Rotweinverschnitt sind »Trakia«, »Balkan« und »Karabunar« in der aufsteigenden Reihenfolge ihres Gehaltes. Für den Export werden mitteleuropäische Sorten wie Cabernet und Riesling angebaut. Weißwein-Verschnitte haben Phantasienamen wie »Sonnenstrand« und »Klosterkeller«. Da stehen die Rebsortenweine leider zurück. Diamat ist der frisch-fruchtige, alkoholreiche, Miskat der milde mit Muskat-Aroma. Vinenka oder Proslava sind herzhaft-fruchtig. Schließlich müssen der Stanimaschka erwähnt werden, ein Dessertwein, und der Melnik, ein süßlicher, schwerer Wein.

Weine aus Griechenland werden meist als einfache Tischweine der »großen Fünf« angeboten, zum Beispiel der allgegenwärtige Demestika. Das darf doch nicht alles sein! Deshalb hier ein kurzer Überblick. Griechenland hat ein Weingesetz, das dem französischen nachempfunden ist. Es basiert also auf dem Herkunftsnachweis. Bei Weinarten differenziert es zwischen trockenen Weinen, Likörweinen mit Alkoholzusatz und süßen Weinen mit viel Restzuckergehalt. Man kann also aus gewissen Rebsorten alle drei Weintypen machen. Dazu kommen Retsina-Weine, die keine Qualitätsweine sind. Es gibt eine Reihe von geschützten Herkunftsbezeichnungen, von denen die wichtigsten hier aufgeführt sind. Nordgriechenland: Aus Naoussa und Aminton stammen trockene, kernige und säurebetonte Rotweine. Trocken geraten die roten und weißen auch in Playes Meliton sowie die weißen in Athiri, Assirtico und Roditis. Die Weißweine aus Sitsa sind frisch und spritzig. Aus Rapsani, an den Hängen des Olymps, kommen nervige, hellfarbene Rotweine. Die trockenen, goldfarbenen Weißweine

BALKAN

aus Kantza und Attika (Mittelgriechenland) sind bekannt für ihre frische Säure. Aus der Region Peloponnes kennt man die kräftigen, farbstarken, trockenen bis süßen Rotweine, die bei längerer Lagerung gewinnen. Sie stammen aus dem Anbaugebiet Nemea. Die trockenen, leichten Weißweine werden in Mantinia und Patras angebaut. Moskatos Patras und Moskatos Rios Patras sind die beiden Weine, die eher süß geraten. Mavrodaphne Patras ist ein roter, süßer, schwerer Likörwein, bei dem die Gärung durch Alkoholzugabe unterbrochen wurde. Von den Ägäischen Inseln kennt man vor allem das Anbaugebiet Rhodos, hier geraten die Weine immer trocken. Die Ausnahme ist der Moskatos Rhodos, ein weißer, natürlicher Süßwein. Alkoholreiche Weißweine stammen aus Santorini, Athiri, Aidani und Assirtiko, sie wachsen auf vulkanischen Böden, sind trocken und süß, für vollmundige Dessertweine werden die Trauben auf Stroh gelagert (Strohweine). Weitere Likörweine kommen aus Limnos, wie der goldene Moskato mit seinem interessanten Muskat-Bukett und aus Samos. Es ist eines der bekanntesten Süßweingebiete der Welt. In Sitia auf Kreta entstehen trockene bis süße Rotweine. In Peza werden trockene Rotweine mit viel Bukett und dunkelroter Färbung, viel Körper und Alkohol angebaut. Aus Daphnes stammt ein weiterer trockener bis süßer, kerniger Rotwein, der süß mit der Lagerung an Wohlgeschmack gewinnt. Für den Export werden meist Markenverschnittweine hergestellt, die in gleichbleibendem Geschmack geliefert werden können und Phantasienamen haben. Eine Besonderheit Griechenlands ist der schon erwähnte Retsina, ein geharzter, trockener Landwein. Seine Geschichte reicht bis in die Antike zurück, als man den Harz-Zusatz vielleicht wegen der Haltbarkeit für notwendig hielt, aber auch zur Geschmacksverbesserung, die der Wein damals sicher nötig hatte. Jedenfalls ist in der Neuzeit daraus ein appetitanregendes Getränk mit eigentümlichem Geschmack geworden, das man – als Begleiter zur griechischen Küche – nicht missen möchte. Retsina gibt es meist als Weißwein, aber auch als Rotwein und Rosé.

Ungarische Tiefebene: Alföld

Nord-Transdanubien: Aszar-Neszmely, Badacsony, Balatonfüred-Csopak, Balatonmellek, Mór, Somló

Südtransdanubien: Mecsek, Villany-Siklös

Nordungarn: Matraalja, Eger, Tokaj-Hegalja

Rumänien:
Rebfläche: 300 000 Hektar

Ernte im Schnitt: 9 Millionen Hektoliter

Hauptsorten: Schwarze und weiße Mädchentraube, Welschriesling

Export nach Deutschland: 70 000 Hektoliter

Bulgarien:
Rebfläche: 140 000 Hektar

Ernte im Schnitt: 5 Millionen Hektoliter

Hauptsorten: Kadarka, Mavrud, Cabernet-Sauvigon

Export nach Deutschland: 120 000 Hektoliter

Griechenland:
Rebfläche: 90 000 Hektar

Ernte im Schnitt: 4,5 Millionen Hektoliter

Hauptsorten: Roditis (weiß), Agiorgitiko (rot)

Export nach Deutschland: 280 000 Hektoliter

Die Völkervielfalt des Balkanraumes zeigt sich in der Architektur der Region wie auch in den unterschiedlichsten Weinen.

1989
ESTATE BOTTLED

Renaissance

SAUVIGNON BLANC
NORTH YUBA

PRODUCED & BOTTLED BY
RENAISSANCE VINEYARD & WINERY
RENAISSANCE, CA 95962 ALC. 12.5% BY VOL.

ENTDECKUNGEN IN ÜBERSEE

Im Oktober 1979 veranstaltete die Redaktion eines Schlemmer-Führers in Paris eine aberwitzige Probe. 330 Weine aus aller Welt wurden verkostet. Ergebnis: Die vorderen Plätze belegten Kalifornier vor dreimal teureren Grands Crus aus Bordeaux. So fragwürdig solche Vergleiche sind, die Probe löste in Europa einen Run aus auf Weine aus Übersee. Händler beschafften Flaschen auch aus China und Kanada, fast immer mindere Ware für viel Geld. Das Publikum verlor bald das Interesse. Jetzt schäumt die zweite »Exoten-Welle«, diesmal mit Spitzen-Gewächsen.

KALIFORNIEN
Die Herausforderung

Die Jahre der allzu kraftstrotzenden Weine Kaliforniens sind vorüber. Alkohol, Aromen – von allem nahmen die Winzer ein wenig zurück; die Qualität stieg beachtlich.

Die erste Bekanntschaft mit kalifornischem Wein machte ich im Januar 1973. In einem New Yorker »Wine & Spirit Store« entdeckte ich einige Flaschen und kaufte aus Neugier. Der Händler beriet mich aufmerksam. Zum Abschied sagte er mir: »You must come again. The californian wines are good, but I think they will get better every year.« Er hatte recht, die Weine damals waren okay, und was ich später probierte, wurde in der Tat ständig besser. Im Oktober 1979 sorgten Chardonnay und Cabernet-Sauvignon aus der Neuen Welt für helle Aufregung in Europa: Bei der Welt-Wein-Olympiade der Pariser Gourmet-Kritiker Henri Gault und Christian Millau belegten sie reihenweise die vorderen Plätze. Das französische Fachblatt »Revue Vinicole« sprach von einer »kalifornischen Herausforderung« (Anspielung auf das damals vieldiskutierte Buch »Die amerikanische Herausforderung«). Teile der damaligen Probe von Paris habe ich mehrfach nachgestellt und kam immer wieder zu dem gleichen Ergebnis: Die Kalifornier beeindruckten mit unbändiger Kraft und besaßen dabei durchaus Eleganz. Als Athleten im Smoking sozusagen, drängten sie die nicht so alkoholreichen, vornehmen Crus aus Frankreich nach hinten. Doch wenn ich mit Freunden hernach zusammensaß und die besten der angebrochenen Flaschen leerte, dann wurden wir, je länger der Abend sich hinzog, der allzu muskulösen Geschöpfe überdrüssig und freuten uns zuletzt über einen federleichten Kabinett-Riesling von der Saar. Spätere umfangreiche Fachproben mit jeweils fünf Dutzend Kaliforniern hatten denselben Effekt. Die meisten Weine besaßen hohe Klasse, keine Frage, aber hatten von allem zuviel: Alkohol, Extrakt, Würze. Es war wie drei Wagner-Opern hintereinander. Mitte der achtziger Jahre spielten die Kellermeister aus dem Goldenen Westen noch zu gerne mit neuen Eichenfässern und übertrieben oft damit. Wenn die 50. Flasche verkostet wurde, schmeckte ich nur noch Vanille, Zimt und Kardamom, als hätte ich mich an Lebkuchen übergessen.

Doch die Amerikaner lernten schnell und überwanden die Kinderkrankheiten. Sie ließen die Trauben nicht mehr bis zur Überreife hängen. Der Alkoholgehalt wurde von 14 auf 13 Grad gesenkt, die Weine erschlugen nicht mehr mit exotischer Wucht. Die Kellermeister mischten die doch etwas vordergründige Sorte Cabernet-Sauvignon mit Merlot und Malbec, wie in Bordeaux üblich. Auch wurden

KALIFORNIEN

die Reben älter. So kam mehr Finesse, mehr »Spiel« in den Geschmack. Vor allem gebrauchte man die neuen Eichenfässer, Barriques genannt, viel vorsichtiger. Die früher so vorlauten Holz-Aromen wurden dezent, sie untermalten den Wein, übertönten ihn nicht mehr.

Heute bieten die ersten Adressen im Umland von San Francisco große, vornehme Gewächse, prunkende Begleiter eines festlichen Essens, die erstaunlich gut altern können. Auch wenn sich die Kalifornier ihren französischen Vorbildern anglichen, sie mit Bordeaux oder Burgund zu vergleichen, ist müßig, dazu sind die klimatischen Unterschiede viel zu groß. Die Weine von der West Coast sind eher zum großzügigen Genießen da, nicht so sehr zum Philosophieren, werden wohl immer ein wenig Hollywood ausstrahlen. Von den erwähnten ersten Adressen gibt es etwa hundert, und eine gleich große Anzahl ehrgeiziger »Vintners« drängt nach, erstaunlich viele für insgesamt 800 Betriebe mit eigenem Keller im ganzen Lande. Manche der in der internationalen Feinschmecker-Presse gefeierten »Estates« sind noch keine 20 Jahre alt, gegründet oft von city-müden Aussteigern. In den Achtzigern verdoppelte sich die Zahl der Weingüter und Kellereien, herrschte in Kalifornien ein Rush wie 150 Jahre zuvor in der Goldgräber-Zeit. Zu einem Fünftel gehört der Weinbau internationalen Investoren aus Frankreich, aus der Schweiz, aus Japan und Deutschland.

Das Land kann nicht mit reicher Geschichte aufwarten, die ersten Reben hatte der aus Mexiko zugewanderte Franziskaner Junipero Serra im Jahre 1756 in der Nähe von San Diego gepflanzt. Es gab wohl schon einmal Ende des vorigen Jahrhunderts eine blühende Weinkultur, die aber von Prohibition und Wirtschaftskrise abgewürgt wurde. So wie sich Wein-Kalifornien inzwischen darstellt, ist es eben mal 25 Jahre alt. Ähnlich wie die Australier hatten die Kalifornier wenig Gelegenheit, Um- und Irrwege zu gehen.

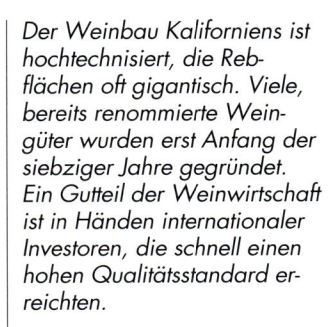

Der Weinbau Kaliforniens ist hochtechnisiert, die Rebflächen oft gigantisch. Viele, bereits renommierte Weingüter wurden erst Anfang der siebziger Jahre gegründet. Ein Gutteil der Weinwirtschaft ist in Händen internationaler Investoren, die schnell einen hohen Qualitätsstandard erreichten.

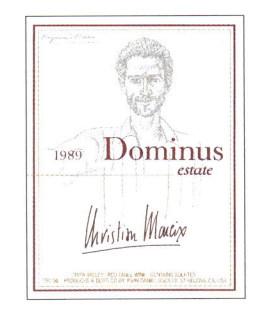

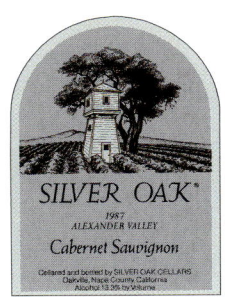

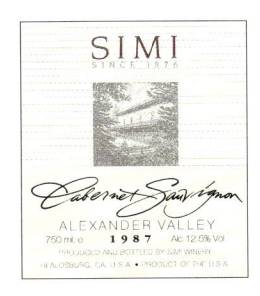

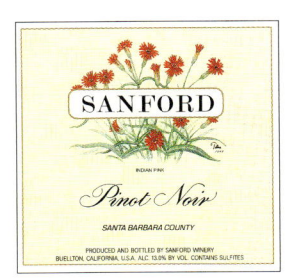

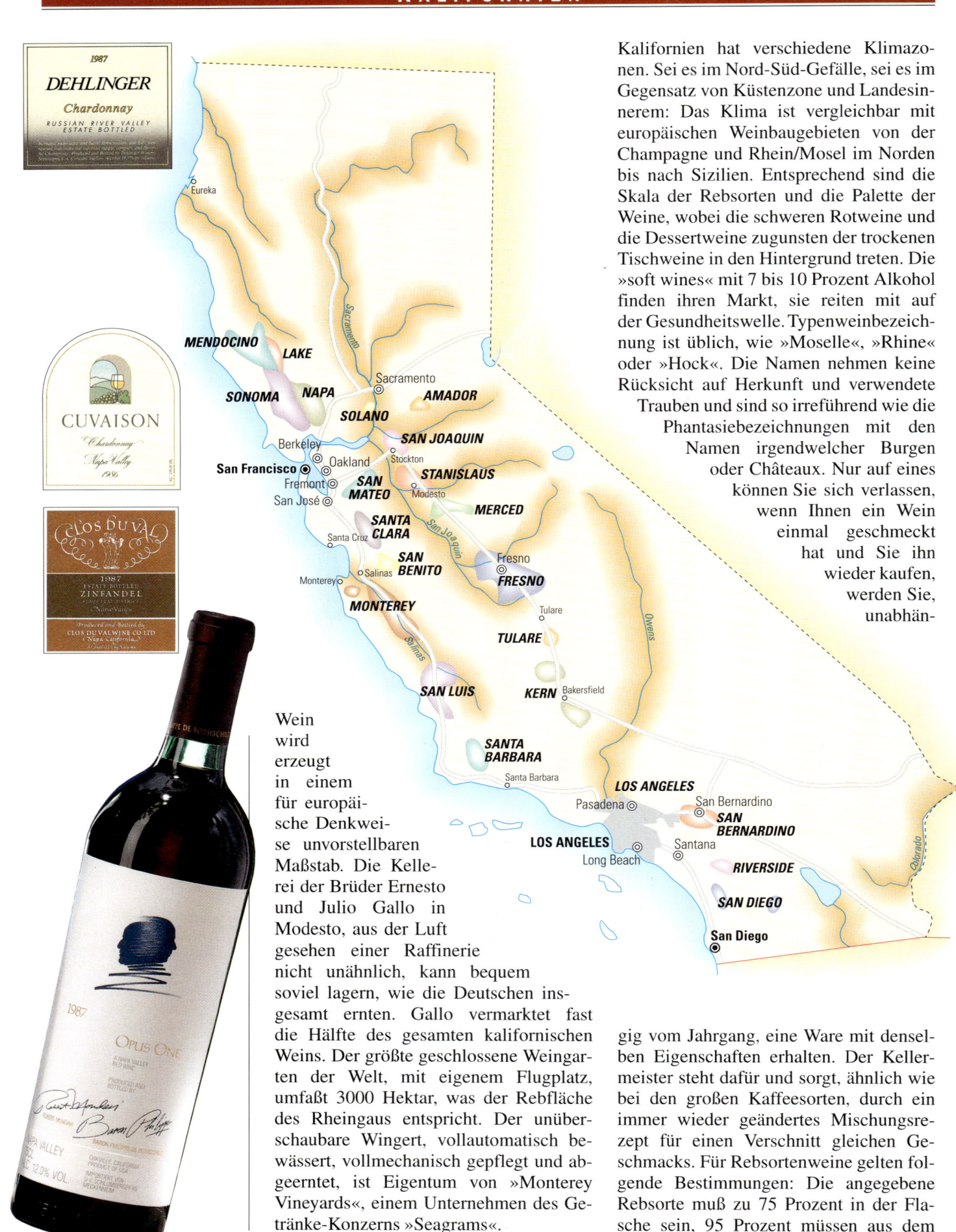

KALIFORNIEN

Kalifornien hat verschiedene Klimazonen. Sei es im Nord-Süd-Gefälle, sei es im Gegensatz von Küstenzone und Landesinnerem: Das Klima ist vergleichbar mit europäischen Weinbaugebieten von der Champagne und Rhein/Mosel im Norden bis nach Sizilien. Entsprechend sind die Skala der Rebsorten und die Palette der Weine, wobei die schweren Rotweine und die Dessertweine zugunsten der trockenen Tischweine in den Hintergrund treten. Die »soft wines« mit 7 bis 10 Prozent Alkohol finden ihren Markt, sie reiten mit auf der Gesundheitswelle. Typenweinbezeichnung ist üblich, wie »Moselle«, »Rhine« oder »Hock«. Die Namen nehmen keine Rücksicht auf Herkunft und verwendete Trauben und sind so irreführend wie die Phantasiebezeichnungen mit den Namen irgendwelcher Burgen oder Châteaux. Nur auf eines können Sie sich verlassen, wenn Ihnen ein Wein einmal geschmeckt hat und Sie ihn wieder kaufen, werden Sie, unabhän-

Wein wird erzeugt in einem für europäische Denkweise unvorstellbaren Maßstab. Die Kellerei der Brüder Ernesto und Julio Gallo in Modesto, aus der Luft gesehen einer Raffinerie nicht unähnlich, kann bequem soviel lagern, wie die Deutschen insgesamt ernten. Gallo vermarktet fast die Hälfte des gesamten kalifornischen Weins. Der größte geschlossene Weingarten der Welt, mit eigenem Flugplatz, umfaßt 3000 Hektar, was der Rebfläche des Rheingaus entspricht. Der unüberschaubare Wingert, vollautomatisch bewässert, vollmechanisch gepflegt und abgeerntet, ist Eigentum von »Monterey Vineyards«, einem Unternehmen des Getränke-Konzerns »Seagrams«.

gig vom Jahrgang, eine Ware mit denselben Eigenschaften erhalten. Der Kellermeister steht dafür und sorgt, ähnlich wie bei den großen Kaffeesorten, durch ein immer wieder geändertes Mischungsrezept für einen Verschnitt gleichen Geschmacks. Für Rebsortenweine gelten folgende Bestimmungen: Die angegebene Rebsorte muß zu 75 Prozent in der Flasche sein, 95 Prozent müssen aus dem

KALIFORNIEN

angegebenen Jahrgang stammen, 75 Prozent aus der Weinbauregion, und bei Weinen mit Lagenbezeichnung 85 Prozent aus der betreffenden Lage. Die wichtigsten weißen Rebsorten sind: French Colombard, ein trockener, neutraler Wein, der meist zu Verschnittzwecken verwendet wird, in kühleren Regionen aber auch unverschnitten frische Tischweine ergibt; Chenin blanc, ein frischer, säurereicher Wein, vorwiegend in kühleren Gebieten; Chardonnay ergibt den besten Weißwein, langlebig, voll und fruchtig. Johannisberg Riesling, auch White Riesling genannt ergibt einen blumigen, fruchtigen, erstklassigen Weißwein. Guter, trockener Weißwein entsteht aus der Sauvignon blanc. Palomino, die spanische Sherry-Traube, wird auch in Kalifornien zur Herstellung von Sherry verwendet. Aus dem Gewürztraminer entsteht, im Gegensatz zu Europa, ein leichter und würziger Weißwein. Die Semillon-Traube ergibt einen lieblichen Weißwein. Zu den roten Rebsorten gehört die sehr würzige Zinfandel (Kalifornischer Beaujolais), ihr Wein hat ein Himbeer-Aroma und wird auch als Verschnittwein verwendet. Carignan ergibt einen säure- und extraktarmen Rotwein, der ebenfalls zu Verschnitten verwendet wird. Der beste Rotwein wird aus der Cabernet-Sauvignon gekeltert, er ist aromatisch, fruchtig und trocken. Die italienische Barbera liefert körperreichen, dunkelroten Wein. Eine neue Rebsorte ist die Ruby Cabernet, in heißen Lagen ergibt sie einen guten, trockenen Tischwein. Die aus Südfrankreich stammende Rebsorte Grenache ergibt körper- und alkoholreiche Weine, die in Kalifornien meist als Rosé oder Verschnittweine bekannt sind. Dunkelrote, anspruchsvolle und gerbstoffreiche Rotweine werden aus der Petite Sirah oder Shiraz gekeltert. Die französische Rotweintraube Pinot noir ergibt hier leichte, aromatische Tischweine. Aus den Rotweintrauben Napa Gamay und Gamay Beaujolais werden ein annehmbarer Rosé und ein heller Rotwein gekeltert.

Kalifornien hat fünf Weinbaugebiete. Da ist zunächst die Northern Coastal Region, zu der das bekannte Napa Valley gehört. Beiderseits des flachen Talbodens erstrecken sich schützende Berghänge, die in zwei Klimazonen, kühl und gemäßigt, eingeteilt werden. Bekannt sind die kräftigen Weiß- und Rotweine der Region. Südlich von San Francisco folgt die Central Coast Region. Der Weinbau siedelt sich in den zurückliegenden Tälern an. Cucamagna und San Bernardino zwischen Los Angeles und San Diego sind zwei kleinere Gebiete, in denen der Weinbau eine für kalifornische Verhältnisse lange Tradition hat. Weinbau findet man auch im Great Central Valley, das sich über 400 km im heißen Binnenland erstreckt.

KALIFORNIEN

Rebfläche: 350 000 Hektar

Ernte im Schnitt: 18 Millionen Hektoliter

Weingüter und Kellereien: 800

Export nach Deutschland: 58 000 Hektoliter

Hauptsorten: Colombard, Chardonnay, Chenin blanc

Napa Valley:
Rebfläche: 8 900 Hektar
Weingüter und Kellereien: 200

Sonoma:
Rebfläche: 13 400 Hektar
Weingüter und Kellereien: circa 125

Niemand weiß, woher die Rebsorte Zinfandel, die so typisch ist für das Land, eigentlich kommt. Die Mehrheit unter den Ampelographen, das sind Traubenforscher, vermutet, daß es sich um einen Primitivo aus Süditalien handelt.

SÜDAMERIKA
Frankreich stand Pate

Zwar umfaßt Argentiniens Rebfläche gegenüber Chile die doppelte Größe, dennoch gehört dem schmalen Staat an der Westküste Südamerikas der höhere Ruhm und die breitere Marktpräsenz: Chile tritt in und gegen Europa an, mit Weinen, die französisch geprägt, von erstaunlicher, bisher wenig bekannter Qualität und derzeit noch günstigen Preisen sind.

Hernán Cortés, genannt der Schlächter, hatte eine eigene Art, sich ein fremdes Land gefügig zu machen. Nachdem er 1521 Mexiko endgültig erobert hatte, befahl er, für jeden Indianer, der sich nicht taufen lassen wollte und deshalb getötet wurde, zehn Reben zu pflanzen. Drei Jahre später setzte er diese Form der Missionierung in Chile fort. Der Weinbau gedieh dermaßen, daß König Felipe II. von Spanien die Siedler anwies, den größten Teil der Reben wieder auszuhauen, weil Lieferungen südamerikanischer Weine zur Konkurrenz für die Erzeugung im Mutterland wurden. Doch der Monarch war weit und ein Brief monatelang unterwegs. So wurde das Dekret nicht allzu wörtlich genommen, der Weinbau blieb erhalten. Jahrhundertelang bedienten die Winzer in Mexiko, Chile, Argentinien und Brasilien nur die eigenen Märkte. Jetzt schicken sie sich an, erneut in den Wettbewerb mit Europa zu treten. Der Erfolg ist geteilt, einzig Chile erregt derzeit mit gediegenen Weinen in der Bundesrepublik Aufsehen. Der Weinbau dort erlebt seit einigen Jahren eine Welle von Gründungen neuer und Übernahmen aufgegebener Kellereien. Namhafte europäische Erzeuger setzen darauf, daß die Erleichterung, die nach Jahren der Diktatur das Land durchzieht, einen raschen wirtschaftlichen Frühling bringen wird. Chile, viele Jahre lange verfemt, gilt der Welt nun wieder als guter Partner. Erschienen die Weine vor noch nicht allzu langer Zeit als fragwürdige Exoten, so werden sie nun in der europäischen Genießer-Presse bejubelt. Der Absatz auf dem deutschen Markt steigt seit

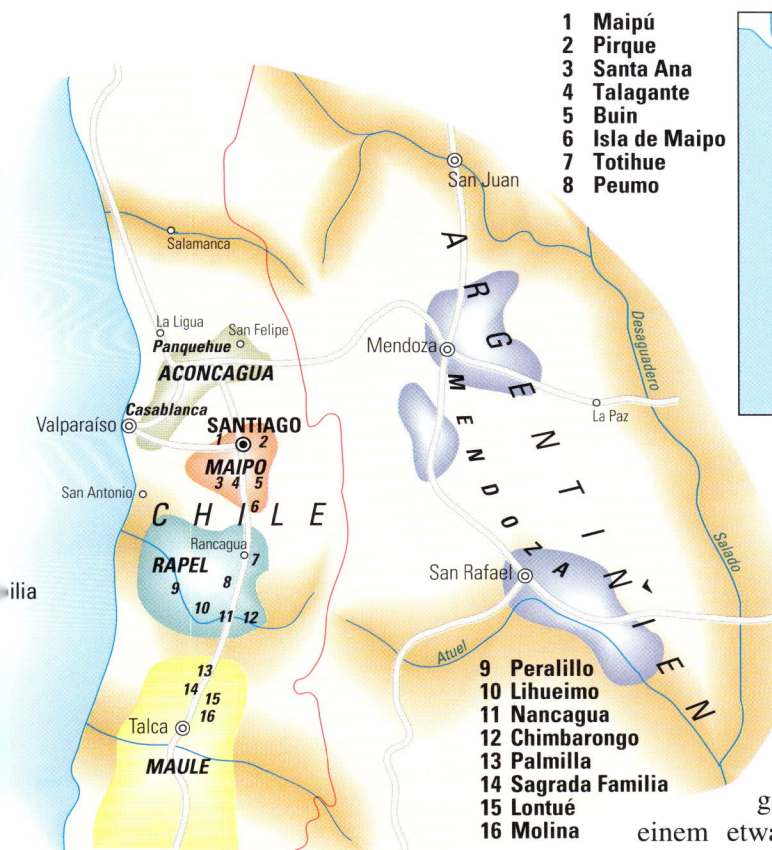

SÜDAMERIKA

1 Maipú
2 Pirque
3 Santa Ana
4 Talagante
5 Buin
6 Isla de Maipo
7 Totihue
8 Peumo

9 Peralillo
10 Lihueimo
11 Nancagua
12 Chimbarongo
13 Palmilla
14 Sagrada Familia
15 Lontué
16 Molina

1990 stetig mit zweistelligen Raten. Von allen Weinbau-Ländern in Südamerika hatte Chile bislang den besten Ruf – zu Recht. Bei Rebbau und Kellertechnik ist der Pate Frankreich unübersehbar. Die größten Weinbau-Unternehmen in Chile, beide im besten Rebland gelegen, im Tal des Rio Maipo südwestlich von Santiago, empfehlen sich schon seit Jahrzehnten mit Weinen der gehobenen Klasse. Bislang tröpfelte der Export nach Europa, doch nun wachsen die bestellten Mengen stetig. Milliarden Pesos, die in den vergangenen Jahren in die Verbesserung der Kellerwirtschaft gesteckt worden sind, werden sich in noch mehr Qualität niederschlagen. Gewiß aber auch bald in den Preisen: Die Zeiten, da ein chilenischer Traubenpflücker am Tag so viel verdiente wie sein französischer Kollege in einer Stunde, sind vorbei.

Chiles Rebbauern genießen unschätzbare natürliche Vorzüge. Die Böden sind voller Mineralien und Salpeter, sie brauchen daher kaum gedüngt zu werden. Die Reblaus ist nie über die Anden vorgedrungen. Mehltau tritt in dem trockenen Klima selten auf, was chemischen Pflanzenschutz weitgehend überflüssig macht. Bei der Bewässerung der weiten Rebfelder können sich die Winzer ein ausgeklügeltes System von Gräben nutzbar machen, das zum Teil auf die Inkas zurückgeht. Die chilenischen Weinbaugebiete erstrecken sich in einem etwa 300 Kilometer breiten Streifen nördlich und südlich von Santiago. Andenwinde und der Humboldtstrom sorgen für Abkühlung und Niederschläge. Das macht die Beeren aromatisch. Die Böden sind überwiegend vulkanischen Ursprungs, oder sie bestehen aus Sand und Kies, und die »Berge« liegen in geschützten Talmulden. Besonders für den Export werden ausschließlich europäische Rebsorten angebaut, bevorzugt aus Frankreich. Die Weine sind trocken, ausdrucks-

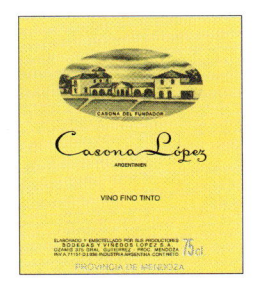

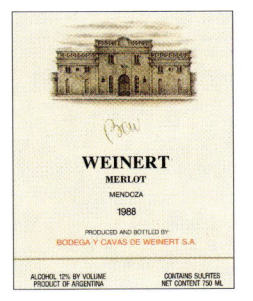

Rotwein bildet den Schwerpunkt der argentinischen Weinproduktion. Die Weine sind durchaus interessant und überdies preiswert.

SÜDAMERIKA

SÜDAMERIKA

Chile:

Rebfläche: 110 000 Hektar

Ernte im Schnitt:
6 Millionen Hektoliter

Weinbaubetriebe: rund 100

Export nach Deutschland:
10 000 Hektoliter

Hauptsorten:
Cabernet-Sauvignon, Merlot, Chenin blanc

Argentinien:

Rebfläche: 209 000 Hektar

Ernte im Schnitt:
17 Millionen Hektoliter

Weinbaubetriebe: rund 2 000, darunter 30 Hersteller von Vinos finos

Export nach Deutschland:
5 300 Hektoliter

Hauptsorten:
Criolla, Cabernet-Sauvignon, Malbec

Millionenbeträge wurden in die Verbesserung der chilenischen Kellerwirtschaft gesteckt. Ausländische Investoren sehen gute Möglichkeiten.

voll und körperreich. Die Versuche mit deutschen Reben haben noch nicht zu den erhofften Erfolgen geführt.

Die offizielle Klassifizierung richtet sich nur nach den Jahrgängen. Als »Courant« werden einjährige Weine bezeichnet, »Special« heißen sie bei zweijähriger Lagerung, »Reserve« bei vierjähriger und »Gran vino« bei achtjähriger Lagerung. Bezeichnungen wie »Chablis«, »Sauternes« oder »Rhine« werden ohne Auflagen verwandt und sind deshalb wenig aussagekräftig. Es bleibt, nach dem Erzeuger oder Importeur zu schauen und ihn notfalls in die Pflicht zu nehmen.

Ähnliche Voraussetzungen herrschen in der Region Mendoza in Argentinien, auf der anderen Seite der Anden. Doch die Weinwirtschaften beider Länder können unterschiedlicher nicht sein. In der schier endlosen Ebene beiderseits des Rio Mendoza standen noch vor wenigen Jahren doppelt so viele Reben wie in Deutschland. Unmengen eines schlichten »Vino común« werden dort erzeugt und unter vielbeworbenen Namen verkauft, ähnlich wie Biermarken. Die meisten Argentinier wollen es auch so, doch ist ihr Durst längst nicht mehr so groß wie 30 Jahre zuvor, als 100 Liter pro Kopf und Jahr selbstverständlich waren. Heute wird nur noch die Hälfte getrunken, die Jüngeren bevorzugen Whisky-Cola. Der Rebbau ist seit zehn Jahren um mehr als ein Drittel zurückgegangen, die Bauern reißen die Weinstöcke aus und setzen statt dessen Zwiebeln und Knoblauch, woran sie mehr verdienen. Das Landwirtschaftsministerium in Buenos Aires versucht tapfer, die Erzeugung höherer Qualitäten zu fördern. Der Anteil der »Vinos finos« steigt und beträgt jetzt etwa 20 Prozent, wobei die Anforderungen an diese höchste Güteklasse strenger sein dürften. Nach Deutschland kommen nur die besten Erzeugnisse Argentiniens, zu beachtlich niedrigen Preisen. Die Importeure hierzulande, die soeben Chile entdeckten, übersehen momentan noch die kräftigen, zuverlässigen Rotweine des Nachbarlandes. Das ist schade.

SÜDAFRIKA

SÜDAFRIKA

Wein zweier Meere

Bis ins 17. Jahrhundert reichen die Wurzeln des südafrikanischen Weinbaus zurück. Seit den politischen Veränderungen erlebt der Außenhandel am Kap jetzt einen enormen Aufschwung, von dem auch die Weinwirtschaft miterfaßt ist. Vor allem aus den etwas milderen Regionen, die übrigens auf demselben Breitengrad wie die Weinbauflächen von Chile, Argentinien und Australien liegen, kommen mehr und mehr gehaltvolle Tropfen zu uns.

Im Mai, wenn es hierzulande sprießt und grünt, kommt der frühe Herbst zu uns. »Early Autumn« ist der Name eines spritzigen, jungen Weißweins aus Südafrika. Am Kap beginnt die Weinlese schon im Februar. Da können die Kellermeister zwei Monate darauf einen trinkbaren Wein vertreiben, der gewiß nichts Großes ist, doch ein Vergnügen zur Begrüßung des Frühsommers bei uns, wenn auf der anderen Seite des Globus' der Winter Einzug hält. Auch die kalte Jahreszeit ist dort vergleichsweise mild. Südafrika ist umgeben von zwei Meeren, von Atlantik und Indischem Ozean, die ein ausgeglichenes Klima schaffen und auch in den heißen Tagen ab und zu für eine angenehme Brise sorgen. Bei der Lese im Februar herrschen oft noch 30 bis 35 Grad Celsius. Die Trauben kommen aufgeheizt herein, was Probleme bei der Verarbeitung schafft. Das gilt vor allem für Weißwein, der fünf Sechstel der gesamten Ernte ausmacht. Inzwischen ist es in allen Kellereien selbstverständlich, schon das Kelterhaus zu kühlen. Einige Weingüter stellen Scheinwerfer in die Rebgärten und lassen nachts lesen. Es wirkt ungewohnt, wenn schwarze Traubenpflücker mit Grubenhelmen im Halbdunkel ihrer Arbeit nachgehen. Der erste, der den südafrikanischen Winzern beibrachte, den Most bei niedrigen Temperaturen allmählich vergären zu lassen, damit nicht gleich die Aromen verfliegen, war Johann Georg Graue, ein Braumeister aus Deutschland. Auf Gut Nederburg bei Paarl benutzte er statt Fässern große Stahltanks, die er ständig mit kaltem Wasser besprühte. Seine Weißweine waren von einer bis dahin nicht gekannten Frische und Fruchtigkeit.

Der Stand der Weinbau-Technik heute ist hoch. Viele junge Südafrikaner studierten an den Hochschulen in Bordeaux oder in Geisenheim am Rhein. Der aus Rumänien zugewanderte Julius Laszlo, viele Jahre Kellermeister bei der Weingüter-Vereini-

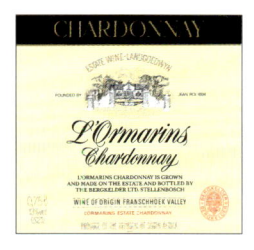

SÜDAFRIKA

Die Kellertechnik der südafrikanischen Winzer hat inzwischen einen hohen Standard erreicht.

Doch längst nicht die gesamte Traubenproduktion fließt in die Faßlager: Rund die Hälfte der Erzeugung wird zu Essig, Schnaps, Sekt oder Industriealkohol weiterverarbeitet.

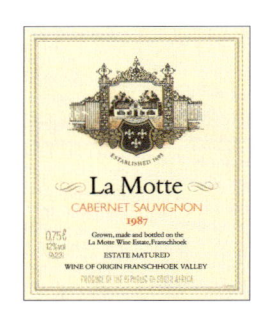

gung »Bergkelder« und wegen seiner Kenntnisse als »Wein-Doktor Südafrikas« verehrt, sagt voller Stolz: »Wir sind önologisch keinen Zentimeter hinter Kalifornien zurück.« Zum Wissen kommt jetzt auch der Wille, große Gewächse zu erzeugen. Seitdem die Republik am Kap nicht mehr international geächtet ist, genießen die Winzer den Ehrgeiz, in Wettbewerb mit den wichtigen Weinen der Welt zu treten. Die Befreiung läßt uralten Pioniergeist wieder aufleben. Viele neue »Wineries« und »Estates« entstehen. Erschöpfte Weinberge werden gerodet und mit dem besten verfügbaren Reben-Material bepflanzt. Die Betriebe erneuern ihre Keller, stecken viel Geld in das Marketing. Der Optimismus, so scheint es, teilt sich den Kap-Weinen mit. Die Weine sind besser als noch vor wenigen Jahren. Die Gleichförmigkeit des Geschmacks wurde überwunden. Und vorerst sind sie noch erstaunlich preiswert.

Das große Vorbild der südafrikanischen Weinmacher sind seit jeher die Franzosen, obwohl die Niederländer hier die ersten Winzer waren. Staatsgründer Jan van Riebeeck pflanzte 1656 persönlich einen Rebgarten am Fuße des Tafelbergs und schuf damit die Grundlage für den heutigen Weinbau. 32 Jahre später erreichten

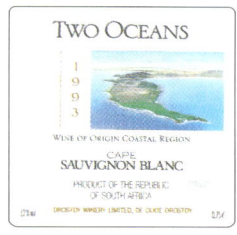

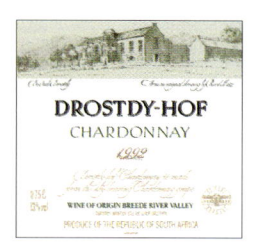

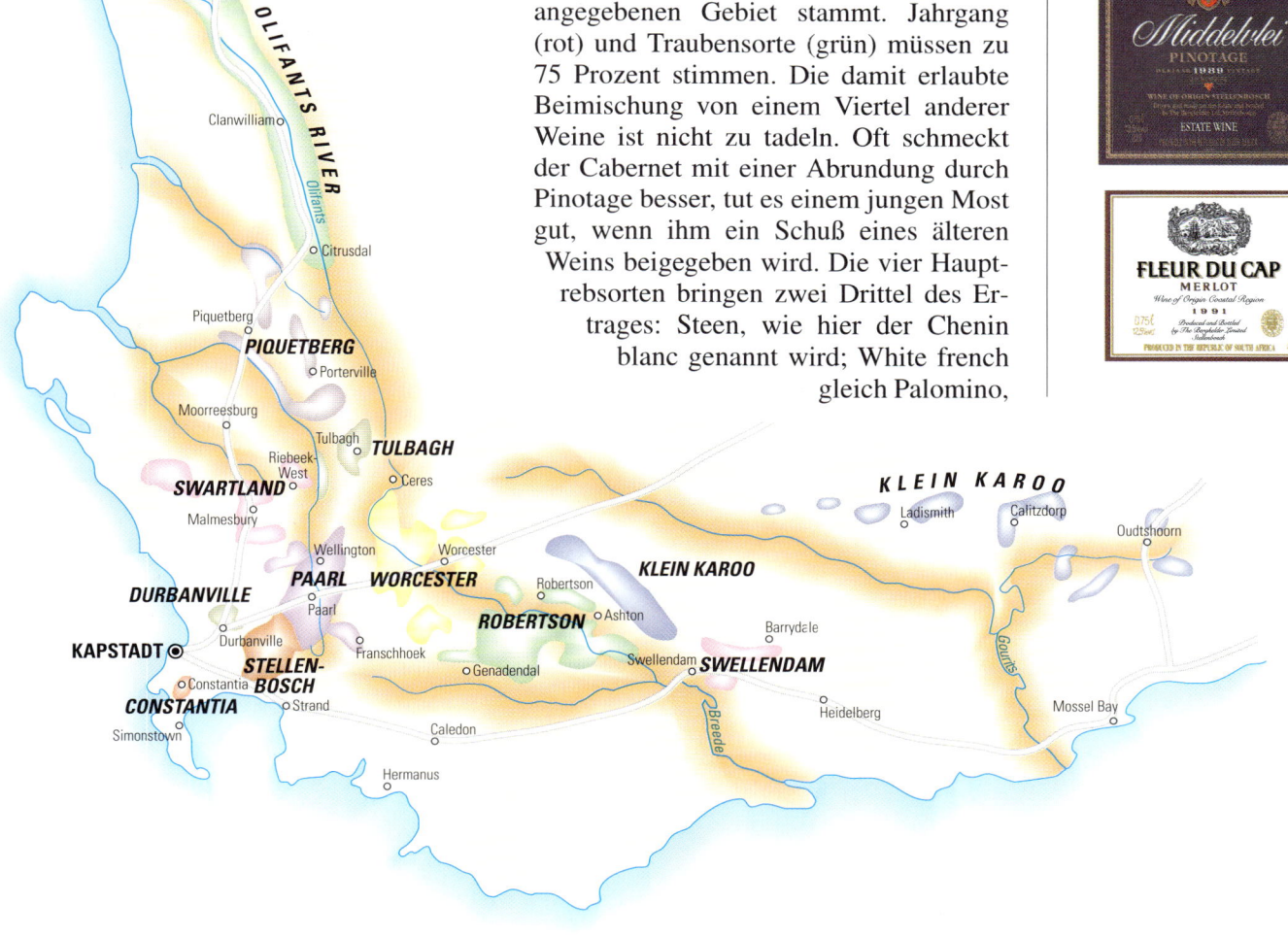

SÜDAFRIKA

Hugenotten das Kap der Guten Hoffnung. Die Franzosen besaßen Weinbau-Erfahrung und hatten auch Reben ihrer Heimat dabei. Ihre ersten Weinberge entstanden im Franschhoek, in der französischen Ecke, deren Böden denen von Burgund stark ähneln. Heute gehören zu den wichtigen Sorten des Landes der weiße Sauvignon blanc von der Loire und der rote Cabernet-Sauvignon aus Bordeaux. Einige Jahrzehnte versuchten die Winzer die Burgunder-Rebe Pinot noir heimisch zu machen, doch dafür ist es in Südafrika zu heiß. Erst eine speziell für das südliche Klima gezüchtete Kreuzung aus Pinot noir und der südfranzösischen Cinsaut-Traube brachte Erfolg: die Pinotage (der zweite Wortteil steht für Hermitage an der Rhône). Sie bringt einen fülligen, runden Wein nach Art der Côtes-du-Rhône. Südafrika ist dreimal größer als die Bundesrepublik, hat aber nur halb so viele Einwohner. Rebfläche und durchschnittliche Ernte entsprechen denen von Deutschland, der Verbrauch ist geringer. Daraus ist leicht zu errechnen, daß die Republik in den Jahren der Isolation ständig zuviel Wein erzeugte.

Da wird dankbar zur Kenntnis genommen, daß große Teile der Ernte als Tafeltrauben oder Rosinen den Weinmarkt entlasten oder in die Brennblasen wandern, um zu Essig, Schnaps oder Industriealkohol weiterverarbeitet zu werden. Auf der südlichen Halbkugel ist Südafrika die Nummer eins in der Spirituosenherstellung. Die Marktregulierung liegt in Händen der KWV (Kooperatieve Wijnbouwers Vereniging), einer halbstaatlichen, genossenschaftlichen Dachorganisation, die Mindestpreise für die Trauben sowie die Mengen für die Destillation festlegt.

Exportiert werden nur Qualitätsweine, gesiegelt mit dem »Certified-Gesertifisieer«, geprüft und mit einer A.P.-Nummer versehen. Die Banderole hat bis zu drei farbige Streifen. Blau bedeutet, daß der Inhalt garantiert aus dem auf dem Etikett angegebenen Gebiet stammt. Jahrgang (rot) und Traubensorte (grün) müssen zu 75 Prozent stimmen. Die damit erlaubte Beimischung von einem Viertel anderer Weine ist nicht zu tadeln. Oft schmeckt der Cabernet mit einer Abrundung durch Pinotage besser, tut es einem jungen Most gut, wenn ihm ein Schuß eines älteren Weins beigegeben wird. Die vier Hauptrebsorten bringen zwei Drittel des Ertrages: Steen, wie hier der Chenin blanc genannt wird; White french gleich Palomino,

SÜDAFRIKA

Die meisten Reben Südafrikas stehen in landschaftlich schönen Gebieten. Die Weinproduktion ist ebenso alt wie die Geschichte der Besiedlung durch Europäer.

SÜDAFRIKA

Rebfläche: 100 000 Hektar

Ernte im Schnitt:
10 Millionen Hektoliter

Weinbaubetriebe: rund 5 000, davon 100 Weingüter

Export nach Deutschland:
20 000 Hektoliter

Hauptsorten:
Sauvignon blanc, Pinotage

eine spanische Sherry-Traube; Cinsaut oder Hermitage, die meist angebaute Rotweinrebe, häufig für Verschnitte verwendet; Hanepoot, hinter der sich der Muskat d'Alexandria verbirgt, der gute Dessertweine ergibt, für trockene Tischweine allerdings kaum brauchbar ist. Der Riesling wird gepflegt, doch konnte er sich nicht in die Spitzengruppe vorarbeiten. Südafrika sollte eigentlich das Dorado der Winzer sein. Das Klima ist für den Weinbau ideal. Heiße Tage und kühle Nächte sind die Regel, so daß nachts die Atmung des Weinlaubes gering ist und der Stock die am Tag gesammelten Zuckerreserven nicht aufbrauchen kann. Es gibt keinen Frost, keinen Hagel, wenig Krankheiten. Der Boden ist fruchtbar, und man braucht kaum Dünger. Zwei Weinlandschaften werden unterschieden. Sie liegen beide auf der geographischen Breite von Kapstadt, einerseits das Küstengebiet mit einem ausgeglichenen, regenreichen Klima und andererseits die Klein-Karoo landeinwärts und durch Gebirge von der Küste getrennt. Letztere erzeugt nur Dessertwein und Brandy und muß künstlich bewässert werden. Man unterscheidet Anbaugebiete (regions), Bereiche (districts) und Gemarkungen (wards). Auch die anerkannten Weingüter (estates) gelten als Herkunftsbezeichnung. Berühmt war Südafrika lange Zeit wegen seines Dessert-Muskateller, dem süßen Constantia-Wein, von dem selbst Napoleon und Bismarck begeistert waren. Noch heute werden Likörweine à la Sherry, Portwein und Madeira sowie Muskateller hergestellt. Die Südafrikaner sind die größten Brandy-Trinker der Welt. Die Masse der Produktion besteht heute aber aus Tischweinen, die sauber, kräftig und ausdrucksvoll sind, aber manchmal nach unserem Geschmack ein wenig zuviel Alkohol haben. So steht Südafrika in jeder Hinsicht am Beginn einer neuen Zeit. Man geht die Probleme pragmatisch an, das gilt auch für die alten Strukturen, die man – Apartheid hin, Apartheid her – übernimmt, wenn sie sich bewährt haben und man sich weiterhin Vorteile von ihnen erhofft. Ein Beispiel: Die KWV galt während der Apartheid als ein Ort alter Buren-Herrlichkeit. Doch kein vernünftiger Mensch in Südafrika denkt daran, die alte Zentrale abzuschaffen. Im für das Land so wichtigen Export ist die KWV unschlagbar.

AUSTRALIEN

Die zweite Entdeckung

Anno 1606 betrat J. Lodewycksz van Roosengin als – vermutlich – erster Europäer australischen Boden; ganz eindeutig ist die Situation nicht. Zum zweitenmal, und zwar weingeographisch und eindeutig, wurde der fünfte Kontinent von Roland Wirz aus dem Mosel-Dörfchen Valwig entdeckt. Im Frühjahr 1978 besuchte er mit Freunden und der Weinprinzessin seines Ortes das Rebland im Barossa Valley nahe der Stadt Adelaide. Er war angetan von den Rotweinen, die er dort trank, kam mit einer genossenschaftlichen Kellerei ins Geschäft, ließ 18 000 Liter Shiraz und Cabernet-Sauvignon nach Deutschland schippern, füllte in Valwig alles auf Flaschen und machte so die Bundesbürger zum erstenmal mit Rebenblut von der anderen Seite der Welt bekannt. Das Geschäft war wenig mehr als eine Eintagsfliege, doch Wettbewerber folgten. Ein Jahr später führten schon acht Importeure von der Heide bis in die Voralpen australische Weine. 1980 gab es dann in Deutschland einen Mini-Boom für Flaschen aus Übersee. Die Neuheit des Exotischen war bald vorbei, zumal Leistung und Preis nicht stimmten. Aber die Australier ließen nicht locker. Sie studierten den Markt und kamen 1990 wieder, diesmal mit Weinen, die den Vorstellungen ihrer Kunden entsprachen. Eine erstmals groß angelegte Probe im Februar 1994 in Stuttgart mit Chardonnay und Cabernet-Sauvignon bestätigte es: Australien auf den vorderen Plätzen. Dies hat sich seitdem nicht geändert.

Da ist Penfolds als Beispiel, ein gestandener Konzern, der ein Viertel des australischen Weinmarktes beherrscht. Namhafte Erzeuger wie Lindemans, Seppelt und Wynns gehören dazu. Aus dieser Firmengruppe ist alles zu haben, vom einfachen Schoppen im Karton bis zu den legendären Grange-Gewächsen. Penfolds ist aber auch ein anschauliches Beispiel dafür, wie zielstrebig Australiens Winzer die

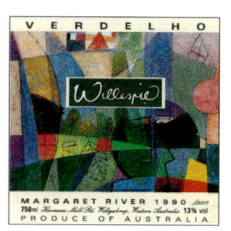

Nicht einmal 200 Jahre liegen zwischen der Pflanzung der ersten Reben auf dem fünften Kontinent und der beginnenden Marktpräsenz australischer Weine im hiesigen Handel; erstaunliche Ergebnisse in einer kurzen Spanne.

AUSTRALIEN

Nach teils schmerzlichen Rückschlägen hat die Weinwirtschaft Australiens inzwischen einen hohen Standard erreicht. Die Entwicklung scheint jedoch längst nicht abgeschlossen; Interessantes steht zu erwarten.

Märkte der Welt erobern. Bis gegen Ende der vierziger Jahre war die 100 Jahre alte »Winery« vor den Toren der Stadt Adelaide Lieferant schlichter, vor allem kräftiger Weine, ganz nach dem dortigen Geschmack. Dann entwickelten die Penfolds-Erben Ehrgeiz und stellten mit Max Schubert einen tüchtigen Kellermeister ein, der seine Chefs davon zu überzeugen wußte, daß auch in Südaustralien durchaus Weine vom Format der großen europäischen Gewächse erzeugt werden könnten. Schubert bereiste ein Jahr lang die Alte Welt, war Praktikant in großen Bordelaiser Châteaux und Gasthörer verschiedener Wein-Hochschulen. Er kehrte zurück mit einer großen Kiste Fachliteratur und der festen Absicht, teure Weine herzustellen wie die Rothschild-Barone im Médoc auch (damals kostete in Australien der teuerste Wein noch keine zwei Dollar). Fünf Jahre später präsentierte Penfolds den ersten Jahrgang vom Spitzen-Erzeugnis »Grange Hermitage«, bis heute unschlagbar Australiens bester Wein. Max Schubert, 1994 verstorben, war gefeiertes Vorbild einer Generation von Önologen, die zu den bestausgebildeten der Welt gehören. Nirgendwo sonst, nicht einmal in Kalifornien, werden das Wachstum der Rebe und das Werden des Weins so gründlich erforscht. Innerhalb von 20 Jahren arbeitete sich Australien zur Führung vor. »Unser Vorteil ist, daß wir von Traditionen unbelastet sind«, sagt ein australischer Weinhersteller, »wir hatten keine Chance, all die Fehler zu machen, mit denen sich die Europäer seit 300 Jahren das Leben beschweren.« Junge Weintechniker reisen, wenn bei ihnen Winter und nichts zu tun ist, nach Südfrankreich und bieten ihre Dienste als Berater an. Sie sind dort gerne gesehen. Selbst der einfachste Wein ist mit Anstand gemacht. Warm genug ist es, die Trauben reifen immer. Sie werden meist frühzeitig gelesen, üblicherweise mit Maschinen, und in den großen Kellereien mit hohem technischen Aufwand verarbeitet. Die Australier haben mit Begriffen wie »Wine making« oder »Wine industry« keine Probleme. Sie bringen es fertig, daß ein in riesigen Tanks erzeugter Cabernet so schmeckt, als käme er aus dem Faß. Da mußten sie nur ein wenig mit Eichenspänen nachhelfen. Verschneiden gilt als Kunst, es ist keineswegs unschicklich, Weine aus dem heißen Barossa Valley mit solchen von der kühlen Insel Tasmanien zu mischen, auch wenn rund 1000 Kilometer dazwischen liegen. Was zählt, ist das Endprodukt, das in jeder Preisklasse

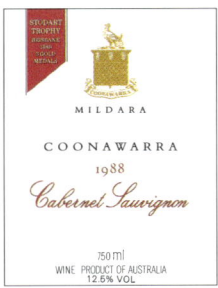

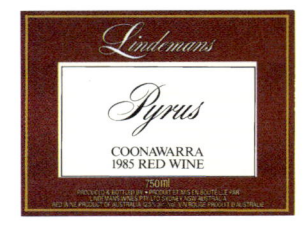

AUSTRALIEN

mit vergleichbaren europäischen Erzeugnissen mithalten kann, wenn nicht sogar besser ist. Das australische Weingesetz ist so locker wie die »Weinmacher« selbst, die Mißbrauch schon in eigenem Interesse unterlassen. Anfang der achtziger Jahre wurde mehr als die Hälfte der einfachen Rebsorten ausgehauen und gegen beste Reben aus Frankreich und Deutschland ausgetauscht. Vor allem die Rhône-Traube Syrah wurde gepflanzt, die in Australien Shiraz heißt und dort die besten Ergebnisse bringt. Drei Viertel der australischen Rebflächen liegen in Südost-Australien. Das Barossa-Valley bei Adelaide wird als »deutsche Enklave« bezeichnet. Das malerische Tal wurde im vorigen Jahrhundert von deutschen Lutheranern aus Schlesien erschlossen. Heute ist es das bekannteste Weinbau-Areal, und der Rheinriesling spielt natürlich eine Rolle. Darüber hinaus produziert man gehaltvolle Rotweine und Dessertweine von gutem Ruf. Das bedeutendste Anbaugebiet Australiens ist der Southern District südlich von Adelaide. Trockene Rotweine sind eine Spezialität des lieblichen Hügellandes. Neu sind die Rebplantagen Westaustraliens bei Perth. Dort wurden im Swan-Valley französische Sorten und die Madeira-Traube Verdelho gepflanzt, die dem Klima entsprechend kräftige, extraktreiche Weine ergeben. Aller Weinbau konzentriert sich auf den Landstrich zwischen dem 32. und 38. Breitengrad, lediglich Tasmanien bildet mit seinem vom Meer geprägten, milden Klima eine Ausnahme. Australiens Winzer wissen Kunden in aller Welt. Sie haben sich das Ziel gesetzt, bis zum Jahr 2000 ihren gesamten Umsatz zu verdreifachen und die Eine-Milliarde-Dollar-Marke zu erreichen. Sie wissen, daß sie bis dahin die gleiche Summe investieren müssen. Derzeit werden Süden und Westen des Kontinents systematisch nach guten Reblagen abgesucht. Wo heute noch Schafe grasen, sollen demnächst Top-Weine wachsen. Den Beweis, dazu imstande zu sein, haben die Australier geliefert. Da hinken ihre Kollegen in Neuseeland noch etwas hinterher. Weinbau gibt es hier seit fast 200 Jahren. Mehr als die Hälfte der Rebfläche, die der von Rheingau und Franken zusammen entspricht, ist mit Müller-Thurgau besetzt. Daraus läßt sich ein zarter Tropfen keltern. Für den Export wird das auch getan, und es gibt gute Ansätze, mit europäischen Rebsorten einen revolutionären Wandel bei der Weinherstellung einzuleiten. Das Klima begünstigt diese Entwicklung, besonders die Weißweine bestechen durch ihre Frische und Fruchtigkeit, sind niedrig im Alkohol, säurebetont und extraktreich.

AUSTRALIEN

Australien:

Rebfläche: 60 000 Hektar

Ernte im Schnitt: 4,5 Millionen Hektoliter

Weinbaubetriebe: 4 700

Export nach Deutschland: 2 000 Hektoliter

Hauptsorten: Shiraz, Cabernet-Sauvignon, Chardonnay

Neuseeland:

Rebfläche: 7 000 Hektar

Ernte im Schnitt: 600 000 Hektoliter

Weinbaubetriebe: circa 2000

Hauptsorten: Müller-Thurgau, Chardonnay, Cabernet-Sauvignon

Neuseeland ist der Geheimtip von morgen. Die klimatischen Verhältnisse entsprechen denen von Mitteleuropa, die besten europäischen Rebsorten gedeihen. Leichte Weißweine mit Jahrgangs-, Rebsorten- und Gebietsangabe liegen im Trend.

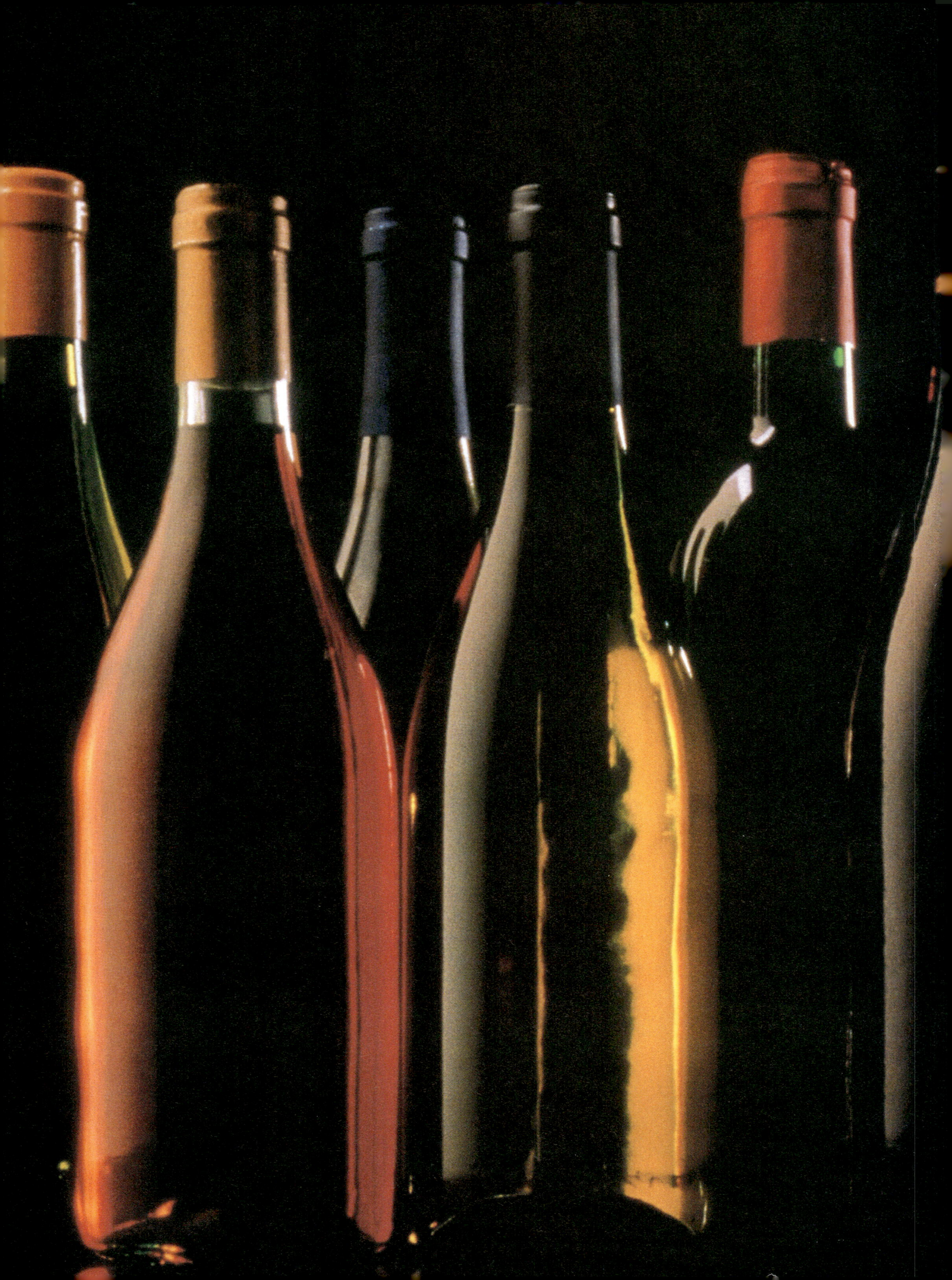

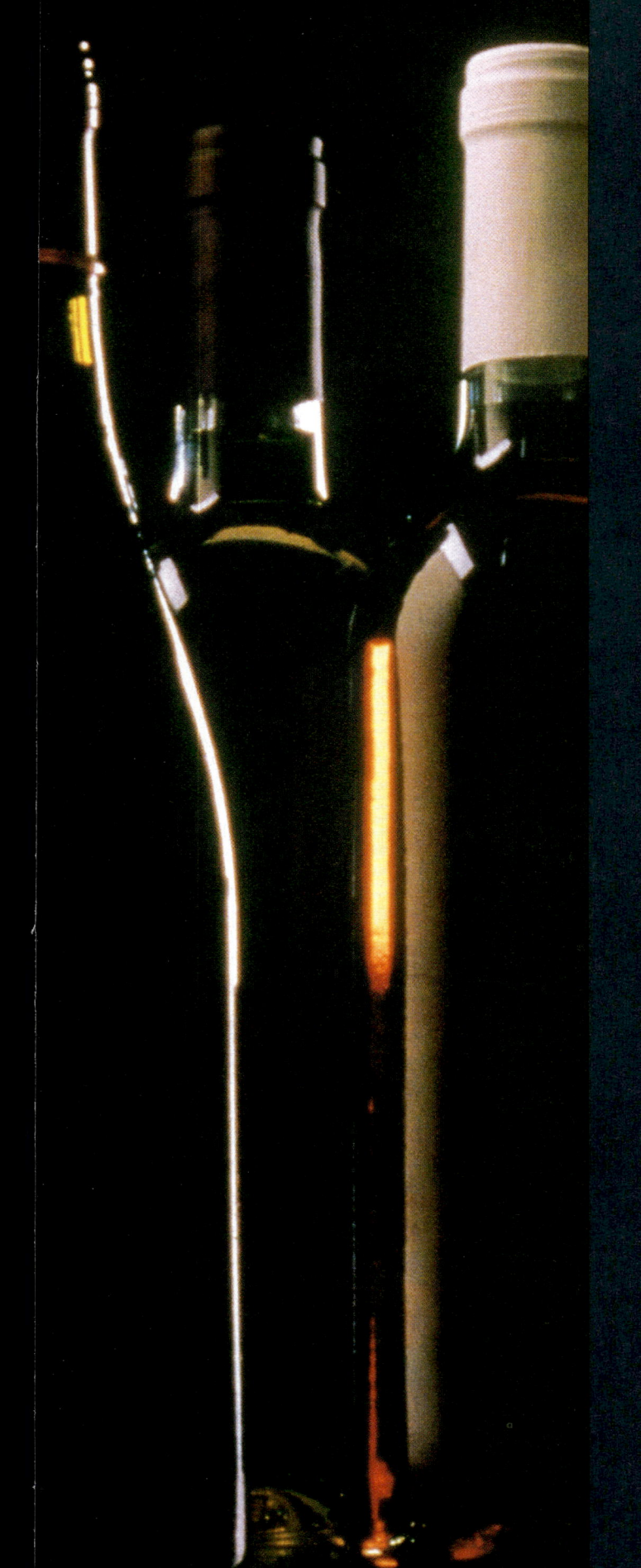

Vom Entstehen zum Genuss

Ungelernte Weinfreunde erklären gerne: »Ich verstehe nichts von Wein, aber ich kann Ihnen sagen, ob er mir schmeckt.« Mit Verlaub, das ist ein bißchen wenig. Solche Menschen wissen ja gar nicht, ob es nicht andere Tropfen gibt, die ihnen noch besser munden. Einige Kenntnisse über die Entstehung von und den Umgang mit Wein vermögen den Genuß durchaus zu steigern. Zumindest helfen sie, verständiger einzukaufen und dadurch einige Enttäuschungen zu vermeiden. Außerdem: Wer Ahnung von Wein hat, braucht Mangel an Gesprächsstoff nicht zu fürchten.

WEINBERG UND KELLER
Zeit der Reife

Wenn das Lesegut des Herbstes verarbeitet ist, beginnen für die Winzer die ersten Arbeiten im Wingert: Dem Rebschnitt kommt dabei eine zentrale Bedeutung zu. In den kalten Monaten werden die Rebstöcke »in Form gebracht«, denn nur so kann der Weinbauer gewiß sein, daß die Stöcke einem möglichst langen und ertragreichen Leben entgegensehen. Hier werden bereits die Weichen gestellt, wieviel im kommenden Herbst geerntet werden soll. Will der Winzer Spitzenwein, läßt er dem Stock nur etwa acht bis zehn Augen, aus denen sich im Frühjahr die Triebe entwickeln. Der Rebschnitt richtet sich auch danach, ob zum Beispiel Pergola-, Vertiko- oder Pfahl-»Erziehung« des Rebstocks üblich ist, was wiederum von regionalen Gewohnheiten und Sortenanforderungen abhängt.

Rund 8000 Rebsorten werden weltweit gezählt. Deutsche Winzer haben die Auswahl unter 50 verschiedenen zugelassenen Sorten. Die Rebzucht ist längst Gegenstand wissenschaftlicher Bemühungen: Forschungsanstalten versuchen, durch Kreuzungen ein Optimum zu erreichen – nicht immer mit bestem Erfolg bei der Geschmackskomponente.

Wenn die sparsame Hobbygärtnerin neues Grün für die Wohnung heranziehen will, dann besorgt sie sich Ableger einer vorhandenen Pflanze, stellt den Trieb in ein Glas mit Wasser, wartet, bis er Wurzeln zieht und setzt ihn endlich in die Erde. Ein Klon ist entstanden, ein getreues Abbild des ursprünglichen Gewächses. Botaniker sprechen von vegetativer Vermehrung. Nichts anderes geschieht, wenn ein neuer Weinstock geboren wird. Dafür stehen Original-Reben zur Verfügung, die in Forschungsanstalten unter Zehntausenden Pflanzen auf besondere Eigenschaften hin ausgewählt wurden. Sie sollen möglichst resistent sein gegen Pilz-Krankheiten und tierische Schädlinge, dazu ertragsicher, frosthart und überdies einen schmackhaften Wein liefern. Wie sonst im Leben auch sind alle Vorzüge auf einmal nicht erreichbar. So gibt es Klone für die unterschiedlichsten Anforderungen, jeder letztlich unvollkommen. Rebschulen entnehmen dem ausgesuchten Pflanzmaterial Triebe und vermehren sie. Ist nun ein neuer Reben-Sprößling herangewachsen, wird er auf das Wurzelholz von wilden Weinstöcken aus Amerika aufgepfropft. Dies ist der einzig sichere Schutz gegen die gefräßige Reblaus, die den Geschmack der Urpflanzen nicht mag. Wenn der Winzer Jungreben kauft, hat er die Auswahl zwischen 50 verschiedenen, in Deutschland zugelassenen Sorten von Aria bis Zähringer (die wichtigsten werden auf den Seiten 210 bis 213 beschrieben). Es gibt Klassiker, seit Jahrhunderten bewährt, wie den spätreifenden Riesling oder den urwüchsigen Silvaner, den würzigen Traminer oder den fruchtbaren Blauen Portugieser. Eigentlich ist für alle Bedürfnisse der Winzer, für jeden Geschmack der Weinfreunde etwas dabei. Dennoch bemühten sich staatliche Forschungsanstalten in den vergangenen Jahrzehnten um die Züchtung vieler neuer ten zu erhalten, die über besondere Eigenschaften verfügen. Dabei spielt neben der schon besprochenen Schädlings- und Krankheitsresistenz und neben der Frosthärte vor allen Dingen die Länge der Vegetationsperiode, also die Frühreife, eine wichtige Rolle. Selbstverständlich auch der Wohlgeschmack, doch kam der meist zu kurz. So konnten sich nur zwei der neuen Sorten als Spezialitäten durchsetzen: die Scheurebe, deren Cassis-Parfüm recht reizvolle Weine entstehen läßt, und die Huxelrebe, die hervorragende Beerenauslesen liefert. An zwei weiteren Sorten scheiden sich die Geister: Kerner und Bacchus. Die einen halten sie für hervorragend, die anderen sagen dem Kerner nach, er schmecke mit der Zeit nach Lakritz. Beide gehören zur Riesling-Familie und wachsen in Lagen, in denen die Edelrebe nicht gedeiht. Am besten ist es, Sie probieren selbst einmal, ob Sie auf der einen oder der anderen Seite der Barrikade stehen. Die anderen »Neuzüchtungen« sind durchweg aus der Mode gekommen, oder es ereilt sie dieses Schicksal in den nächsten Jahren.

Der Winzer, der einen neuen Weinberg anlegt, war gewiß so vernünftig, den Boden zuvor zwei Jahre ausruhen zu lassen, bis sich neuer Humus gebildet hat und bis all jene Nematoden-Würmchen verhungert sind, die sonst an den Rebwurzeln nagen und dabei Krankheiten übertragen. Der Weinbauer »rigolt«, so heißt das Fachwort, im Frühjahr den Wingert, pflügt das Unterste nach oben und setzt die neuen Reben, die ein Jahr alt sind, 20 bis 30 Zentimeter tief in die Erde. Am steilen Hang geht dies nur von Hand, in der Ebene erledigen Maschinen die Arbeit. Drei bis vier Mark pro Quadratmeter kostet die Anlage eines neuen Rebgartens. Die jungen Pflanzen werden mit Plastik-Geflecht umgeben, um sie vor dem Appetit der Kaninchen zu schützen.

Im dritten Herbst nach Pflanzung kommen die ersten Trauben. Wird der Weinstock gepflegt und nicht überfordert, kann er 50 Jahre und älter werden, wobei der Wein zunehmend besser schmeckt. Die Rebe wurzelt dann immer tiefer, um an Wasser zu gelangen und holt dabei mehr Geschmacksstoffe aus dem Boden. Auch trägt sie im Alter weniger, dafür aber bessere Trauben. Beim Schnitt im Frühjahr kann der Winzer die Ernte schon im voraus beeinflussen. Will er Qualität statt Menge, stutzt er die Rebe beherzt zurück, damit sich nur wenige Triebe bilden. Der Stock kann nur eine begrenzte Anzahl von Trauben ausreichend mit Zucker und Geschmacksstoffen versorgen. Die Faustregel gilt, daß der Wein umso besser gerät,

Weinlese ist vielerorts noch Handarbeit. Gerade für qualitativ hochwertige Tropfen kann nur der Mensch beurteilen, ob eine Traube oder gar die einzelne Beere zur Weiterverarbeitung taugt. Doch inzwischen bringt auch die maschinelle Lese durchaus überzeugende Ergebnisse.

Die Arbeit im Weinberg ist ebenso vielgestaltig wie anstrengend. Immer mehr Winzer gehen dazu über, auf den Chemie-Einsatz weitgehend zu verzichten. Der Lebensdauer der Rebe kommt dies ebenso zugute wie der Weinqualität.

WEINBERG UND KELLER

Reifepunkt und Witterungslage sind die ausschlaggebenden Faktoren, nach denen in Deutschland für jeden Weinort und jede Sorte individuell der Lesezeitraum festgesetzt wird. Abweichungen werden gestattet, wenn die Trauben durch ungünstiges Wetter in Gefahr sind; eine sogenannte Vorlese wird anberaumt. Überdies besteht die Möglichkeit der Spätlese. Das Ergebnis: süßere Moste, höherer Alkoholgehalt.

Bis die jungen Trauben Lesereife erlangt haben, bestimmten viele Faktoren ihre Qualität: Lage und Witterung, aber auch das Ausbrechen überschüssiger Triebe, damit sich in den verbleibenden Beeren der Gehalt konzentriert.

je geringer der Behang ist. Im Herbst wird längst nicht mehr alles von Hand gelesen, schon weit über tausend Erntemaschinen sind beispielsweise in Deutschland im Einsatz, die alles in allem keine schlechte Arbeit leisten. Helfer sind immer schwerer zu bekommen, obwohl die Lese doch Spaß machen sollte. Der Vollernter holt das Lesegut zehnmal schneller und zur Hälfte der Kosten herein. Für den Winzer hat die Maschine den wichtigen Vorteil, daß er die Ernte bis in die letzten Stunden hinauszögern kann, wenn im Herbst eine Schlechtwetter-Front naht. Natürlich ist auf Handarbeit nicht zu verzichten, wenn Trauben besonders ausgelesen werden sollen oder wenn die Weinstöcke am steilen Hang reifen.

In früheren Jahrhunderten galt die Regel, daß dort, wo der Pflug noch gehen kann, keine Reben stehen sollen. Dies hatte vor allem den Grund, die Nahrung sicherzustellen. Doch wird der Wein am Berg auch besser als in der Ebene. Am steilen Südhang hat die Sonne einen anderen Einfallswinkel, scheint abends länger, und der Regen läuft rascher ab. Zudem ist der Boden karger, die Rebe wird gezwungen, in die Tiefe zu wurzeln, wo sie mit dem Wasser eben auch Mineralstoffe sammelt und in den Trauben ablagert. Ergeht es doch dem Weinstock wie dem Menschen: Ab und zu Hungern erhält die Gesundheit und fördert die Leistung. Die Arbeit am Steilhang ist beschwerlich, Einsatz von Maschinen kaum möglich. In der Ebene erzeugt der Winzer mit einem Viertel des Aufwandes um die Hälfte mehr Trauben. Deshalb gab es in der deutschen Winzerschaft wiederholt das Bestreben, Steillagenwein als solchen zu bezeichnen, zum Beispiel durch einen Streifenaufkleber. Zwar fand dieser keine Berücksichtigung im Gesetz, doch wird er manchmal dennoch verwendet und fordert die Frage heraus, was eine Steillage ist. 30 Prozent Hangneigung? Doch eine amtliche Definition dafür gibt es nicht. An dieser Stelle sollte noch über den naturnahen Weinbau gesprochen werden: Ich meine dabei nicht die Bio-Winzer, die strengste Grundsätze haben und mit ihrem um einiges teureren Wein ein eigenes Marktsegment besetzen. Vielmehr macht man sich in vielen fortschrittlichen Betrieben heute auch Gedanken um die Schonung der Natur und des eigenen Geldbeutels, denn exzessiver Einsatz von Pestiziden und Stickstoffdünger sind auch Kostenfaktoren. In den letzten

WEINBERG UND KELLER

Jahren – ich sah es immer wieder bei meinen Spaziergängen durch Weinberge – gingen immer mehr Winzer dazu über, mit Gründüngung und Dauerbegrünung zu arbeiten. In Einzelfällen wurde jede zweite Reihe ausgehauen, um den Rebstöcken Luft zu schaffen. Dazwischen siedelten Blumen und Schmetterlinge. Das schafft nicht nur Freude im Weinberg, sondern auch Qualität im Glas. Die Lese ist die erfüllteste, doch auch arbeitsreichste Zeit im Jahr des Winzers. Allgemein wird heute früher geerntet, solange die Trauben noch gesund und nicht von der Edelfäule überzogen sind. Dieser besondere Mikro-Pilz, Botrytis cinerea, entzieht den Beeren Wasser und konzentriert den Saft, die Weine werden wuchtiger. Es gibt eine nette Geschichte, die im Rheingau spielt. Dort mußte ein Klostergut alljährlich mit dem Lesebeginn warten, bis die Mönche in Fulda die Trauben geprüft und für gut befunden hatten. Eines Tages aber fiel der Bote unter die Räuber. Die Trauben wurden nicht gelesen und verdarben am Stock, so zumindest sah es aus, denn sie waren mit dickem Schimmel überzogen. Als man sie aber dann kelterte, floß unten die beste Spätlese heraus. Doch so dick mag es heute niemand mehr, Leichtigkeit und Frische sind vielmehr gefragt. Es ist heute selbstverständlich, die geernteten Trauben von den Stielen zu befreien (»abbeeren« nennt man das). Bei den weißen Sorten werden sie so rasch wie möglich gekeltert. Die Presse ist die wichtigste Maschine im Keller des Winzers. Arbeitet sie nicht schonend und quetscht sie auch die bitteren Traubenkerne, wird der Geschmack gleich von Anbeginn beeinträchtigt. Der Saft, auch Most genannt, wird rasch gereinigt. Größere Kellereien benutzen dafür Zentrifugen. Dabei werden auch die Hefen herausgeschleudert, die später die Gärung in Gang setzen sollen. Der Kellermeister muß dann eigens gezüchtete Kulturen zusetzen. Es geht auch schonender: Im Tank kann sich über Nacht der Schmutz absetzen, am nächsten Morgen wird der Most vorsichtig in einen anderen Behälter umgepumpt, »abgestochen«, wie es im Winzer-Deutsch heißt. Rote Trauben kommen nicht sogleich in die Kelter, sondern werden erst eingemaischt, schlicht gemahlen, wodurch ein schmutzig-rosagrauer Brei entsteht, der nach einer Weile zu gären beginnt. Der dabei entstehende Alkohol löst den dunkelroten Farbstoff aus den Beerenschalen, laugt auch etwas Gerbstoff aus, was gewollt ist. Werden rote Trauben sofort gekeltert, gibt es Rosé. Bei der Gärung spaltet die Hefe den Traubenzucker auf in Alkohol und Kohlensäure. Waren die Beeren nicht süß genug, soll der Wein aber etwas kräftiger werden, wird dem Most Zucker zugesetzt. Der Winzer spricht von »Anreichern«, »Verbessern« oder von »Chaptalisieren«

Gerade in Mitteleuropa wird es für die Winzer immer schwieriger, Helfer für die Lese zu finden. Sind die reifen Trauben jedoch von den Rebstöcken entfernt und in das Weingut transportiert, beginnt die Kunst des Kellermeisters.

Bei der Weiterverarbeitung der Trauben kommt es auf handwerkliche Akkuratesse an: Werden Stengel und Kerne beim Pressen zerquetscht, gelangt – in aller Regel unerwünscht – bitterer Beigeschmack in den Most, der sich oft erst nach langer Lagerung abbaut. Deshalb werden inzwischen meist die Beeren von den Stielen entfernt: Abbeeren oder Entrappen heißt das in der Fachsprache.

WEINBERG UND KELLER

Traditionen beherrschen den Weinbau: Wenn auch die Maschinerie des Château d'Yquem (rechts und unten) eher den Geist der Vergangenheit repräsentiert – neben den Relikten aus der Historie hat hier ebenfalls längst die Moderne Einzug gehalten – die Prozesse im Keller, zum Beispiel das Keltern, haben sich im Grunde nicht fundamental verändert.

Selbstverständlich haben sich die Arbeiten der Kellermeister im Verlaufe der Jahrhunderte wesentlich verfeinert. Lief früher die Gärung – Zucker wandelt sich in Alkohol und Kohlensäure, aus Most wird Wein – eher unkontrolliert, wird heute jede Entwicklungsphase überwacht und, beispielsweise durch Kühlung, beeinflußt. Auch der Reifeprozeß der Jungweine wird ständig beobachtet (unten).

(nach Jean Antoine Chaptal, dem Erfinder dieser Methode). Das ist weder verboten noch anrüchig. Auch die nobelsten Gewächse aus Bordeaux oder die Grands crus aus dem Elsaß werden regelmäßig verbessert. In Deutschland erhalten angereicherte Weine allerdings kein Prädikat wie Kabinett oder Spätlese, sie kommen als Qualitätswein bestimmter Anbaugebiete (QbA) in den Handel. Noch vor zehn Jahren ließ sich zugesetzter Zucker, einmal vergoren, im Wein nicht mehr nachweisen. Diese Tatsache war auch den Winzern wohlbekannt. Inzwischen wurden Geräte entwickelt, die auch nach der Gärung natürliche Traubensüße und die Beigabe von Zucker voneinander unterscheiden können. Um die Anreicherung wird nach meiner Meinung in Deutschland viel zu viel Aufhebens gemacht, in Frankreich spricht kein Mensch darüber. Die verbesserten QbA-Weine aus nicht so sonnenreichen Jahren schmecken oft besser als die nach einem heißen Sommer geernteten Spätlesen. Bei Rotwein ist das Chaptalisieren eigentlich die Regel. Burgunder, Portugieser oder Cabernet brauchen Alkohol, sonst schmecken sie nicht. Sagen wir es noch einmal, um den Besserwissern entgegenzutreten: Nicht der Wein wird mit Zucker versetzt, das wäre eine Straftat wider das Weingesetz, sondern der Most, und Zuckerspuren finden Sie nach der Gärung nicht als Geschmackszutat, sondern als Alkohol im Wein wieder. Die Frage, ob der Jungwein im Tank oder im Faß reifen soll, hat schon Generationen von Kellermeistern entzweit. Die meisten weißen Sorten werden im Edelstahl frischer und spritziger. Dem spätreifenden Riesling tut das Holz gut, das immer Spuren von Luft an den Most läßt. Der Wein

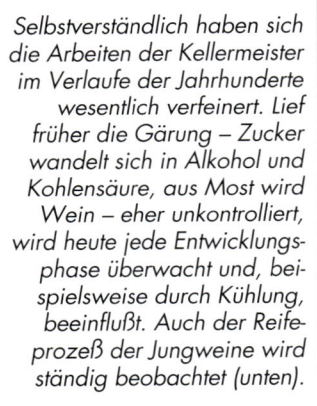

WEINBERG UND KELLER

wird so runder. Bei den roten Sorten ist das Faß eigentlich ein Muß, um einen geschmeidigen Tropfen zu erzeugen. Weltweit ist es heute Mode, nicht große, längst ausgelaugte Behälter zu verwenden, sondern kleine »Barriques« aus frischem Eichenholz, wie in Bordeaux üblich. Der Wein bekommt ein von vielen als angenehm empfundenes Aroma von Eichenholz, läuft aber Gefahr, mitunter auch einen Vanilleton anzunehmen, der erst mit längerer Reife in der Flasche vergeht. Verursacher ist das Lignin, ein Stoff im Eichenholz, der sich leicht in Vanillin umwandelt. Vor dem Abfüllen wird der – hoffentlich ausgereifte – Wein mit etwas Schwefeldioxyd konserviert, gefiltert und notfalls geschönt. Der Kellermeister setzt zum Beispiel Bentonit zu, eine Feinerde, die aufquillt und beim Absetzen Trubstoffe bindet. Geschmackliche Fehler können mit Aktivkohle ein wenig korrigiert werden. Ist die Säure zu stramm, läßt sie sich mittels harmlosem Kohlenkalk (das auch im Trinkwasser enthalten ist) abmildern. All diese Mittel nehmen auch Farbe und Geschmack weg. Selbstverständlich braucht der Winzer auch die Möglichkeit des Verschnitts, zum Beispiel, wenn er nicht ganz volle Fässer ausfüllt, damit keine Luft an den Inhalt kommt. Mancher Wein bekommt auch durch die Beigabe einer anderen Rebsorte oder eines älteren, weicheren Weins seine geschmackliche Abrundung. Deshalb gestattet das Weingesetz in einem gewissen Rahmen den Zusatz anderer Weine, ohne eine Deklarierung zu verlangen. Endlich die Süße: Bei hochwertigen Auslesen stammt sie aus der Traube, die soviel Zucker enthält, daß die Hefe ihn gar nicht völlig verarbeiten kann. Mit Kälte oder mit etwas Schwefel läßt sich die Gärung vorzeitig beenden, so daß »Restzucker« bleibt. Der Kellermeister kann auch gleich nach der Lese ein wenig unvergorenen Traubensaft beiseite stellen und pasteurisieren. Diese »Süßreserve« wird dem fast fertigen Erzeugnis mehr oder weniger reichlich zugegeben. Hier gilt die Faustregel, daß der Wein umso mehr Abrundung braucht, je einfacher er ist.

Wenngleich die blitzenden Stahltanks nicht die Anmut eines Holzfaß-Kellers verströmen – ihr Einsatz ist längst Standard und keine Frage von Ideologien. Vielmehr richtet sich die Entscheidung »Holz oder Stahl« nach dem Ergebnis, das schließlich in die Flaschen gelangen soll: Frische und Spritzigkeit lassen sich im Tank eher erzeugen, ein runder Rotwein hingegen wird vornehmlich im Holzfaß ausgebaut.

Hat der Wein Flaschenreife, ist also das Stadium des Faßlagers abgeschlossen, wird er auf Flaschen gefüllt, in aller Regel maschinell. Im Laufe der Zeit haben sich verschiedene Flaschenformen entwickelt, die jedoch keinen Einfluß auf die Lagerbarkeit des Inhalts haben. Anders sieht es mit der Glastönung aus: Je dunkler, desto langsamer verläuft die Alterung.

WEINBERG UND KELLER

Die wichtigsten weißen Trauben

Eiswein (oben) ist eine Spezialität Deutschlands und Österreichs. Hierbei müssen die Trauben zum Lesezeitpunkt bei mindestens sieben Minusgraden gefroren sein.

Der Riesling (unten) wird längst nicht nur in Deutschland, wo er wahrscheinlich seinen Ursprung hat, angebaut: In Österreich, der Schweiz, im Elsaß, in Italiens Norden, in Jugoslawien und in den Übersee-Ländern – überall wird aus der Riesling-Traube bemerkenswerter Wein erzeugt. Doch nicht alles, was seinen Namen trägt, ist auch ein Produkt dieser Rebe: Welschriesling und andere Pseudo-Rieslinge sind mit dem echten nicht verwandt.

Chardonnay Die mit Weiß- und Grauburgunder eng verwandte Rebe ist weltweit in Mode. Sie wird heute in fast jedem Weinbau-Land angebaut, nicht immer mit bestem Erfolg. Der verführerischste Chardonnay kommt aus Kalifornien und, besser noch, aus Australien. Oft wird vergessen, daß die großen Weißweine der Bourgogne, Chablis, Meursault, Montrachet, aus dieser Traube gekeltert sind. Viele deutsche Winzer stürzen sich auf diese Sorte. Der Weißburgunder, ein Bruder des Chardonnay, wird bei uns besser.

Chenin blanc Die wichtigste Sorte im Tal der Loire, die dort angenehm fruchtige Weine bringt, ist auch in Übersee stark verbreitet. Die Kalifornier machen daraus einen einfachen Tischwein. Die Australier wissen mit dem Chenin, auch Pineau de la Loire genannt, wesentlich besser umzugehen: Vornehme, frische Weißweine kommen von dort. In Südafrika heißt die Sorte Steen und ist dort die wichtigste weiße Traube.

Grauburgunder Im Jahre 1711 entdeckte der Speyrer Kaufmann Johann Seger Ruland in einem verwilderten Weinberg eine Rebe mit grauvioletten Trauben. Als Ruländer trat die Sorte einen Siegeszug am badischen Kaiserstuhl an. Die immer etwas süßlichen Weine waren lange beliebt. Dann stockte der Absatz. Die Badener begannen, die Trauben etwas früher zu ernten und bekamen einen wesentlich schlankeren Wein, der ohne Süße ein trefflicher Begleiter guter Küche ist. Der Wein wurde – völlig korrekt – Grauburgunder genannt. Die Rebe entstammt der weitverzweigten Pinot-Familie. Der beliebte Pinot grigio aus dem Friaul ist mit dem Ruländer identisch.

Kerner Eine Neuzüchtung der Staatlichen Lehr- und Versuchsanstalt für Wein- und Obstbau in Weinsberg (Württemberg). Gehört zur Familie der Riesling-Trauben und konnte sich wegen ihrer bescheidenen Ansprüche an Boden und Klima durchsetzen, so daß sie Nummer 4 unter den deutschen Weißweinsorten wurde.

Müller-Thurgau Der aus dem schweizerischen Thurgau stammende Züchter Professor Hermann Müller hinterließ vor einem Jahrhundert eine Rebe, die heute noch Rätsel aufgibt. Lange Zeit wurde sie fälschlicherweise für eine Kreuzung aus Riesling und Silvaner gehalten. Der Müller-Thurgau ist heute Deutschlands meist angebaute Rebe. Es lassen sich bezaubernde Weine mit zartem Muskat-Aroma daraus erzeugen. Nur braucht die Rebe dafür eine gute Lage und muß ständig zurückgeschnitten werden. Die besten Standorte sind Höhenlagen an der Tauber, am Steigerwald, am Bodensee und im Trentino.

Riesling Zuviel Sonne verträgt das Kind des Nordens nicht. Der Riesling, Deutschlands beste Rebe, braucht wohl Wärme und viel Licht, aber auch Kühle zwischendurch. Keine andere Sorte reift so spät, oft erst im November. Die besten Standorte hat er an den steilen Schiefer-Hängen an Mosel und Rhein. Dort erhalten die Weine ein einzigartiges Pfirsich-Aroma, eingebunden in eine herzhafte Säure. Bei hoher Reife, vor allem im Rheingau, duftet der Riesling nach Aprikosen. In den südlichen Weingebieten Deutschlands, in der Pfalz, in Rheinhessen, in Franken und Württemberg werden die Weine kräftiger, längst nicht mehr so zart wie an der Mosel. Das gilt auch für das Elsaß. Zwei Ausnahmen: In der badischen Ortenau und in der Wachau gedeiht der eleganteste Riesling überhaupt.

WEINBERG UND KELLER

Sauvignon Die aus dem französischen Sud-Ouest stammende Sorte hat sich zum Weltbürger entwickelt, ist auch in Australien, Neuseeland, Südafrika, Kalifornien und Chile zu finden, wo der Wein wegen seines fruchtig-säuerlichen Geschmacks gerne Rheinriesling genannt wird. Der Sauvignon blanc braucht windgeschützte Lagen. Werden die Trauben zu früh geerntet, haben sie ein mitunter lautes Muskat-Parfüm. Im reifen Zustand ist ein rauchiger Ton typisch. Im Bordelais liefert der Sauvignon einige der besten Weißweine, vor allem im Untergebiet Graves. An der Loire, in Pouilly und Sancerre, erreicht er als Blanc fumé seine beste Form. In der Steiermark, in Slowenien, im Trentino und Friaul bringt der Sauvignon blanc frisch-fruchtige Weine.

Silvaner Dies war vor 50 Jahren noch die meistverbreitete Rebe in Deutschland, sie wurde aber von »modernen« Reben verdrängt. Heute findet sie endlich wieder mehr Interesse. Am besten gedeiht sie in Franken und, feiner noch, in Rheinhessen. Die Weine sind an sich neutral, doch spiegelt der Geschmack deutlich den Boden wider, auf dem der Silvaner (im Elsaß Sylvaner) wächst. Bei hoher Reife ist ein Honig-Ton typisch.

Traminer Das berauschende Parfüm von Wildrosen läßt die Winzer aller Welt am Traminer festhalten, obwohl er launisch ist und nur wenig trägt. Seine Heimat ist wahrscheinlich Südtirol, wo er noch sehr verbreitet ist. Auf dem Balkan heißt er Traminac. In der Spielart Gewürztraminer noch üppiger duftend, ist er die Paradesorte im Elsaß. Der hocharomatische, dichte, goldgelbe Wein schmeckt am besten zu würzigem Käse.

Trebbiano Die meistverbreitete weiße Rebsorte Italiens taucht in vielfältiger Form auf, mit unterschiedlichsten Namen, samt und sonders Mutationen einer Ur-Traube, die im alten Rom Trebulanum hieß. Die Sorte ist robust, reichlich tragend und geschmacklich neutral. Die kecke Säure macht den Wein frisch. Soave und Frascati sind hauptsächlich aus Trebbiano gekeltert, ein klassischer Chianti muß einen kleinen Anteil davon haben. Die Rebe findet sich in Spanien und Portugal wieder und auch in Südamerika. In Frankreich heißt der Trebbiano Ugni blanc und ist die wichtigste Sorte bei der Herstellung von Cognac.

Weißburgunder Allmählich entdecken die deutschen Winzer den Wert dieser Rebe, durch mehrere Mutationen aus dem Spätburgunder entstanden. Überall dort, wo es in Deutschland für den Riesling schon zu warm ist, in Südbaden, im Wonnegau und in der Südpfalz, findet der Weißburgunder ideale Bedingungen. Der Wein wird vernünftigerweise meist in der Geschmacksrichtung »trocken« angeboten und eignet sich so ideal als Begleiter eines guten Essens. Typisch ist ein zartes Nuß-Aroma. In seiner französischen Heimat ist der Pinot blanc wenig beliebt. In Norditalien bringt der Pinot bianco dagegen einige hervorragende Tropfen.

Der Silvaner (oben), der im Elsaß Sylvaner heißt, erlebt eine Renaissance: Seine Eigenschaft, die Charaktere der jeweiligen Anbau-Böden widerzuspiegeln, macht ihn interessant. So hat ein Franken-Silvaner ganz andere Aromen als ein Elsässer, Schweizer oder jugoslawischer.

Der Sauvignon (links) hat inzwischen weltweite Verbreitung gefunden, wobei ihm ein gewisser Mode-Touch nicht abzusprechen ist – gleichwohl: In Frankreich etwa liefert der Sauvignon blanc einige beachtliche Tropfen.

Noch dem Licht entgegen wächst die Jung-Traube (unten), bis sie Fruchtfleisch und -zucker angesetzt hat.

WEINBERG UND KELLER

Die wichtigsten roten Trauben

Cabernet-Sauvignon (oben): Keine andere Rebsorte auf dem gesamten Globus steht für ein solches Quantum herausragender Weine.

Lemberger (rechts) reift wie Cabernet spät und bringt gehaltvolle bis tanninige Weine.

Die Trauben der Merlot-Rebe (unten) reifen recht früh und ergeben einen weichen Wein.

Masse und Klasse: beides kann aus der Grenache (ganz unten) entstehen, die vor allem in Spanien häufig als Verschnitt-Sorte verwendet wird.

Lemberger Die auch Limberger genannte Traube gilt als beste rote Traubensorte in Württemberg. Wenn der Wein gelingt, dann ist er füllig, rund und angenehm mit ein wenig Gerbstoff gefüllt. Früher diente der Lemberger dazu, im Verschnitt manch saurem und magerem Trollinger aufzuhelfen. Heute geben sich die Winzer mit dieser Traube mehr Mühe und bieten sie reinsortig an. Sie paßt gut zu aller Art von Wild. Das wichtigste Anbaugebiet ist das österreichische Burgenland, wo die Winzer entdecken, daß bei geringem Ertrag und Ausbau in kleinen Eichenfässern großartige Weine entstehen können. Der Lemberger heißt dort Blaufränkisch.

Cabernet-Sauvignon Die alte Bordeaux-Traube, im Altertum schon als Biturica bekannt, ist heute unter den Reben der Weltbürger Nummer eins. Vom Kap bis Kalifornien, von Australien bis Argentinien wird die robuste Sorte angebaut. In der Toskana, im Burgenland und in Navarra tritt sie als Konkurrent zu heimischen Reben auf, was schade ist. So bringt der Cabernet-Sauvignon einen Typus Wein, der rund um die Welt immer gleich anmutet. In der Jugend schmeckt er, vom Gerbstoff betont, rauh und bitter, riecht stark nach frisch geschlagenem Holz. Im Alter prunkt er, wenn wohlgeraten, mit einer Vielfalt von Aromen schwarzer Beeren, kann aber auch arg lakritzig daherkommen. Cabernet-Sauvignon wird fast nie pur angeboten, vielmehr meist mit weichen Sorten wie Merlot, Syrah oder seinem kleinen Bruder, dem Cabernet franc, verschnitten. Unschlagbar bleibt die Rebsorte in ihrer Heimat, in Bordeaux.

Grenache Ihre Heimat ist Spanien, wo sie als Garnacha weit verbreitet ist. Die Traube liefert bei Vollreife einen starken, betont weichen, oft faden Wein, der sich aber hervorragend zum Verschneiden mit säurebetonten Mosten eignet, in Spanien mit dem Tempranillo, an der Rhône mit der Syrah. Um etwas Säure zu erhalten, wird die Grenache möglichst früh gelesen. Dann läßt sich aus ihr ein süffiger Rosé keltern, wie es in Navarra und in der Provence üblich ist.

Merlot Im südfranzösischen Dialekt bedeutet der Name soviel wie kleine Amsel. Der Vogel nascht gerne an den Trauben, die einen eher weichen, molligen Wein mit kräftiger Farbe bringen. In seiner Bordelaiser Heimat wird der nach Pflaumen schmeckende Merlot grundsätzlich dem härteren Cabernet-Sauvignon beigemischt. In Norditalien und auf dem Balkan kommt er pur in die Flasche. Die Kalifornier freunden sich derzeit mit dieser Sorte an, die auch in Südamerika seit über 200 Jahren heimisch geworden ist.

Portugieser Der Name ist irreführend; die frühreife, reichlich tragende Rebe ist nie in Portugal gefunden worden, stammt vielmehr aus dem Raum Österreich-Ungarn. Ende der siebziger Jahre war sie

Weinberg und Keller

noch Deutschlands führende Rotwein-Sorte, macht aber mehr und mehr dem Blauen Spätburgunder Platz. Bei nicht so hohem Ertrag kann der Portugieser einen angenehmen, süffigen Tropfen liefern, der an Heidelbeeren erinnert. In der Pfalz wird er meist als Rosé angeboten. Der Portugieser ist außerdem noch stark in der Gegend vor Wien und in Ungarn verbreitet.

Sangiovese Italiens am weitesten verbreitete rote Traube ist auch die beste Sorte des Landes. Ihre Heimat ist die Toskana, sie gibt dem klassischen Chianti das saftige Kirsch-Aroma. Aber auch in der Emilia-Romagna bringt sie dichte, fleischige Weine. Es gibt zahlreiche Mutationen: Als Brunello ist der Sangiovese Grundlage für die großen Weine von Montalcino, als Prugnolo nobile für den Vino Nobile di Montepulciano verantwortlich. Unter dem Namen Montepulciano endlich erreicht er in den Abruzzen-Tälern und in den Marken bei Ascona (als Rosso Conero und Rosso Piceno) eine großartige Form.

Spätburgunder Die Rebe mit den violettblauen Trauben war schon im antiken Rom als Alloborga bekannt. Sie ist Stammmutter der großen Pinot-Familie, von der heute mehr als ein Dutzend verschiedener Sorten in Europa bekannt sind, wie Weißburgunder, Chardonnay, Ruländer, Müllerrebe, St. Laurent oder Auxerrois. Der Pinot noir, wie die Sorte in ihrer burgundischen Heimat heißt, liefert ohne Frage die elegantesten Rotweine. Typisch ist ein zarter Brombeer-Ton. Kaiser Karl der Große ließ die Rebe nach Deutschland bringen, wo sie heute mit 6500 Hektar die am stärksten verbreitete Rotwein-Sorte ist. Der Spätburgunder paßt sich geschickt an seine Umgebung an, ist am Schiefer der Ahr ebenso heimisch wie auf dem Löß des Kaiserstuhls, fühlt sich auch im trockenen Klima Südafrikas oder Kaliforniens wohl. Höchstform erreicht der Pinot noir an seinem Stamm-Platz Burgund, wo er Grundlage für einige der nobelsten Rotweine der Welt ist.

Syrah Bewiesen ist nichts, es gilt dennoch als sicher, daß diese älteste Rotwein-Traube schon mit phönizischen Seefahrern nach Südfrankreich gekommen ist. Der Name kommt von der persischen Stadt Shiraz. So wird die Sorte auch in Australien genannt, wo sie, pur ausgebaut, hervorragende Weine gibt, voller Fleisch und Saft. Im französischen Midi und vor allem an der Rhône gilt die Syrah als wertvollste Rebe, wird aber fast immer mit anderen, weicheren Sorten wie Grenache oder Carignan verschnitten.

Tempranillo Temprano heißt: früh. Die meistverbreitete und fraglos beste Rotwein-Traube Spaniens wird vor allen anderen roten Sorten reif. Entgegen der Regel, nach der ein schnell fertiger Wein auch rasch altert, sind Tempranillo-Gewächse ungemein haltbar. Die kräftige Säure, die dem Wein einen einzigartigen Geschmack von Johannisbeeren verleiht, bewirkt die Stabilität. Früher wurde der Tempranillo, der im Penedés Ull de Llebre, in der Mancha Cencibel, im Duero-Tal Tinta de País und in Portugal Tinta Roriz heißt, häufig mit der weichen Garnacha verschnitten, wird heute aber zunehmend pur ausgebaut.

Trollinger Die zu hohem Ertrag neigende Rebe bringt in der Regel einen blaßroten Schoppen, der arm an Gerbstoff ist. Wenn der Wein vom Trollinger (eigentlich heißt er Tirolinger) gelungen ist, besitzt er feine Erd-Aromen und eine hübsche Säure. In Württemberg und in seiner Südtiroler Heimat, wo er Vernatsch heißt, ist der Trollinger bei Winzern wie bei Genießern hochbeliebt.

In Österreich, wo auch aller Wahrscheinlichkeit sein Ursprung liegt, stellt der Portugieser (links) die wichtigste rote Rebsorte dar. Er ist sehr ertragreich, bringt aber durchaus auch hochwertige Weine. In Deutschland weicht der Portugieser mehr und mehr dem Blauen Spätburgunder (oben), aus dem die verzweigte Pinot-Familie hervorgegangen ist. In Frankreich heißt die Rebe Pinot noir und liefert dort Spitzenweine.

Spanien, Portugal und Argentinien sind die Hauptanbaugebiete der Tempranillo (oben). Berühmt sind die Weine aus der Rioja Alavesa, zum Teil pure Tempranillo-Tropfen, die lange reifen sollten und dabei eine eindrucksvolle Geschmacksfülle entwickeln.

WEINRECHT
Kleine und große Geheimnisse

Die Weinetiketten sind die Geburtsurkunden des Weins. Es gehört eine gewisse Beschäftigung mit den Abläufen der Weinherstellung und dem Weinrecht dazu, um aus den Bezeichnungen eine Einschätzung entwickeln zu können.

Als der Deutsche Bundestag im März 1994 nach anderthalb Jahren sich hinziehender Beratungen ein überarbeitetes Weinrecht verabschiedete, waren fast alle Betroffenen unzufrieden. Sie vergaßen, daß ein Gesetz nicht das Streben eines ganzen Berufsstandes nach Qualität enthalten und einzelne gegen den Trend schwimmende Außenseiter eines besseren belehren kann. Das Gesetz ist nur ein Rahmen, für den Konsumenten schlägt es sich im Weinetikett nieder. Das ist der Kompaß für den Käufer. Wer es zu lesen versteht, hat den ersten Schritt zum Weingenuß zurückgelegt.

In *Deutschland* muß jedes Etikett sechs Angaben tragen, denn so bestimmt es das Gesetz.

Einstufung der Qualität Gemäß dem Weinrecht der Europäischen Union unterscheiden wir Tafelwein und Qualitätswein b.A. Die Gruppe der Tafelweine umfaßt zwei Qualitätsstufen, nämlich den Tafelwein (hier kehrt der Begriff für einen eingeschränkten Bereich wieder) und den Landwein.

Tafelwein genießt bei uns leider recht wenig Wertschätzung, so daß er im Gegensatz zu den entsprechenden französischen und italienischen Weinen im Handel kaum anzutreffen ist. Öfter wird er in der Gastronomie als »offener Wein« ausgeschenkt.

Landwein gibt es seit einigen Jahren auch in Deutschland als gehobene Stufe des Tafelweines.

Die Qualitätsweine bestimmter Anbaugebiete, kurz Qualitätswein b.A. oder QbA genannt, werden bei uns in »Qualitätswein« und »Qualitätswein mit Prädikat« unterteilt.

Beim *Qualitätswein bestimmter Anbaugebiete* spielt, wie schon der Name sagt, die

WEINRECHT

Größtes deutsches Weinbaugebiet. Höchst-Ertrag: 105 hl/ha.

Großlage, die 13 Orte umfaßt. Eine von 165 Großlagen in Deutschland.

Sehr gutes Jahr.

Keine Angabe über den Geschmack, also wohl lieblich.

Wein mit Prädikat. Darf nicht mit Zucker verbessert worden sein.

Amtliche Prüfnummer.

Keine Angabe über die Rebsorte, also eine Mischung verschiedenster Trauben.

Größte, moderne Weinkellerei Deutschlands.

Angabe zu Alkoholgehalt und Füllmenge, beides Pflicht.

Herkunft eine wesentliche Rolle. Er muß nicht nur aus einem der dreizehn Anbaugebiete für Qualitätswein stammen – Weine verschiedener Anbaugebiete dürfen also beim Qualitätswein nicht miteinander verschnitten werden – sondern auch bei der amtlichen Qualitätsweinprüfung nachweisen, daß er die für das Anbaugebiet typischen Merkmale wie etwa Herkunfts- und Sortentyp besitzt. Jeder Qualitätswein b.A. hat die »Amtliche Qualitätsweinprüfung« durchlaufen, was die auf dem Etikett abgedruckte Prüfnummer (A.P.Nr.) ausweist.

Qualitätswein, also der ohne Prädikat, darf »angereichert« werden. In den verschiedenen Weinbauzonen innerhalb und außerhalb der Europäischen Union sind den unterschiedlichen Problemen angemessene Methoden der Anreicherung erlaubt. Der deutsche Qualitätswein ist ebenso wie vielfach die französischen A.C.-Weine in der Regel angereichert, das heißt dem Most wurde Zucker zugesetzt, um bei der Vergärung einen höheren Alkoholgehalt zu erreichen. Denn Alkohol ist ein wichtiger Aroma-Träger.

Eine deutsche Besonderheit ist es, daß die *Qualitätsweine mit Prädikat,* der Einfachheit halber oft auch nur Prädikatsweine genannt, nicht angereichert werden dürfen. In der Hierarchie der Güte, von unten nach oben sozusagen, sieht die Reihenfolge der Prädikate so aus:

Kabinett. Durch Verzicht auf jede Anreicherung sind Kabinettweine meist leicht und oft etwas zart. Zweifelsohne ist Kabinett – trocken oder halbtrocken ausgebaut – der ideale Tropfen zu fast jedem Essen.

Spätlese. In günstigen Jahren gelingt dem Winzer eine Spätlese voller Reife und na-

Am günstigsten ist es natürlich, die Weine zu testen, um einen eigenen Geschmackseindruck zu erhalten. Dabei läßt sich auch für künftige Betrachtungen von Etiketten vieles lernen.

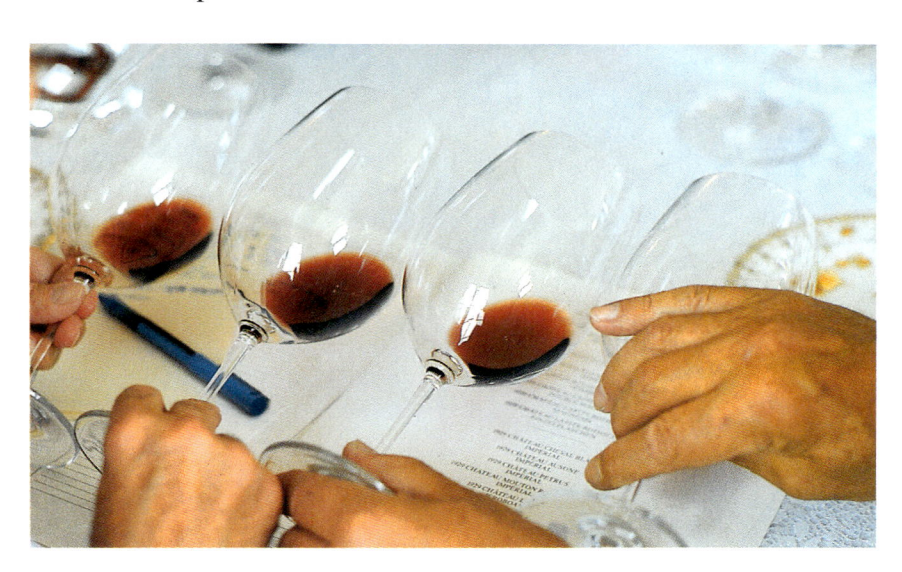

WEINRECHT

Angaben über Rebsorten, Qualität und Geschmacksrichtung.

Reiner Riesling-Betrieb mit guten bis besten Lagen.

Großer Jahrgang.

Gute Riesling-Lage.

Bis neun Gramm Zucker pro Liter erlaubt.

Abfüller ist der Erzeuger selbst, Begriff, der auch von Zentral-Genossenschaften verwendet werden darf.

Beste Rebsorte an der Mosel.

Amtliche Prüfnummer, anhand derer der Wein nachträglich überprüft werden kann.

Viertgrößtes von insgesamt 13 deutschen Anbaugebieten. Höchst-Ertrag bei Riesling: 105 hl/ha.

Auslese setzt speziell ausgelesene, vollreife Trauben voraus. Daraus entstehen Weine mit einer solchen Geschmacksfülle, daß man sie als Sonntagsweine bezeichnen und genießen kann.

Das gilt noch mehr für die Weine mit dem Prädikat *Beerenauslese*, für die wiederum ein höheres Ausgangsmostgewicht notwendig ist. Sie sollten wissen, daß für die Einstufung der Weine in die Qualitätsskala das Ausgangsmostgewicht nach Oechsle (Ferdinand Oechsle 1774-1852, Erfinder der nach ihm benannten Mostwaage, mit der das spezifische Gewicht, also die Süße des Mostes, gemessen wird) maßgebend ist.

Eiswein wird aus bei strengem Frost gelesenen und in gefrorenem Zustand gekelterten Trauben erzeugt. Bis vor einigen Jahren war Eiswein kein eigenständiges Prädikat, sondern im Zusammenhang mit einem Prädikat benutzte Zusatzbezeichnung. Er muß die an eine Beerenauslese gestellten Mostgewichtsanforderungen erfüllen.

Trockenbeerenauslese ist die Spitze der Wein-Güteskala. Wie der Name sagt, handelt es sich um einen Wein aus Beeren, die am Stock rosinenartig geschrumpft sind

türlicher Süße. Sie unterscheidet sich auch für den ungeübten Gaumen von den Spätlesen, die gerade eben die gesetzlichen Mindestanforderungen erfüllen und nicht zum Ruhm deutscher Prädikatsweine beitragen.

WEINRECHT

Qualitätswein-Gebiet im Südwesten von Frankreich. Höchst-Ertrag: 45 hl/ha. Anreichern verboten. Wein ist grundsätzlich rot und trocken.

»Chateau« heißt Weingut. Das muß kein Schloß sein.

Im Gut abgefüllt.

Qualitätswein mit geprüfter Herkunfts-Angabe.

EG-Zeichen.

Füllmenge muß genau stimmen.

Der Alkohol-Gehalt muß offengelegt werden, immer aufgerundet. Die Angaben anderer Inhaltsstoffe wie Zucker oder Säure sind nicht zulässig.

Besitzer des Gutes steht mit seinem Namen für den Wein gerade.

Darf bis zu 15 Prozent ältere Jahrgänge enthalten. Der 92 war gut.

und deshalb einen besonders gehaltvollen Most ergeben. Solche hochkarätigen Spezialitäten sollten – als Rarität in kleinen Gläsern – als Aperitif oder nach einem festlichen Essen genossen werden.

Herkunft Jeder deutsche *Qualitätswein* – wir beginnen mit diesem, weil er den Löwenanteil des Angebotes stellt – muß zur Gänze aus einem der dreizehn Anbaugebiete für Qualitätswein stammen und dessen Namen auf dem Etikett tragen. Bei *Prädikatsweinen* müssen neben dem Anbaugebiet die Lage und die Gemeinde oder der Ortsteil angegeben werden, aus dem die Trauben stammen.

Die deutschen Weinanbaugebiete sind in etwa 2600 *Einzellagen* eingeteilt, die wiederum zu etwa 150 *Großlagen* zusammengefaßt sind. Eine Lage umfaßt Rebflächen mit gleichen oder ähnlichen Standortbedingungen (Boden, Klima usw.). Je genauer die Herkunft des Weines nachgewiesen ist, desto individueller ist er im allgemeinen. Eine Unterscheidung zwischen Einzel- und Großlagen findet auf dem Etikett nicht statt.

Bei *Tafelweinen* ist vieles anders. Stammt das Lesegut ausschließlich aus deutschen Weinbergen, so heißt er »Deutscher Tafelwein«. Dabei ist die Angabe »Weißwein« beziehungsweise »Rotwein« zwingend vorgeschrieben. Aber auch hier gibt es abgegrenzte Gebiete: *Tafelweingebiete*, nach denen der Wein zwar nicht ganz genau, aber empfehlend als »Rhein-Mosel«, »Bayern«, »Neckar« und »Oberrhein« ausgewiesen wird. Einige Tafelweingebiete sind wiederum in Untergebiete unterteilt wie etwa »Oberrhein« in »Römertor« (Südbaden) und »Burgengrau« (Nordbaden). Eine Besonderheit ist der Wein aus der Gegend von Regensburg, der generell als Tafelwein »Donau« angeboten wird.

Landwein hat immer eine Herkunftsbezeichnung, die auf eine bestimmte Landschaft hinweist, so »Schwäbischer Landwein« für einen Württemberger, »Rheinischer Landwein« für einen Landwein aus Rheinhessen. Landwein der letzten Ernte darf zwischen dem 15. November und dem 15. Januar als »Der Neue« angeboten werden.

Abfüller Hier haben wir also den Vater des Weins – oder den Stiefvater, auf jeden Fall aber denjenigen, der mit seinem Namen als Abfüller für das Produkt ein-

Französische, italienische oder spanische Weinetiketten kommen mit weniger Informationen aus als deutsche. Außerdem gehen auch immer mehr deutsche Winzer dazu über, ihre Etiketten zu vereinfachen.

WEINRECHT

In Burgund übliche Bezeichnung. Nach dem EG-Recht eigentlich nicht zulässig.

Eines der besten Weinbau-Gebiete Frankreichs. Höchst-Ertrag: 30 hl/ha. Anreichern erlaubt. Angabe der Rebsorte Pinot noir ist nicht üblich. Die Weine sind grundsätzlich trocken.

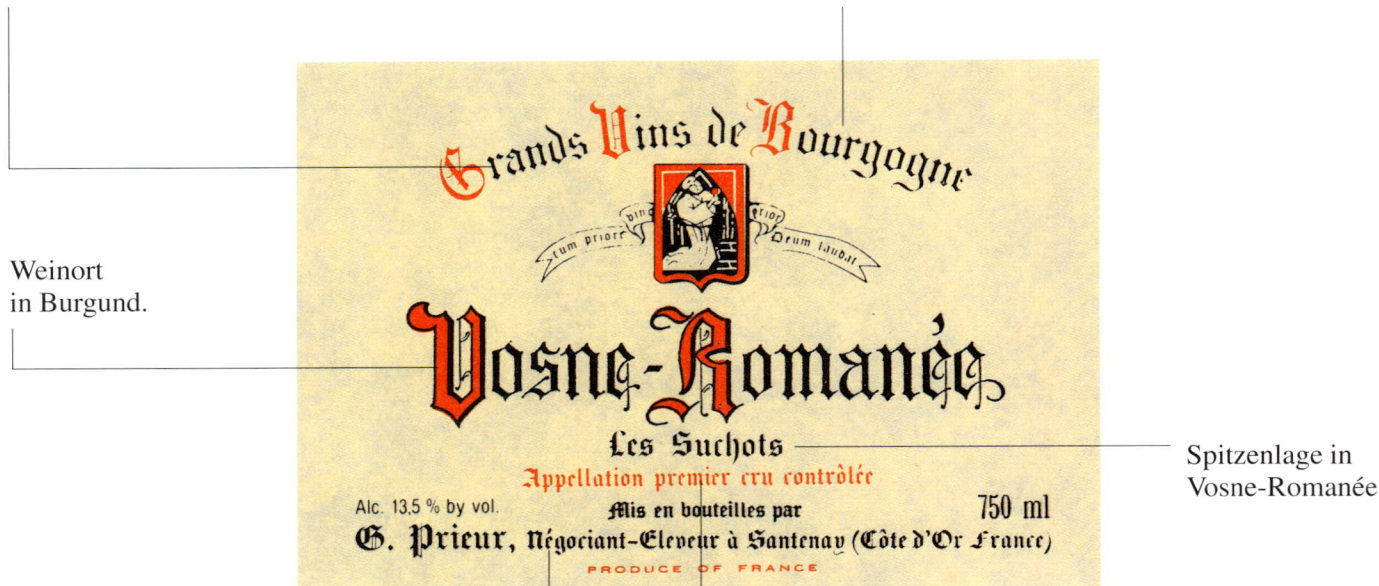

Weinort in Burgund.

Spitzenlage in Vosne-Romanée.

Handelskellerei, die Trauben oder Jungwein kauft und weiterverarbeitet.

Ein »Erstes Gewächs«, ausgewählte Spitzenlage. Nur »Grand cru« ist noch besser.

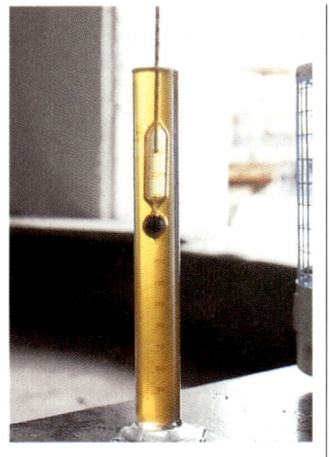

Eine Mostwaage, die auf der Erfindung Christian Ferdinand Oechsles basiert, mißt die sogenannten Oechslegrade, also das Mostgewicht hinsichtlich seines Zuckergehaltes. Heute gibt es jedoch deutlich verfeinerte Meßmethoden, mit denen bereits der Reifegrad einer Beere festgestellt werden kann, die noch am Rebstock hängt. Die Oechslegrade besitzen für Deutschland und die Schweiz aber nach wie vor Gültigkeit.

steht. *Erzeugerabfüllung* besagt, daß der Erzeuger der Trauben zugleich der Abfüller ist. Da auch Genossenschaften und Erzeugergemeinschaften diese Bezeichnung benutzen dürfen, hat man die *Gutsabfüllung* eingeführt.

Prüfungsnachweis Jede Flasche Qualitätswein b.A. trägt eine Prüfnummer als Ausweis bestandener amtlicher Prüfung. Diese besteht aus der Leseprüfung, einer analytischen Prüfung und der Sinnenprüfung zur Feststellung der gesetzlich für jeden Qualitätswein normierten Mindestbedingungen. Die Sinnenprüfung wird wie bei den Weinprämierungen durchgeführt: Wein will mit allen Sinnen erfaßt und bewertet werden, mit den Augen betrachtet, mit der Nase berochen, mit der Zunge und dem Gaumen geschmeckt. Dazu hat die Deutsche Landwirtschafts-Gesellschaft (DLG) im Zusammenwirken mit den Qualitätswein-Prüfstellen ein Bewertungsschema erarbeitet, das den Ansprüchen des Weines an eine Sinnenprüfung weitgehend entgegenkommt, das *DLG-5-Punkte-Schema:* Die Prüfung besteht aus zwei Teilen, wobei im ersten Teil bestimmte Vorbedingungen erfüllt sein müssen, ehe mit dem zweiten Teil die eigentliche Sinnenprüfung beginnt. Zu den Vorbedingungen stellen die Prüfer – es sind immer mehrere, die einen Wein bewerten – fest, ob der Wein eine seiner Weinart entsprechende Farbe und optimale Klarheit aufweist, für die Herkunft und, sofern angegeben, für den Jahrgang, für die Rebsorte und für das Prädikat typisch ist. Nach Erfüllung der Vorbedingungen – jede »Nein-Entscheidung« beendet das Prüfungsverfahren – werden die Merkmale Geruch, Geschmack und Harmonie einer ins Einzelne gehenden Bewertung unterzogen. Jedes Merkmal wird für sich bewertet und ist auch gleich gewichtet, wobei es eine Punktzahl zwischen Null und Fünf erreichen kann. Die Summe der drei Einzelbewertungen durch drei geteilt ergibt die eigentliche Qualitätszahl, einen Wertmaßstab, der wiederum bei Null beginnt und bei Fünf endet. Bei der Qualitätsweinprüfung muß ein Wein mindestens 1,5 Punkte erreichen, um die Prüfnummer zu erhalten. Mit diesem einfachen, aber sicheren Prüfschema ist auch der weininteressierte Laie in der Lage, die Arbeit der Prüfer nachzuvollziehen.

WEINRECHT

Neue Bezeichnung für Qualitätswein, dessen Herkunft kontrolliert und garantiert ist.

Herzstück des Weinlandes Toskana. Höchst-Ertrag: 60 hl/ha. Der Wein ist grundsätzlich eine Cuvée: mehrere Traubensorten, rot und trocken.

Darf bis zu 15 Prozent ältere Jahrgänge enthalten.

Erstklassiges Weingut.

Name des Besitzers.

Ganz hübsch schwer.

Weinort nahe Siena.

Gehobener Wein. Mindestlager zwei Jahre im Faß und drei Monate in der Flasche sind vorgeschrieben.

Flascheninhalt Im Rahmen der Harmonisierung des europäischen Weinmarktes wurde die herkömmliche 0,7-l-Flasche durch die 0,75-l-Flasche abgelöst. Für teure Weine oder Sonderfüllungen sind auch »halbe Flaschen« oder korrekt Flaschen mit dem halben Inhalt einer Normalflasche üblich, damit Spitzengewächse auch für den schmalen Geldbeutel erschwinglich bleiben.

Weine unterer Qualitätsstufen werden oft in Literflaschen angeboten. Der Flascheninhalt ist in jedem Fall auf das Etikett zu drucken. Hin und wieder erscheint dort noch das heute nicht mehr geforderte »e«, das anzeigt, daß der Flascheninhalt der »Europa-Norm« entspricht. Seit 1988 ist auch der vorhandene Alkoholgehalt des Weines in Vol.-% auf dem Etikett anzugeben.

Neben diesen Angaben kann das Weinetikett noch weitere Informationen enthalten, die den Wein genauer spezifizieren, die aber nicht vorgeschrieben sind.

Jahrgang Er ist bei den deutschen und französischen Anbaugebieten am Gürtel des 50. Breitengrades, also an der nördlichen Weinbaugrenze, besonders wichtig. Jeder Jahrgang spiegelt die Vegetation sowie das Auf und Ab der Natur wider. Im Gegensatz zu Weinen aus dem Mittelmeerraum sind die Weine der nördlichen Anbaugebiete von Jahr zu Jahr verschieden.

Größere Weingüter oder Genossenschaften haben heute ihre eigenen Labors, in denen die Produkte analysiert werden. Die Tests kommen dem nächsten Jahrgang zugute.

WEINRECHT

Für Weißwein guter Jahrgang.

Erstklassiges Weingut.

1991

Grattamacco
VINO DA TAVOLA DI CASTAGNETO

Imbottigliato all'origine
da Paola e Piermario Meletti Cavallari
nel Podere Grattamacco
Castagneto Carducci, Livorno
Italia

11,5% vol.   750 ml. e

Tafelwein = niedrigste Qualitätsstufe. In diesem Fall Tiefstapelei eines Winzers, dem die zulässige Qualitätswein-Bezeichnung »Bianco del Bolghero« wohl zu nichtssagend erschien.

Weinort im Westen der Toskana.

Im Gut abgefüllt.

Rebsorte Ist auf dem Etikett eine Rebsorte angegeben, so muß der Wein zu mindestens 85 Prozent aus dem Saft dieser Traube bestehen. Beim Aufdruck zweier Rebsorten müssen 100 Prozent des Mostes aus diesen Trauben gewonnen sein, die erstgenannte hat den größeren Anteil. Hier muß gesagt werden, daß die Rebsorten keine gleichartige Qualität verbürgen, sondern je nach Jahrgang und Anbaugebiet recht unterschiedliche Weine ergeben können; denken Sie beispielsweise nur an den Riesling von der Mosel, dem Riesling aus dem Rheingau und dem Riesling aus Württemberg.

Geschmacksangaben Seit einiger Zeit ist auch die Angabe der Geschmacksrichtung, zum Beispiel »trocken« oder »halbtrocken«, auf dem Etikett erlaubt. Die Weine müssen dazu in bezug auf Restzucker und Säure ganz bestimmte Voraussetzungen erfüllen. Vereinfacht: Trockener Wein darf je nach der Säure 9 Gramm pro Liter Restzucker enthalten – für Diabetiker geeigneter Wein 4 Gramm pro Liter – halbtrockener bis zu 18 Gramm pro Liter. Einzelne Betriebe gehen dazu über, Analysedaten wie Restzucker und Säure in Preislisten oder auf den Etiketten aufzuführen. Schließlich gestattet der Gesetzgeber noch zweckdienliche Angaben zur Verwendung des Weines, also Hinweise zur Harmonie von Essen und Trinken oder zur Trinktemperatur.

WEINRECHT

Siegel und Prämierungsstreifen Am weitesten verbreitet ist das *Deutsche Weinsiegel*, das in drei Farbstellungen verliehen wird (gelb = trocken, grün = halbtrocken, rot = für alle Weine, meist mildlieblich). Es signalisiert einen Wein von gehobener Qualität, der nach dem DLG-Bewertungsschema einen Punkt über der geforderten Mindestqualität liegen muß. Ähnliche Funktionen und Anforderungen, zum Beispiel 1,5 Punkte über der Mindestqualität, haben das *Gütezeichen für Badischen Qualitätswein* und das *Gütezeichen Franken*.
Wein mit dem gelben Weinsiegel wird oft als *Diabetikerwein* bezeichnet. Das ist nur bedingt richtig, denn nicht alle trockenen Weine erfüllen die gesetzlichen Voraussetzungen, nämlich nicht mehr als 4 g/l Zucker, weniger schwefelige Säure und maximal 12 Vol.-% Alkohol. Diese Weine können mit einem Rückenetikett versehen werden, das Analysedaten enthält und mit dem Aufdruck »Für Diabetiker geeignet – Nur nach Befragen des Arztes« Empfehlung und Möglichkeiten umreißt. Natürlich kann jeder Liebhaber trockenen Weins sich an einem solchen Schluck laben.
Prämierungsstreifen – Schwarz, Weiß, Silber, Gold – legen Zeugnis ab, daß der Wein bei einer Weinprämierung der Anbaugebiete oder der Bundesweinprämierung der DLG ausgezeichnet wurde. Die Bewertung findet wieder nach dem DLG-5-Punkte-Schema statt. So sind zum Beispiel bei der Bundesweinprämierung 3,5 Punkte für einen Bronzenen, 4,0 für einen Silbernen und 4,5 für einen Großen Preis notwendig. Die Bewertung des Weines ist bei einer Prämierung stets das Durchschnittsergebnis einer Prüfergruppe. Vier erfahrene Prüfer bewerten zunächst jeden Wein für sich, erst dann geht jedes Einzelurteil in das Gesamturteil ein.

Manches, was schon beim deutschen Wein gesagt wurde, gilt auch in *Frankreich*. Vieles aber ist – trotz EU – anders. Die Ursache dafür liegt darin, daß die Klassifizierung französischer Weine nicht vom Ergebnis einer Qualitätsprüfung ausgeht, womit nicht gesagt ist, daß eine solche Prüfung nicht stattfindet. Vielmehr ist für die Einstufung des Weins seine Herkunft die Voraussetzung. Er muß aus einem klar begrenzten Gebiet stammen, wobei der Winzer allerdings noch eine ganze Reihe von Auflagen zu erfüllen hat, die darin gipfeln, daß er auf einem Areal nur eine ganz bestimmte Menge erzeugen darf, und zwar abnehmend, je höher der Wein einzustufen ist.

Einige Grundregeln erleichtern den Einkauf ungemein, ganz gleich, welche »Quelle« Sie »anzapfen«. Am zielsichersten finden Sie Ihren Lieblingsschoppen und vermeiden Enttäuschungen, wenn Sie im größeren Kreis private Weinproben veranstalten, bevor Sie sich eindecken.

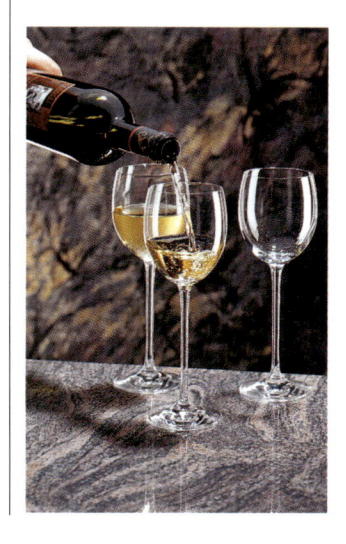

WEINRECHT

Es bedarf nicht unbedingt des festlichen Ambientes im Palazzo Vecchio in Florenz (rechts), um einen besonderen Weingenuß zu erleben. Gerade die professionellen Weintester schätzen ein neutrales und nüchternes Umfeld, weil sie so am wenigsten abgelenkt und beeinflußbar sind. Ein Grundsatz, den Sie für Ihre eigene Verkostung auch beherzigen sollten: Probieren Sie den Wein, den Sie testen wollen, im gewohnten Umfeld. Hier finden Sie die Muße, sich ganz in den Tropfen zu vertiefen, nichts und niemand stört die Eindrücke.

Ein Grundsatz gilt unter langgedienten Genießern: Wer viel über Wein erfahren will, wird im Laufe der Zeit viele Informationen sammeln. Doch die wirkliche Kennerschaft erlangt man nur – wie so oft – in der Praxis, durch »Übung«.

Wir können von einem »französischen System« sprechen, das von süd- und südosteuropäischen Weinländern, von den USA und Südafrika übernommen wurde. Demgegenüber lehnt sich das österreichische Weinrecht an das deutsche an. Im folgenden werden die Unterschiede zum deutschen Weinrecht erläutert, wobei wir mit den Angaben beginnen, die jedes Etikett laut Gesetz enthalten muß.

Qualitätseinstufung Da stoßen wir wieder auf die bereits bekannte Dreiteilung. Unterste Stufe ist der Tafelwein, hier *Vin de Table* genannt. In Frankreich wird der überwiegende Teil der Weinernte als Tafelwein auf den Markt gebracht. Um die Fülle des Angebots übersichtlicher zu machen, hat man neben dem einfachen noch einen gehobenen Tafelwein eingeführt, *Vin de Pays* (Landwein) genannt, der höhere Anforderungen erfüllen muß, insbesondere den natürlichen Alkoholgehalt und die maximale Erntemenge betreffend. Dieser Landwein wird immer mit der Angabe des Herkunftsgebietes vertrieben, das aber nicht namensgleich mit einem der Qualitätsweingebiete sein darf.

Eine Stufe darüber stehen die V.D.Q.S.-Weine, *Vins délimités de qualité supérieure*. Die Weine kommen aus bestimmten Anbaugebieten. Rebsorten, Anbau- und Produktionsmethoden, maximaler Hektarertrag und Mindestalkoholgehalt sind vorgeschrieben.

Die dritte und höchste Qualitätsstufe bilden die A.C.-Weine (auch A.O.C.). Die Abkürzung bedeutet *Appellation d'origine contrôlée* und ist so ausgeschrieben auf jeder Flasche zusammen mit dem A.C.-Gebiet, aus dem der Wein stammt, zu lesen. Solche Weine dürfen nur von den

WEINRECHT

Abfüller Er hat seinen Firmennamen sowie den Sitz seines Hauptgeschäfts auf das Etikett drucken zu lassen. Dieser Vermerk erscheint in verschiedenen Formen, teils als »embouteilleur« (Abfüller), auch als »embouteillé par« (abgefüllt durch), oder man liest »mis en bouteille par« (auf Flaschen gefüllt durch). All diese Formulierungen weisen auf einen reinen Abfüllbetrieb hin. Wer sein Lesegut selbst weiter verarbeitet, legt wie in Deutschland Wert auf den Hinweis »Erzeugerabfüllung«. Das ist alles klar und übersichtlich und bildet einen Grundstock an Wissen, der beim Einkauf französischer Weine vor Überraschungen schützt.

Komplizierter allerdings wird es bei den »zusätzlichen« Angaben, denn das französische Weinrecht hat nicht so konsequent mit allen traditionsgebundenen Bezeichnungen aufgeräumt wie das deutsche.

Zusätzliche Angaben über die Qualität

Frankreich kennt eine ganze Reihe von Qualitätsangaben, die als Prädikate bezeichnet werden können. Sie dürfen nur für Qualitätsweine verwendet werden, sind aber an keine gesetzlichen Voraussetzungen gebunden. Ihre Verwendung liegt also im Belieben des Abfüllers, der allerdings damit Ruf und Glaubwürdigkeit aufs Spiel setzen kann. Solche Prädikate lauten *Grand, Grand vin, Grand réserve, Vin fin, Vin nobel* und ähnlich.

Da nun in Frankreich die Herkunft einen so großen Einfluß auf die Einstufung in eine der Qualitätsgruppen hat, sind auch Herkunft und Ansehen eines Weines viel enger miteinander verbunden, als das in

Die meisten Winzer haben ältere Jahrgänge ihrer Weine im Keller. Hier können Sie oft auch eine größere Partie, die sich in der eigenen Wohnung nur schlecht lagern läßt, für eine gewisse Zeit unterbringen.

dafür vorgesehenen Parzellen stammen. Und wiederum sind Rebsorten, Anbau- und Kellereimethoden, der Höchstbetrag, aber auch Mindestmostgewicht und Mostausbeute vorgeschrieben.

Nun gibt es sehr unterschiedliche A.C.-Weine. Die einfachsten sind diejenigen, bei denen nur das Herkunftsgebiet genannt ist, die besseren solche, die Untergebiete, einzelne Lagen oder Châteaux anführen. Alle weitergehenden Hinweise auf die Qualität eines Weins gehören zu den zusätzlichen, aber nicht nowendigen Angaben, von denen später die Rede sein wird.

Die A.C.-Weine als Spitze der Qualitätspyramide umfassen im Gegensatz zur deutschen Einteilung, wo Qualitätsweine das Alltägliche sind, nicht einmal 20 Prozent der französischen Weinproduktion.

Gerade im mediterranen Raum finden sich zahlreiche Restaurants, die die regionalen Weine anregend ausstellen.

WEINRECHT

Wein aus dem Zapfhahn – das ist in südlicheren Gefilden keine Seltenheit.

Deutschland der Fall ist. Je genauer seine Herkunft beschrieben ist, desto größer ist auch sein Marktwert. In einzelnen französischen Weinbaugebieten existieren komplizierte, weitere Schemata zur Klassifizierung des Weines, indem die Herkunft präziser angegeben wird, mit »Cru«, der deutschen Lagenbezeichnung vergleichbar.

Angaben über die Art des Weines Die finden wir bei Tafel- und Qualitätsweinen. Hier ein paar Beispiele: *Vin primeur, Vin nouveau* = frischer Wein, der schon wenige Wochen nach der Lese in den Handel gebracht wird, *Blanc de blancs* = ausschließlich aus weißen Trauben gekelterter Weißwein, *Vin Gris, Clairet* = weißgekelterter Rotwein, entspricht unserem Weißherbst, *Ambré* = bernsteinfarbener Wein, *Doré* = goldgelber Wein. Dazu sind Angaben über den Geschmack des Weins erlaubt, und zwar *sec* = trocken (mit gesetzlicher Definition), *demi-sec* = halbtrocken, *moelleux* = lieblich, *doux* = süß.

Jahrgang Je weiter wir nach Süden kommen, desto geringer sind die Qualitätsschwankungen zwischen den Jahrgängen der Weine, da das Klima gleichbleibend günstig für den Weinbau ist. Trotzdem spielt insbesondere bei Spitzengewächsen der Jahrgang für den Kenner eine nicht zu unterschätzende Rolle.

Rebsorte Sie ist auf französischen Weinetiketten oft nicht vermerkt. Das Elsaß bildet da eine Ausnahme, aber im übrigen sieht man einen Verschnitt (Assemblage) nicht als etwas Minderwertiges an, sondern ist der Ansicht, daß eine Mischung aus den getrennt vergorenen und im Faß ausgebauten Mosten verschiedener Rebsorten die Harmonie des Weines fördert. So ist es möglich, Jahr um Jahr den spezifisch lokalen oder regionalen Weintyp anzubieten und geschmackliche wie geruchliche Fehler zu korrigieren.

Erzeugerabfüllung Sie ist auch in Frankreich als Qualitätsmerkmal beliebt. Die Formulierungen lauten »Mis par le propriétaire« oder »à la proprieté«. Gern wird in diesem Zusammenhang auch die Bezeichnung »Château« oder »Domaine« für den eigenen Betrieb verwendet, was als Schloß oder Weingut zu übersetzen ist,

WEINRECHT

aber weit ausgelegt wird. »Viticulteur« ist der Winzer, »Propriétaire récoltant« der Weingutsbesitzer, sie haben den Wein selbst angebaut, ausgebaut oder abgefüllt. »Mis en bouteille au château/domaine ...« heißt es dann. Der Ausdruck »Clos« bezeichnet lediglich den Anbau, ohne daß über die Kellerei etwas gesagt ist. »Mis dans nos caves« heißt Kellereiabfüllung. Französische Weinetiketten dürfen darüber hinaus noch Angaben über Wachstum und Herstellung des Weins und Empfehlungen für seinen Verbrauch enthalten.

Soweit der für den Verbraucher nachvollziehbare Teil des Weinrechts – das Etikett. Es gibt darüber hinaus eine Fülle von Vorschriften und Regelungen, unter denen die Winzer meist stöhnen, und die in Deutschland ganz besonders dazu neigen, einen undurchdringlichen Dschungel zu bilden. Doch sie sind zum Schutz des Verbrauchers gemacht, und sie wirken sich meist als solcher auch aus. Sie verhindern zum Beispiel, daß aus einem einfachen Tafelwein Qualitätswein wird und aus einem QbA, einem Qualitätswein bestimmter Anbaugebiete, auf wundersame Weise eine Spätlese. Die meisten Vorschriften betreffen die Reinheit des Produkts, wie das Verbot des Zusatzes von Fremdstoffen zur Geschmacksverbesserung (zum Beispiel Flüssigzucker), was den Durchschnittsweintrinker jedoch wenig berührt, von ihm sogar akzeptiert wird, weil der Wein dann besser schmeckt. Der lange Kampf der Justiz gegen den »Kunstwein« ist vorbei. Unsere Vorfahren hatten sich noch mit diesem Getränk aus Alkohol, Wasser und Aromastoffen, manchmal auch Rosinen und Kräutern auseinanderzusetzen. Es darf nicht jedermann zu Erwerbszwecken Reben pflanzen, nicht an beliebiger Stelle und nicht jede Rebsorte. Geeignete, zugelassene Reben garantieren einen für die Region typischen Wein und ein akzeptables Qualitätsniveau. Der Winzer legt ständig Rechenschaft ab – durch die Erntemeldung, die Kellerbuchführung und auch die Bestandsmeldung am Ende des Weinwirtschaftsjahres. Die Weinwirtschaft ist wohl der am besten überwachte Wirtschaftszweig.

Jede Reise sollte man dazu nutzen, seinen Weinverstand zu schulen – eine reizvolle Art, Erfahrungen zu sammeln.

UMGANG MIT WEIN
Nur keine Umstände

Es wirkt nicht nur stimmungsvoll, es hat durchaus einen Sinn: Vorsichtig werden alte Rotweine über der Kerzenflamme in eine Karaffe umgefüllt. Sie können so das Depot beobachten und vermeiden, daß sich Trub später im Glas wiederfindet.

Wer abends Gäste hat und erst am Mittag Zeit findet, ein paar Flaschen Wein zu kaufen, hat meist ein schlechtes Gewissen dabei. Er erinnert sich, gehört zu haben, daß Wein Ruhe braucht, daß er nach jeglichem Transport erst ein paar Wochen lagern muß, um mit Genuß getrunken werden zu können. Das war einmal – wenn überhaupt. Wenn Riesling oder Cabernet mit der in heutigen Kellern selbstverständlichen Hygiene behandelt und abgefüllt worden sind, halten sie schon einige Knüffe aus. Ich habe es in meinem von Abertausenden Weinen ausgefüllten Leben nur ein einziges Mal erlebt, daß ein hauchzarter Moselwein beim Transport gelitten hatte und danach ein Vierteljahr brauchte, bis er wieder recht mundete. Bei Dutzenden Fachproben kamen Pakete in letzter Stunde an, dennoch standen die Weine beim Verkosten brillant da. All dies gilt nur nicht für alte Rotweine, bei denen sich im Laufe der Zeit Gerbstoff abgesetzt hat. Wird dieses sogenannte »Depot« aufgewirbelt, ist der Wein sofort trübe und braucht Tage, bis er sich wieder geklärt hat. Solche alten Schätze müssen erschütterungsfrei geöffnet und mit ruhiger Hand in eine Karaffe umgefüllt werden. Fachleute halten den Hals der Flasche über eine Kerzenflamme. Damit können sie den Trub beobachten und vermeiden, daß er mit ausgegossen wird. Dekantieren heißt dieser Vorgang, der die Gäste stets beeindruckt. Nun entkorken Sie ja nicht alle Tage einen älteren Bordeaux oder betagten Barolo. Gewöhnlich werden jüngere Jahrgänge getrunken, bei denen nur eines zu beachten ist, daß der Wein nach der Abfüllung wenigstens sechs Wochen ruhen soll, weil der strapaziöse Eingriff ihn »flaschenkrank« gemacht hat. Danach ist mit dem flüssigen Freund leicht umzugehen. Er verträgt ohne weiteres den raschen Kälteschock im Eisfach. Eine angebrochene Flasche darf bis zum nächsten Abend getrost im Kühlschrank stehen. Es kann sogar sein, daß der Inhalt danach noch besser schmeckt, weil er sich mit Sauerstoff vollgesogen hat und so alle Aromen freigibt. Dann aber muß er rasch getrunken werden. Oft mundet das letzte Glas aus einer Flasche am besten.

Also sollte jeder Wein grundsätzlich vor Genuß ein paar Stunden offen stehen. Das gilt durchaus auch für ältere Tropfen. Die Rotweine, die das Abendessen verschönern, werden mittags schon in eine Karaffe umgefüllt. Aber: So gut es den allermeisten Weinen tut, vor Gebrauch mit Luft in Berührung zu kommen, so schädlich ist es für sie, wenn sie längere Zeit von Sauerstoff angegriffen werden. Beim Lagern im Keller leidet ein guter Tropfen am meisten unter großen Temperatur-Schwankungen. Bei Erwärmung dehnt sich der Wein in der Flasche aus, wird in die Poren des Korkens gepreßt und verdunstet. Bei Kälte zieht er sich wieder zusammen, Luft strömt nach und löst Oxydation aus. Versuche zeigten, daß nach einem Jahr sechs Kubikzentimeter Schwund entstehen, wenn sich der Keller im Sommer nur um zehn Grad erwärmt. Auf Schloß Johannisberg im Rheingau ist der Keller tief in den Berg gegraben. Dort herrscht jahrein, jahraus eine gleichbleibende Temperatur von zehn Grad Celsius, ideal um Wein über einen langen Zeitraum aufzuheben. In der Stadt werden Sie ein solches Lager vergeblich suchen. Da müßten Sie schon viel Geld für eine Klima-Anlage ausgeben oder Sie leisten sich für ein paar tausend Mark einen speziellen Wein-Kühlschrank. Bei normalem Verbrauch ist ein solcher Aufwand viel zu groß. Eben mal ein Prozent der Bundesbürger hält sich einen ständigen Vorrat von mehr als zehn Flaschen. Nun gibt es aber Menschen mit höherem Konsum, die für jeden Anlaß die richtige Flasche in ihrem Vorrat haben möchten. Wenn es sich um Wein handelt, den Sie ohnehin in den nächsten sechs Monaten zu leeren gedenken, brauchen Sie sich um die Aufbewahrung nicht viel Gedanken zu machen. Dafür genügt der kühlste Platz in der Wohnung, und wenn's das Schlafzimmer ist. Ständig 20 Grad sind nicht weiter schlimm, besser sogar als Wechsel zwischen eiskalt und mild. Sie lassen die Flaschen im Karton, wickeln sie mit Wellpappe ein oder füllen die Kiste mit Styropor-Flocken auf. Nun angenommen, Sie gehören zu den Zeitgenossen, die ausgereifte Tropfen lieben und einen knackigen Saar-Riesling oder einen großen Piemonteser für einige Jahre liegen lassen wollen. Sie haben zwei Möglichkeiten. Entweder Sie mieten sich ein Eckchen in einem Keller der Umgebung oder Sie versuchen mit einigen Tricks, die Temperatur-Unterschiede im eigenen Untergeschoß auszugleichen. Zu allererst sehen Sie zu, daß die Flaschen möglichst eng gestapelt sind, damit sie sich gegenseitig schützen. In den handelsüblichen Regalen aus Draht oder Kunststoff liegt

Die Farbe sagt bereits viel über Alter und Qualität des Weines aus: Ein guter Wein muß klar und von strahlender Farbe sein. Weißweine können von bläßlich hell bis goldgelb variieren, ganz junge gar einen grünlichen Schimmer aufweisen. Ist ein Weißwein etwas bräunlich, deutet dies oft auf eine Oxydation hin. Zu alte Rosés werden ebenfalls bräunlich. Bei Rotwein kann dies statthaft sein (Pinot noir); insgesamt darf seine Farbe auf einer Skala von hellpurpur bis rotschwarz rangieren.

UMGANG MIT WEIN

Die Weinlagerung ist unter Genießern immer ein ergiebiges Thema. Bei Tropfen, die ein längeres Lager vertragen, empfiehlt es sich, die richtigen Umstände zu schaffen: Erschütterungsfrei und von gleichbleibender Kühle sollte der Raum sein, die Flaschen möglichst eng gestapelt, damit eindringendes Licht den Alterungsprozeß nicht allzu sehr beschleunigt.

Der Gewölbekeller eines Weingutes: das optimale Lager für Flaschen. Hier dürfen die Behältnisse der edlen Tropfen von Staub überzogen in Ruhe reifen. Doch auch moderne Wohnhäuser bieten Möglichkeiten, die sich als Lager nutzen lassen. Weine, die nur etwa ein halbes Jahr lagern, können problemlos in der Wohnung untergebracht werden, doch sollten sie unbedingt liegen, damit der Korken nicht austrocknet.

der Wein viel zu frei. Da lassen Sie die Schätze lieber im Karton liegen, am besten in den beim Versand meist verwendeten Styropor-Betten. Es müßte Ihnen aber auch bei einigem handwerklichen Geschick gelingen, mit Hilfe einiger Bretter, Leisten und Schrauben in einen ausgedienten Kleiderschrank viele kleine Fächer einzubauen. Darin liegen die Flaschen übersichtlich und gut abgeschirmt. Sollte es im Sommer zu warm in Ihrem Keller werden, verkleiden Sie die nach Süden und Westen gehenden Wände mit Schaumstoff: Holzlatten an die Wand dübeln, die Platten darauf festtackern. Aber lassen Sie Fugen, damit die Luft zirkuliert und sich keine Kondensflüssigkeit bildet, sonst schimmelt alles. Oft wirkt es schon Wunder, ab und zu einen Eimer kalten Wassers über den Boden zu gießen, die Verdunstung senkt die Temperatur rasch um zwei, drei Grad.

Endlich ist der äußerste Fall zu bedenken, daß Sie den Jahrgang Ihrer Tochter erstanden haben, um ihn ihr zur Hochzeit zu kredenzen. Sie versiegeln die Flaschen mit Lack oder mit Kerzenwachs und legen sie in eine mit trockenem Sand gefüllte Holzkiste, die in der Nordost-Ecke des Kellers zu stehen kommt. Es soll auch Menschen geben, die den Wein einen Meter tief im Garten vergraben, nachdem sie die Flaschen zuvor dick mit Alufolie umwickelt haben. Wenn Sie Wein über Jahre lagern wollen, bedenken Sie, daß es vier Substanzen gibt, die ihn auf natürliche Weise konservieren: neben dem zugesetzten Schwefel sind dies Alkohol, Gerbstoff, Säure und Zucker. Daraus folgt, daß edelsüße Auslesen von der Saar und robuste, kräftige Rotspone aus Südeuropa am haltbarsten sind. Selbst wenn Sie eigentlich nur trockene Weine trinken, sollten Sie sich auch einmal einen hochwertigen, halbtrockenen Riesling vom Mittelrhein oder von der Mosel hinlegen. Der Hauch Süße (bis 18 Gramm pro Liter sind erlaubt) ist später nur noch zu ahnen und verbindet sich wundersam mit der Fruchtsäure. Nach, sagen wir, zehn Jahren ist eine solche Kostbarkeit zum Kalbssteak, zum Rehrücken oder zum kroß gebratenen Perlhuhn ein großes Erlebnis.

Wein ist heute allerdings nicht mehr so haltbar wie ehedem und die Geschichten von der mehr als hundertjährigen Flasche aus einem Super-Jahrgang lassen sich nicht wiederholen. Zum Ausgleich sind die guten Tropfen heute schneller trinkbar. Auch Bordeaux und Burgunder, Ba-

UMGANG MIT WEIN

rolo und Brunello sind heute an für sich keine Kapitalanlage mehr.

Wollen wir nun zur Sache kommen, bedarf es zuerst eines Korkenziehers. Er sollte eine so weit gewundene Spirale haben, daß ein Streichholz durchpaßt. Unverbesserliche Romantiker sprechen von »Seelenachse«. In den vergangenen Jahren haben Tüftler die wunderlichsten Geräte entwickelt, die in der Tat das Öffnen der Flasche erleichtern. Einfach und praktikabel ist ein aufklappbares »Kellner-Besteck« mit einem Hebel, der sich auf den Flaschenhals aufsetzen läßt. Es trägt seinen Namen zu Recht, achten Sie beim Restaurantbesuch darauf. Es ist das Handwerkszeug der Profis, und kein Saumelier wird jemals ein anderes Instrument in die Hand nehmen. Gut sind auch jene Geräte, bei denen während des Drehens zwei Arme hochgezirkelt werden, in Frankreich »de Gaulle« genannt, in Erinnerung an dessen typische Sieger-Pose.

Beim Trinkgefäß sollten sie keinem übertriebenen Kult huldigen. Schauen Sie sich alte Gläser an: Für Weißwein war der Kelch wie ein Apfel gebildet, für Rotwein öffnete er sich gerade nach oben. Sie dürfen sicher sein, daß solche in Jahrhunderten entwickelten Formen durchaus ihren Sinn machen. Die Glas-Industrie bietet heute ungemein schicke Gebilde an, allerliebste Tulpen auf überlangen Stielen. Bedenken Sie beim Kauf, wie zerbrechlich solch edle Teile sind, und daß sie auch einmal gespült werden müssen. Abraten möchte ich Ihnen von allen Gläsern, die farbig sind oder eine gravierte Zeichnung haben. Bei Weinprüfungen sind sie sowieso nicht zulässig, denn sie erschweren die Beurteilung von Klarheit und Färbung. Objektiv, aber doch eher theoretisch, schmeckt Wein aus dem Plastikbecher nicht anders als aus dem teuersten Design. Mit verbundenen Augen merken Sie keinen Unterschied.

Wichtig für den Genuß ist, daß die Gläser nicht zu klein sind; sie sollten wenigstens ein Viertelliter fassen. Sie dürfen nur halbvoll, bis zur weitesten Stelle des Glases, gefüllt sein, damit sich der Duft richtig entwickeln kann. Sanftes Schwenken setzt ihn frei, denn der Geruch ist für den

Weinproben sind »Übungssache«: Aussehen, Duft und Geschmack der Weine sind die Kriterien, die Weinfreundinnen und Weinfreunde als Informationen »speichern« müssen, wollen sie langfristige Vergleiche anstellen. Im Laufe der Zeit entwickeln sie so ein immer sensibleres Sensorium, erschließen sich neue Genüsse und steigern allerdings gleichzeitig auch ihre Ansprüche.

Umgang mit Wein

Gläser sind für den Weingenuß wichtig, sollten aber durchaus auch praktischen Anforderungen genügen. Sie sollten farblos und dünnwandig sein, aber auch leicht zu reinigen und nicht allzu empfindlich.

Weingläser sollten am Stiel angefaßt werden, damit die Hand die Temperatur des Inhalts nicht beeinflußt.

Ein unabdingbares Instrument für den Weingenuß ist der Korkenzieher. Hier gibt es im Grunde nur wenige Anforderungen: So sollte das Gewinde nicht zu eng, der Stahl nicht zu scharf sein, damit der Korken unbeschädigt aus dem Flaschenhals gleitet. Wie komfortabel man es ansonsten wünscht, ist eine Frage des Geschmacks und des Geldbeutels.

Genuß genauso wichtig wie der Geschmack. Letzterer wird verstärkt durch das »Kauen« des Weines, das den Wein zusammen mit Sauerstoff über die Geschmacksnerven der Zunge gleiten läßt. Pokale in Kinderkopfgröße sind nichts als Protz, der sich hernach kaum reinigen läßt. Natürlich will der Blick mittrinken, es soll ja hübsch bei Tisch zugehen. Angenehme Formen können den Genuß wohl fördern, sollten aber niemals Selbstzweck werden. Dies gilt auch für die Flaschen, die heute in mitunter abenteuerlicher Gestaltung angeboten werden. So mancher Verkäufer ist stolz auf seine Marketing-Idee, aber die Flaschen sind unnütz teuer, passen in keinen Kühlschrank und landen letztlich doch nur als Luxusmüll im Container. Bordeaux-, Burgunder- und Rhein-Flaschen hingegen sind klassisches, seit Urzeiten bewährtes Design, das Zweck mit Schönheit verbindet, und sie können vielfach wiederverwendet werden. der erfahrene Genießer läßt sich nicht von Nebensächlichkeiten ablenken. Nicht das Drumherum, der Wein ist wichtig.

Nun müssen wir noch auf die Frage der Trinktemperatur eingehen. Für die verschiedenen Weinarten haben sich bestimmte Temperaturbereiche als ideal erwiesen, weil dann die Weine besonders harmonisch wirken.

Bei den unten stehenden Angaben handelt es sich jeweils um die ideale Trinktemperatur. Am besten temperieren Sie die Weine so, daß die angegebenen Werte um etwa 2 Grad Celsius unterschritten werden. So ins Glas gegeben, behalten sie während der Probe die ideale Trinktemperatur, denn wärmer wird der Wein im Glas von selbst. Höhere Temperaturen vermindern die Empfindung von Frucht, Säure und Gerbsäure. Weißwein schmeckt breit und plump, wenn er zu warm serviert wird. Niedrigere Temperaturen dagegen erhöhen die Empfindung von Frucht, Säure und Gerbsäure. Hochwertige, gerbstoffreiche Rotweine verlieren daher bei zu niedriger Temperatur den größten Teil ihrer Geschmacksnuancen, da die Gerbsäure zu stark hervortritt.

Weinarten	Trinktemperatur
Rosé, Weißherbst:	7-10 Grad Celsius
leichter Weißwein:	9-12 Grad Celsius
gehaltvoller Weißwein:	10-12 Grad Celsius
Rotling, Schillerwein, Badisch Rotgold:	13-15 Grad Celsius
leichter, junger Rotwein:	14-16 Grad Celsius
schwerer, alter Rotwein:	16-20 Grad Celsius

Umgang mit Wein

Welcher Wein zu welchen Speisen?

Keine Frage, zum Essen gehört Wein, allein schon aus Gründen der Bekömmlichkeit: Ein wenig Alkohol und die Weinsäure schließen die Speisen für die Verdauung auf. Auch schmeckt zusammen alles besser. Über die Frage, welcher Wein wozu gereicht werden soll, haben Snobs quasi-wissenschaftliche Abhandlungen geschrieben. So verzwickt muß es gar nicht sein. Die uralten Regeln sind nie falsch. So paßt Rotwein zu dunklem, Weißwein am besten zu hellem Fleisch. Zu Suppe, Salat und Süßspeisen gehört kein Wein. Doch kommt dem im Grunde nur Vorschlags-Charakter zu. Die Zeiten Knigges sind auch beim Wein vorüber. Entscheidend ist Ihr individueller Geschmack. Probieren Sie aus – manch hergebrachte Regel wird sich bestätigen, manches werden Sie anders empfinden.

	Dunkles Fleisch (Rind, Lamm)	Helles Fleisch (Kalb, Geflügel)	Wild	Nudelgerichte	Antipasti	Fisch, Meeresfrüchte	China-Küche, Curry-Gerichte	Pastete, Wurstplatte	Milder Käse	Herzhafter Käse
Riesling trocken (Elsaß, Pfalz)	♟♟	♟♟♟	♟♟	♟♟♟	♟♟♟	♟♟♟	♟♟	♟♟♟	♟♟♟	♟♟
Riesling halbtrocken (Mosel, Rheingau)	✗	♟	♟♟♟	✗	✗	✗	♟♟	✗	♟	♟♟♟
Silvaner, Weiß- und Grauburgunder trocken	♟♟	♟♟♟	♟♟	♟♟♟	♟♟♟	♟♟♟	♟	♟♟♟	♟♟♟	♟
Müller-Thurgau trocken	♟	♟♟	✗	♟♟	♟♟♟	♟♟	♟♟	♟♟♟	♟♟♟	♟
Bukettwein trocken (Gewürztraminer)	✗	♟	✗	✗	✗	✗	♟♟	♟	♟♟♟	♟♟♟
Bukettwein halbtrocken (Scheurebe)	✗	✗	✗	✗	✗	✗	♟♟♟	✗	♟♟	♟♟♟
Sancerre, Chablis, Muscadet	♟	♟♟	✗	♟♟	♟♟	♟♟♟	✗	♟♟	♟♟	✗
Italienische Weißweine	♟	♟♟	✗	♟♟♟	♟♟♟	♟♟♟	♟♟	♟♟♟	♟♟	♟♟
Rosé trocken (Navarra, Provence)	♟♟	♟♟♟	✗	♟♟	♟♟♟	♟♟	✗	♟♟♟	♟♟	♟
Weiche Rotweine (Spätburgunder)	♟♟♟	♟♟	♟♟♟	✗	✗	✗	✗	♟♟	♟♟	✗
Fruchtige Rotweine (Bourgogne, Rioja)	♟♟♟	♟♟♟	♟♟♟	✗	✗	✗	✗	♟♟♟	♟♟	✗
Herbe Rotweine (Bordeaux, Barolo)	♟♟♟	♟	♟♟♟	✗	✗	✗	✗	♟♟	♟♟♟	♟♟

♟♟♟ = hervorragend   ♟♟ = durchaus passend   ♟ = kann, muß aber nicht   ✗ = unpassend

Umgang mit Wein

50 Worte aus der Weinwelt

Die gewagtesten Begriffe sind zu hören, lauscht man einem Gespräch unter vermeintlichen oder auch wahren Weinkennern. Da gibt es die verwinkeltsten Vergleiche, die seltsamsten Bilder. Denn was es nicht gibt, ist eine mehr oder weniger verbindliche Terminologie, die es möglich macht, den Geschmack, den Charakter eines Weines so zu beschreiben, daß ein Gegenüber eine recht konkrete Vorstellung entwickeln kann. So subjektiv »Geschmack« schlechthin auch ist, auf eine Art Basiswortschatz hat man sich stillschweigend geeinigt. Ein großer Teil dieser Worte bezeichnet Weinfehler. Mit ein wenig Glück werden Sie diese nie benötigen müssen.

Proben, Verkostungen, Vergleiche – ob beim Winzer selbst (oben), bei offiziellen Qualitätsproben zur Einstufung der Weine oder bei Verkaufspräsentationen – immer geht es auch darum, das Geschmackserlebnis sprachlich zu vermitteln. Unter Genießern hat sich eine »Weinsprache« entwickelt, die oft seltsam, für Uneingeweihte zumindest aber verwirrend klingt. Manches »Wein-Chinesisch« ist von fragwürdigem Nutzen; doch mit dem nebenstehenden Grundwortschatz läßt sich schon eine Menge anfangen. Denn unter dem Begriff »edelsüß« beispielsweise stellt sich noch eher eine Assoziation ein, wenn man den Geschmacks-Urheber, den Pilz der Gattung Botrytis cinerea (unten), vor Augen hat.

ausgezogen Wäßriger Wein, dem eine übertriebene Kellertechnik jeglichen Geschmack ausgetrieben hat

blumig Wein, der nach Blumen duftet, zum Beispiel nach Veilchen (Bordeaux), Lindenblüten (junger Silvaner), Muskatblüte (Müller-Thurgau) oder nach Wildrosen (Gewürztraminer). Manche Weine riechen nach Balkon-Blumen (Fachwort: Geranien-Ton), was mit blumig nichts mehr zu tun hat. Dies deutet vielmehr auf Behandlung mit dem Konservierungsmittel Sorbinsäure hin.

breit Das Gegenteil von → *zart*. Alkoholreiche Weine, denen es an frischer Säure fehlt, sind breit, zum Beispiel überreifer badischer Silvaner.

dünn Wein mit geringem Alkohol und wenig Geschmack. Auch der Begriff mager ist üblich.

edelsüß Wein mit natürlicher Süße, entstanden aus Trauben, die im Herbst von »Edelfäule«, Pilz-Kulturen der Gattung Botrytis cinerea, befallen wurden und dabei zusammenschrumpften.

extraktreich Ein besonders dichter Geschmack. Extrakt ist die Summe aller meßbaren Inhaltsstoffe des Weins.

erdig Aroma wie von einem frischgepflügten Acker oder von einem Feldweg nach plötzlichem Wolkenbruch. Die Schwaben sprechen auch gern von »Bodeng'fährtle«.

faulig Geschmack von verdorbenen Eiern, auch »Böckser« genannt

feurig Ein alkoholreicher Wein mit viel Temperament, auch glutvoll genannt, zum Beispiel Barbaresco aus dem Piemont

firn Geruch alter Weine nach Madeira oder Sherry. Firne kann unangenehm schmecken, aber auch sehr fein duften, zum Beispiel nach Orangen (Mosel) oder nach welkem Laub (Barolo).

flach Langweilig, abgestanden, arm an Säure und Frucht

frisch Jugendlicher Wein mit angenehmer, belebender Säure

fruchtig Geschmack von Früchten wie Apfel, Aprikose, Brombeere, Cassis, Kirsche, Pfirsich, Pflaume oder Quitte. Riesling (weiß) und Beaujolais (rot) sind fruchtige Weine. Der Begriff wird auch beschönigend für süßgemachte Weine verwendet.

gerbsig Bitterer, den Mund zusammenziehender Geschmack vom Gerbstoff

geschliffen Kellertechnisch perfekt behandelter Wein, ohne → *ausgezogen* zu sein

halbtrocken Wein mit angedeuteter Süße

hart Kratzbürstiger Wein mit unangenehmer Säure und Bitterstoffen

herb Anderer Begriff für →*trocken*. Eigentlich ist mit herb ein gerbstoffreicher Rotwein gemeint.

holzig Wein, der zu lange im Eichenholz-Faß gelegen hat.

käsig Geschmack nach Quark, wird von Milchsäure-Bakterien hervorgerufen

kantig Wohlmeinender Begriff für derb, rauh, meist in Verbindung mit dem Wörtchen »noch«, was heißen will, daß sich ein solcher Wein noch runden, abschleifen kann

kräftig Voller Geschmack, alkoholreich. Altmodisch heißt das auch: körperreich oder stoffig.

krautig Geschmack von Sauerkraut, ein von Milchsäure-Bakterien erzeugter Fehlton ähnlich wie → *käsig*

kurz Kein Nachgeschmack

leicht Wenig Alkohol, aber viel Geschmack

lieblich Wein mit deutlicher Süße

mild Wein mit wenig Säure und einer angedeuteten Süße

mineralisch Geschmack von Mineralien, wie er sich zum Beispiel erzeugen läßt, wenn Steine aneinander gerieben oder zerschlagen werden. Berühmt ist der Schiefer-Ton des Rieslings von der Mosel.

mollig Etwas rundliche, weiche Rotweine. Auch der Begriff »samtig« ist üblich.

mostig Geruch und Geschmack von faulen Äpfeln, schlimmer noch von Essig

muffig Geruch von Kellertreppe und alten Putzlumpen, zurückzuführen auf mangelnde Sauberkeit in der Kellerei

nachhaltig Viel Nachgeschmack

oxydativ Wein, der zu stark mit Sauerstoff in Berührung gekommen ist und unangenehm nach Madeira schmeckt, schlimmer noch nach Brühwürfel

pappig Zuviel Süße, zu wenig Säure

plump Aufdringliches, vorlautes Aroma, zum Beispiel von nicht ausgereiften Bukett-Weinen wie Bacchus oder Scheurebe

rassig Vorstufe von → *feurig*. Wein mit herzhafter Säure und nicht zu knapp bemessenem Alkohol, ohne dabei schwer zu wirken

reduktiv Gegenteil von → *oxydativ*. Junger Wein, der unter Ausschluß jeglichen Sauerstoffs hergestellt wurde und entweder stark hefig oder nach Schweiß riecht. Beides vergeht mit der Reife.

reif Auf dem Höhepunkt des Geschmacks

rund Ein Wein, bei dem alles zusammenpaßt. Auch: harmonisch oder ausgeglichen genannt

sauber Fehlerfrei in Geruch und Geschmack. Früher hieß das auch: reintönig.

sauer Außer einer bissigen Säure ist gar nichts zu schmecken.

schwer Alkoholreich

spitz Ein Wein mit einer (noch) unreifen Säure

spritig Der Alkohol sticht hervor, üblich auch: schnapsig

spritzig Frischer Wein mit einem Hauch Kohlensäure, zum Beispiel Riesling von Mosel und Mittelrhein

stahlig Wein mit fordernder, → *mineralisch* geprägter Säure, zum Beispiel Riesling von Saar und Ruwer

süffig Wein, der nur so 'runterrutscht

trocken Wein ohne Süße. Es gibt Abstufungen (von oben nach unten): schöntrocken, fränkisch-trocken, für Diabetiker geeignet, staubtrocken, knochentrocken.

unreif Geruch von frischem Holz oder Gras, im negativen Sinne auch grün oder grasig genannt. Wohlmeinend sprechen Fachleute auch von einem verschlossenen Wein, der noch nicht seine Schönheit zeigt und noch lagern muß.

zart Nur ein Hauch von angenehmen Aromen, auch feingliedrig genannt.

Der Wein-Ausbau in Fässern aus frischem Eichenholz, den Barriques, hat ganz entscheidenden Einfluß auf den Charakter der Tropfen. Hat der Kellermeister ganze Arbeit geleistet, gewinnen – vor allem Rotweine – an Klasse. Der Barrique-Ausbau ist jedoch ein wenig zu sehr in Mode gekommen, denn bei mangelnder Erfahrung in der Kellertechnik kann die Qualität der Weine leiden: »Holzige« Tropfen entstehen; ein Aroma, das man oft schon über das Glas gebeugt wahrnimmt.

WEIN UND GESUNDHEIT

In Maßen eine Medizin

Der Zucker macht's: Denn durch die Hefe wird beim Gärungsprozeß der Fruchtzucker in Alkohol umgewandelt. Die Menge des sogenannten Äthylalkohols ist dabei abhängig von der Menge des natürlichen oder zugesetzten Zuckers, von der Gärtemperatur und der Hefeart. Maximal rund 18 Prozent Alkohol kann der Wein so erreichen, ist's mehr, dann wurde »gespritet«, also Alkohol zugefügt.

Julius Cäsar befahl seinen Truppen, stets Wein mitzuführen und, bei längerer Besetzung, Reben zu pflanzen. Der Feldherr sah den Rebensaft als probate Vorbeugung an gegen Erkältung und allerlei Seuchen. Zwei Jahrtausende später wurde im Laborversuch (von A. Pick) zum erstenmal wissenschaftlich nachgewiesen, daß der Imperator recht hatte: Wein tötet Streptokokken, Cholera- und Typhus-Erreger binnen Stunden ab. Ein ordentlicher Rheingauer oder Rioja, das ist heute die weitaus überwiegende Meinung von Medizinern, wirkt nicht nur antibakteriell, er unterstützt auch die Verdauung, bringt den Kreislauf in Schwung, senkt den Cholesterin-Spiegel, schützt vor Infarkt, stärkt Zähne und Knochen, fördert die Blutbildung. Völker mit Weinkultur, das ist vielfach belegt, leben durchschnittlich länger. Zwei Gläschen eines möglichst naturbelassenen Tropfens enthalten größere Mengen von Bio-Elementen wie Fluor, Kupfer, Magnesium, Mangan, Phosphor und Zink als gängige Multivitamin-Pillen. Wer's nicht glaubt, schlage in Heinrich Kliewes Standardwerk »Wein und Gesundheit« nach. Der Mainzer Professor für Hygiene und Bakteriologie fügt seinem Werk ein dreizehn Seiten umfassendes Verzeichnis von Belegen an. Hunderte Kollegen werden aufgeführt, die seine These stützen, daß »Wein ... eine gesunderhaltende Wirkung ausübt«. Geist und Gemüt erheitert so ein Schöppchen überdies, aus ärztlicher Sicht ebenfalls von Vorteil. Dies alles gilt mit einer lebenswichtigen Einschränkung: in Maßen! Äthylen, wie der Wein-Alkohol wissenschaftlich heißt, ist grundsätzlich Gift, in geringen Mengen jedoch tut er dem Körper gut. Die Dosis macht's, wußte schon Paracelsus. Nach heutiger Erkenntnis lag der schottische Medicus G. Brown sicher falsch, als er in seiner inzwischen längst historischen »Reiz-Lehre« empfahl, bei inneren Erkrankungen zwei bis drei Flaschen Rheinweins zu leeren und mit nicht zu knapp Champagner und Cognac nach-

WEIN UND GESUNDHEIT

zuspülen. Der vernunftbegabte Genußmensch wird es mehr mit Sokrates halten, der riet, »von der Enthaltsamkeit ebenso weit entfernt zu bleiben wie von der Unmäßigkeit«. Doch nun mal konkret, was heißt: in Maßen? Nach gängiger Lehrmeinung verarbeitet ein gesunder Mensch unbeschadet 60 bis 80 Gramm Alkohol pro Tag. Das entspricht etwa einer Flasche Bordeaux oder fränkischen Silvaners. Die Verträglichkeit hängt etwas davon ab, wie schwer und wie fit der Mensch ist, in welch sauberer Luft er lebt; in der City muß die Leber, als wackere Entgifterin, neben dem Weingeist nämlich auch noch eine Menge Abgase verarbeiten. Frauen, und dies ist leider keine Erfindung von Blaubärten, vertragen weniger. Bei täglichem Weingenuß sollten Paare die Regel beherzigen: für sie zwei Gläser, für ihn den Rest der Flasche. Das andere Gift im Wein ist Schwefel, genauer: das stechend riechende Gas Schwefeldioxyd, das sich mit Wasser zur Schweflige Säure vereint. Wenn einem genußreichen Abend anderntags Kopfschmerzen folgen, wird dies fast immer auf dieses uralte, bislang unersetzliche Konservierungsmittel geschoben, in der Regel zu Unrecht. Viele Versuche zeigten, daß normal empfindliche Menschen ohne Schaden 500 bis 600 Milligramm Schweflige Säure auf einmal wegstecken. Sauber ausgebaute Weine enthalten selten mehr als 150 Milligramm pro Liter. Die Substanz wirkt keimtötend und bindet Sauerstoff, schützt somit den Wein davor, an der Luft zu oxydieren, braun und schal zu werden. Das Mittel neutralisiert schädliche Oxydasen und stinkende Acetaldehyde. Erst so bekommt das Rebenblut seinen angenehmen Duft und Geschmack. Und wenn der Schwefel seinen Dienst getan hat, zerfällt er zu Sulfat, einem harmlosen Salz, von dem viele Mineralwässer mehr enthalten als Wein; überdies erzeugt es der menschliche Körper selbst. Was empfindsamen Genießern zu schaffen machen kann, ist der noch nicht verarbeitete, freie Schwefel. In frisch gefülltem Wein beträgt der Anteil meist um die 50 Milligramm. Erfahrene Genießer nehmen diese Menge wahr: Es sticht ein wenig in der Nase, die Zähne werden stumpf, und im Rachen kratzt es. Wer vernünftig ist, trinkt das junge Zeug nicht und wartet ab. Schon nach ein paar Monaten Lagerung hat sich ein Teil des freien Schwefels mit Sauerstoff verbunden und ist dann harmlos. Daraus folgt, daß ältere Weine unbedingt bekömmlicher sind als junge. Und beachten Sie bitte auch noch, daß Rotweine weniger Schwefel brauchen als die weißen Sorten, trockene Schoppen weniger als liebliche. »Nur in den älteren Weinen haben sich die chemischen Wirkstoffe in einem harmonischen Lösungs- und Mischungsverhältnis verbunden, was für ihre Wirkung und Bekömmlichkeit wichtig ist«, betont Professor Heinrich Kliewe. Das Zitat sollte

In aller Regel weisen Weine um die zehn bis dreizehn Prozent Alkohol auf. Dieser Anteil errechnet sich in Volumenprozent: So entspricht ein Gehalt von einem Prozent Alkohol etwa acht Gramm pro Liter (1% vol. = 8g/l). Leichtere Deutsche Weine haben rund 80 Gramm pro Liter. Doch neben dem tatsächlichen Alkoholgehalt existiert ein »fiktiver« Anteil durch die unvergorene Restsüße, zum Beispiel bei Spätlesen, der zur Gesamtmenge aufaddiert werden müßte.

Gegenüber dem Alkohol bereitet die Restsüße dem Genießer im allgemeinen eher Probleme: Durchgegorene Weine sind besser verträglich. Ebenso erweisen sich auch abgelagerte, rundere Tropfen oft als angenehmer. Bei ihnen hat sich die Gesamtheit der chemischen Wirkstoffe zu einem harmonischen Gefüge verbunden.

WEIN UND GESUNDHEIT

Immer mehr Winzer setzen auf biologischen Weinbau. Über das gesetzlich vorgeschriebene Maß hinaus sorgen sie für eine eigene Kontrolle der Ergebnisse, die nicht erst bei der Begutachtung der Jungweine im Keller (oben) ansetzt. Gerade im Wingert verbinden sich dabei Verbraucher- und Winzer-Interessen. Denn wird weniger gespritzt und gedüngt, erreichen die Rebstöcke ein höheres Alter, bringen bessere Weine. Auch beim Ausbau der Weine bemüht man sich, den notwendigen Schwefeleinsatz zu reduzieren. Doch bislang geht es nicht ohne. Haltbarkeit und Schutz vor Krankheitserregern garantiert vorerst noch dieser Wirkstoff.

eingerahmt in jeder guten Stube hängen. Mit jedem Monat Lagerung gibt sich der Wein reifer und runder. Die anfänglich spitze Säure wird milder; bestimmte, von der Gärung herrührende höhere Alkohole, die den Organismus belasten, bauen sich ab. Von der Bekömmlichkeit einmal ganz abgesehen schmecken abgelagerte Weine viel besser, zeigen dann erst ihr ganzes Raffinement. Ein Andeutung von Alters-Aroma, »Firne« genannt, ist ungemein reizvoll, ähnlich den ersten Silberfäden im Haar. Weine aus spätreifenden Trauben wie Riesling oder Cabernet brauchen längeres Lager, sollten beim Genuß zwei Jahre mindestens alt sein. Die frühen Sorten wie Müller-Thurgau, Veltliner, Gutedel oder Gamay werden sicher jünger getrunken, aber bittschön nicht vor Sommer nach Ernte. Mir bricht es jedesmal das Herz, mit ansehen zu müssen, wie sich bei der Mainzer Weinbörse alljährlich im April die Händler geradezu gierig auf den grasgrünen Neuen stürzen. Vergessen sind dann alle hochtönenden Worte, mit denen jüngst noch der Vor-Jahrgang gelobt wurde. Wenn der Wein eben mal ein Jahr gereift ist, gilt er schon als alt. Mir kommt´s vor, als ob eine Generation von Hektikern süchtig ist nach einem Genuß, der sie noch hektischer macht. Ebenfalls ist unter Medizinern (und altgedienten Wein-Nasen) unbestritten, daß trockene, durchgegorene Gewächse besser vertragen werden als liebliche, auch wenn sie etwas mehr Alkohol haben. Diätisten bestätigen gerne, daß ein paar Gramm Alkohol weniger belasten als der Zucker. Viele Menschen sagen, sie bekämen Magengrimmen von nicht-süßen Weinen. Ich vermute, daß dabei oft Einbildung im Spiel ist. Die gleichen Mitbürger trinken Mengen von Orangensaft, der mehr und eine schärfere Säure hat als Saar-Riesling, was nur nicht so auffällt, weil mehr als zehn Prozent der Flüssigkeit Zucker sind. Trockener Wein wird am besten zum Essen genossen, was nicht nur gut schmeckt, sondern auch eine doppelt wohltuende Wirkung hat: Die Speisen machen den Alkohol und die Säure verträglicher. Der Wein wiederum löst Speichel und Magensäfte, fördert somit die Verdauung. Der Effekt geht allerdings verloren, wenn statt zweier Gläser gleich zwei Flaschen zum Essen getrunken werden. »Rotwein ist für alte Knaben, eine von den besten Gaben«, reimte der ebenso humorige wie gescheite Wilhelm Busch. Auch in diesem Vers steckt viel Wahrheit, nicht nur im Hinblick auf »alte Knaben«. Roter Wein enthält im allgemeinen mehr Extrakt, mehr Bio-Elemente als weißer, dafür weniger Säure. Er wirkt nachgewiesenermaßen blutbildend. Es gibt jedoch viele Menschen, die den herben Gerbstoff nicht mögen, mitunter regelrecht allergisch dagegen sind, obwohl das Tannin stark verdauungsfördernd und beruhigend wirkt. Zweierlei ist da zu raten: Entweder greifen empfindsamere Genießerinnen und Genießer zu deutschen Rotweinen, die weniger gerbsig sind, oder aber man läßt tanninige Gewächse aus Südeuropa ein paar Jahre liegen. Der Geschmack wird dann weicher.

Register

A.C. 222
A.P.Nr. 215
Aargau 177
Abfüller 217, 223
Abruzzen 138
abstechen 207
Accomasso, Lorenzo 117, 118
Adelaide 199
Affentaler 59
AGE 157
Aglianico 140
Aglianico del Vulture 141
Ahr 19, 24
Ahr-Burgunder 20
Ahrweiler 19
Aidani 185
Aigle 178
Airen 146
Alavesa 154
Alba 117, 120
Albana 137
Albana di Romagna 137
Albariño 149
Alentejo 162, 163
Alicante 146
Aloxe 78
Aloxe-Corton 81
Alsenz 24
Alsheim 40
Altenahr 20
Alto Adige 113
Alvarinho 164
Alzey 37, 40
Amboise 68
Ambré 224
Americani 180
Aminton 184
Amselfelder 183
Ancona 138
Angludet 103
Anjou 71, 72
Annata 132
Annunziata 117
anreichern 207
Antinori, Piero 131, 132
Aosta 121
Apellation d'origine contrôlée 91, 95, 222
Appellation Alsace Grand cru contrôlée 75
Appellation Bergerac 99
Appellation contrôlée 178
Appellation Muscadet de Sèvre et Maine 72
Appellation Muscadet des Coteaux de la Loire 72
Appellations locales 80
Apulien 142
Aramante 164
Aramom 94
Argentinien 194
Aria 204
Armagnac 31
Arneis 121
Arvine 176
Assemblage 104
Assirtico 184, 185
Assmannshausen 27
Asztali bor 182
Athiri 184, 185
Äthylen 234
Attestierter Winzer-Wy 177
Attika 185
Ausbruch 170, 174
ausgezogen 232
Auslese 215
Ausone 108
Avignon 88

Bacchus 205
Bacharach 22
Bad Cannstatt 53
Bad Vöslau 169
Baden 54
Badisch Rotgold 59
Badische Bergstraße 29, 58, 61
Badischer Bodensee 62
Badischer Winzerkeller 55
Baga 165
Bain, Norman 128, 131
Bairrada 162, 165
Bandol 92
Banyuls 97
Barbaresco 119, 120
Barbera 116, 120, 121, 127, 191
Bardolino 126
Bardolino chiaretto 126
Bardon 157
Barillas 158
Barolo 118, 119
Barossa Valley 199, 200
Barrero, Tonio 158
Barricas 155, 158
Barrique 101, 118, 189, 209
Barsac 107, 108
Bas-Rhin 76
Basiano 158
Basilicata 141
Bastian, Fritz 22
Basto 164
Bayerischer Bodensee 53, 62
Béarn 99
Beaujolais 80, 83
Beaumes de Venise 90
Beaune 77
Beerenauslese 215
Belgrave 103
Bensheim 29
Bentonit 209
Berg 28, 35
Berg Rosenneck 28
Berg Rottland 28
Berg Schloßberg 28
Bergerac 99
Bergkelder 196
Bergkirche 40
Bern 179
Bernabei, Franco 128
Bernkastel-Kues 16, 18
Bernkasteler Doctor 16
Bernkasteler Ring 16
Béziers 94
Bianco della Valdinievole 134
Bianco di Pitigliano 134
Bieler See 179
Bingen 37, 38, 41
Bio-Winzer 206
Biologischer Säure-Abbau 176
Biondi-Santi, Ferrucio 133
Birkweiler 47
Bischöfliche Weingüter 18
Blanc de blancs 224
Blauburgunder 113, 114, 125, 180
Blauer Portugieser 204
Blauer Wildbacher 173
Blaufränkisch 169, 170
Blaufränkisch-Verband 169
Blayais 107
Blaye 109
Blois 70
blumig 232
Bockenheim 43
Bocksbeutel 30, 59
Bodagfährtle 52
Bodega 151
Bodega cooperativa 151
Bodensee 58, 61
Bolgheri 131

Bologna 137
Bonnes Mares 81
Boppard 22
Bordeaux 102, 153
Bordeaux clairet 107, 109
Bordeaux supérieur 107
Bordeaux-Subskriptionen 104
Bordelais 106
Botrytis cinerea 27, 170, 207
Bougeais 107
Bourg 109
Bourgogne 80
Bourgogne Aligoté 80, 86
Bourgueil 71
Boutrit, Alain 99
Bova 121
Bozner Leiten 114
Brackenheim 52
Braga 164
Brauneberg 15
Breganze 126
Breisach 55
Breisgau 60
breit 232
Bremmer Calmond 15
Bricco Rocche 117
Brig 177
Brindisi 142
Brotwasser 52
Brouilly 86
Brudersberg 40
Brugnola 115
Brumont, Alain 101
Brunello di Montalcino 133
Bulgarien 184, 185
Bundesweinprämierung 16, 45
Buonarotti, Michelangelo 128
Burg Hammerstein 24
Burg Layen 23
Burg Zähringen 60
Burgberg 53
Burgenland 169, 170
Bürgerspital zum Heiligen Geist 30, 33
Bürgstadt 33
Burgund 77
Burgunder 19, 38, 48, 56, 60, 64, 73, 132
Burkheim 54
Burrweiler 48
Buzet 99

Cabernet 113, 158, 184, 197
Cabernet d'Anjou 72
Cabernet franc 71, 72, 107, 113, 116
Cabernet-Sauvignon 71, 107, 108, 113, 125, 131, 132, 147, 153, 158, 159, 162, 169, 188, 191, 197, 199, 212
Cadillac 109
Cahors 98, 100
Cairanne 88
Campo Rotaliano 115
Candia 136
Cannaiolo 131
Cannonau di Sardegna 139
Capataz 154
Caramany 96
Carema 121
Carignan 91, 92, 96, 191
Carmigiano 134
Carnuntum 171
Carvalho, Ribeira & Ferreira 160
Castell del Monte 142
Casteller 115
Castello di Brolio 130
Castiglione Falletto 117
Castris, Leon de 142

Cava-Sekt 147
Cenalsa 158
Central Coast Region 191
Cerasuolo 139
Ceretto, Bruno 117, 118, 119
Ceretto, Marcello 117, 118
CEVA 73
Chablis 70, 79, 80, 178, 179, 194
Chablis Grand cru 81
Chalon 82
Chambertin 79, 81
Chambolle-Musigny 81
Champigny 71
Chaptal, Jean Antoine 79, 208
chaptalisieren 75, 207
Chardonnay 79, 82, 86, 113, 122, 125, 173, 188, 191, 199, 210
Charente 72
Charlemagne 78, 79, 82
Charmes 81
Charta 27
Chassagne 82
Chasse-Spleen 103, 106
Chasselas 70, 74, 175, 176, 177, 179, 180
Château-Grillet 89
Châteauneuf-du-Pape 87, 88, 90
Chatzedräckeler 180
Chenin blanc 70, 72, 191, 210
Cheval blanc 108
Chevallier, Gabriel 86
Chianti 128
Chianti classico 133
Chianti Colli Montalbano 133
Chiavennasca 115
Chile 192
Chillon 179
Chinon 71
Chiroubles 86
Chivite 159
Chivite Marco, Julián 159
Chusclan 88
Cinque Terre 116
Cinquième cru 107
Cinsault 91, 92, 198
Cintruénigo 159
Cirò 141
Cirò bianco 141
CIVCP 92
Clairette 97
Clairette de Bellegarde 97
Clairette du Languedoc 97
Classico 113
Clos 225
Cochem 10, 15
Colares 165
Colli Orientali del Friuli 125
Collio Goriziano 125
Condrieu 89
Confrérie du Tastevin 81
Consejo Regulador 156
Consorzio Chianti classico 129
Consorzio Gallo nero 129
Constantia 198
Corbières 92, 97
Corella 157
Cornas 89
Cortés, Hernán 192
Corton-Charlemagne 78
Corvina veronese 126, 127
Cot 98
Côte Chalonnaise 80, 82
Côte d'Or 79, 81
Côte de Beaune 80, 81
Côte de Nuits 80, 81
Coteaux des Baronnies 88
Coteaux du Languedoc 93, 97
Coteaux du Pont du Gard 88

Côtes de Bergerac 99
Côtes de Provence 91, 92
Côtes-du-Lubéron 90
Côtes-du-Rhône 87, 88
Côtes-du-Roussillon 97
Côtes-du-Ventoux 90
Coupage 154
Courant 194
Cournoise 90
Crémant de Bourgogne 82
Crianza 154, 155, 158
Croatina 116
Croizet-Bages 103
Crozes-Hermitage 89
Cru 224
Cru bourgeois 105, 107
Cru classé 92, 106
Cru exceptionnel 106, 107
Cru supérieur 106
Csemegebor 182
Cucamonga 191
Cully 179
Cuneo 120
Cuvée 88, 104

D'Angelo, Donato 141
Dão 163
Daphnes 185
Darmstadt 28
Dauzac 103
De Péz 103
Debröer 182
Deidesheim 44
dekantieren 226
Délaunay, Jean Marie 80
Demestika 184
Denominación de Origen 152
Denominación de Origen Calificada 156
Denominazione di origine controllata 113
Denominazione di origine controllata e garantita 113
Depot 226
Deutsche Landwirtschafts-Gesellschaft 218
Deutsche Weinstraße 42
Deutsches Weinsiegel 221
Deutschkreutz 169, 170
Deuxième cru 107, 108
Dézaley 179
Diabetikerwein 221
Diamat 182
Dienheim 40
Diesefeld 45
Diethylenglykol 168
DLG-5-Punkte-Schema 218
DO 152
DOC 113, 129, 135, 141, 164
DOCa 152
DOCG 113, 120, 132, 137
Dolcetto d'Acqui 120
Dôle 175, 178
Donauland 172
Doré 224
Dorin 175, 179
Dorsheim 24
Douro 164
Drachenfels 19
Drouhin, Joseph 80
dünn 232
Dürkheim 44
Durlach, Ernst Friedrich von 45
Duttweiler 45

Early Autumn 195
edelsüß 232
Edelzwicker 74
Edenkoben 45
Einzellage 11, 217

REGISTER

Eisacktaler 115
Eiswein 216
Elba Bianco 134
Elba Rosso 134
Elbling 18
Elsass 73
Eltertal 65
Eltville 25, 29
Emilia-Romagna 137
Entre-Deux-Mers 107, 108
Epesses 179
Erbach 29
Erbaluce di Caluso 121
Erdener Treppchen 16
erdig 232
Erzeugerabfüllung 218, 224
Erzeugergemeinschaft Deutsches Eck 16
Eschbach 46
Escherndorfer Lump 35
Eßlingen 53
Est! Est!! Est!!! di Montefiascone 136
Estate 189
Estoril 165
Etikett 214
Etschtaler 115
extraktreich 232
Ezerjó 182

Faenza 137
Falkensteiner Land 172
Farkas, Polo 128
Faugères 97
faulig 232
Federspiel 173
Fendant 175, 177, 178
Ferrière 103
feurig 232
firn 232
Firne 236
Fitou 95
Five Roses 142
flach 232
Flagey-Echezaux 81
Flascheninhalt 219
flaschenkrank 84, 227
Fleurie 86
Folle Blanche blanc 72
Forst 44
Foxton 180
Franciacorta 116
Frank, Arno 13
Franken 30
Franschhoek 197
Frascati 135
French Colombard 191
Friaul 123
Fribourg 179
Frickenhausen 35
frisch 232
Friuli-Venezia Giulia 122
Fronsac 107, 109
Frontignan 97
fruchtig 232
Fugger, Johannes 136
Fuhrmann, Karl 46
Furmint 183
Fürstenberg 35

Gabarnac 109
Gaglioppo 141
Gaillac 99, 100
Galestro 133, 134
Gallo, Ernesto 129, 190
Gallo, Julio 190
Gamay 80, 86, 99, 178, 179, 184
Gamay Beaujolais 191
Gardasee 122
Garganega 126
Garnacha 153, 154, 157
Garrafeiras 160

Gascogne 100
Gatão 165
Gattinara 121
Gavi 121
Geisenheim 25, 29
Gelber Muskateller 183
Genf 179
gerbsig 232
Gerbstoff 236
geschliffen 232
Geschmacksangaben 220
Gevrey-Chambertin 81
Gewürztraminer 19, 52, 73, 74, 114, 115
Ghemme 121
Gimmeldingen 45
Gironde 103
Givry 82
Glas 229
Glöck 40
Gloria 103, 106
Glottertal 60
Godramstein 48
Goldene Luft 40
Goldmuskateller 114
Gols 170
Gönczer Faß 183
Governo-Verfahren 130, 132
Graach 16
Graacher Himmelreich 16
Graciano 154
Gran reserva 152
Gran vino 194
Grand 223
Grand cru 74, 79, 80, 178
Grand cru bourgeois 106
Grand cru classé 102, 108
Grand réserve 223
Grand vin 223
Grange Hermitage 200
Graubünden 177
Grauburgunder 48, 56, 60, 64, 73, 125, 210
Graue, Johann Georg 195
Grave 125
Grave di Friuli 126
Graves 107
Greca 136
Greco 140
Greco bianco 141
Greco di Bianco 141
Greco di Tufo 140
Grenache 92, 96, 191, 212
Griechenland 184, 185
Grignolino d'Asti 120
Grignolino del Monferrato Casalese 120
Gros-Plant 72
Großlage 11, 217
Groupe des jeunes professionnels de la vigne 79
Grumello 115
Grüner Veltliner 171, 173
Guldental 24
Gumpoldskirchen 172
Gundelsheim 53
Guntersblum 40
Gut Nederburg 195
Gutedel 56, 62, 175
Gutsabfüllung 218

Haardt 45
Hainfeld 48
Halber 48
halbtrocken 220, 232
Hallgarten 29
Hambach 45
Hamm 22
Hanepoot 198
Háro 155
hart 232
Hasensprung 25
Hattenheim 29

Haugsdorf 172
Haut-Rhin 76
Haute Côte 80
Hefe 207
Hefebrand 14
Heidelberg 29
Heilbronn 50
Heppenheim 29
herb 232
Heredía, López de 155
Herkunft 217
Herrliberg 177
Herrschaft 177
Hessen 25
Hessische Bergstraße 29
Heuchelberg 53
Heuriger 173
Heyl zu Herrnsheim 36
Hipping 40
Hochheim 29
Höchstertragsregelung 14
Hock 190
Hofstück 44
Höhnstedt am Süßen See 63
holzig 232
Homburger Kallmuth 33
Horitschon 169, 170
Hörsteiner Abtsberg 33
Hospices de Beaune 77
Humagne 176
Huxelrebe 36, 205

INAO 75, 96, 108
Incisa 132
Incisa della Rocchetta, Mario 131
Inferno 115
Ingelheim 38
Iphofen 35
Ivorne 178

Jadot, Louis 80
Jagsttal 53
Jahrgang 219, 224
Jerez 150
Jermann zu Villanova di Farra 123
Johannisberg 28, 82
Johannisberg Riesling 191
Jugoslawien, ehem. 183
Juliénas Chenas 86
Juliusspital 33
Juniperro Serra 189
Jurançon 99, 100, 101

Kabinett 215
Kaiserpfalz 42
Kaisersteinfels 28
Kaiserstuhl 56, 60, 61
Kalabrien 141
Kallstadt 44
Kalterersee 112, 114
Kampanien 140
Kamptal 171, 172
kantig 233
Kantza 185
Kap der Guten Hoffnung 197
Kapstadt 198
Karabunar 184
käsig 233
Kastanienbusch 47
Kékfrankos 181, 182
Kéknyelü 183
Kerner 36, 41, 50, 53, 205, 210
Kerner, Justinus 53
Kiedrich 29
Klein-Karoo 198
Klevner 73
Kliewe, Heinrich 234, 235
Klingelberger 59
Klingenberg 33
Klingenmünster 46
Kloster Vogelsburg 35

Klosterberg 24
Klosterkeller 184
Klosterneuburg 171
KMW 174
Knipperlé 74
Koblenzer Wärmeinsel 15
Kocher-Jagst-Tauber 53
Kolmreifer 182
Kommersz 182
Königliche Mädchentraube 184
Königsbach 45
Königswinter 21
Kooperatieve Wijnbouwers Vereniging 197
Köppelberg 64
Korkenzieher 229
Kosakenberg 26
Kösen 64
kräftig 233
Kraichgau 58
Kranzberg 40
krautig 233
Kreta 185
Kreuznach 24
Kriegesberg 49
Kröver Nacktarsch 16
Különleges minöségi bor 182
Kunstwein 225
kurz 233
KWV 197, 198

La Clape 97
La Côte 179
La Massa 131
La Tâche 81
La Tour-Carnet 103
Lachen 45
Lacryma Christi 141
Lafite 104
Lagerung 227
Lago di Garda 116
Lagrein 114
Lagrein Dunkel 113
Lambrusco 137
Lancers 165
Landwein 217
Lanessan 103
Langenlois 171
Langhe 118, 121
Laszlo, Julius 195
Latium 135
Latour 104
Latour, Louis 80
Latricières 81
Lavaux 179
Le Richebourg 81
Leányka 181, 182
Léon, Jean 147
Léontine 143
Les Echezaux 81
Les Musigny 81
Les Petit Musigny 81
Lesanglier, Louis 80
Lese 207
Leseprüfung 218
Levante 146
Lichine, Alexis 94
Licht, Alex 15
lieblich 233
Lignin 209
Ligurien 116
Lima 164
Limmattal 176
Limnos 185
Lindauer Seegarten 62
Lindemans 199
Lirac 90
Lison 125

Lissabon 165
Listrac 107
Lorch 27
Lorchhausen 27
Loreley 24
Lugana 116
Lungarotti, Giorgio 136
Lutry 179
Lynch-Moussas 103
Lyon 89

Macabeo 147
Mâcon 79, 86
Mâconnais 80, 86
Madeira 181
Madiran 100, 101
Magaña, Juan Pio 158
Maikammer 45
Maindreieck 32, 35
Mainviereck 32, 35
Mainz 36
Mainzer Domherr 38
Maische 207
Malbec 107, 188
malolaktische Gärung 164, 176, 179
Malumbres, Javier 158, 159
Malumbres, Vicente 157
Malvasia 130, 133
Malvasia bianca 136
Malvasia del Lazio 136
Malvasia istriana 125
Malvasier 114
Mancha 146, 150
Mandelberg 75
Mantini 185
Marchio storico – Chianti classico 130
Marcobrunn 25
Margaux 107
Maria Gomes 165
Maring-Noviand 13
Marken 138
Markgräflerland 61, 62
Marlenheimer Steinklotz 75
Marmandais 99
Marmande 99
Marriage 88
Marsala 143
Marsanne 90
Martigny 177, 178
Martin-Methode 85
Martinsthal 29
Marzemino 114
Marzuelo 154
Mas de Planta 147
Mastroberadino, Michele 140, 141
Mateus Rosé 165
Matuschka-Greiffenclau, Erwein Graf 84
Maury 97
Maushöhle 44
Mavrodaphne Patras 185
Mavrud 184
Mazys 81
Médoc 102
Meißen 63, 65
Mélange 88
Melnik 184
Melon 72
Mendoza 194
Meraner Burggräfler 114
Meraner Hügel 114
Mercurey 82
Merlot 98, 99, 107, 108, 109, 113, 115, 116, 125, 132, 158, 180, 188, 212
Metzingen 53
Meursault 80, 82
Meyle, Paul 50
Meyney 103, 106
Mézesfehér 183

REGISTER

Michelau am Steigerwald 35
Midi 93
mild 233
mineralisch 233
Minervois 92
Minho 164
Minöségi bor 182
Misox 180
Mittelbergheim 75
Mittelburgenland 169, 170
Mittelhaardt 44
Mittelhaardt/Deutsche Weinstraße 43, 48
Mittelmosel 16
Mittelrhein 19, 24
Modesto 190
moelleux 224
Molinara 126, 127
Molise 138
mollig 233
Monbazillac 99, 100
Moncão 164
Montagny 82
Monte Vulture 141
Montefalco 137
Montepulciano 139
Monteforte d'Alpone 126
Monterey Vineyards 190
Montpellier 93
Montrachet 82
Monzingen 23
Mörbisch 170
Morellino di Scansano 134
Morey-St.-Denis 81
Morgon 86
Morillon 173
Moscato giallo 114
Moscato rosa 114
Mosel-Saar-Ruwer 10
Moselland 16
Moselle 190
Moseltor 18
Moskato 185
Moskatos Patras 185
Moskatos Rhodos 185
Moskatos Rios Patras 185
Most 207
mostig 233
Mosto lágrima 158
Mostwaage 216
Moulin-à-Vent 86
Moulis 107
Mourvèdre 91, 92, 96
mousseux 72
Mouton-Rothschild 99, 103, 104
muffig 233
Müller, Hermann 177
Müller-Thurgau 12, 24, 25, 29, 31, 35, 41, 48, 52, 53, 56, 57, 58, 60, 62, 63, 65, 113, 114, 115, 169, 177, 201, 210,
Müllerrebe 51, 53
Mundelsheimer Käsberg 53
Münster-Sarmsheim 24
Münzlay 16
Murchante 158
Muscadelle 107, 108
Muscadet 72
Muscat 73
Musenhang 44
Muskateller 97
Mußbach 45

Nachhaltig 233
Nackenheim 38, 40
Nahe 19, 23, 24
Nahetal 24
Nantais 72
Naoussa 184
Napa Gamay 191
Napa Valley 191
Neapel 139
Nebbiolo 115, 116, 119, 121

Nebbiolo d'Alba 119
Neckenmarkt 170
Negrara 126, 127
Neipperger Schloßberg 53
Neive 120
Nemea 185
Neuchâtel 179
Neuenahr 20
Neumagen 13
Neumann, Balthasar 34
Neuseeland 201
Neusiedlersee 170
Neustadt 44
Niederhausen 24
Niederösterreich 171
Nierstein 37, 40, 41
Nivernais 72
Nobling 62
Nordheim 35
Northern Coastal Region 191
Nosiola 114
Notarpano 142
Nuits-Saint-Georges 81
Nuragus di Cagliari 139
Nußbrunnen 28

Oberhaardt 46
Obermosel 10, 18
Oberpfalz 42
Odernheim 24
Oechsle, Ferdinand 174, 216
Oechslegrad 216
Œil de Perdrix 179
Oestrich 29
Oggau 170
Öko-Weinanbau 15
Ökonomierat Rebholz 46
Olarra, Luis 157
Olasrizling 182
Oltrepò pavese 116
Oppenheim 40
Ortenau 58, 61
Ortlieber 74
Orvieto 136
Osterberg 75
Osthofen 40
Ostschweiz 177
Ott, Marcel 91
oxydativ 233

Paarl 195
Palomino 150, 191
Palyes Meliton 184
Pamid 184
Pamplona 158
Panzano 131
pappig 233
Paradiso 115
Parma 137
Passe-Tout-Grain 80
Passito 137
Patras 185
Pauillac 107
Pavia 116
Pecsnye bor 182
Pédescaux 103
Pedro Ximénez 150
Peloponnes 185
Penafiel 164
Penedés 147
Penfolds 199
Periquita 160
Perlan 175
Perrin, Alain Dominique 98
Perth 201
Perugia 136
pétillant 72
Petit Chablis 81
Petit Verdot 107
Petite Sirah 191
Pettenthal 40
Peynaud, Emile 105, 131
Peza 185

Pfalz 42
Pfropfreben 180
Phélan-Segur 103
Piacenza 137
Piave 126
Pic-Saint-Loup 97
Picolit 124
Piesporter Goldtröpfchen 16
Piffchen 48
Pigato 116
Pignola valtellinese 115
Pillnitz 64
Pinot bianco/blanc 73, 82, 86, 113, 116, 122, 125
Pinot grigio/gris 73 113, 125
Pinot nero/noir 73, 74, 79, 80, 81, 113, 115, 125, 177, 178, 179, 191, 197
Pinotage 197
plump 233
Podersdorf 170
Pomerol 108
Pommard 80, 82
Pommern 13
Portugieser 20, 24, 38, 41, 48, 212
Portwein 164
Pouilly 70
Pouilly sur Loire 70
Pouilly-Fuissé 86
Pouilly-fumé 70
Pouilly-Loché 86
Pouilly-Vinzelles 86
Poujeau 103, 106
Prädikatsweine 215
Prager, Franz 173
Pramaggiore 125
Prämierungsstreifen 221
Premier cru 79, 80, 81, 107
Premier grand cru classé 108
Presse 207
Primeur 83
Priorato 147
Procanico 134
Proslava 184
Provins-Kellerei 176
Prüfnummer 218
Prüfungsnachweis 218
Puligny 82
Pully 179
Pulvermacher 52

QbA 214
Qualitätseinstufung 222
Qualitätswein bestimmter Anbaugebiete 214
Qualitätswein mit Prädikat 214
Qualitätsweinprüfung 215
Quatorze 97
Quatrième cru 107
Quincy 70
Quinta 162

Rabelais, François 69
Rack, Christian 128
Rajnai Rizling 182
Ramisco 165
Randersäcker 35
Rangen in Thann 75
Rapsani 184
rassig 233
Rasteau 88, 90
Ratti, Renato 118, 119
Raunthal 29
Räuschling 74, 176
Rebholz, Franz 46
Reblaus 81, 98, 177, 180, 153, 204
Rebschnitt 14
Rebsorte 220, 224
Recioto della Valpolicella 127
Recioto di Soave 126
reduktiv 233
reduktiver Ausbau 181, 123

Refosco 125
Regni, Giorgio 128
reif 233
Reiler vom heißen Stein 16
Remshalden 50
Remstal 50, 53
Reserva 152
Reserve 194
Restzucker 209
Retsina 184
Retzer Becken 172
Reuilly 70
Reynaud, Jacques 87
Rheinfront 38
Rheingau 25, 28
Rheinhessen 24, 36
Rheinhessen-Silvaner 37
Rheinland 19
Rheinpfalz 42
Rheinriesling 113, 184
Rheinterrassen 38, 40
Rhine 190, 194
Rhodos 185
Rhodt 43, 45
Rhöndorf 21
Rhône 87
Rías Baixas 149
Ribatejo 160
Ribera Baja 158
Ribera del Duero 148
Ribolla 124
Ribolla gallia 125
Ricasoli, Bettino 130
Riebeeck, Jan van 196
Riesling 11, 13, 20, 22, 24, 28, 32, 34, 38, 41, 43, 48, 50, 52, 53, 58, 63, 64, 65, 73, 74, 173, 184, 198, 204, 210
Riesling italico 113, 114,
Riesling renano 113
Riesling x Silvaner 114, 169, 177, 180
Rietburg 45
rigolen 205
Rigoverno 132
Rio Maipo 193
Rio Mendoza 194
Rio Oja 151
Rioja 151
Rioja Baja 153
Riserva 113, 120
Rivaner 56
Rivesaltes 97
Rizlingszilváni 182
Rödelsee 35
Roditis 184
Roero 121
Rolin, Nicolas 78
Romanée Conti 81
Römerblut 181
Rondinella 126, 127
Rosé d'Anjou 72
Rosenberg 115
Rosenmuskateller 114
Rosentaler Kadarka 184
Rossignola 127
Rosso Conéro 138
Rosso di Barletta 143
Rosso Piceno 138
Rossola 115
Rotenberg 53
Rothenberg 40
Rotwein-Wanderweg 20
Roussanne 90
Roussillon 95
RS 37
Ruby Cabernet 191
Rüdesheim 27
Rueda 149
Ruländer 53, 54, 56, 73, 113, 115
Rully 82
Rumänien 184, 185
rund 233

Rust 170
Ruwer 10

Saale-Unstrut 63, 65
Saar 10
Saar-Ruwer 18
Sables du Golf du Lyon 88
Sablet 88
Sachsen 63, 64
Saint Émilion 107, 108
Saint-Amour 86
Saint-Chinian 97
Saint-Estèphe 107
Saint-Julien 107
Saint-Laurent 170
Saint-Véran 86
Salgesch 178
Salvagnin 175, 179
Samos 185
Samtrot 52
San Bernardino 191
San Francisco 189
San Guido 131
Sancerre 69, 70
Sangiovese 127, 131, 132, 134, 213
Sangiovese grosso 133
Santorini 185
Santos, José dos 161
Sardinien 139
Sassella 115
Sassicaia 131, 132
Satigny 179
sauber 233
sauer 233
Saumur 71
Sauner, Paul 73
Sauternes 100, 107, 108, 194
Sauvignon 68, 71, 99, 107, 108, 113, 211
Sauvignon blanc 70, 173, 191, 197
Sauvignon di Friuli 122
Savennières 71
Scala Dei 147
Scelto 114
Schaffhausen 177
Scharlachberg 38
Scharzhofberg 17
Scheurebe 36, 205
Schiave 112, 114, 115
Schilcher-Rosé 173
Schillerwein 52
Schiopetto, Mario 122
Schloß Neuenburg 65
Schloßgut Diel 23
Schoppen 48
Schubert, Max 200
Schulpforte 64
Schwarze Katz 15
Schwefel 235
Schweflige Säure 235
Schweigen 42, 48
Schweinfurt 35
schwer 233
Séguret 88
Seigneurs du Cahors 98
Sekt 18
Selezionato 114
Sémillon 100, 107, 108, 191
Señorío de Arinzano 159
Seppelt 199
Sherry 150
Shiraz 89, 90, 191, 199, 201
Siebeldingen 46
Siebengebirge 24
Siegel 221
Siena 130
Sierra Llacuna 147
Silvaner 31, 33, 35, 37, 41, 44, 53, 65, 73, 74, 75, 113, 114, 115, 177, 204, 211

239

REGISTER

Silvaner Z 76
Sinnenprüfung 218
Sion 176
Siracusa 143
Sitia 185
Sitsa 184
Sizilien 143
Slowenien 183
Smaragd 173
Soave 126
Sociando-Mallet 103
soft wine 190
Solera-System 150
Somló 183
Sommerach 35
Sommeracher Katzenkopf 35
Sonnenberg 48
Sonnenstrand 184
Sopraceneri 181
Soproner 182
Sottoceneri 181
Southern District 201
Spätburgunder 20, 24, 27, 28, 48, 53, 54, 57, 59, 60, 62, 74, 80, 170, 177, 213
Spätlese 215
Special 194
Spessart 32
Speyer 40
Speyerdorf 45
spitz 233
spritzig 233
St. Denis 81
St. Gallen 177
St. Magdalener 114
Staatliche Hofkellerei 33
stahlig 233
Stanimaschka 184
Starkenburg 29
Steen 197
Steiermark 173
Steigerwald 32, 35
Steillage 12, 206
Stein 34
Stein am Rhein 177
Steinert 75
Steinfeder 173
Steinwein 30, 34
Steren, Johann von 35
Stérimberg, Gaspard de 89
Sternli-Wy 179
Stetten 52
Steurer, Rudolf 171
Stiftsberg 50
Straßburg 75
Strohwein 114, 134, 185
Stromberg 53
Südburgenland 168
Südliche Bergstraße 58

Südliche Weinstraße 43, 45, 48
Südschweiz 180
Südtirol 113
süffig 233
Superiore 114, 115
Süße 209
Süßreserve 209
Stuttgart 49
Swan-Valley 201
Syndicat des Crus bourgeoises 106
Syrah 87, 91, 96, 99, 201, 213
Szamorodni Száraz 183
Szürkebarát 182

Tachis, Giacomo 128, 131
Tafelwein 214, 217
Tannat 98, 101
Tannin 161, 236
Tasmanien 200, 201
Tauberfranken 57, 61
Taubertal 52
Taunus 26
Taurasi 140
Taurino, Vittore Cosimo 142
Tausendgut 182
Tavel 90
Tecou 99
Tempranillo 153, 154, 158, 159, 213
Teodósio, Dom 160
Terlan 113
Teroldego 115
Terravin 179
Tessin 177, 180
Thuner Rebe 176
Thuner See 179
Thüngersheim 35
Thurgau 177
Thüringen 65
Ticino 180
Tiepolo, Giovanni Battista 34
Tignanello 131, 132
Tinta Roriz 164
Tocai 122, 125
Tokaj Aszú 183
Tokaj Szamorodni 183
Tokaj-Hegyalja 183
Tokajer 183
Tokay d'Alsace 73
Torgiano 136
Toro 149
Torres, Miguel 147
Touraine 68, 71
Tourigo Nacional 162, 164
Traismauer 171
Trakia 184
Traminer 45, 53, 64, 182, 204, 211

Traminer aromatico 114
Traubenbrand 14
Trebbiano 130, 133, 139, 211
Trebbiano di Soave 126
Trebbiano procanico 136
Trebbiano toscano 126, 134, 136
Treiso 120
Trentina 127
Trentino 114
Trentino bianco 113
Trentino Cabernet 113
Tresterbrand 14
Tricastin 90
Trier 10, 16
Trinktemperatur 230
Trittenheimer Altärchen 17
Trittenheimer Apotheke 17
trocken 220, 233
Trockenbeerenauslese 216
Troia 140
Troisième cru 107
Trollinger 50, 52, 53, 114, 213
Trubstoff 209
Tübingen 53
Tuniberg 61
Tuniberg-Klotz 62

Ughetta 116
UIVB 86
Umbrien 137
Umstadt 29
Ungarn 181, 185
unreif 233
Unstrut 64
Unterhaardt 43, 44
Untermain 37
Untermosel 10, 15
Untertürkheim 53
Ürziger Würzgarten 16
uva alba 18
Uva rara 116

V.D.Q.S. 222
Vaccarise 90
Val de Loire 68
Valdepeñas 146
Valencia 146, 150
Valgella 115
Valle d'Aosta 121
Valpantena 127
Valpolicella 127
Valtellina 115
Valwig 199
Vaudt 179
Veitshöchheim 35
Veltlin 115
Veltliner 115, 170, 171
Vendange Tardive 73
Vérargues 97
verbessern 207

Verdelho 201
Verdicchio 138
Verduzzo 124
Verduzzo di Piave 126
Verein der Freunde des Elblingweins der Obermosel 18
Verein österreichischer Traditionsweingüter 171
Vermentino 116, 139
Vermentino di Gallura 139
Vernaccia di San Gimignano 134
Vernatsch 112, 114
Veronelli, Luigi 122
Verschnitt 209
Vesuvio 141
Vétroz 178
Vicenza 126
Villages 88
Villefranche 83, 85
Villeneuve 179
Villette 179
Vin d'Alsace 73
Vin de pays 88, 94, 222
Vin de table 222
Vin délimités de qualité supérieure 222
Vin doux naturel 97
Vin fin 223
Vin gris 224
Vin nobel 223
Vin nouveau 224
Vin primeur 224
Vin Santo 114, 134
Viña Tonodonia 155
Vinea Wachau 173
Vinenka 184
Vinho Verdo 164
Vinisud 93
Vino común 194
Vino corriente 152
Vino de Crianza 152
Vino de pasto 152
Vino fino 194
Vino jóvenes 158
VITI 177, 180
Volkach 35
Vollernter 206
Volnay 80, 82
Vöslauer 169, 172
Vosne-Romanée 81
Vougeot 81
Vouvray 71

Waadt 178
Wachau 173
Wachenheim 29, 44
Wachwitz an der Elbe 64
Wagramer Selektion 171
Wallhausen 24

Wallis 176
Walporzheim/Ahrtal 24
Waltraud 147
Wartberg 50
Wehlen 13
Wehlener Sonnenuhr 16
Wehrheim, Karl 47
Weinbau-Forschungsanstalt 25
Weinprämierung 218
Weinsberger Tal 53
Weinstadt 50
Weinviertel 168
Weißburgunder 24, 40, 44, 48, 64, 65, 74, 113, 125, 170, 173, 211
Weißklevner 73
Welschriesling 114, 170, 184
Wenzeslaus, Clemens 11, 14
West Coast 189
Westhofen 40
Weymarn, Peter von 37
White french 197
White Riesling 191
Wien 173
Wiltingen 17
Winkel 29
Winzer-Weinessig 15
Winzersekt 14
Wirz, Roland 199
Wisselbrunnen 28
Wissembourg 73
Wonnegau 38, 40, 41
Worms 37
Württemberg 49
Württembergisch-Unterland 53
Württembergischer Bodensee 62
Würzburg 30, 33
Wynns 199

Xarel-lo 147

Yquem 108

Zabergäu 53
Zähringer 204
zart 233
Zechgesellschaft Bacchus 22
Zehnmorgen 40
Zell 15, 18
Zeltingen 13, 16
Zinfandel 191
Zotzenberg 75
Zürich 177
Zürichrebe 176
Zürichsee 176
Zweigelt 170
Zwicker 74

Bildnachweis

Dank gebührt zahlreichen Institutionen, Unternehmen und Einzelpersonen, die bei der Erarbeitung dieses Buches mit Informationen und Materialien geholfen haben, für den Deutschland-Teil vor allem dem Deutschen Weinfonds in Mainz.

Kartographie: Deutschland (bis auf Saale-Unstrut und Sachsen): auf der Basis des vom Deutschen Weinfonds, Mainz, zur Verfügung gestellten Kartenmaterials; Frankreich (bis auf Sud-Ouest): Sopexa, Düsseldorf; Italien: Arnoldo Mondadori Editore;
© des übrigen Kartenmaterials: Naumann & Göbel Verlag

Abbildungen: CIVA, Colmar (4); CIVBordeaux (5); Deutsche Wein Information, Mainz (26); Armin Faber und Thomas Pothmann (112); P.-P. Falkenstein (16); Gruner & Jahr (1); Hawesko (18); Gebietswein-Werbungen: Ahr (1); Baden/Foto-Mühlbauer (7); Franken (5); Hessische Bergstraße/Foto Neher (4); Mosel-Saar-Ruwer (5); Nahe (1); Pfalz (8); Rheingau (2); Rheinhessen (1), Rheinhessen/Baranenko (3), Rheinhessen/Dieth (2), Rheinhessen/Europress (4); Südliche Weinstraße (2), Württemberg (2), Württemberg/Rudel (2); Italienisches Institut für Außenhandel (13); Informationsbüro Österreichischer Wein (15); Jacques´ Weindepot (6); Lagrézette (3); Schlumberger (17); Schweizerische Verkehrszentrale (3); Schwochert (3); Sopexa Deutschland (11); Spanisches Fremdenverkehrsamt (2); Spain Gourmetour, ICEX/Madrid (7); Tübke & Partner (6); Tony Stone (1); Verband Schweizer Weinexporteure (2); Vinimport (1); Winzergenossenschaft Nierstein (1); Weinwerbung Württembergischer Weingärtnergenossenschaften (1);
© des übrigen Bildmaterials: Naumann & Göbel Verlag

SAAR-RUWER

A. PRÜM
1989
er Sonnenuhr
pätlese Trocken